Un an de reportages des journalistes de la rubrique football de

L'ÉQUIPE

UN OUVRAGE RÉALISÉ PAR : **Yann Hildwein**
Matthieu Néel (mise en pages)
SOUS LA DIRECTION DE : **Gérard Ejnès**
Jacques Hennaux (direction artistique)
AVEC : **Étienne Labrunie**
Gérard Schaller
Pierre-Marie Descamps
Philippe Cazaban (maquette)
ICONOGRAPHIE : **Anne-Laure Vallet**
TEXTES ADDITIONNELS : **Yann Hildwein, Étienne Labrunie, Gérard Ejnès**

Football 2007

Ligue 1 Orange
Ligue 1 Orange
Ligue 1 Orange
Ligue 1 Orange

LUTTIAU / L'ÉQUIPE

SOMMAIRE

ROBERTS / OFFSIDE / PRESSE SPORTS

FINALE DE LA CUP

Ils ont passé la saison à batailler en tête de la Premier League, les Red Devils ayant finalement gardé une longueur d'avance. Chelsea et Manchester United se retrouvent en finale de la Cup, dans Wembley fraîchement reconstruit. Et le combat est toujours aussi rude entre **John Terry**, **Wes Brown**, **John Obi Mikel**, **Rio Ferdinand** et **Cristiano Ronaldo** (de g. à dr.). Didier Drogba fera la différence en fin de prolongation (1-0). Terry pourra monter les 107 marches jusqu'à la loge royale pour recevoir la deuxième Coupe de la saison des Blues, après la Coupe de la Ligue anglaise.

PUTMANS / PICS UNITED / PRESSE SPORTS

KAKA

Il a le bon profil. Ricardo Izecson Santos Leite, dit Kaka (à g., face au joueur d'Anderlecht Anthony Vanden Borre), Brésilien des beaux quartiers en costume italien, est le nouveau boss de la Ligue des champions. Milieu très offensif et même parfois seul en pointe, il empile les buts dans cette C1 2006-07 : 10, plus que dans toute sa saison en Championnat d'Italie (8), dont 3 en demies contre Manchester United. En finale, il se mue en altruiste, offrant une passe décisive à Filippo Inzaghi qui assure le septième sacre européen de l'AC Milan, son premier personnel. Élégant, décisif, titré, Kaka ne sera pas loin du Ballon d'Or en fin d'année 2007.

FABLET / L'ÉQUIPE

OLYMPIQUE LYONNAIS

Rarement une équipe avait à ce point écrasé le Championnat de France. Dans la durée comme sur un seul semestre. Annoncé, le sixième sacre consécutif de Lyon a bien eu lieu. Magnifique dans le jeu comme dans l'efficacité tout au long des matches aller, écrasant vainqueur de tous ses supposés rivaux, l'OL repousse sa série à des limites qui semblent inaccessibles. Si les échecs en Ligue des champions et en Coupes ternissent un peu l'ambiance, l'histoire rendra sa place au palmarès lyonnais des années 2000. L'une des plus grandes.

Le patron, c'est Lyon

L'OL, plus écrasant que jamais, empoche son sixième titre d'affilée, avec 17 points d'avance sur Marseille.

QUI MIEUX QUE LYON peut s'occuper de succéder à Lyon ? Bordeaux, 2e de l'exercice précédent ? Battu à domicile dès la 3e journée (1-2). Lille, bête noire de l'OL depuis deux ans ? Balayé à Gerland (1-4). L'OM, coleader jusqu'à la fin septembre ? Ratatiné au Vélodrome (1-4). Lens, dauphin du moment ? Désintégré sur sa propre pelouse (0-4).

Début novembre, *L'Équipe* avait déjà titré : « Une Ligue 1 à 19 ». Après la 18e journée et la démonstration lyonnaise à Bollaert, l'affaire est définitivement entendue pour l'OL : 16 victoires, 1 nul et 1 défaite, 17 points d'avance sur le 2e, et une différence de buts de +28.

L'ogre peut se permettre de s'arrêter de jouer à mi-Championnat. Cela lui vaudra des éliminations en Coupes et en Ligue des champions, quelques crises de nerfs, mais jamais la moindre inquiétude sur son destin national. Les concurrents potentiels, trop faibles (Paris-SG, Monaco) ou trop inconstants (OM, Lens, Lille, Bordeaux), permettent aux Lyonnais d'être sacrés à cinq matches de la ligne d'arrivée. Du coup, ce Championnat est plein de suspense… en dehors de la première place. Marseille, l'étonnant Nancy, Lille, Lens, Toulouse et Bordeaux se succèdent au très convoité deuxième rang. C'est finalement l'erratique OM qui empoche le second billet direct pour la Ligue des champions, à la faveur de six victoires lors des six dernières journées.

Les projecteurs se braquent également sur le bas de tableau, dont le casting a du clinquant : Monaco, Nantes et le PSG plongent tous dans la zone de relégation et dans le psychodrame. Seuls les Canaris n'en sortiront pas. Et, curieusement, c'est au moment de consommer sa chute en Ligue 2, après quarante-quatre saisons d'affilée dans l'élite, que le FCNA joue les trouble-fêtes dans la course à l'Europe. Les Nantais gagnent à Bordeaux, ruinant les ambitions de C1 des Girondins. Puis leurs supporters envahissent la pelouse face à Toulouse, ce qui donnera aux Violets 3 points sur tapis vert… Une semaine après, au soir de la 38e journée, le TFC sera sur le podium de la L1. ■

FÈVRE / L'ÉQUIPE

GROMIK / L'ÉQUIPE

Marseille décroche la timbale de la C1.

LABLATINIÈRE / L'ÉQUIPE

Toulouse, 3e, voit la vie en rose.

PAPON / L'ÉQUIPE

Nantes, un monument quitte l'élite.

Le duel entre Sidney Govou (à g.) et Seydou Keita, le capitaine lensois, se joue en altitude. Mais le Lyonnais est bien une tête au-dessus. L'OL ne laissera jamais espérer aucun de ses adversaires et assurera son sixième titre d'affilée un mois avant le terme du Championnat. Lens, son dauphin le plus régulier, s'effondrera en toute fin de saison pour terminer à la 5e place, synonyme de qualification pour la Coupe Intertoto…

LANDIS, MAILLOT JAUNE DÉCHU

SCHUMACHER ET ALONSO DANS LA MÊME GALÈRE

L'ÉQUIPE DIMANCHE

LA L 1 A DE LA REPRISE

L'ARGENT ET LE BRONZE EN ATTENDANT... LAURE

CLÉMENT EN FINALE À WASHINGTON

MARDI

SPÉCIAL SAISON 2006-07

132 PAGES. 3,20 €

LIGUE 1
1re journée

PARIS-SG - LORIENT : 2-3
NANTES - LYON : 1-3

Le bonjour de Fiorèse

L'ÉQUIPE DU 7 AOÛT. L'ex-Parisien a réussi un doublé au Parc des Princes et donné la victoire au promu lorientais. Un sacré pied de nez à son ancien club. **Par Raphaël RAYMOND**

IL A QUITTÉ le terrain perclus de crampes et la rage au ventre. Porté disparu à la suite d'une année désastreuse au Qatar, Fabrice Fiorèse a signé, à 31 ans, un retour fracassant en Ligue 1, sur un terrain qu'il connaît bien, celui du Paris-SG, où il joua de janvier 2002 à août 2004. En signant un doublé, en réalisant, sous le maillot de Lorient, vainqueur 3-2, un match digne de ses meilleurs moments dans la capitale, « Fio » a sèchement signalé au Parc des Princes qu'il y avait une vie après le PSG.

Ce n'est pas la première fois qu'un ancien Parisien se charge de se rappeler au bon souvenir du club de la capitale. Le coup d'éclat du Lorientais prend quand même un relief particulier, quand on se souvient de la tension qui entoura son départ à Marseille, à l'été 2004. Fiorèse n'avait qu'une crainte : voir la pression du Parc glisser sur ses partenaires. « Moi, j'étais extrêmement motivé. Pour Lorient et parce que je revenais au Parc, que je retrouvais mes anciens coéquipiers. Si tu ne l'es pas pour un match comme ça, il vaut mieux arrêter le foot. »

GILLE / L'ÉQUIPE

En égalisant deux fois avant le troisième but lorientais signé Saïfi, **Fabrice Fiorèse (à g.)** prend sa revanche sur le Paris-SG de **Mario Yepes.**

LIGUE 1 - 1RE JOURNÉE

Nantes - Lyon :	1-3
Rennes - Lille :	1-2
Auxerre - Valenciennes :	1-1
Bordeaux - Toulouse :	2-0
Le Mans - Nice :	1-0
Lens - Troyes :	1-0
Nancy - Monaco :	1-0
Paris-SG - Lorient :	2-3
St-Étienne - Sochaux :	1-2
Sedan - Marseille :	0-0

		Pts	J	G	N	P	diff
1	Lyon	3	1	1	0	0	+2
2	Bordeaux	3	1	1	0	0	+2
3	Lorient	3	1	1	0	0	+1
4	Lille	3	1	1	0	0	+1
	Sochaux	3	1	1	0	0	+1
6	Le Mans	3	1	1	0	0	+1
	Lens	3	1	1	0	0	+1
	Nancy	3	1	1	0	0	+1
9	Auxerre	1	1	0	1	0	0
	Valenciennes	1	1	0	1	0	0
11	Marseille	1	1	0	1	0	0
	Sedan	1	1	0	1	0	0
13	Paris-SG	0	1	0	0	1	-1
14	Rennes	0	1	0	0	1	-1
	St-Étienne	0	1	0	0	1	-1
16	Monaco	0	1	0	0	1	-1
	Nice	0	1	0	0	1	-1
	Troyes	0	1	0	0	1	-1
19	Nantes	0	1	0	0	1	-2
20	Toulouse	0	1	0	0	1	-2

« DEUX ANS DE SOUFFRANCE »

Fiorèse n'a pas réalisé de gestes phénoménaux. Mais il a multiplié les appels et fait preuve d'opportunisme. Après son premier but (1-1, 32e, après l'ouverture du score par Frau à la 29e), il invita le public parisien à se taire en plaçant son index gauche sur sa bouche. « Je voulais qu'il n'oublie pas, non plus, que j'ai toujours donné le maximum pour le PSG, précise-t-il. Que je suis un être humain aussi. »

Fiorèse a évacué sa frustration après avoir trompé Landreau une seconde fois (2-2, 54e, alors que Pancrate avait redonné l'avantage à Paris à la 45e + 1). Un panneau publicitaire en a fait les frais. « Ce n'est pas très intelligent, regrette-t-il. Mais ce sont deux ans de souffrance qui sont ressortis. »

Le match terminé sur la victoire du promu breton après l'estocade portée par Saïfi (2-3, 75e), « Fio » n'a pas traîné. Son entraîneur l'a autorisé à passer le week-end dans la capitale. Il a pu savourer sa résurrection. « Pas rancunier », mais heureux d'avoir « remis les pendules à l'heure, d'avoir mis un point et pas un point-virgule à *(ses)* problèmes avec le PSG. J'ai vécu un grand jour, de A à Z ». ■

Lyon est déjà trop fort

L'ÉQUIPE DU 5 AOÛT. Le quintuple champion de France, vainqueur à Nantes, est le premier leader de la L1. **De notre envoyé spécial à Nantes, Vincent DULUC**

LYON EST DÉJÀ en tête de la Ligue 1. La route est encore longue pour le quintuple champion en titre, mais ce que Lyon a montré de lui-même à la Beaujoire ne doit pas inciter à un fol optimisme ceux qui s'apprêtent à contester son pouvoir. Avec neuf mondialistes restés à la maison ou sur le banc, dont une phalange de joueurs majeurs (Coupet, Cris, Abidal, Juninho, Tiago, Malouda, Govou, Wiltord), les Lyonnais ont montré qu'ils avaient considérablement renforcé leur banc en s'imposant nettement à Nantes (3-1).

Les Canaris ont montré des séquences intéressantes, mais la puissance de réaction de l'OL a fait la différence. En égalisant, moins d'une minute après le coup franc victorieux de Boukhari (1-0, 4e), par l'intermédiaire de Benzema (1-1, 5e), Lyon n'aura pas eu le temps d'avoir peur.

Vingt minutes après la pause, Squillaci imposa sa tête sur corner (1-2, 64e). Puis Källström récupéra un bon ballon qu'il alla offrir au Brésilien Fred (1-3, 88e), qui aura marqué lors des deux derniers bouts de matches qu'il a disputés, en Coupe du monde contre l'Australie (2-0), et donc à Nantes. Lyon va désormais récupérer neuf autres joueurs qui ont disputé la Coupe du monde. Pour ses adversaires, cela risque de ne pas s'arranger. ■

Fred peut jubiler : à peine entré en jeu, il vient d'inscrire le but du 3-1 lyonnais.

LAHALLE / L'ÉQUIPE

LIGUE 1
2e journée

LILLE - LENS : 4-0

Lille frappe un grand coup

L'ÉQUIPE DU 14 AOÛT. Leader à la différence de buts, le LOSC a impressionné en remportant largement le derby du Nord contre des Lensois réduits à dix dès la 36e minute.

De notre envoyé spécial à Villeneuve-d'Ascq, Stéphane KOHLER

DEPUIS 1964-65 (9e journée : Lille-Lens, 4-0), jamais un derby du Nord n'avait accouché d'un tel triomphe. Face à des Sang et Or amorphes, transparents et rapidement réduits à dix (expulsion de Sidi Keita, 36e) alors qu'ils étaient déjà menés de deux buts, Lille a réussi un match très abouti, tant sur le plan collectif qu'individuel. Les mouvements séduisants des Dogues et la diabolique vista d'Abdulkader Keita associée à la réussite de Peter Odemwingie, auteur de son premier triplé avec Lille, ont réjoui le Stadium et, dans toute la région, on n'a pas fini de parler de ce derby du 13 août 2006.

Le bilan de la première semaine de compétition du LOSC n'est pas loin d'être parfait : une victoire à Rennes (2-1) en ouverture, un match aller du 3e tour préliminaire de la Ligue des champions bien négocié à domicile face au Rabotnicki Skopje (3-0, *lire page 96*) et donc ce large succès contre le grand rival local qui offre à l'équipe de Claude Puel le fauteuil de leader, à la différence de buts devant la surprenante formation nancéienne et Bordeaux.

« Il est difficile de parler de grand coup alors que nous n'avons disputé que deux journées. Ça montre simplement que l'on a un certain potentiel », n'a pas manqué d'« euphémiser » l'entraîneur lillois, chassant avec soin tout soupçon de début de commencement d'euphorie.

MARTEL : « TROP MAUVAIS POUR QUE CE SOIT VRAI »

En avril 2006, les Sang et Or avaient dicté leur loi (4-2) aux Dogues. Cette fois, ils sont sagement restés à la niche. « L'équipe a été fantomatique, lâchait Gervais Martel, le président lensois, dépité. On a fait un non-match, on a été inexistant, trop mauvais pour que ce soit vrai… »

Après dix minutes équilibrées, la tête de Bodmer (1-0, 13e) permit au LOSC de prendre l'avantage, pour ne plus jamais être inquiété. Combinant avec aisance, les Lillois créaient d'énormes brèches dans une défense lensoise privée de tout soutien.

D'un joli numéro individuel, Odemwingie doublait la marque (2-0, 32e) juste avant que le milieu lensois Sidi Keita ne soit expulsé pour un second carton jaune (36e).

Charles Itandje empêche les Lillois Stephan Lichsteiner (n° 26) et Souleymane Youla d'aggraver encore la déconfiture lensoise. « Je n'ai jamais vécu un derby pareil », confiera le gardien des Sang et Or, abattu.

MONTIGNY / L'ÉQUIPE

LIGUE 1 - 2E JOURNÉE	
Lorient - Bordeaux :	0-1
Lyon - Toulouse :	1-1
Monaco - St-Étienne :	1-2
Nancy - Sedan :	3-1
Nice - Nantes :	1-1
Sochaux - Auxerre :	1-1
Troyes - Le Mans :	2-2
Valenciennes - Paris-SG :	0-0
Lille - Lens :	4-0
Marseille - Rennes :	2-0

		Pts	J	G	N	P	diff
1	Lille	6	2	2	0	0	+5
2	Nancy	6	2	2	0	0	+3
3	Bordeaux	6	2	2	0	0	+3
4	Lyon	4	2	1	1	0	+2
5	Marseille	4	2	1	1	0	+2
6	Le Mans	4	2	1	1	0	+1
	Sochaux	4	2	1	1	0	+1
8	Lorient	3	2	1	0	1	0
	Saint-Étienne	3	2	1	0	1	0
10	Lens	3	2	1	0	1	-3
11	Auxerre	2	2	0	2	0	0
12	Valenciennes	2	2	0	2	0	0
13	Paris-SG	1	2	0	1	1	-1
	Troyes	1	2	0	1	1	-1
15	Nice	1	2	0	1	1	-1
16	Nantes	1	2	0	1	1	-2
17	Sedan	1	2	0	1	1	-2
	Toulouse	1	2	0	1	1	-2
19	Monaco	0	2	0	0	2	-2
20	Rennes	0	2	0	0	2	-2

Les trites, bien plus que les carottes, étaient cuites. « À dix contre onze, c'est devenu un naufrage complet et mission impossible, soupirait Francis Gillot, le coach du RCL. Il n'y avait pas d'état d'esprit, pas de courses, pas de replacements. »

Après avoir raté seul la cible à cinq mètres (53e) sur un centre de Bastos, Odemwingie allait régler la mire. Par deux fois, sur des services parfaits d'Abdulkader Keita, absolument insaisissable côté droit, le Nigérian parvint à tromper Itandje (3-0, 57e ; 4-0, 67e), dont la détresse d'après match était saisissante.

« On a manqué de… Je ne sais pas… De tout, lâchait le gardien lensois d'une voix blanche. Je n'ai jamais vécu un derby pareil. Et on dit qu'on est ambitieux… »

Bien plus réalistes que face à Skopje quatre jours plus tôt, les Lillois sont loin de ces noires pensées. L'impression d'ensemble très séduisante demande certes confirmation face à des adversaires moins friables. Mais Lille, sur le podium ces deux dernières saisons et en bonne posture pour se qualifier pour la phase de poules de la C1, n'a aucune raison de cacher des ambitions qui semblent à la hauteur de son football. ■

Keita-Odemwingie, duo d'enfer

A. KEITA (note : 8,5/10) : le sprinteur-dribbleur le plus impressionnant du Championnat est déjà dans une forme très séduisante. Deux centres décisifs pour Odemwingie et une constante percussion qui écœurèrent les Lensois.

ODEMWINGIE (8) : bien sûr, il manqua une occasion en or (53e) et n'a pas encore l'efficacité d'un buteur à sang froid. Mais son triplé parle de lui-même : son premier but fut remarquable de technicité et il piégea parfaitement la défense lensoise sur les deux autres. - S. K.

LES BLEUS ONT REPRIS LA MAIN
ATTOUB, UNE ÉTRANGE AFFAIRE
BETSEN : « LE MONDIAL, BUT PRIMORDIAL »
L'ÉQUIPE
LYON VOUS SALUE BIEN
MARSEILLE EST UN BLOC
UN DIARRA PEUT EN CACHER UN AUTRE
CHELSEA VA DÉJÀ VITE
RODDICK REBONDIT À CINCINNATI
À LA CONQUÊTE DU MONDE
CAPIROSSI RIT, ROSSI AUSSI
J-5
SEAT DECANATION

LIGUE 1
3e journée

AUXERRE - MARSEILLE : 0-3
BORDEAUX - LYON : 1-2

Marseille, la course en tête

L'ÉQUIPE DU 20 AOÛT. L'OM s'est largement imposé à Auxerre et prend la première place du classement. **De notre envoyé spécial à Auxerre, Jean-Marc BUTTERLIN**

D'UN ÉTÉ À l'autre, Marseille est passé de la pluie au soleil, de la cave au grenier. L'OM a quitté Auxerre dans la peau d'un leader, avec sept points dans la poche. À la même époque, en 2005, il se morfondait tout en bas, 19e après quatre journées, un seul point à son actif. Il s'est dégagé dans l'Yonne l'impression d'une équipe soudée, qui a su serrer les rangs dans les moments difficiles et mettre à profit toutes les circonstances favorables. Pour Toifilou Maoulida, auteur de son deuxième but de la saison, « il y a quelque chose de logique, l'équipe a peu changé. Seul Zubar ne faisait pas partie de l'effectif la saison dernière. Le collectif s'en ressent. Il n'y a pas d'égoïsme. »

L'OM n'a par ailleurs toujours pas encaissé de but en L1. Pape Diouf, le président du club, s'amusait : « Ça nous apporte un peu de paix. À Marseille, c'est l'exception. »

AKALÉ EXPULSÉ

Le constat auxerrois est bien plus amer. À part vingt minutes honnêtes en fin de première période, les hommes de Jean Fernandez ont raté leur rendez-vous. Akalé a paru bien isolé devant. Il se sera battu en pure perte, obtenant les deux seules occasions bourguignonnes (31e et 39e). Il s'échina jusqu'à son expulsion pour un coup de coude sur Zubar (52e).

À cet instant, le mal était déjà fait, l'OM menant déjà 2-0. L'AJA aura payé une certaine lourdeur, symbolisée par les grandes difficultés rencontrées par Grichting face à Niang, qui offrit ainsi le deuxième but à Maoulida (0-2, 49e), avant de servir Pagis pour le troisième (0-3, 70e).

Marseille a surtout eu la bonne idée de marquer à quelques broutilles du repos : Ribéry poussa dans le but une balle sur laquelle avait trébuché Pagis (0-1, 45e). L'affaire était arrivée après une période assez équilibrée, mais qui avait déjà signifié la supériorité marseillaise dans la circulation du ballon, la vitesse et la qualité des individualités.

Au milieu, le triangle Lamouchi-Oruma-Ribéry faisait sa loi. Le vice-champion du monde s'est comporté en patron, faisant parler sa qualité de dribble et son regard sur le jeu. Il a aussi longuement partagé sa joie avec les supporters provençaux, histoire de sceller la réconciliation. Pour l'OM, ça commence bien. ■

LIGUE 1 - 3E JOURNÉE

Auxerre - Marseille :	0-3
Le Mans - Valenciennes :	3-2
Lens - Lorient :	1-1
Nantes - Troyes :	1-1
Paris-SG - Lille :	1-0
Rennes - Monaco :	1-1
Saint-Étienne - Nancy :	1-0
Sedan - Sochaux :	1-1
Toulouse - Nice :	1-0
Bordeaux - Lyon :	1-2

		Pts	J	G	N	P	diff
1	Marseille	7	3	2	1	0	+5
2	Lyon	7	3	2	1	0	+3
3	Le Mans	7	3	2	1	0	+2
4	Lille	6	3	2	0	1	+4
5	Bordeaux	6	3	2	0	1	+2
	Nancy	6	3	2	0	1	+2
7	St-Étienne	6	3	2	0	1	+1
8	Sochaux	5	3	1	2	0	+1
9	Lorient	4	3	1	1	1	0
10	Paris-SG	4	3	1	1	1	0
11	Toulouse	4	3	1	1	1	-1
12	Lens	4	3	1	1	1	-3
13	Troyes	2	3	0	2	1	-1
	Valenciennes	2	3	0	2	1	-1
15	Nantes	2	3	0	2	1	-2
16	Sedan	2	3	0	2	1	-2
17	Auxerre	2	3	0	2	1	-3
18	Monaco	1	3	0	1	2	-2
19	Nice	1	3	0	1	2	-2
20	Rennes	1	3	0	1	2	-3

MONTIGNY / L'ÉQUIPE

Buteur et leader inspiré face à l'Auxerrois Stéphane Grichting (à g.), Franck Ribéry se réconcilie avec les supporters marseillais.

Houllier : « J'ai une équipe de gagneurs »

L'ÉQUIPE DU 21 AOÛT. L'entraîneur lyonnais savoure la mise au point de son équipe à Bordeaux. **De notre envoyé spécial à Bordeaux, Luc HAGÈGE**

« **Que retenez-vous de cette victoire (2-1) sur la pelouse des Girondins ?**

– Je retiens surtout qu'on a su mettre le bleu de chauffe. Au début d'un Championnat, on a besoin de maçons, d'ouvriers pour construire des résultats. Lors de ces quatre derniers mois, certains de nos joueurs ont été champions de France, puis vice-champions du monde. Face à Bordeaux, j'ai pu vérifier que j'avais une équipe de gagneurs et non pas de médaillés. Car il y a autour de nous un climat dangereux qui dit : "Lyon va gagner." C'est mauvais, parce que les matches ne se gagnent pas dans les sondages mais sur le terrain.

– Avec en plus la satisfaction que les remplaçants ont fait la différence…

– Oui, je crois que les trois joueurs entrés en cours de jeu *(Källström, Benzema et Wiltord)* ont touché le ballon sur le but de Wiltord *(1-2, 86e)*, qui, je le précise, n'était pas hors jeu.

– Estimez-vous que cette victoire est méritée ?

– Sur les occasions que nous nous sommes créées en première mi-temps, on peut le dire. C'était un match d'une grande intensité athlétique, mais on a su en plus renverser le score *(1er but par Faubert, 1-0, 5e ; puis égalisation de Fred, 1-1, 28e)*. De toute façon, moi, je ne veux entraîner que des équipes fortes sur le plan mental. » ■

Cris (à dr.) s'impose dans son duel avec le Bordelais Jean-Claude Darcheville.

FÈVRE / L'ÉQUIPE

MAKELELE FAIT TOUJOURS DÉBAT

MONDIAL : ET MAINTENANT, LA GRÈCE

ALONSO RÉSISTE À SCHUMI

L'ÉQUIPE

ON NE PASSE PAS L'OM

RIBÉRY : « À UN MOMENT, J'ÉTAIS PERDU »

GASQUET OUVRE LE BAL À L'US OPEN

ABSALON, LE TRIPLÉ HISTORIQUE

LA FRANCE PUISSANCE TROIS

LES BLEUS SONT PASSÉS TOUT PRÈS

LIGUE 1
4e journée

SOCHAUX - PARIS-SG : 3-2
NICE - LYON : 1-4

Paris perd au tirage

L'ÉQUIPE DU 28 AOÛT. Le PSG est tombé face à des Sochaliens en verve, victime de sa faible première période et d'un arbitrage contesté. **De notre envoyé spécial à Sochaux, Régis TESTELIN**

FRANCOTTE / L'ÉQUIPE

Mario Yepes (à dr.) semble remonté contre le trio arbitral qui, en 90 minutes, l'a sanctionné de deux penalties pour des tirages de maillot.

DOMINATEUR PENDANT les deux tiers de la rencontre, Sochaux a logiquement, et enfin, battu le PSG, sa bête noire, à l'issue d'une soirée à la fois troublante et spectaculaire. Voilà l'équipe d'Alain Perrin, emmenée par les excellents Karim Ziani et Jérôme Leroy, installée (ex aequo) sur la troisième marche du podium. Il est pourtant difficile de ne pas s'arrêter sur les circonstances particulières dans lesquelles les Doubistes ont arraché cette belle victoire. Tout d'abord, ce match aurait-il dû se jouer ? Certainement pas à partir de 20 heures, tant la pelouse était gorgée d'eau à la suite d'une énorme averse tombée une demi-heure plus tôt. M. Chapron décida néanmoins de faire jouer alors que les flaques rendaient le terrain impraticable. Dans ce contexte-là, Paris s'est noyé, incapable d'afficher l'état d'esprit nécessaire. Sochaux se créa des occasions de but à la pelle et mena 2-0 au repos grâce à un coup franc de Ziani dévié par Cissé (1-0, 30e) suivi d'une tête plongeante gagnante de Sène, sur un service de Bréchet, le capitaine-revenant (2-0, 36e). Cela aurait même pu faire quatre ou cinq, notamment si Landreau n'avait pas stoppé un penalty de Leroy (45e) à la suite d'un accrochage du maillot de Potillon par Yepes à quelques mètres de l'action. Une application de la nouvelle règle qui mit les Parisiens en rage.

LIGUE 1 - 4E JOURNÉE

Nice - Lyon :	1-4
Lille - Bordeaux :	3-0
Lorient - Nantes :	3-1
Sochaux - Paris-SG :	3-2
Troyes - Toulouse :	1-2
Valenciennes - Rennes :	3-1
Marseille - Le Mans :	2-0
Monaco - Sedan :	2-1
Nancy - Auxerre :	1-0
Saint-Étienne - Lens :	3-2

	Pts	J	G	N	P	diff
1 Marseille	10	4	3	1	0	+7
2 Lyon	10	4	3	1	0	+6
3 Lille	9	4	3	0	1	+7
4 Nancy	9	4	3	0	1	+3
5 St-Étienne	9	4	3	0	1	+2
6 Sochaux	8	4	2	2	0	+2
7 Lorient	7	4	2	1	1	+2
8 Le Mans	7	4	2	1	1	0
9 Toulouse	7	4	2	1	1	0
10 Bordeaux	6	4	2	0	2	-1
11 Valenciennes	5	4	1	2	1	+1
12 Paris-SG	4	4	1	1	2	-1
13 Monaco	4	4	1	1	2	-1
14 Lens	4	4	1	1	2	-4
15 Troyes	2	4	0	2	2	-2
16 Sedan	2	4	0	2	2	-3
17 Nantes	2	4	0	2	2	-4
18 Auxerre	2	4	0	2	2	-4
19 Rennes	1	4	0	1	3	-5
20 Nice	1	4	0	1	3	-5

GUY LACOMBE : « IL N'Y A RIEN DE POSITIF »

Sur une pelouse enfin jouable, le PSG entama après le repos ce qu'il pensa être un superbe retour. Les Parisiens prirent le match en main pendant que les Sochaliens, sûrs de leur avance, les regardaient faire. Pauleta se rappela aux statisticiens en marquant un doublé en cinq minutes : frappe du droit devant Richert (2-1, 70e), puis tête au ras du poteau (2-2, 75e).
Le final s'annonçait prometteur. Il fut ponctué par une nouvelle intervention de M. Chapron, lequel sanctionna Yepes d'une faute, hors champ, sur Afolabi. Ce deuxième penalty, Ziani le transforma en force et au centre, et comme Landreau n'est pas non plus un magicien (3-2, 81e)… Les Sochaliens fêtèrent leur victoire, la première contre le PSG à Bonal depuis la saison 1998-99. Le PSG, lui, prend du retard. L'état d'esprit dans lequel il est revenu à 2-2 devrait néanmoins lui laisser un peu de répit, même si Guy Lacombe est remonté dans le bus sur ces mots : « Ce soir, il n'y a rien de positif. » Pas même les arrêts de Landreau et le doublé de Pauleta ? ■

Cet OL est insatiable

L'ÉQUIPE DU 27 AOÛT. Encore mené au score, Lyon a retourné la situation et sèchement battu Nice. **De notre envoyé spécial à Nice, Sébastien TARRAGO**

L'OLYMPIQUE LYONNAIS est une sorte de paquebot qui roule à la vitesse d'un offshore. Un monstre insatiable. À Nice, les coéquipiers de Juninho ont encore été menés au score, sur un lob formidable de Vahirua (1-0, 27e). Comme à Nantes, comme à Bordeaux. Comme dans l'Ouest, ils se sont imposés dans le Sud. Wiltord a été remarquable, Tiago immense, Malouda a égalisé (1-1, 49e) sur une passe en retrait de rêve du Portugais. Il a ensuite délivré deux passes décisives, à Tiago, sur coup franc (1-3, 74e), et à Benzema, juste avant (1-2, 69e). Ce dernier profita d'une main de Yahia pour marquer un quatrième but sur penalty (1-4, 90e + 1). Au-delà du score, c'est l'impression offerte par les Lyonnais après l'égalisation qui a marqué les esprits. Ils ont alors maîtrisé le jeu de manière implacable, sans vraiment forcer, comme s'ils voulaient épuiser les Niçois, avant de les anéantir. « Techniquement, je crois qu'on était au-dessus, notera Gérard Houllier. On n'est cependant pas parfaits, la preuve, on a pris un but. » Les soucis niçois ne sont pas les mêmes. Frédéric Antonetti décrète déjà l'état d'urgence : « Moi, je suis concret : on est derniers et on joue le maintien. » ■

Un but et une passe décisive pour l'intenable Tiago (à dr.), qui enfonce Cyril Rool et les Niçois.

PRÉVOST / L'ÉQUIPE

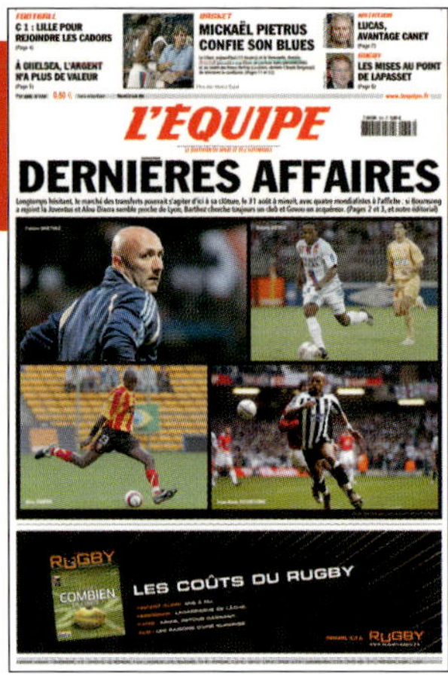

LIGUE 1
Transferts

Diarra remplace Diarra

L'ÉQUIPE DU 24 AOÛT. Alou Diarra, le milieu international de Lens, a signé pour quatre ans à l'OL, où il succédera à son homonyme Mahamadou Diarra, parti au Real Madrid.

De notre envoyé spécial permanent à Lyon, Claude CHEVALLY

UN DIARRA CHASSE l'autre à Lyon. « Et j'ai signé le contrat d'Alou juste avant de signer le dernier document du transfert de "Djilla" *(Mahamadou Diarra)* », a précisé Jean-Michel Aulas. D'un côté, l'ancien Lensois s'est engagé pour quatre ans et une indemnité de transfert de 6,25 millions d'euros. De l'autre, à l'issue d'une rude négociation, Lyon touchera 26 millions d'euros de la part du Real Madrid pour la cession du Malien Mahamadou Diarra, dont Fabio Capello, le nouvel entraîneur madrilène, avait fait sa priorité. Et le président lyonnais de se féliciter que seul l'Ukrainien Andreï Chevtchenko, passé de l'AC Milan à Chelsea, ait fait l'objet d'une indemnité de transfert supérieure (45 M€) lors de cet été 2006 sur le marché européen.

Pour sa part, Gérard Houllier s'est félicité qu'« à la suite du départ de Djilla arrive un spécialiste du poste laissé vacant. Un poste indispensable dans le football moderne, qui nécessite de la puissance et des qualités athlétiques que possède précisément Alou, un joueur que j'ai vu arriver à Liverpool il y a quatre ans ».

« LE PLUS BEL EFFECTIF JAMAIS VU À LYON »

Depuis, Alou Diarra a fait son chemin avec quatre saisons de L1 au compteur (126 matches, 8 buts avec Le Havre, Bastia et Lens), six matches européens et un statut d'international lui ayant valu de participer à la dernière Coupe du monde, y compris à la finale après la sortie de Vieira. Voilà donc l'OL pourvu d'un effectif de 26 pros, dont Aulas a eu plaisir à rappeler qu'il est désormais composé de 17 internationaux A, 6 internationaux Espoirs et 3 capés en moins de 20 ans et en moins de 19 ans : « Le plus bel effectif jamais vu à Lyon. » ■

BOUTROUX / L'ÉQUIPE

Lyon a déboursé 6,25 millions d'euros pour s'offrir le Lensois **Alou Diarra**.

PRINCIPAUX TRANSFERTS DE L'ÉTÉ

CLUBS	ARRIVÉES	DÉPARTS
AUXERRE :	J. Fernandez (entr., Marseille), Jelen (POL, Wisla Plock), Niculae (Rapid Bucarest, ROU), F. Thomas (Le Mans), Pedretti (Lyon).	Violeau (retraite), Y. Lachuer (Troyes), Berson (Aston Villa, ANG, r.p.), J. Santini (entr., sans club), Luyindula (Marseille, r.p.), M. Ciani (Lorient, p.).
BORDEAUX :	Micoud (Werder Brême), Wendel (BRE, Santos), S. Dalmat (Santander, ESP).	Br. Cheyrou (Rennes), Denilson (BRE, sans club), Cohade (Strasbourg, L2).
LE MANS :	Calvé (Sochaux), Ib. Camara (GUI, Parme, p.), Sessegnon (BEN, Créteil, L2).	F. Thomas (Auxerre), Poulard (Brest, L2), Periatambée (Niort, L2).
LENS :	Si. Keita (MAL, Strasbourg, L2), Boukari (Châteauroux), Ramos (POR, Châteauroux), N. Kovacevic et Bisevac (SEM, É.R. Belgrade).	Assou-Ekotto (Tottenham), Lachor (Sedan), Khiter (AC Ajaccio, L2, p.), Frau (Paris-SG), A. Diarra (Lyon).
LILLE :	Youla (GUI, Metz), Bastos (BRE, Atletico Paranaense), Audel (Lorient, r.p.).	Dernis (Saint-Étienne), Moussilou (Nice), Acimovic (CRO, Al-Ittihad, ARS).
LORIENT :	Le Pen (Strasbourg, L2), Fiorèse (Marseille, p.), Saïfi (ALG, AC Ajaccio, L2), Abriel (Guingamp, L2), Jallet (Niort, N), Mansouri (Châteauroux, L2), Ciani (Auxerre, p.), Marlet (Wolfsburg, ALL).	K. Ziani (Sochaux), Audel (Lille, r.p.), Danic (Troyes, r.p.).
LYON :	Toulalan (Nantes), Källström (SUE, Rennes), Squillaci (Monaco), A. Diarra (Lens).	J. Clément (Glasgow Rangers), Monsoreau (Monaco), Pedretti (Auxerre), M. Diarra (MAL, Real Madrid, ESP), L. Diatta (SEN, Saint-Étienne).
MARSEILLE :	D. Cissé (Liverpool, p.), Zubar (Caen), M'Bami (CAM, Paris-SG), Olembe (CAM, Al-Rayyan, QAT, r.p.).	Déhu et Luyindula (Levante, ESP), Barthez (sans club), J. Fernandez (entr., Auxerre).
MONACO :	Bölöni (entr., Rennes), Koller (RTC, Dortmund), Y. Touré (CIV, Olympiakos), Monsoreau (Lyon), Ménez (Sochaux), Leko (CRO, Dynamo Kiev, UKR), Bolivar (BRE, Porto Alegre), Di Vaio (ITA, Valence CF).	Guidolin (entr., Palerme), Squillaci (Lyon), Vieri (ITA, Sampdoria Gênes), Maicon (BRE, Inter Milan), Chevanton (URU, FC Séville), Zikos (GRE, AEK Athènes), Kapo (Levante, ESP, p.).
NANCY :	Sauget (Bastia, L2), Dosunmu (NGA, Anvers), Macaluso (URU, River Plate).	Da Costa (MAR, PSV Eindhoven), Kroupi (CIV, Al-Wahda, EAU, p.).
NANTES :	Cubilier (Monaco), Saïdou (CAM, Galatasaray), Wilhelmsson (SUE, Anderlecht).	Landreau (Paris-SG), Toulalan (Lyon), Bratu (ROU, Valenciennes, p.), Yapi Yapo (CIV, Young Boys Berne, SUI).
NICE :	Moussilou (Lille), C. Kanté (Strasbourg, L2), Veigneau (Monaco, p.).	Roudet (Valenciennes), Sa. Traoré (Paris-SG), Bisconti (BEL, Guingamp, L2), Bigné (Brest, L2).
PARIS-SG :	Landreau (Nantes), Sa. Traoré (Nice), Diané (CIV, Strasbourg, L2), Hellebuyck (Saint-Étienne), Frau (Lens).	Letizi (Glasgow Rangers), Landrin (Saint-Étienne), Bueno (URU, Sporting Portugal, p.), M'Bami (CAM, Marseille), Pichot (Sochaux).
RENNES :	Br. Cheyrou (Bordeaux), D. Moreira et Revault (Toulouse), Melchiot (HOL, Birmingham).	Källström (SUE, Lyon), Y. Gourcuff (AC Milan), Bölöni (entr., Monaco), Frei (SUI, Dortmund), Ouaddou (MAR, Olympiakos), Isaksson (SUE, Manchester City).
ST-ÉTIENNE :	Hasek (entr., Al-Wasl, EAU), Ilan (BRE, Sochaux), Dernis (Lille), Landrin (Paris-SG), L. Diatta (SEN, Lyon).	Baup (entr., Toulouse), Hellebuyck (Paris-SG), F. Mendy (Bastia, L2), Zokora (CIV, Tottenham).
SEDAN :	Lachor (Lens), Jau (Bastia, L2), Pujol (Anderlecht, BEL), Badiane (Paris-SG).	Gagnier (Niort, L2), N'Diefi (CAM, Paris FC, N), Neumann (Montpellier, L2), Sabin (Al-Ahly, QAT).
SOCHAUX :	A. Perrin (entr., libre), Bréchet (Real Sociedad), J. Leroy (Beitar Jérusalem), Alvaro Santos (BRE, FC Copenhague), K. Ziani (MAR, Lorient), Le Tallec (Liverpool, p.).	Ilan (BRE, Saint-Étienne), Ménez (Monaco), Bijotat (entr., libre), Boudarène (Dijon, L2), Calvé (Le Mans), Meghni (Bologne, ITA, r.p.), S. Diawara (SEN, Charlton), Zaïri (MAR, Boavista, POR).
TOULOUSE :	Baup (entr., Saint-Étienne), Fabinho (BRE, Santos), Elmander (SUE, Bröndby).	T. Giresse (Amiens, L2), D. Moreira (Rennes), Cardy (Metz, L2), Revault (Rennes).
TROYES :	Y. Lachuer (Auxerre), Danic (Lorient, r.p.), D. Ferreira (BRE, Marseille), C. Barbosa (Rennes).	Adam (Gueugnon, L2), Grax (Monaco, r.p.), Dujeux (AC Ajaccio, L2), Nadé (CIV, Sheffield United).
VALENCIENNES :	Penneteau (Bastia, L2), Haddad (Paris-SG, p.), Paauwe (HOL, Feyenoord), Roudet (Nice).	Burle (Reims, L2), Klein (Niort, L2), Heitzmann (Amiens, L2).

LIGUE 1
5e journée

PARIS-SG - MARSEILLE : 1-3

L'OM assomme Paris

L'ÉQUIPE DU 11 SEPTEMBRE. Plus puissant, Marseille est venu dompter Paris au Parc, pour redevenir leader de la L1. L'OM plane et le PSG coule. Par Jérôme TOUBOUL

CE N'EST PAS encore cette saison que le PSG et l'OM devraient pouvoir cohabiter de nouveau dans les hautes sphères de la L1 comme au début des années 1990. Le résultat de ce duel au Parc est venu conforter une impression, celle d'un Marseille plus puissant, plus confiant, et creuser l'écart entre les deux rivaux : neuf points après cinq journées.

À la différence de buts, Marseille s'est même offert le plaisir de dépasser Lyon pour rester en tête de la L1. Ce succès, son premier à Paris depuis le 12 octobre 1999 (2-0), donne à l'OM un air de prétendant sérieux. À une place en Ligue des champions, voire au titre, tant il dispose d'un bloc rarement déséquilibré, souvent appliqué et dynamisé par les éclairs de Ribéry et Niang.

De cette soirée, le PSG ressort groggy. Trois défaites en cinq journées auront donc peuplé son début de saison. L'équipe de Guy Lacombe ne progresse pas, ses fébrilités sont devenues maladives et elle n'est pas loin de sombrer dans une paranoïa autour des penalties.

LAHALLE / L'ÉQUIPE

Franck Ribéry (au centre) met au supplice les Parisiens **Mickaël Landreau**, **Sammy Traoré** et **Fabrice Pancrate** (de g. à dr.).

DEUX PENALTIES TRÈS CONTESTABLES

Mario Yepes a encore été sanctionné pour une poussée sur Zubar qui ne parut pas criante, mais l'OM le fut autant, quelques minutes plus tard, lorsque Niang déséquilibra vaguement Sammy Traoré.

Ces deux penalties très contestables auront mis d'autant plus d'ambiance qu'ils furent tous deux tirés une seconde fois pour des invasions de surface prématurées. Cela avantagea surtout Pauleta, qui avait vu sa première tentative repoussée par Carrasso (1-1, 21e) quand Niang, lui, n'avait pas tremblé, ni la première ni la deuxième fois, pour battre Landreau sur sa droite (0-1, 7e).

La suite de l'histoire ne se nourrit plus que d'un fait incontestable, presque irrésistible : la montée en puissance de l'OM, à travers celle de son meneur phare, Franck Ribéry. Qu'offrit l'international en apéritif ? Un débordement foudroyant côté gauche qui laissa Sammy Traoré sur place. Sa passe en retrait trouva Niang, sur lequel Yepes se jeta les deux pieds en avant. L'arbitre siffla un penalty, cette fois incontestable. Landreau repoussa la frappe de Nasri, mais le jeune Marseillais avait suivi (1-2, 67e).

Ribéry allait encore faire la différence en éliminant Mendy avec éclat sur le côté gauche de la surface. Son centre du gauche trouva la reprise aisée de Pagis à un mètre du but (1-3, 89e). Le Parc se mit alors à résonner de chants qu'il n'avait plus entendus depuis sept ans : les « olés » des ultras marseillais... ■

LIGUE 1 - 5E JOURNÉE

Bordeaux - Nice :	3-2
Auxerre - Monaco :	2-1
Le Mans - Lorient :	1-1
Lens - Valenciennes :	3-0
Lyon - Troyes :	2-0
Nantes - Lille :	1-1
Rennes - Sochaux :	2-1
Sedan - Saint-Étienne :	2-2
Toulouse - Nancy :	2-2
Paris-SG - Marseille :	1-3

		Pts	J	G	N	P	diff
1	Marseille	13	5	4	1	0	+9
2	Lyon	13	5	4	1	0	+8
3	Lille	10	5	3	1	1	+7
4	Nancy	10	5	3	1	1	+3
5	St-Étienne	10	5	3	1	1	+2
6	Bordeaux	9	5	3	0	2	0
7	Lorient	8	5	2	2	1	+2
8	Sochaux	8	5	2	2	1	+1
9	Le Mans	8	5	2	2	1	0
10	Toulouse	8	5	2	2	1	0
11	Lens	7	5	2	1	2	-1
12	Valenciennes	5	5	1	2	2	-2
13	Auxerre	5	5	1	2	2	-3
14	Monaco	4	5	1	1	3	-2
15	Paris-SG	4	5	1	1	3	-3
16	Rennes	4	5	1	1	3	-4
17	Sedan	3	5	0	3	2	-3
18	Nantes	3	5	0	3	2	-4
19	Troyes	2	5	0	2	3	-4
20	Nice	1	5	0	1	4	-6

« Je suis important dans cette équipe »

L'ÉQUIPE DU 12 SEPTEMBRE. Franck Ribéry a pris une nouvelle dimension à l'OM. Il tire toute l'équipe vers le haut. Par Hélène FOXONET

« Quel sentiment domine après cette victoire à Paris ?

– On est très heureux. Il était important de faire un bon résultat pour nos supporters. Ils étaient près de 2 000, mais on aurait dit qu'ils étaient 40 000, qu'on était à Marseille et pas à Paris.

– Après la victoire contre l'Italie avec les Bleus, ce succès au Parc. À titre personnel, vous semblez avoir passé un cap.

– Le plus important, c'est que je continue toujours à travailler et à être sérieux, à rester simple dans la vie de tous les jours. Je n'ai pas changé, je ne me prends pas la tête, je savoure ce qui m'arrive. C'est une bonne semaine. Je prends de plus en plus confiance en moi, je suis plus à l'aise. Maintenant, on peut dire que je suis important dans cette équipe, le regard des gens a changé. Je prends plus la parole que l'année dernière, c'est ce que me demande le coach.

– Votre équipe se trouve dans une bonne dynamique.

– On a de bons joueurs, à l'aise avec le ballon. Mais il ne suffit pas de porter le maillot de Marseille pour se croire arrivé. Ici, il faut avoir faim. Il faut toujours faire plus, à tous les matches, se remettre en question, se mettre minable. Il faut avoir mal partout à la fin de la rencontre mais être heureux d'avoir obtenu quelque chose. Et c'est ce qui se passe cette saison. »

FOOTBALL
LA BOURSE PREND LE CHEMIN DE LA L 1

BASKET
LES BLEUES BUTENT SUR L'AUSTRALIE

RUGBY
LE TOP 14 AUX TRAVAUX FORCÉS

L'ÉQUIPE

NANTES PIQUE SA CRISE

GRÂCE À PAULETA, LE PSG ÉVITE LE PIÈGE

MONACO PASSE DE JUSTESSE

LA PREMIER LEAGUE EN EAUX TROUBLES

PARIS CONFIRME, MONTPELLIER RÉAGIT

MILLAR EN RECONQUÊTE

Temps additionnel : 216 pages

LIGUE 1
6e journée

VALENCIENNES - NANTES : 1-0

Valenciennes enfonce Nantes

L'ÉQUIPE DU 17 SEPTEMBRE. Battus et archidominés par de pétillants Nordistes, les Canaris touchent le fond. **De notre envoyé spécial à Valenciennes, Guy ROGER**

PETIT À PETIT, Valenciennes fait son nid. Les Nordistes, corrigés à Lens (0-3) lors de la journée précédente, ont signé leur deuxième victoire de la saison et se retrouvent presque au chaud, en milieu de tableau.

Nantes, leur victime, qui compte désormais trois défaites dont deux face à des promus (1-3 à Lorient), n'a toujours pas gagné. Aucun doute, avec ou sans leurs recrues, les Canaris n'y arrivent pas.

Ils ont offert à Nungesser un triste spectacle et leurs maigres supporters, qui faisaient les malins avant la rencontre, avec une banderole offensante où on pouvait lire : « VA, c'est combien pour 3 points ? », avaient belle mine à la fin du match. Avec ce football épais, tissé d'impuissance, où seuls Dimitrijevic, Payet et Rossi ont émergé, la confiance s'étiole doucement.

MINIER / OUEST MÉDIAS

Steve Savidan (n° 9) inscrit face à Tony Heurtebis le seul but du match.

GUILLON : « ON EST EN DANGER »

Pour la première fois de la saison, Nantes n'a pas marqué. Seuls des tirs de Savinaud (42e), Dimitrijevic (49e) ou Keserü (65e) sont venus animer une prestation très médiocre. C'est maigre pour une équipe dont Rudi Roussillon, président du club, annonçait en début de saison que son recrutement devait lui permettre de « viser la sixième place et l'Europe ». Bizarrement, les joueurs nantais, agacés par toute cette pression, ont commencé à se lâcher : « Ce n'est pas nous qui avons demandé le huis clos *(à l'entraînement)*, je peux vous l'assurer, a dit l'un d'eux sous couvert d'anonymat, c'est le président en personne qui se sert de nous pour faire passer ses quatre volontés. »

De ce nouvel échec découle un nouveau constat : le Nantes version Roussillon ne fait peur à personne. Même pas à Valenciennes, dont il faut également souligner l'intransigeance en défense. La prestation du seul Steve Savidan, auteur du but de la victoire nordiste (1-0, 38e) et qui aurait pu faire exploser toute la défense jaune, en dit long. « On est vraiment en danger, a confessé Guillon. C'est un moment difficile à passer, il ne faut surtout pas se désunir. » Le capitaine n'était pas le seul à se faire du souci, il suffisait de voir la tête du président nantais : « Oui, on peut se poser des questions et il y a de quoi être inquiets. » Quant au fameux huis clos, il est reconduit *sine die*. Cette fois, le président ne pourra pas incriminer la presse pour les mauvais résultats. ■

LIGUE 1 - 6E JOURNÉE	
Sedan - Le Mans :	1-2
Lille - Toulouse :	1-3
Lorient - Lyon :	1-3
Troyes - Nice :	2-0
Valenciennes - Nantes :	1-0
Monaco - Paris-SG :	1-2
Nancy - Rennes :	0-0
St-Étienne - Auxerre :	2-3
Sochaux - Lens :	0-3
Marseille - Bordeaux :	2-1

		Pts	J	G	N	P	diff
1	Lyon	16	6	5	1	0	+10
2	Marseille	16	6	5	1	0	+10
3	Nancy	11	6	3	2	1	+3
4	Toulouse	11	6	3	2	1	+2
5	Le Mans	11	6	3	2	1	+1
6	Lille	10	6	3	1	2	+5
7	Lens	10	6	3	1	2	+2
8	St-Étienne	10	6	3	1	2	+1
9	Bordeaux	9	6	3	0	3	-1
10	Lorient	8	6	2	2	2	0
11	Valenciennes	8	6	2	2	2	-1
12	Sochaux	8	6	2	2	2	-2
13	Auxerre	8	6	2	2	2	-2
14	Paris-SG	7	6	2	1	3	-2
15	Troyes	5	6	1	2	3	-2
16	Rennes	5	6	1	2	3	-4
17	Monaco	4	6	1	1	4	-3
18	Sedan	3	6	0	3	3	-4
19	Nantes	3	6	0	3	3	-5
20	Nice	1	6	0	1	5	-8

Le Dizet sacrifié

L'ÉQUIPE DU 21 SEPTEMBRE. L'élimination en Coupe de la Ligue contre Toulouse (0-2), trois jours après l'échec contre VA, a été fatale à l'entraîneur nantais. Il est remplacé par son adjoint, Georges Eo. **De notre envoyé spécial à Nantes, Raphaël RAYMOND**

MINIER / OUEST MÉDIAS

Serge Le Dizet est le premier entraîneur démis de ses fonctions en Ligue 1 cette saison, et c'est tout sauf une surprise. Sur la sellette bien avant que ne débute la saison, le désormais ex-entraîneur nantais n'a pas survécu à la piteuse élimination de son équipe en seizièmes de finale de la Coupe de la Ligue, contre Toulouse (0-2), survenue trois jours après la défaite à Valenciennes en L1 (0-1). « Il faut regarder la situation en face, a expliqué Rudi Roussillon, le patron du FCNA. Les résultats sont mauvais. La situation ne correspond pas à nos ambitions de début de saison. Serge Le Dizet a montré beaucoup de passion, mais les résultats ne sont pas là. » Ce n'est pas tant cette dernière défaite que son contenu désastreux qui a incité Roussillon à actionner le fusible. La maison jaune est en feu. Avec Stojkovic, Wilhelmsson, Boukhari, Cubilier et Saïdou, les cinq recrues dont le président nantais continue à penser le plus grand bien, Nantes, sans âme et sans ressort, a pataugé avant de se vautrer sous les sifflets de la Beaujoire. La réponse apportée par le président nantais suffira-t-elle à redonner un élan à une équipe à l'arrêt ? Ce n'est pas sûr, comme il n'est pas certain, non plus, que Georges Eo, l'ex-adjoint de Le Dizet, promu à la tête de l'équipe, soit un entraîneur qui dure.

LOEB FAIT CRAQUER GRÖNHOLM
STRASBOURG ET PAU CHUTENT D'ENTRÉE
BOONEN VEUT RESTER MAÎTRE DU MONDE
PARIS PREND LE LARGE
L'ÉQUIPE
DIMANCHE
LYON IRRÉSISTIBLE
NANTES : LA PREMIÈRE D'EO
MARSEILLE : LA RÉVÉLATION CARRASSO
ÉCOSSE : LES SOUCIS DE LE GUEN
MAURESMO EN FINALE À PÉKIN
COUPE DAVIS : LES ÉTATS-UNIS BOUGENT ENCORE
RYDER CUP : L'AMÉRIQUE CONTRAINTE À L'EXPLOIT
IVECO
NOUVEAU IVECO DAILY. CARACTÈRE DOMINANT

LIGUE 1
7e journée

LYON - LILLE : 4-1

Lyon, un train d'enfer

L'ÉQUIPE DU 24 SEPTEMBRE. L'OL a fait exploser les Lillois dans une dernière demi-heure de très, très haut niveau. **De notre envoyé spécial à Lyon, Vincent DULUC**

PAPON / L'ÉQUIPE

Revanchard comme ses coéquipiers face à la traditionnelle bête noire de l'OL, **Juninho** (à g.) s'impose joliment devant **Stéphane Dumont.**

EN TORTURANT dans les grandes largeurs son bourreau préféré, l'Olympique Lyonnais a dessiné quelque chose comme un désert, qui gagne un peu plus de terrain chaque année pour rogner le suspense en Ligue 1.

Ceux qui aiment les fins de Championnat incertaines vont devenir supporters de Marseille, seul contradicteur de l'instant. Ceux qui aiment le foot ont le droit d'aimer l'OL : entre sa première période face au Real Madrid (2-0), dix jours plus tôt *(lire p. 97)*, et la seconde livrée devant Lille (4-1), l'équipe lyonnaise a effectué les deux moitiés ébouriffantes d'un match parfait. Elle s'est hissée à un niveau inaccessible à toute autre équipe française du moment.

UNE REVANCHE ÉCLATANTE

Ses dix minutes de rêve, à partir de la 60e minute, alors qu'elle menait 2-1, auront été une boucherie : deux buts de plus et quatre occasions nettes plus tard, le LOSC avait disparu du paysage pour entrer dans le décor. « C'est une des meilleures mi-temps que l'on ait pu jouer, dans le rythme et la qualité technique », estime Patrice Bergues, l'adjoint de Gérard Houllier. Bien sûr, il reste deux manières d'aborder la revanche que l'OL a prise sur Lille, après avoir perdu quatre fois d'affilée face aux Nordistes depuis deux ans. Il faut se souvenir, par exemple, de la pauvreté technique de la première période, et de la balle de but manquée par Jean II Makoun (49e), à 1-1, alors que Lille présentait une statistique impressionnante : zéro tir cadré, un but. Jusque-là, les Lillois étaient parvenus à empêcher les Lyonnais de jouer. « On n'était pas spécialement en danger, souligne Claude Puel. Pendant une heure, on a été cohérents, on ne s'attendait pas à prendre l'eau. »

Après le but de Malouda, au bout de trois duels aériens gagnés par l'OL devant la surface lilloise (1-0, 6e), il ne s'était pas passé grand-chose d'intéressant, en dehors du but contre son camp de Cris sur une reprise d'Abdulkader Keita (1-1, 24e).

Mais l'autre face de la victoire lyonnaise, c'est cette énorme seconde période durant laquelle Lyon a plongé le LOSC dans la nuit. Les trois derniers buts de l'OL ont d'abord été trois belles passes décisives : talonnade de Fred dans la course de Juninho (2-1, 52e), magnifique ballon d'Abidal dans le dos de Schmitz vers Fred (3-1, 64e), ballon en profondeur de Juninho dans l'exact tempo de l'appel de Fred (4-1, 70e). Après cela, plusieurs parades de Malicki ont encore empêché Lille de repartir avec une doudoune multi-épaisseur. Qui aurait pu résister à ces minutes étourdissantes ? ■

« J'ai pris une nouvelle dimension »

Fred, auteur de deux buts et d'une passe décisive, a encore marqué les esprits. **De notre envoyé spécial permanent à Lyon, Claude CHEVALLY**

« **Vu ce que vous avez fait sur le deuxième but lyonnais, la talonnade semble être une de vos armes favorites.**

– Quand l'occasion se présente, c'est vrai, j'aime bien cet exercice. En l'occurrence, comme ce genre de situation se présente parfois à l'entraînement, je savais que "Juni" n'était pas loin. Disons que j'ai vu son ombre dans mon dos. Mais il fallait encore qu'il finisse le travail !

– Et vos deux buts ?

– Tout est plus facile quand vous recevez des ballons aussi propres et aussi bien ajustés que ceux que m'ont donnés Juninho et Abidal !

– Vous avez inscrit cinq buts en sept journées ; comment vous sentez-vous en ce début de saison ?

– Très bien. Je me sens désormais comme chez moi ici. Comme j'ai plus de temps de jeu, j'ai forcément plus l'occasion de me faire remarquer, de marquer des buts. Disons que je suis vraiment en confiance aujourd'hui. J'ai la sensation d'avoir pris une nouvelle dimension. »

Du grand Fred

FRED (note : 9/10) : Alors qu'il était esseulé en pointe, il effectua déjà quelques gestes dignes d'un grand attaquant. Il a ensuite enchaîné amorti de la poitrine et talonnade pour une offrande à Juninho (52e), puis a inscrit un but (64e), puis un deuxième (70e). Très, très fort ! Son bilan en L1 depuis le début de saison ? Cinq buts et deux passes décisives. – **Sébastien TARRAGO**

PAPON / L'ÉQUIPE

LIGUE 1
7e journée (suite)

NANTES - MARSEILLE : 2-1
NICE - VALENCIENNES : 2-0

Nantes fait craquer l'OM

L'ÉQUIPE DU 25 SEPTEMBRE. Même à onze contre dix, l'OM a perdu très logiquement pour la première fois de la saison, sur la pelouse d'une équipe nantaise qui relève enfin la tête. **De notre envoyé spécial à Nantes, Hervé PENOT**

LYON DÉCOUVRE la solitude des cimes. Ex-coleader, Marseille n'a pas pu suivre le rythme infernal imposé par les héros nationaux, exécuteurs des Lillois (4-1). Trois points séparent déjà le quintuple champion de France en titre de son premier poursuivant, défait à Nantes (1-2).
Marseille a laissé apparaître des failles dans son bloc. Quand Ribéry ou Nasri peinent à remporter des duels, quand Pagis erre tel un fantôme, l'OM promène une incapacité évidente. En évitant de tomber dans une bataille physique, les Nantais ont su contourner leurs adversaires grâce à un style fluide totalement oublié les semaines précédentes sur les bords de l'Erdre. Nantes n'est pas mort. La joie de Georges Eo, le nouvel entraîneur jaune, au coup de sifflet final, en disait long sur le soulagement nantais…

MOUNIC / L'ÉQUIPE

Enfin des images de joie chez les Canaris, qui offrent un précieux succès à leur nouvel entraîneur, Georges Eo.

LA VITESSE NANTAISE

Nantes méritait en tout cas d'ouvrir le score. Un but comme un symbole : Dimitri Payet, 19 ans, marquait sur une action à forte consonance canari. L'appel de Diallo, côté droit, rendait Civelli à ses qualités de sprinteur de fin de soirée et son centre en retrait tombait sur le gamin (1-0, 38e). Les Nantais affirmaient ainsi très vite leur emprise sur un match enlevé. Pour la première d'Eo, ses hommes récitaient une partition vivante, parfois même brillante.

Déstabilisé, l'OM avait du mal à se sortir de la vitesse nantaise, de ces appels dans le dos, de ces combinaisons dans les intervalles. À la suite d'une frappe sur le poteau de Diallo, très remuant, Norbert reprenait du droit et trompait Carrasso (2-0, 49e). Même réduits à dix après une expulsion invraisemblable de Cetto (insulte à Carrasso, 65e), les Nantais déroulaient, réussissaient des belles combinaisons sous les yeux de Marseillais sans aucune inspiration : Ribéry en faisait trop, sans jamais prendre le dessus, Nasri itou.
Comment l'OM pouvait-il s'en sortir ? Par un exploit individuel, tout simplement. Il venait de Niang, qui expédiait une frappe dans la lucarne de Briant (2-1, 79e). Avec un seul but d'avance, à dix contre onze, et l'inévitable doute inhérent à leur début de saison, les Nantais souffraient. Mais le FCNA tenait et glanait son premier succès de la saison, s'extirpant de la dernière place. ■

LIGUE 1 - 7E JOURNÉE	
Lyon - Lille :	4-1
Auxerre - Sedan :	2-2
Bordeaux - Troyes :	2-1
Le Mans - Sochaux :	2-2
Nice - Valenciennes :	2-0
Paris-SG - Nancy :	0-0
Rennes - St-Étienne :	0-0
Toulouse - Lorient :	0-0
Lens - Monaco :	1-0
Nantes - Marseille :	2-1

	Pts	J	G	N	P	diff
1 Lyon	19	7	6	1	0	+13
2 Marseille	16	7	5	1	1	+9
3 Lens	13	7	4	1	2	+3
4 Nancy	12	7	3	3	1	+3
5 Toulouse	12	7	3	3	1	+2
6 Le Mans	12	7	3	3	1	+1
7 Bordeaux	12	7	4	0	3	0
8 St-Étienne	11	7	3	2	2	+1
9 Lille	10	7	3	1	3	+2
10 Lorient	9	7	2	3	2	0
11 Sochaux	9	7	2	3	2	-2
12 Auxerre	9	7	2	3	2	-2
13 Paris-SG	8	7	2	2	3	-2
14 Valenciennes	8	7	2	2	3	-3
15 Nantes	6	7	1	3	3	-4
16 Rennes	6	7	1	3	3	-4
17 Troyes	5	7	1	2	4	-3
18 Sedan	4	7	0	4	3	-4
19 Monaco	4	7	1	1	5	-4
20 Nice	4	7	1	1	5	-6

Varrault soulage Nice

L'ÉQUIPE DU 25 SEPTEMBRE. Le défenseur azuréen a ouvert le score contre Valenciennes, à la 86e minute. Et le Gym a signé son premier succès de l'exercice 2006-07. **De notre envoyé spécial à Nice, Jean-Pierre RIVAIS**

« Dans quelles dispositions d'esprit êtes-vous après avoir obtenu cette première victoire en L1 (2-0) ?
– On est contents. C'est un succès que l'on attendait depuis longtemps et qui, malgré de bons matches, nous fuyait régulièrement. On est soulagés.
– Contre VA, au vu des occasions ratées, ne vous êtes-vous pas dit que vous alliez encore passer à travers ?
– Évidemment, on a repensé aux matches précédents et, à un moment, on a pu croire qu'une nouvelle fois on n'y arriverait pas. Mais on n'a pas voulu lâcher, on a continué à pousser et on en a été récompensés.
– C'est vous qui avez ouvert le score à la 86e minute. Avez-vous conscience de l'importance de ce but ?
– C'est un but particulier. Je voulais tellement cette première victoire que je me suis retrouvé aux avant-postes et que j'ai tout mis dans cette frappe. Quand j'ai vu le ballon au fond des filets, ça m'a pris aux tripes. Je n'avais pas compris que l'arbitre me refuse un but en première mi-temps *(22e)*. Le ballon *(dégagé par Chelle)* était entré de 50 centimètres ! Le sentiment d'injustice qui m'animait m'a peut-être boosté.
– Pour la première fois, le Gym n'a pas encaissé de but et s'est imposé *(2-0, avec un but contre son camp de Grondin, le gardien de VA, à la suite d'un penalty de Bellion sur le poteau, 90e +1)*. Nice est-il vraiment lancé ?
– Je l'espère. On sait d'où on vient et il n'y a pas d'excès d'optimisme. Mais des périodes comme celle-là permettent de grandir, de forger les caractères et de se souder. » ■

La rage de vaincre de **Cédric Varrault** après son but.

LAPOIRIE / PHOTO PQR / NICE MATIN

SCHUMACHER PEUT Y CROIRE
L'ÉQUIPE
L'OM SE RACHÈTE
100% MATOS

LIGUE 1
8e journée

NANCY - LENS : 2-1

Nancy sur un nuage

L'ÉQUIPE DU 2 OCTOBRE. Euphoriques en L1 comme en C3, les Lorrains grimpent à la troisième place.

De notre correspondant permanent à Nancy, Lionel DANGOUMAU

MAO / L'ÉQUIPE

TOUT SOURIT à Nancy. Septembre pouvait être un mois de cauchemar pour les hommes de Pablo Correa, avec sept matches en vingt et un jours, dont une double confrontation européenne. Les Lorrains en ressortent invaincus, avec six points en quatre matches de Championnat, toujours qualifiés en Coupe de l'UEFA comme en Coupe de la Ligue. Et leur victoire contre Lens (2-1) leur offre la troisième place de la L1, juste derrière Lyon et Marseille. Qui dit mieux ? « On est conscients de finir un bon mois, avouait Benjamin Gavanon, le milieu nancéien. Si on nous l'avait dit, on ne l'aurait pas cru. Cette équipe ne fait plus de complexe par rapport à qui que ce soit. »

Si Nancy est toujours sur son petit nuage, Lens en est, lui, descendu en Lorraine, après trois victoires consécutives. « Mais ce n'est pas fini », modérait Seydou Keita. Nancy a interrompu la bonne série lensoise sans vraiment dominer son adversaire. Au contraire, c'est peut-être lorsque Lens était le plus tranquille qu'il a été pris en défaut. D'abord par un penalty de Benjamin Gavanon après un léger accrochage de Kim par Itandje (1-0, 26e) puis par un coup franc frappé par Gavanon, encore, et repris au point de penalty par David Sauget (2-0, 58e). Et le plus grand regret des Lensois est bien là : avoir dû courir derrière Nancy sans l'avoir mérité. Charles Itandje, très agacé, préférait d'ailleurs retenir ses mots après la rencontre : « Je suis énervé, on était dans une bonne dynamique et là, pfff ! Après ce penalty, le match n'est plus pareil. »

DIAKHATÉ : « ON PEUT CRÉER UNE SURPRISE »

Mais si Lens n'a pas vraiment souffert, il n'a pas non plus montré qu'il était capable de déborder Nancy. Un peu seulement après la réduction du score par Jussiê (2-1, 73e), grâce à un penalty pas plus justifié que le premier. L'équipe artésienne a cruellement manqué d'agressivité et de vitesse dans les trente derniers mètres en l'absence de son meilleur buteur, Aruna, suspendu. Sans produire une performance aussi enlevée que trois jours auparavant contre Schalke 04 (3-1, en Coupe de l'UEFA), Nancy a donc bouclé dignement une semaine de rêve. « Mentalement on est costauds, on peut créer une surprise, souligne Pape Diakhaté. On a fait d'énormes progrès dans le jeu et ça porte ses fruits. » ■

Kim, le Brésilien de Nancy, « raffute » Nenad Kovacevic (à dr.), sous les yeux d'Issam Jemaa.

LIGUE 1 - 8E JOURNÉE	
Sochaux - Lyon :	0-1
Lille - Nice :	1-0
Lorient - Troyes :	0-0
Monaco - Le Mans :	2-1
Sedan - Rennes :	1-0
Valenciennes - Bordeaux :	2-0
Nancy - Lens :	2-1
Marseille - Toulouse :	3-0
Auxerre - Nantes :	1-0
St-Étienne - Paris-SG :	1-0

		Pts	J	G	N	P	diff
1	Lyon	22	8	7	1	0	+14
2	Marseille	19	8	6	1	1	+12
3	Nancy	15	8	4	3	1	+4
4	St-Étienne	14	8	4	2	2	+2
5	Lille	13	8	4	1	3	+3
6	Lens	13	8	4	1	3	+2
7	Le Mans	12	8	3	3	2	0
8	Auxerre	12	8	3	3	2	-1
9	Toulouse	12	8	3	3	2	-1
10	Bordeaux	12	8	4	0	4	-2
11	Valenciennes	11	8	3	2	3	-1
12	Lorient	10	8	2	4	2	0
13	Sochaux	9	8	2	3	3	-3
14	Paris-SG	8	8	2	2	4	-3
15	Sedan	7	8	1	4	3	-3
16	Monaco	7	8	2	1	5	-3
17	Troyes	6	8	1	3	4	-3
18	Nantes	6	8	1	3	4	-5
19	Rennes	6	8	1	3	4	-5
20	Nice	4	8	1	1	6	-7

LIGUE 1
9e journée

PARIS-SG - SEDAN : 4-2

Paris aime souffrir

L'ÉQUIPE DU 15 OCTOBRE. À dix contre onze, le Paris-SG a su remporter une victoire peu évidente avant la pause. **Par Damien DEGORRE**

PARIS EST-IL plus fort à dix ? La question fait sourire les joueurs et leur entraîneur. Pourtant, c'est en infériorité numérique que le PSG est parvenu à terrasser une bien pauvre équipe sedanaise. Les Ardennais, avant-derniers, s'enfoncent un peu plus. Ils ont de surcroît perdu leur meneur de jeu, Noro, grièvement touché au genou droit à la suite d'un coup donné par Frau, qui coûta à ce dernier son expulsion (43e). Un incident qui a totalement déstabilisé l'équipe de Serge Romano.

Paris n'en demandait pas tant après une première période bien médiocre (1-1, buts de Frau, 6e, et de Marin, 18e). Juste après la pause, Yepes reprenait un ballon mal repoussé par Regnault (2-1, 49e). Puis Kalou délivra une passe décisive à Pauleta (3-1, 56e). Le penalty transformé par ce dernier (4-1, 72e) fut à peine moins anecdotique que le but de Boutabout dans les arrêts de jeu (4-2, 90e+3). Kalou en était soulagé : « Nous avons pris conscience que nous n'étions pas aussi mauvais qu'on voulait nous le faire croire. » ■

LIGUE 1 - 9E JOURNÉE	
Lyon - St-Étienne :	2-1
Bordeaux - Monaco :	1-0
Nantes - Sochaux :	0-2
Nice - Lorient :	3-0
Paris-SG - Sedan :	4-2
Rennes - Auxerre :	3-1
Toulouse - Valenciennes :	3-0
Troyes - Lille :	1-1
Le Mans - Nancy :	0-0
Lens - Marseille :	1-1

		Pts	J	G	N	P	diff
1	Lyon	25	9	8	1	0	+15
2	Marseille	20	9	6	2	1	+12
3	Nancy	16	9	4	4	1	+4
4	Toulouse	15	9	4	3	2	+2
5	Bordeaux	15	9	5	0	4	-1
6	Lille	14	9	4	2	3	+3
7	Lens	14	9	4	2	3	+2
8	St-Étienne	14	9	4	2	3	+1
9	Le Mans	13	9	3	4	2	0
10	Sochaux	12	9	3	3	3	-1
11	Auxerre	12	9	3	3	3	-3
12	Paris-SG	11	9	3	2	4	-1
13	Valenciennes	11	9	3	2	4	-4
14	Lorient	10	9	2	4	3	-3
15	Rennes	9	9	2	3	4	-3
16	Troyes	7	9	1	4	4	-3
17	Nice	7	9	2	1	6	-4
18	Monaco	7	9	2	1	6	-4
19	Sedan	7	9	1	4	4	-5
20	Nantes	6	9	1	3	5	-7

Cristian Rodriguez s'impose dans la douleur devant Jérémy Hénin (à terre).

NATAF / L'ÉQUIPE

AUTOMOBILE
ALONSO, DEUXIÈME SACRE
SCHUMACHER, DERNIER SHOW
L'ÉQUIPE
LYON, LE CHEF-D'ŒUVRE

LIGUE 1
10e journée

MARSEILLE - LYON : 1-4

Le caïd, c'est Lyon

L'ÉQUIPE DU 23 OCTOBRE. Irrésistible au Vélodrome (4-1), l'OL a repoussé l'OM à huit points. Son sixième titre lui tend déjà les bras. **De notre envoyé spécial à Marseille, Vincent DULUC**

C'ÉTAIT LE COMBAT des chefs, et on sait désormais qui commande : l'Olympique Lyonnais, leader de la Ligue 1 avec huit points d'avance après son triomphe à Marseille (4-1), n'a pratiquement plus d'adversaire à vingt-huit journées de la fin. En assommant l'OM au Vélodrome, les Lyonnais ont également assommé tous les autres. Ils ont pris vingt-huit points sur trente, ils ont gagné leurs onze derniers matches, toutes compétitions confondues, et leur supériorité a été considérable le soir même où elle semblait le plus susceptible d'être remise en cause.

JUNINHO, COMME TOUJOURS

Après un tir sur le poteau de Källström (2e), l'OL fit la différence sur un éternel coup franc direct de Juninho, crucifiant Carrasso de vingt mètres (0-1, 20e). Un coup de pied arrêté qui sanctionnait la constante capacité des attaquants lyonnais à provoquer balle au pied. Cette fois, Cana avait fauché un Govou intenable.

Le même Govou, dès la reprise, effaçait Taiwo pour offrir à Benzema, 18 ans, un deuxième but comme un coup d'assommoir (0-2, 48e). Après le carton rouge de Taiwo, auteur d'une agression sur Malouda (56e), l'OM semblait parti pour une soirée cauchemardesque.

La surprise est pourtant venue du spectacle de Lyonnais incapables de maîtriser la rencontre en supériorité numérique, se mettant à subir pendant un long quart d'heure. Il a certes fallu, pour que l'OM marque, que M. Layec accorde le but de Bamogo, hors jeu d'un bon mètre (1-2, 69e). Un moment, les Marseillais parvinrent à faire oublier qu'ils jouaient à dix.

Mais ils jouaient sur un fil depuis trop longtemps pour ne pas finir par en tomber. Le troisième but lyonnais fut une merveille d'instinct et de qualité technique, avec une talonnade de Benzema dans la course de Toulalan, une passe décisive de ce dernier, en petit pont, vers Juninho accouru pour le doublé (1-3, 78e). Benzema fut encore à l'origine du quatrième but lyonnais, signé Källström (1-4, 87e). Lyon est trop fort. On va probablement le dire et l'écrire jusqu'à la fin de la saison française. ■

LIGUE 1 - 10E JOURNÉE

Lille - Lorient :	1-0
Monaco - Toulouse :	1-3
Nancy - Nantes :	1-0
Rennes - Nice :	1-0
St-Étienne - Le Mans :	2-0
Sedan - Lens :	2-2
Sochaux - Bordeaux :	2-1
Valenciennes - Troyes :	3-1
Auxerre - Paris-SG :	0-0
Marseille - Lyon :	1-4

		Pts	J	G	N	P	diff
1	Lyon	28	10	9	1	0	+18
2	Marseille	20	10	6	2	2	+9
3	Nancy	19	10	5	4	1	+5
4	Toulouse	18	10	5	3	2	+4
5	Lille	17	10	5	2	3	+4
6	St-Étienne	17	10	5	2	3	+3
7	Lens	15	10	4	3	3	+2
8	Sochaux	15	10	4	3	3	0
9	Bordeaux	15	10	5	0	5	-2
10	Valenciennes	14	10	4	2	4	-2
11	Le Mans	13	10	3	4	3	-2
12	Auxerre	13	10	3	4	3	-3
13	Paris-SG	12	10	3	3	4	-1
14	Rennes	12	10	3	3	4	-2
15	Lorient	10	10	2	4	4	-4
16	Sedan	8	10	1	5	4	-5
17	Nice	7	10	2	1	7	-5
	Troyes	7	10	1	4	5	-5
19	Monaco	7	10	2	1	7	-6
20	Nantes	6	10	1	3	6	-8

LA QUESTION

Peut-on encore empêcher Lyon d'être champion de France ?

OUI 16 %
NON 84 %

(nombre de votants : 114 443)
Selon le résultat des votes sur www.lequipe.fr et par SMS.

LAHALLE / L'ÉQUIPE

Dès la 20e minute, Cédric Carrasso (à g.) s'incline sur un coup franc de Juninho. Le début d'un long calvaire pour les Marseillais.

« Ça marchait peut-être dans les années 1950 »

L'ÉQUIPE DU 23 OCTOBRE. Juninho, une fois de plus décisif, rappelle qu'une rencontre se gagne sur le terrain et non dans les déclarations d'avant-match. **De notre envoyé spécial à Marseille, Sébastien TARRAGO**

« C'est une victoire écrasante pour l'OL…

– Rien n'est fini pour le titre, évidemment. Mais on a largement mérité notre victoire. Cela confirme que les matches se gagnent sur le terrain, pas en dehors. On a montré qu'on avait une équipe qui savait prendre des risques, qui jouait au ballon, sans faire n'importe quoi pour autant. On a fait ce qu'il fallait, avec ou sans le ballon.

– Et vous avez encore marqué sur coup franc.

– Ça fait quelques matches que les gardiens me laissent un côté ouvert pour m'amener à frapper à cet endroit-là. Alors, je me suis dit que Carrasso allait anticiper de ce côté-là, et j'ai frappé du sien. Le ballon a pris une vitesse importante, et ça a fait but. Je suis content, bien sûr, mais devenir un buteur n'est pas mon objectif.

– Mais gagner ici aussi facilement, ce doit quand même être une grosse fierté…

– Oui, c'est très, très agréable, et c'est encore meilleur après tout ce qui s'est passé dans la semaine. On est bientôt en 2007, le foot a changé, ce n'est pas la peine d'essayer de se donner une motivation supplémentaire avec des déclarations… Ça marchait peut-être dans les années 1950, plus maintenant. Nous, notre motivation, c'est de rester en haut. Y arriver, c'est facile, y rester, c'est très dur. D'ici dix ou quinze ans, on se rappellera vraiment de ce que l'on fait, je pense. »

PAPON / L'ÉQUIPE

Jérémy Toulalan (à g.) félicite Juninho, auteur d'un doublé.

MONACO - TOULOUSE : 1-3

Bölöni, c'est fini

L'ÉQUIPE DU 24 OCTOBRE. Les résultats catastrophiques de Monaco ont eu raison de l'entraîneur roumain, remplacé par Laurent Banide, son adjoint.

De notre envoyé spécial à Monaco, Jean-Pierre RIVAIS

LASZLO BÖLÖNI n'est plus l'entraîneur de l'AS Monaco. Michel Pastor, le président monégasque, en a fait l'annonce à La Turbie, en même temps qu'il confirmait la nomination de Laurent Banide, ex-adjoint du Roumain, à la tête de l'équipe.

Sans surprise, Bölöni a donc payé au prix fort la défaite face à Toulouse (1-3), la septième en dix journées de Championnat, la troisième à domicile, et une peu reluisante dix-neuvième place au classement. « On ne pouvait plus continuer comme ça, estime Pastor. Le classement n'est pas digne de l'ASM et le football pratiqué non plus. Il fallait absolument faire quelque chose. »

Les tâtonnements tactiques de l'ancien coach rennais, ses relations conflictuelles avec certains joueurs et les résultats désastreux ont largement accrédité la thèse d'une incroyable erreur de casting, ainsi que le prouvent les... quatre petits mois – aucun de ses prédécesseurs en Principauté n'a eu un règne aussi court – passés par Bölöni à la tête de l'équipe.

Après une longue période de stabilité, c'est la troisième fois en l'espace de treize mois que Michel Pastor annonce le départ d'un entraîneur. « Didier Deschamps, c'était une démission. Quant à Francesco Guidolin, il avait envie de retourner en Italie », a précisé le président monégasque, qui, lui, n'a « pas l'intention de quitter *(son)* poste. » ■

Laszlo Bölöni n'aura passé que quatre mois à la tête de l'ASM, un triste record.

LAHALLE / L'ÉQUIPE

L'ÉQUIPE DIMANCHE

MONACO AU PLUS MAL

SONY

BRAVIA

LIGUE 1
11e journée

LORIENT - VALENCIENNES : 1-0
BORDEAUX - SEDAN : 3-1

Le Pen, gardien de bonne fortune

L'ÉQUIPE DU 29 OCTOBRE. Audard blessé, Cappone expulsé, Lorient est quand même parvenu à s'imposer avec son milieu gauche, héroïque, dans le but.

De notre correspondant permanent à Lorient, Raphaël RAYMOND

ANTOINE KOMBOUARÉ n'a pas crié victoire quand Ulrich Le Pen a pris place dans le but lorientais. L'entraîneur de VA savait à quoi s'en tenir : il avait vu à l'œuvre le milieu de terrain gaucher pendant quasiment deux saisons, à Strasbourg. « À la fin de pratiquement toutes les séances, il se mettait dans le but. Je savais qu'il était bon... » Quand l'arbitre siffla la mi-temps, cela faisait plus de vingt minutes que Le Pen était devenu l'attraction de la soirée. Dès la 9e minute, Audard avait été contraint de quitter la pelouse sur une civière. Sur un corner, la cheville droite du gardien morbihannais avait cédé.

Cappone, la doublure d'Audard, allait connaître des débuts aussi courts que mouvementés en L1. Il n'était entré en jeu que depuis un quart d'heure quand il déséquilibra Doumeng hors de sa surface. Carton rouge ! À peine ganté, Le Pen, gardien de bonne fortune, captait le coup franc de Roudet (24e). « J'ai vécu une soirée difficile, confia-t-il. Il faut toujours être sur le qui-vive, diriger sa défense. Forcément, je suis content de notre victoire, de l'état d'esprit que nous avons affiché. Mes coéquipiers m'ont bien aidé. »

PENNETEAU : « SOIT IL S'ENTRAÎNE EN CACHETTE... »

Plutôt que de se recroqueviller et de subir, les Lorientais continuèrent en effet à presser haut et à appuyer chacune de leurs attaques. Servi par Saïfi, Gignac faisait trembler la barre (33e). Le duo d'attaque breton se régalait. Dans le rôle du passeur cette fois, Gignac alertait l'Algérien, dont le tir, légèrement dévié, donnait un avantage mérité à Lorient (1-0, 43e).

Les Merlus le défendirent jusqu'au bout avec beaucoup de vaillance. Le Pen fit la différence face à Dossevi (52e), Haddad (58e), Paauwe (87e) et Bratu (90e). De l'autre côté du terrain, Penneteau appréciait le show de son improbable vis-à-vis. « Il a été très bon, reconnut le gardien nordiste, beau joueur. Il a su s'imposer dans le jeu aérien, il a montré qu'il savait plonger. Soit il s'entraîne en cachette, soit c'est vraiment un bon gardien. » ■

TELLIER / LPHOTOPOR / LE TELEGRAMME / TEAMSHOOT

Rafik Saïfi (à dr.), le buteur, jubile avec l'autre héros lorientais, Ulrich Le Pen, qui a fait un triomphe... comme gardien.

LIGUE 1 - 11e JOURNÉE

Lens - Auxerre :	1-0
Bordeaux - Sedan :	3-1
Le Mans - Lille :	1-1
Lorient - Valenciennes :	1-0
Nantes - Monaco :	1-0
Paris-SG - Rennes :	1-0
Toulouse - Sochaux :	1-2
Troyes - Saint-Étienne :	3-1
Nice - Marseille :	2-1
Lyon - Nancy :	1-0

		Pts	J	G	N	P	diff
1	Lyon	31	11	10	1	0	+19
2	Marseille	20	11	6	2	3	+8
3	Nancy	19	11	5	4	2	+4
4	Lille	18	11	5	3	3	+4
5	Lens	18	11	5	3	3	+3
	Toulouse	18	11	5	3	3	+3
7	Sochaux	18	11	5	3	3	+1
8	Bordeaux	18	11	6	0	5	0
9	St-Étienne	17	11	5	2	4	+1
10	Paris-SG	15	11	4	3	4	0
11	Le Mans	14	11	3	5	3	-2
12	Valenciennes	14	11	4	2	5	-3
13	Lorient	13	11	3	4	4	-3
14	Auxerre	13	11	3	4	4	-4
15	Rennes	12	11	3	3	5	-3
16	Troyes	10	11	2	4	5	-3
17	Nice	10	11	3	1	7	-4
18	Nantes	9	11	2	3	6	-7
19	Sedan	8	11	1	5	5	-7
20	Monaco	7	11	2	1	8	-7

Romano débarqué

L'ÉQUIPE DU 1ER NOVEMBRE. Avant-dernier, Sedan s'est séparé de son entraîneur, remplacé par son adjoint, José Pasqualetti. De notre correspondant à Sedan, Pascal RÉMY

SERGE ROMANO ne se faisait plus d'illusions. Il a appris de la bouche de Pascal Urano, son président, qu'il était déchargé de ses fonctions d'entraîneur de Sedan et que son adjoint, l'ancien Ajaccien José Pasqualetti, le remplaçait. Romano, à la tête des Sangliers depuis avril 2004, paie le mauvais classement de son équipe, avant-dernière de L1 et relégable pour la troisième fois de la saison après sa défaite à Bordeaux (1-3).

« On a estimé qu'il n'y avait plus de coordination parfaite entre l'entraîneur et l'effectif, explique Urano. Cette mesure était donc devenue inéluctable. Elle ne me réjouit pas. On ne balaie pas d'un revers de main une finale de Coupe de France *(2005)* et une accession en L1 *(2006)*. » ■

PARIS, UN POINT TROP COURT
LEMONCHOIS : « L'ATLANTIQUE EN HUIT JOURS, C'EST INCROYABLE »
L'ÉQUIPE
RENNES L'A FAIT
« RTL en direct de L'Équipe »

LIGUE 1
12e journée

RENNES - LYON : 1-0

Lyon est tombé

L'ÉQUIPE DU 5 NOVEMBRE. Dépassé par les Rennais en première période, malheureux en seconde, l'OL a subi sa première défaite de la saison. **De notre envoyé spécial à Rennes, Sébastien TARRAGO**

IL FALLAIT peut-être voir la réaction des joueurs du Stade Rennais – une joie absolue mêlée à cette hargne qui escorte l'épilogue des grands combats – pour réaliser vraiment ce que représente une victoire face à l'Olympique Lyonnais pour une équipe du Championnat de France. Leader incontesté de la Ligue 1, cador européen, le quintuple champion de France a perdu, en Bretagne, pour la première fois de la saison.

Les joueurs de Pierre Dréossi ont mis fin à une phénoménale série de quatorze succès consécutifs toutes compétitions confondues et c'est une fierté qui ne se boude pas. En ébranlant l'OL jusqu'à la pause comme personne n'y était encore parvenu depuis la fin juillet, ils ont pris l'avantage dès le début de match grâce à une tête de Mbia sur un corner de Monterrubio (1-0, 13e), avantage qu'ils n'ont pas su accentuer lorsqu'ils en ont eu l'occasion et qu'ils ont défendu par la grâce du talent de leur gardien Simon Pouplin en seconde période.

L'international Espoirs (21 ans) a été époustouflant. Alors qu'il avait assisté de loin à la démonstration de ses coéquipiers jusqu'à la pause, il a écœuré Wiltord (47e, 50e), Benzema (78e) et Källström (81e). « Je dis bravo à Rennes et je dis d'abord bravo à Pouplin. Il a été le grand bonhomme de ce match », déclara Gérard Houllier.

Même réduit à dix après l'expulsion de Juninho pour un coup de coude sur Étienne Didot (78e), l'OL a encore eu l'opportunité d'égaliser en fin de rencontre. Seulement, cette fois, la réaction lyonnaise en seconde période n'a pas suffi et le résultat aurait aussi pu s'avérer moins flatteur si Utaka (45e + 1) et surtout Sorlin (4e, 36e et 54e) s'étaient montrés plus efficaces.

MANTEY / L'ÉQUIPE

Stéphane Mbia (en haut à dr.) devance Jérémy Toulalan de la tête. Le leader lyonnais a un genou à terre.

ENCORE NEUF POINTS D'AVANCE SUR NANCY

Lyon a donc perdu pour la deuxième fois de suite face au Stade Rennais. Venue corriger l'OL à Gerland la saison passée (4-1), l'équipe bretonne occupe désormais la 13e place du Championnat. Après un début de saison catastrophique, ses joueurs ont étalé une qualité technique qui peut leur laisser espérer beaucoup. Mais contre l'OL, Pierre Dréossi a aussi perdu sur blessure son meilleur attaquant (Monterrubio) et son meilleur défenseur (Mensah). Lyon, lui, s'est contenté de perdre des points, et c'est tout sauf une catastrophe. L'OL reste leader de la Ligue 1 avec neuf points d'avance sur Nancy, étonnant dauphin. Ça offre encore une petite marge. ■

LIGUE 1 - 12E JOURNÉE	
Rennes - Lyon :	1-0
Auxerre - Le Mans :	2-3
Marseille - Lorient :	0-1
Monaco - Nice :	0-0
St-Étienne - Toulouse :	3-0
Sedan - Nantes :	1-1
Sochaux - Troyes :	1-0
Valenciennes - Lille :	0-3
Nancy - Bordeaux :	2-1
Paris-SG - Lens :	1-3

	Pts	J	G	N	P	diff
1 Lyon	31	12	10	1	1	+18
2 Nancy	22	12	6	4	2	+5
3 Lille	21	12	6	3	3	+7
4 Lens	21	12	6	3	3	+5
5 Sochaux	21	12	6	3	3	+2
6 Marseille	20	12	6	2	4	+7
7 St-Étienne	20	12	6	2	4	+4
8 Toulouse	18	12	5	3	4	0
9 Bordeaux	18	12	6	0	6	-1
10 Le Mans	17	12	4	5	3	-1
11 Lorient	16	12	4	4	4	-2
12 Paris-SG	15	12	4	3	5	-2
13 Rennes	15	12	4	3	5	-2
14 Valenciennes	14	12	4	2	6	-6
15 Auxerre	13	12	3	4	5	-5
16 Nice	11	12	3	2	7	-4
17 Troyes	10	12	2	4	6	-4
18 Nantes	10	12	2	4	6	-7
19 Sedan	9	12	1	6	5	-7
20 Monaco	8	12	2	2	8	-7

Pouplin : « On mérite notre victoire »

Le jeune gardien rennais, auteur d'une grande performance contre l'OL, estime que son équipe n'a pas volé son succès. **De notre correspondant permanent à Rennes, Raphaël RAYMOND**

« Avant la rencontre, vous n'osiez pas évoquer une possible victoire sur Lyon. C'est pourtant chose faite.

– Secrètement, on se disait : "Pourquoi pas nous ?" On mérite notre victoire. On a produit du jeu contre le premier du Championnat, on a su être attentifs dans notre replacement défensif.

– Rennes s'est aussi imposé grâce à vos arrêts en seconde période.

– J'ai eu la chance d'être décisif, c'est vrai. Quand on joue contre Lyon, on est deux fois plus motivés. Dans le stade, il y avait une grosse ambiance, le public poussait derrière nous.

– À quel moment avez-vous eu le sentiment de tenir votre victoire ?

– J'ai vraiment commencé à y croire aux alentours de la 85e minute. Et surtout pas avant. Parce qu'en deuxième mi-temps, ils ont vraiment poussé. Les cinq dernières minutes ont été très chaudes, le temps additionnel m'a semblé interminable. Heureusement, on a su résister. On a plié mais on n'a pas rompu. »

MANTEY / L'ÉQUIPE

« J'ai eu la chance d'être décisif », savoure modestement Simon Pouplin, héros de 21 ans.

AUXERRE - LE MANS : 2-3

LIGUE 1
13e journée

TROYES - MONACO : 0-4

Chapeau, Bangoura !

L'Équipe du 5 novembre. Le triplé réalisé par l'attaquant guinéen a donné au Mans une belle victoire sur Auxerre. De notre envoyé spécial à Auxerre, Franck LE DORZE

HISTOIRE D'ÉVACUER au plus vite la terrible désillusion qu'il vient de vivre du banc, Frédéric Thomas, passé du Mans à Auxerre lors de l'été 2006, s'est réfugié dans le vestiaire sarthois, peu de temps après la rencontre. Pour y retrouver des visages connus… et radieux, loin de ceux affichés par ses nouveaux coéquipiers.

Victimes d'un triplé d'Ismaël Bangoura, les Bourguignons ont confirmé leur très mauvaise passe avec cette troisième défaite, pour un nul, lors de leurs quatre derniers matches. L'inquiétant classement (15e) reflète finalement leur niveau du moment, même s'ils ne furent pas très heureux, tombant dans le temps additionnel… alors qu'ils avaient mené jusqu'à la 84e minute.

Cet épilogue couronnait ainsi un match à rebondissements, que les deux équipes crurent gagner à tour de rôle. Si, à la pause, l'avantage du Mans, sur une tête de l'inévitable Bangoura (0-1, 15e) reflétait une meilleure organisation et moins d'imprécision dans le jeu, c'est Auxerre qui se créa pourtant les plus franches occasions.

Cette débauche d'énergie, mieux canalisée après la pause, était logiquement récompensée à la suite d'un corner frappé par Pedretti. Le poteau renvoyait la reprise de Mathis sur Akalé, qui égalisait (1-1, 58e). Et c'est un nouveau coup de pied arrêté – un penalty cette fois, de Pieroni (2-1, 80e) – qui offrit de belles illusions aux Bourguignons.

L'ESTOCADE DANS LE TEMPS ADDITIONNEL

Car, dans la foulée, le Japonais Matsui, fautif quelques instants plus tôt, était à son tour déséquilibré, permettant à Bangoura de transformer le coup de pied de réparation et d'inscrire son deuxième but de la soirée (2-2, 84e). Un doublé qui devait se muer en triplé dans le temps additionnel pour l'international guinéen, profitant d'un ballon de Calvé mal repoussé par Cool (2-3, 90e + 3).

Le jeune Manceau (21 ans) met ainsi un terme à une vilaine série de cinq matches sans succès pour son équipe. Et se retrouve propulsé, en compagnie du Lensois Aruna, au sommet du classement des buteurs de L1 avec sept réalisations. Le héros de la soirée n'en était pas peu fier. « C'est la première fois que ça m'arrive, se réjouissait-il. Je crois que c'est une victoire méritée car on n'a jamais lâché. Et c'est vraiment incroyable que je sois meilleur buteur du Championnat ! » ■

LE MAINE LIBRE / MAXPPP

Ismaël Bangoura exulte. Ses trois buts le propulsent en tête du classement des goleadors de L1.

Le réveil monégasque ?

L'Équipe du 13 novembre. À dix contre onze pendant une heure, Monaco, très solidaire, s'est largement imposé à Troyes. À confirmer.
De notre envoyé spécial à Troyes, Jean-Marc BUTTERLIN

MONS / L'ÉQUIPE

Gonzalo Vargas (à g.) est très fier du jeune **Serge Gakpé** (19 ans), auteur de l'ouverture du score pour Monaco.

DANS SON GENRE, le passage à Troyes semble s'imposer comme un pèlerinage indispensable aux rémissions monégasques. En 2005-06, à neuf contre onze, Monaco avait entamé l'ère post-Deschamps en s'imposant au courage (2-1). Cette fois, réduite à dix dès la 32e minute, pour un deuxième avertissement sévère infligé à Diego Perez alors qu'elle menait 1-0 (Gakpé, 21e), l'ASM a refait le coup, dans de plus amples proportions encore, offrant à Laurent Banide, le successeur de Laszlo Bölöni, des raisons d'espérer en un destin plus conforme à la réputation du personnel.

Au bout du compte, les Troyens n'auront pas tort de trouver la pilule amère, mais leur impuissance à bousculer vraiment une défense azuréenne dominatrice aura été fatale. Les vingt dernières minutes dessinèrent même un authentique calvaire lorsque, poussés vers l'avant par un Yaya Touré impressionnant, les coéquipiers de Gaël Givet passèrent trois buts au malheureux gardien aubois, Kevin Grau (Meriem, 73e s.p. ; Touré, 83e ; Di Vaio, 90e + 2).

Alors que Troyes s'enfonce à la 19e place, Monaco quitte la zone des relégables. « J'espère que c'est un résultat sur lequel on va pouvoir s'appuyer, confie Gaël Givet. Mais attendons. On n'a pas encore le droit de croire que tout va bien. » ■

LIGUE 1 - 13e JOURNÉE

Lyon - Valenciennes :	2-1
Bordeaux - Auxerre :	0-0
Le Mans - Paris-SG :	1-1
Lens - Rennes :	0-0
Lorient - Nancy :	2-0
Nantes - Saint-Étienne :	2-2
Nice - Sochaux :	0-0
Toulouse - Sedan :	3-1
Troyes - Monaco :	0-4
Lille - Marseille :	1-0

	Pts	J	G	N	P	diff
1 Lyon	34	13	11	1	1	+19
2 Lille	24	13	7	3	3	+8
3 Lens	22	13	6	4	3	+5
4 Nancy	22	13	6	4	3	+3
5 Sochaux	22	13	6	4	3	+2
6 St-Étienne	21	13	6	3	4	+4
7 Toulouse	21	13	6	3	4	+2
8 Marseille	20	13	6	2	5	+6
9 Lorient	19	13	5	4	4	0
10 Bordeaux	19	13	6	1	6	-1
11 Le Mans	18	13	4	6	3	-1
12 Paris-SG	16	13	4	4	5	-2
13 Rennes	16	13	4	4	5	-2
14 Auxerre	14	13	3	5	5	-5
15 Valenciennes	14	13	4	2	7	-7
16 Nice	12	13	3	3	7	-4
17 Monaco	11	13	3	2	8	-3
18 Nantes	11	13	2	5	6	-7
19 Troyes	10	13	2	4	7	-8
20 Sedan	9	13	1	6	6	-9

LIGUE 1
14e journée

SOCHAUX - LILLE: 0-0

Stathis Tavlaridis, le défenseur grec de Lille, s'envole devant le jeune attaquant sochalien Julien Quercia. Après une première heure nettement dominée par les Lillois, dauphins de Lyon, les Francs-Comtois (5es) se montrent très dangereux à leur tour, mais le gardien nordiste Tony Sylva fait bonne garde, comme son homologue Teddy Richert. Les deux équipes confirment leur imperméabilité (aucun but encaissé en trois matches) et restent très bien placées dans la course à l'Europe.

MOUNIC / L'ÉQUIPE

PARTOUCHE
CASINO
LOSC

LIGUE 1
14e journée
AUXERRE - TOULOUSE : 1-0

Auxerre sort du tunnel

L'ÉQUIPE DU 20 NOVEMBRE. Les Bourguignons ont mis fin à sept semaines d'insuccès en battant des Toulousains qui ont perdu pied après la pause.
De notre envoyé spécial à Auxerre, Éric CHAMPEL

MANTEY / L'ÉQUIPE

Le Toulousain Jean-Louis Akpa-Akpro (à g.) est impressionné par la détente de Luigi Pieroni. Le Belge inscrira, de la tête, le but de la victoire auxerroise.

L'AJ AUXERRE attendait de savourer un tel moment depuis le 1er octobre et une courte victoire face à Nantes (1-0). Depuis sept longues semaines, les Auxerrois couraient après le succès et accumulaient les frustrations (2 nuls et 5 défaites entre Championnat, Coupe de la Ligue et Coupe de l'UEFA).
Les Toulousains, quant à eux, ont confirmé leur aptitude de plus en plus aléatoire à supporter un voyage et à aligner deux performances correctes. Ils se sont désagrégés collectivement après la pause et quittent donc le wagon de tête.
Cette logique victoire a été accueillie par de longs et multiples soupirs de soulagement côté auxerrois. Ces trois points acquis grâce à un but de l'intenable Pieroni, reprenant de la tête un centre de Sagna au plus fort de la débandade toulousaine (1-0, 48e), permettent à l'AJA de se remettre au chaud, six longueurs devant Nantes, premier relégable.
« En début de deuxième mi-temps, les Auxerrois sont repartis très fort en mettant beaucoup de percussion sur les côtés », observa Élie Baup, l'entraîneur du TFC. Mais l'inefficacité de l'AJA lui valut une fin de match stressante. « On a peut-être péché dans le dernier geste, admit le gardien bourguignon, Fabien Cool, mais on a tout donné. Même quand on était cuits, en fin de match, on a tenu bon. Cette victoire prouve que nous progressons. » Au point de revoir la vie en rose… ■

LIGUE 1 - 14E JOURNÉE

Sochaux - Lille :	0-0
Lens - Nantes :	2-0
Monaco - Lorient :	2-2
Nancy - Troyes :	1-0
Paris-SG - Bordeaux :	0-2
Rennes - Le Mans :	1-1
Saint-Étienne - Nice :	2-1
Sedan - Lyon :	0-1
Auxerre - Toulouse :	1-0
Marseille - Valenciennes :	1-0

	Pts	J	G	N	P	diff
1 Lyon	37	14	12	1	1	+20
2 Lille	25	14	7	4	3	+8
3 Lens	25	14	7	4	3	+7
4 Nancy	25	14	7	4	3	+4
5 St-Étienne	24	14	7	3	4	+5
6 Marseille	23	14	7	2	5	+7
7 Sochaux	23	14	6	5	3	+2
8 Bordeaux	22	14	7	1	6	+1
9 Toulouse	21	14	6	3	5	+1
10 Lorient	20	14	5	5	4	0
11 Le Mans	19	14	4	7	3	-1
12 Rennes	17	14	4	5	5	-2
13 Auxerre	17	14	4	5	5	-4
14 Paris-SG	16	14	4	4	6	-4
15 Valenciennes	14	14	4	2	8	-8
16 Monaco	12	14	3	3	8	-3
17 Nice	12	14	3	3	8	-5
18 Nantes	11	14	2	5	7	-9
19 Troyes	10	14	2	4	8	-9
20 Sedan	9	14	1	6	7	-10

RAPHAËL IBANEZ : « J'AI ENCORE FAIM ! »
LES BLEUS DANS LE FLOU
LA FRANCE JOUE SON AVENIR
PAU SONNE LE RÉVEIL
L'ÉQUIPE
PARIS DANS LA DOULEUR
LYON CHAMPION D'AUTOMNE
LENS SUR LE PODIUM
UN BON POINT POUR CHELSEA
MORT AUX SIX JOURS DE GAND

LIGUE 1
15e journée
LORIENT - SOCHAUX : 1-3

Sochaux se prend au jeu

L'ÉQUIPE DU 26 NOVEMBRE.
Vainqueurs logiques à Lorient, les Lionceaux rejoignent Lille et Lens à la deuxième place. **De notre correspondant permanent à Lorient, Raphaël RAYMOND**

SOCHAUX A le vent en poupe. Très habile avec le ballon, vive au possible, l'équipe d'Alain Perrin s'est imposée sans discussion à Lorient et se hisse à hauteur de Lille, deuxième de la L1, et de Lens. Prudent, l'entraîneur sochalien ne veut pas trop s'attarder sur le classement du moment. « Pour l'instant, notre jeu ne tient pas encore sur l'ensemble d'un match. En seconde période, nous sommes passés à travers les gouttes. »
Sochaux, qui restait sur deux nuls, a fait une bonne opération au Moustoir. Une très bonne impression, aussi. L'entraîneur local, Christian Gourcuff, qui n'a pas la réputation de faire des compliments gratuits, estime ainsi que son hôte du jour est « à sa place parmi les premiers ». Le Tallec abonde dans le même sens : « Je ne suis pas surpris de notre classement. On veut accrocher le haut du tableau. Avec l'effectif que nous avons, c'est possible. On développe du jeu. Mais on sait aussi que désormais, on risque d'être un peu plus attendus. »

DOUBLÉ DE LE TALLEC

Sochaux a étouffé une formation lorientaise qui venait de prendre dix points en quatre matches. La rencontre n'avait pas commencé depuis deux minutes que Lorient, grâce à un coup franc de Moullec effleuré de la tête par Marchal, avait pris les devants (1-0, 2e). Mais l'équipe franc-comtoise, sans s'affoler, s'installa dans le camp breton. Le Tallec allait vite mettre le score en conformité avec la physionomie du match. En position de hors-jeu, il profitait d'abord d'un centre de Quercia pour ajuster Cappone (1-1, 23e). Trois minutes plus tard, sur un corner dévié par Sène, il plaçait une volée au second poteau (2-1, 26e). Et juste avant la pause, Moullec plombait définitivement l'ambiance en déséquilibrant Quercia. Karim Ziani transformait le penalty (3-1, 45e).
En seconde période, le promu poussa avec beaucoup d'application et de volonté. Sochaux montrait cependant un autre visage, plus rigoureux mais tout aussi efficace. Namouchi et Medjani échouaient sur la ligne de but de Richert (78e) et les Merlus durent admettre qu'ils venaient d'affronter plus forts qu'eux. ■

LIGUE 1 - 15E JOURNÉE

Troyes - Marseille :	1-1
Bordeaux - St-Étienne :	1-0
Lille - Monaco :	1-1
Lorient - Sochaux :	1-3
Nice - Sedan :	2-2
Toulouse - Rennes :	1-0
Le Mans - Lens :	1-1
Valenciennes - Nancy :	1-0
Nantes - Paris-SG :	1-1
Lyon - Auxerre :	1-0

	Pts	J	G	N	P	diff
1 Lyon	40	15	13	1	1	+21
2 Lille	26	15	7	5	3	+8
3 Lens	26	15	7	5	3	+7
4 Sochaux	26	15	7	5	3	+4
5 Nancy	25	15	7	4	4	+3
6 Bordeaux	25	15	8	1	6	+2
7 Marseille	24	15	7	3	5	+7
8 St-Étienne	24	15	7	3	5	+4
9 Toulouse	24	15	7	3	5	+2
10 Le Mans	20	15	4	8	3	-1
11 Lorient	20	15	5	5	5	-2
12 Rennes	17	15	4	5	6	-3
13 Paris-SG	17	15	4	5	6	-4
14 Auxerre	17	15	4	5	6	-5
15 Valenciennes	17	15	5	2	8	-7
16 Monaco	13	15	3	4	8	-3
17 Nice	13	15	3	4	8	-5
18 Nantes	12	15	2	6	7	-9
19 Troyes	11	15	2	5	8	-9
20 Sedan	10	15	1	7	7	-10

Anthony Le Tallec (à dr.) surprend Carl Medjani (n° 20) et Lionel Cappone (à g.) pour inscrire son second but de la soirée.

BREGARDIS / HOT SPORTS

FOOTBALL

HENRY, LA POLÉMIQUE

NATATION

LE GRAND HUIT DE MANAUDOU

TENNIS

LA RUSSIE DOUBLE SON CAPITAL

L'ÉQUIPE

Champion du Monde BFGoodrich

LILLE, C'EST FORT !

HOULLIER : « J'AI AFFAIRE À DE DRÔLES DE MECS »

HOOLIGANS : STRASBOURG DONNE L'EXEMPLE

GILLOT : « LENS REMONTE LA PENTE »

MONTPELLIER, LA PREUVE PAR TROIS

LE BRÉSIL DOMINE LE MONDE

Vainqueurs WRC 2006

BFGoodrich

LIGUE 1
16e journée

LENS - BORDEAUX : 3-0 | **SAINT-ÉTIENNE - LORIENT : 2-0**

Lens, nouveau dauphin

L'ÉQUIPE DU 3 DÉCEMBRE. Vainqueurs de tristes Bordelais, les Sang et Or chipent la deuxième place à leurs cousins lillois, au nombre de buts marqués. **De notre envoyé spécial à Lens, Bernard LIONS**

SI VOUS AIMEZ encore le football et les frites-mayo, allez passer une soirée au stade Bollaert. L'ambiance n'y changera jamais. Vous vous retrouverez à chanter *la Marseillaise* version ch'ti à l'entrée des joueurs, à déployer votre écharpe à la mi-temps en écoutant Pierre Bachelet clamer son amour des corons et, enfin, à prendre un bain de jouvence mondialiste en hurlant « et un, et deux… » au coup de sifflet final. Bref, vous assisterez à un bon match de football de L1 disputé sans haine, ni violence.

Rien d'étonnant si cette équipe lensoise se sent comme un dauphin dans l'eau dans son stade. Le RCL l'est d'ailleurs devenu face au… dauphin du dernier Championnat. Pour la première fois de la saison, Lens se retrouve deuxième, derrière les intouchables Lyonnais. « Comme l'OL, on est capables de fatiguer mentalement et physiquement notre adversaire », analyse Carrière, grand artisan de cette victoire nordiste. Ce n'est pas nouveau. Avec cette victoire, le RCL porte sa série d'invincibilité en L1 à neuf rencontres (six victoires et trois nuls).

NATAF / L'ÉQUIPE

Éric Carrière, à 33 ans, est le patron d'un RC Lens en pleine forme.

TRIAUD : « BORDEAUX N'A RIEN MONTRÉ »

« Il y avait à peu près tout face à Bordeaux, reprend Carrière. On a été très bons défensivement, offensivement et dans le jeu. Les joueurs comme les supporters, tout le monde a pris du plaisir. »

Les Bordelais exceptés. Ils restaient pourtant sur trois succès de rang en sept jours (2-0 à Paris, 3-1 devant Galatasaray en Ligue des champions et 1-0 face à Saint-Étienne). Mais ils ont cadré un seul tir en quatre-vingt-dix minutes. « Bordeaux n'a rien montré, pas de collectif, pas de soutien, ni de proposition au porteur du ballon. Rien », lâche le président des Girondins, Jean-Louis Triaud.

Lens a toutefois patienté jusqu'à son second temps fort en première période pour ouvrir enfin le score par Hilton sur corner (1-0, 40e). Le RCL a accéléré après la pause, aidé par Faubert, qui offrit de la tête le deuxième but à Cousin (2-0, 59e), avant que Carrière ne l'imite en faveur de Jemaa (3-0, 88e). « Nous rêvions d'un tel score et nous l'avons logiquement obtenu, observe l'ancien Lyonnais. Mais attention, en 2005-06, nous étions deuxièmes à la trêve. Et nous avions ensuite accusé un gros trou en janvier-février. Au final, Lens ne s'était pas qualifié pour la Ligue des champions. » Elle paraît déjà très loin pour les Girondins. ■

LIGUE 1 - 16[E] JOURNÉE	
Le Mans - Lyon :	0-1
Auxerre - Nice :	0-0
Lens Bordeaux :	3-0
Monaco - Valenciennes :	3-0
Rennes - Nantes :	2-0
St-Étienne - Lorient :	2-0
Sedan - Troyes :	1-2
Sochaux - Marseille :	1-0
Nancy - Lille :	1-3
Paris-SG - Toulouse :	reporté

	Pts	J	G	N	P	diff
1 Lyon	43	16	14	1	1	+22
2 Lens	29	16	8	5	3	+10
3 Lille	29	16	8	5	3	+10
4 Sochaux	29	16	8	5	3	+5
5 St-Étienne	27	16	8	3	5	+6
6 Nancy	25	16	7	4	5	+1
7 Bordeaux	25	16	8	1	7	-1
8 Marseille	24	16	7	3	6	+6
9 Toulouse	24	15	7	3	5	+2
10 Rennes	20	16	5	5	6	-1
11 Le Mans	20	16	4	8	4	-2
12 Lorient	20	16	5	5	6	-4
13 Auxerre	18	16	4	6	6	-5
14 Paris-SG	17	15	4	5	6	-4
15 Valenciennes	17	16	5	2	9	-10
16 Monaco	16	16	4	4	8	0
17 Nice	14	16	3	5	8	-5
18 Troyes	14	16	3	5	8	-8
19 Nantes	12	16	2	6	8	-11
20 Sedan	10	16	1	7	8	-11

Les Verts se rapprochent

L'ÉQUIPE DU 3 DÉCEMBRE. Saint-Étienne, toujours aussi à l'aise à domicile, grimpe à la cinquième place du Championnat.
De notre envoyé spécial à Saint-Étienne, Claude CHEVALLY

SAINT-ÉTIENNE règne à nouveau en maître dans son Chaudron. Face à Lorient, les Verts se sont imposés pour la cinquième fois de suite à Geoffroy-Guichard. Les voilà cinquièmes au classement, à l'issue d'un match qui aura complètement changé de décor d'une mi-temps à l'autre.

Autant la première période avait été plutôt à l'avantage des Merlus, autant le second acte tourna vite en faveur de Saint-Étienne. Le tort de Lorient ? « Ne pas avoir profité du trouble qu'on avait rapidement suscité chez l'adversaire pour pousser nos actions offensives », admit l'entraîneur breton, Christian Gourcuff.

PIQUIONNE FRAPPE ENCORE

Le match bascula à la 51e minute, sur un coup franc à dix-huit mètres du but lorientais. Meilleur joueur du match, le Tchèque Marek Heinz expédia sa frappe du gauche dans la lucarne (1-0, 51e). Pour les Verts, l'essentiel était fait. Car Lorient n'avait de toute évidence pas les moyens de piéger Janot ni une défense stéphanoise qui a « su toujours bien rester en place », selon les termes de l'entraîneur de l'ASSE, Ivan Hasek. En tentant de forcer le destin, les Bretons se découvrirent inévitablement. Et Piquionne sut en profiter pour signer le deuxième but forézien (2-0, 67e), son sixième de la saison. Celui de la délivrance. ■

RIEN NE RÉSISTE À MANAUDOU
ÇA SE COMPLIQUE POUR TOULOUSE
L'ÉQUIPE
CISSÉ, L'OM HEUREUX
À LYON, LE PSG REVIENT AU FOOT
LENS, SOLIDE DAUPHIN
CHELSEA CHEVCHENKO SUR LA SELLETTE
MONTPELLIER S'ARRÊTE À BARCELONE

LIGUE 1 17e journée | **MARSEILLE - MONACO : 2-1** | **LYON - PARIS-SG : 3-1**

Cissé : « C'est un rêve »

L'ÉQUIPE DU 10 DÉCEMBRE. Djibril Cissé, pour son premier match après une grave blessure, a donné à Niang la passe décisive de la victoire marseillaise sur Monaco.

De notre correspondante à Marseille, Hélène FOXONET

« COMMENT VOUS sentez-vous après ce premier match sous le maillot de l'OM *(il est entré en jeu à la 61e, en remplacement de Maoulida)* et cette victoire sur Monaco (2-1) ?

– Je suis très heureux de ces débuts. Je me sens comme un petit garçon qui débute l'entraînement avec son club.

– Vous aviez des fourmis dans les jambes, vous qui n'aviez plus joué depuis le 7 juin *(France-Chine, 3-1)* ?

– Après six mois d'absence *(double fracture tibia-péroné de la jambe droite)*, on ne peut qu'avoir faim de ballons. Je n'ai pas marqué mais ça ne me dérange pas.

« PASSEUR, C'EST NOUVEAU »

– Et vous avez réussi une passe décisive *(sur le but de Niang, 2-1, 77e)*…

– Je me transforme en passeur, c'est nouveau. Je suis très content de ce scénario car Mamadou *(Niang)* n'avait pas marqué depuis un moment. Mais dès l'entame de ce match, on a senti qu'il était pour nous *(ouverture du score par Pagis, 1-0, 38e ; égalisation de Di Vaio, 1-1, 58e)*. On n'a jamais tremblé.

– Comment vous êtes-vous senti physiquement ?

– J'ai juste eu un petit coup de pompe après dix minutes de jeu, mais c'est allé mieux ensuite. Je n'arrive pas à évaluer mon niveau actuel. Ce n'est pas encore le Cissé que l'on connaît, mais je suis très content de ce retour.

– Il vous manque d'aller au contact…

– Effectivement, je n'ai pas été confronté à de gros chocs dans le jeu. Mais je n'ai pas d'appréhension. Il vaut mieux ne pas y penser, sinon on joue en-dedans.

– Comment cela s'était-il passé lors de votre premier retour de blessure *(après une fracture similaire à la jambe gauche, subie avec Liverpool, le 30 novembre 2004)* ?

– J'avais marqué mon premier but au deuxième ou au troisième match. Ce sera donc contre Saint-Étienne *(rires)*… Après trois matches, j'étais titulaire. (*)

– Vous avez été très bien accueilli par le public marseillais…

– J'attendais ce premier match au Vélodrome. C'est un rêve qui s'est réalisé. J'ai joué devant ma mère, ma famille, mes amis. J'en ai été très ému et très fier. » ■

(*) Titularisé dès la journée suivante, à Nancy (0-2), Cissé inscrira son premier but marseillais lors de la 19e journée, à la 9e minute du match contre… Saint-Étienne (2-1) !

FEL / L'ÉQUIPE

Djibril Cissé joue enfin sous le maillot blanc de l'OM : « Je me sens comme un petit garçon qui débute l'entraînement avec son club. »

Niang : « Déterminant »

Mamadou NIANG (Marseille) : « L'entrée en jeu de Djibril *(Cissé)* a été déterminante, il a apporté de la profondeur, ce qui a permis de libérer les côtés. Il est allé au combat sans retenue, s'est montré décisif. Et nous avons retrouvé l'efficacité qui nous manquait. » - H.F.

LIGUE 1 - 17E JOURNÉE	
Toulouse - Lens :	0-1
Nice - Nancy :	0-0
Lorient - Sedan :	2-0
Nantes - Le Mans :	0-0
Troyes - Auxerre :	3-3
Bordeaux - Rennes :	1-2
Marseille - Monaco :	2-1
Valenciennes - Sochaux :	0-0
Lille - Saint-Étienne :	2-2
Lyon - Paris-SG :	3-1

		Pts	J	G	N	P	diff
1	Lyon	46	17	15	1	1	+24
2	Lens	32	17	9	5	3	+11
3	Lille	30	17	8	6	3	+10
4	Sochaux	30	17	8	6	3	+5
5	St-Étienne	28	17	8	4	5	+6
6	Marseille	27	17	8	3	6	+7
7	Nancy	26	17	7	5	5	+1
8	Bordeaux	25	17	8	1	8	-2
9	Toulouse	24	16	7	3	6	+1
10	Rennes	23	17	6	5	6	0
11	Lorient	23	17	6	5	6	-2
12	Le Mans	21	17	4	9	4	-2
13	Auxerre	19	17	4	7	6	-5
14	Valenciennes	18	17	5	3	9	-10
15	Paris-SG	17	16	4	5	7	-6
16	Monaco	16	17	4	4	9	-1
17	Nice	15	17	3	6	8	-5
18	Troyes	15	17	3	6	8	-8
19	Nantes	13	17	2	7	8	-11
20	Sedan	10	17	1	7	9	-13

LUTTIAU / L'ÉQUIPE

Sylvain Wiltord (à dr.) bat Mickaël Landreau (à g.) dans le temps additionnel de la première période. Un avant-goût de la fin du match…

Lyon, roi du money-time

L'ÉQUIPE DU 12 DÉCEMBRE. Tenu en échec par Paris jusqu'à la 87e minute, l'OL a une fois de plus fait la décision dans les ultimes instants. De notre envoyé spécial permanent à Lyon, Claude CHEVALLY

LES PARISIENS avaient déjà vécu la même histoire, au même endroit. Six semaines plus tôt, un doublé de Wiltord dans les trois dernières minutes les avait sortis, écoeurés, de la Coupe de la Ligue (1-2, en 8es de finale). Lyon, multirécidiviste notoire, leur a infligé le même sort à Gerland lors de cette 17e journée de L1. Alors que Pauleta avait égalisé à l'heure de jeu (1-1, 60e), après l'ouverture du score par Wiltord (1-0, 45e + 2), Cris et Malouda ont frappé aux 87e et 88e minutes (3-1).

Cela ne consolera pas les joueurs du président Cayzac, mais ils ne sont pas les seuls à avoir subi le stupéfiant finish lyonnais : depuis le début de la saison, l'OL a marqué treize de ses cinquante buts (toutes compétitions confondues) dans les cinq dernières minutes. « On a encore une fois reçu la récompense de notre acharnement, conclut Gérard Houllier avec délectation. Lors des vingt dernières minutes, Paris a baissé en intensité. Et on en a profité ! »

« Il faut reconnaître que les Lyonnais ont quelque chose de plus, admet Mickaël Landreau, le gardien parisien. Quand un match est serré et quand Lyon veut absolument aller chercher la victoire, cette équipe est toujours capable de faire la différence, souvent sur le dernier coup de pied arrêté. » ■

LES BLEUES, DU BRONZE ET UN AVENIR

UN DE CHUTE POUR PARIS

ULLRICH SE SENT TOUJOURS COUREUR

L'ÉQUIPE

C'EST DU JAMAIS VU

LIGUE 1
18e journée

LENS - LYON : 0-4

L'OL se promène

L'ÉQUIPE DU 18 DÉCEMBRE. Le quintuple champion de France a écrasé le RC Lens sur sa pelouse, et possède désormais 17 points d'avance sur son dauphin.

De notre envoyé spécial à Lens, Sébastien TARRAGO

34e minute : Florent Malouda (3e à g.) dévie un coup franc de Juninho devant Charles Itandje, et Lyon compte déjà deux buts d'avance.

Lyon seul en Europe

Écart de points actuel entre le 1er et le 2e des principaux Championnats européens.

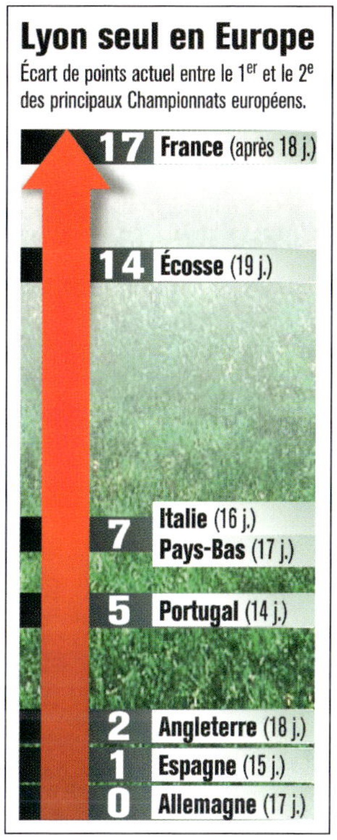

ON CONNAÎT beaucoup de passionnés de football qui ont laissé échapper une sorte de gémissement de désespoir en assistant à la fessée infligée par Lyon au RC Lens. Ces gens-là aiment bien l'OL, en général. Mais l'on estime aussi le sport pour l'incertitude qu'il génère, et il n'en reste (quasiment) plus dans ce Championnat de France.

En dix-huit journées de Ligue 1, la formation de Gérard Houllier a creusé un écart abyssal avec des concurrents qui n'en ont que le nom. Ridiculisé à domicile, comme Marseille quelques semaines plus tôt (1-4), quand l'OM rêvait encore de se mesurer au boss, son dauphin lensois concède désormais 17 points de retard. Lyon a remporté 16 de ses 18 rencontres de L1 et n'a perdu qu'une fois en 26 matches officiels, toutes compétitions confondues.

Que peut-il arriver pour l'empêcher d'être sacré une sixième fois en 2007, record absolu dans un Championnat européen majeur ? On veut bien chercher, mais franchement, là, on ne voit plus, on n'a d'ailleurs jamais vraiment vu. L'OL est une machine infernale, même quand Fred, Carew, Wiltord et Benzema, ses quatre attaquants axiaux, sont blessés en même temps.

À Lens, Malouda a joué avant-centre. Il a marqué. Et puis, on ne soulignera jamais assez l'importance du phénomène Juninho. Le Brésilien a inscrit deux buts, il a donné une passe décisive à Malouda et fut encore dans le coup sur celui de Cris. Le leader de la L1 s'est carrément promené sur la pelouse de son dauphin, sans même se montrer intensément brillant. Lyon est trop fort, c'est tout. Les autres peuvent plier les gaules ou aller à la pêche à la deuxième place. Les hommes d'Houllier ont simplement mis vingt minutes avant de renvoyer Lens, qui restait sur neuf matches sans défaite, à cette lutte de second plan.

JUNINHO, 31e BUT SUR COUP FRANC POUR LYON

Il y eut, alors, le premier coup de massue de Juninho. Des trente mètres, il expédia un coup franc puissant dans le cadre, et Itandje manqua totalement son intervention. On venait d'assister au 31e but de la sorte de la carrière lyonnaise du Brésilien (1-0, 23e). Dans la foulée, sur un coup franc consécutif à une faute inexistante, Juninho adressa une gourmandise au premier poteau pour Malouda (2-0, 34e).

Sans ressort, incapable de trouver de la profondeur, Lens perdit pied. Son cauchemar se poursuivit sur un énième coup franc de Juninho. Le centre du Brésilien trouva Malouda, Itandje s'interposa et Cris surgit (3-0, 51e). Le quatrième but allait suivre, quand l'inévitable Juninho hérita d'une offrande de Govou à l'entrée de la surface (4-0, 62e). Le match était fini, mais le public de Bollaert fut magnifique jusqu'au bout. Il n'en voulait même pas à ses joueurs. C'est ça, aussi, l'effet Lyon. ■

Juninho s'est amusé

JUNINHO (note : 9/10) : deux fois buteur, une fois passeur, et quinze fois dangereux sur coups de pied arrêtés, il fut impliqué sur les quatre buts lyonnais. Il fut aussi à l'origine des nombreux décalages trouvés par l'OL. Ce n'est pas très gentil pour les Lensois, mais on ne l'a même pas senti « à bloc ».

Régis TESTELIN

LIGUE 1 - 18[E] JOURNÉE

Nancy - Marseille :	2-0
Le Mans - Toulouse :	2-0
Monaco - Sochaux :	3-0
Nantes - Bordeaux :	0-0
Rennes - Troyes :	1-1
St-Étienne - Valenciennes :	3-0
Sedan - Lille :	2-0
Paris-SG - Nice :	0-0
Auxerre - Lorient :	2-1
Lens - Lyon :	0-4

		Pts	J	G	N	P	diff
1	Lyon	49	18	16	1	1	+28
2	Lens	32	18	9	5	4	+7
3	St-Étienne	31	18	9	4	5	+9
4	Lille	30	18	8	6	4	+8
5	Sochaux	30	18	8	6	4	+2
6	Nancy	29	18	8	5	5	+3
7	Marseille	27	18	8	3	7	+5
8	Bordeaux	26	18	8	2	8	-2
9	Le Mans	24	18	5	9	4	0
10	Rennes	24	18	6	6	6	0
11	Toulouse	24	17	7	3	7	-1
12	Lorient	23	18	6	5	7	-3
13	Auxerre	22	18	5	7	6	-4
14	Monaco	19	18	5	4	9	+2
15	Paris-SG	18	17	4	6	7	-6
16	Valenciennes	18	18	5	3	10	-13
17	Nice	16	18	3	7	8	-5
18	Troyes	16	18	3	7	8	-8
19	Nantes	14	18	2	8	8	-11
20	Sedan	13	18	2	7	9	-11

LIGUE 1
18e journée (suite)

SAINT-ÉTIENNE - VALENCIENNES : 3-0

Les Verts sur le podium

L'ÉQUIPE DU 17 DÉCEMBRE. Faciles vainqueurs de Valenciennes, les Stéphanois bouclent l'année à domicile avec brio et sont désormais troisièmes.

De notre envoyé spécial à Saint-Étienne, Jérôme LE FAUCONNIER

EN DOMINANT logiquement une équipe nordiste volontaire mais sans doute trop naïve dans les zones de vérité, Saint-Étienne a bouclé son année 2006 à domicile par un sixième succès de rang dans son Chaudron, synonyme de bond au classement. En profitant des revers de Lille et de Sochaux, les Stéphanois grimpent à la troisième place, à un point de Lens. C'est, cette saison, la meilleure position des Verts, qui ne peuvent désormais plus cacher leurs ambitions.

Si la dégringolade de l'hiver 2005-06, lorsque Saint-Étienne s'était déjà installé sur le podium avant de s'écrouler, incite à la plus grande prudence, l'efficacité de son jeu comme la solidarité affichée lors de chacun de ses buts peuvent lui laisser entrevoir une suite heureuse. Pour Ivan Hasek, il est bien sûr prématuré de tirer des conclusions. « Nous n'en sommes même pas à la moitié du Championnat », insiste-t-il. Car l'entraîneur stéphanois sait aussi qu'il a d'abord vu son équipe souffrir face à Valenciennes, dont la débauche d'énergie, à défaut d'audace, ne trouve toujours pas grâce au niveau comptable (un point pris en dix rencontres à l'extérieur). Comme face à Lorient (2-0), c'est à nouveau Heinz qui débloqua la situation après une première demi-heure sans occasions nettes. À la suite d'un très bon débordement sur la gauche, il adressa un centre parfait pour la reprise victorieuse d'Ilan (1-0, 36e).

LA « PAPINADE » DE LANDRIN

La suite fut beaucoup plus convaincante pour Saint-Étienne. Les Valenciennois pouvaient remercier Penneteau, qui les sauva à trois reprises et leur permit d'entretenir l'espoir de revenir au score. Celui-ci fut définitivement éteint lorsque Feindouno, après un bon relais avec Ilan, prit tout son temps pour ajuster Penneteau (2-0, 80e) et rejoindre Ilan en tête des buteurs foréziens (huit réalisations).

Les Verts assurèrent le spectacle jusqu'au bout. Sur un nouveau centre de Feindouno, Landrin se vit ainsi récompensé de ses kilomètres avalés par une reprise acrobatique dont il avait à peine osé rêver (3-0, 84e). « C'est l'ambiance qui nous pousse à tenter des gestes comme celui-là, avoua-t-il. Même à l'entraînement, je n'en réussis pas beaucoup. Mon but, c'est celui de l'équipe. Il récompense les vingt-cinq joueurs, car nous sommes un groupe. » ■

Sous les yeux de José Saez (à g.), Christophe Landrin reprend d'un ciseau exceptionnel un centre de Pascal Feindouno (au fond).

LAURENSON / FLASH PRESS

LIGUE 1
19e journée

TOULOUSE - NANTES : 0-4

Nantes s'illumine

L'ÉQUIPE DU 24 DÉCEMBRE. Grâce à sa spectaculaire première victoire à l'extérieur de la saison, le FCNA se hisse à la 17e place et n'est plus relégable.

De notre envoyé spécial à Toulouse, Éric CHAMPEL

GIROU / PHOTOPOR / OUEST FRANCE / MAXPPP

Jean-Jacques Pierre, Frédéric Da Rocha, Mauro Cetto et Julio Hernan Rossi (de g. à dr.) exultent : l'attaque nantaise s'est réveillée pour réussir un étonnant carton à Toulouse.

DÉJÀ L'EFFET Barthez ? Avant même d'aligner son gardien champion du monde, sorti de sa retraite la semaine précédente pour s'engager avec le FCNA, Nantes a pris un énorme bol d'air à Toulouse. Les Canaris ont fait voler en éclats, en une demi-heure, un TFC à bout de souffle. « On a explosé mentalement après le premier but », reconnut Dominique Arribagé, le capitaine toulousain.

Grâce à cette première victoire à l'extérieur de la saison, leur plus large depuis 1996, les Nantais ne sont plus en position de relégables. « Oui, c'est un beau cadeau, s'est réjoui Frédéric Da Rocha, complètement retrouvé. Un beau cadeau pour nous et pour Fabien Barthez. » Mais cet hommage à un absent déjà très présent n'est pas la contradiction la plus marquante de la soirée au balcon. Les avants de la plus mauvaise attaque de L1 (Oliech et Diallo notamment) se sont réveillés alors que l'arrivée de plusieurs joueurs à vocation offensive est annoncée au mercato.

La rencontre bascula lorsque Rossi réussit une merveille de coup franc direct dans la lucarne (0-1, 62e). Toulouse perdait aussitôt pied et se mettait à faire n'importe quoi. Et Nantes déclencha un feu d'artifice de buts, aggravant le score à trois reprises en moins de vingt minutes (Cetto, 0-2, 68e ; Oliech, 0-3, 77e ; et Diallo, 0-4, 86e) face à un TFC dépité et démobilisé. « Ce que je ressens ? Cela dépasse la colère, c'est une humiliation très dure à vivre, qui prend les tripes », interrogea un Élie Baup désabusé par cette troisième défaite toulousaine d'affilée. ■

LIGUE 1 - 19E JOURNÉE

Marseille - St-Étienne :	2-1
Sochaux - Nancy :	2-1
Troyes - Paris-SG :	1-1
Lyon - Monaco :	0-0
Nice - Lens :	1-2
Lille - Auxerre :	1-1
Lorient - Rennes :	0-0
Toulouse - Nantes :	0-4
Bordeaux - Le Mans :	1-0
Valenciennes - Sedan :	2-1

		Pts	J	G	N	P	diff
1	Lyon	50	19	16	2	1	+28
2	Lens	35	19	10	5	4	+8
3	Sochaux	33	19	9	6	4	+3
4	St-Étienne	31	19	9	4	6	+8
5	Lille	31	19	8	7	4	+8
6	Marseille	30	19	9	3	7	+6
7	Nancy	29	19	8	5	6	+2
8	Bordeaux	29	19	9	2	8	-1
9	Rennes	25	19	6	7	6	0
10	Le Mans	24	19	5	9	5	-1
11	Lorient	24	19	6	6	7	-3
12	Toulouse	24	18	7	3	8	-5
13	Auxerre	23	19	5	8	6	-4
14	Valenciennes	21	19	6	3	10	-12
15	Monaco	20	19	5	5	9	+2
16	Paris-SG	19	18	4	7	7	-6
17	Nantes	17	19	3	8	8	-7
18	Troyes	17	19	3	8	8	-8
19	Nice	16	19	3	7	9	-6
20	Sedan	13	19	2	7	10	-12

LIGUE 1
20e journée

PARIS-SG - VALENCIENNES : 1-2

Le Guen, le retour

L'ÉQUIPE DU 16 JANVIER. L'ancien milieu de terrain parisien succède à Guy Lacombe, limogé après la défaite du PSG face à Valenciennes. Par Damien DEGORRE

LA PEUR DU VIDE a contraint Alain Cayzac à agir plus tôt et plus vite qu'il l'avait imaginé. Le président du PSG, vaincu par ses angoisses, s'est donc résigné à faire ce qu'il aurait souhaité éviter au début de sa mandature : licencier son entraîneur. Au lendemain de la défaite au Parc des Princes contre Valenciennes (1-2), il a prévenu Guy Lacombe que sa mission était terminée. Dans la nuit, il s'entendait avec Paul Le Guen sur les termes d'une collaboration de deux ans et demi, attendue depuis plusieurs saisons mais sans cesse repoussée. Cette fois, c'est officiel, l'ex-entraîneur de Rennes, de Lyon et des Glasgow Rangers est bien celui du PSG, un club dont il a porté les couleurs durant sept saisons et avec lequel il a remporté comme joueur une Coupe des Coupes (1996) et un titre de champion de France (1994). Mais le nouvel entraîneur parisien sait que les objectifs qui lui sont assignés ne sont pas aussi reluisants. Dans un premier temps, il devra s'évertuer à sauver son nouveau club d'une relégation en Ligue 2 dont la perspective devient, à chaque journée de Championnat, un peu plus pressante, angoissante, voire terrifiante.

Avant la trêve hivernale, cette idée n'effleurait pourtant pas le président Cayzac. Mais la défaite contre Valenciennes l'a convaincu de revoir son échéancier et de se séparer de Guy Lacombe. Car ce revers, le huitième de la saison en Championnat, le cinquième à domicile, couronnait un bilan bien triste pour l'entraîneur aveyronnais. Depuis sa nomination à la tête du PSG, le 28 décembre 2005, il présentait une moyenne de 1,05 point par match. Des précédents techniciens parisiens, seul Érick Mombaerts affiche un bilan plus mauvais. Le président parisien a donc dû se résoudre à appeler Paul Le Guen, libre de tout engagement puisqu'il avait quitté ses fonctions aux Glasgow Rangers dix jours plus tôt. Ce qui devrait également lui permettre d'apaiser les tribunes du Parc des Princes. Les supporters ont d'ailleurs accueilli avec plaisir le retour de leur ancien capitaine. Lorsqu'il est apparu au Camp des Loges, une trentaine d'entre eux ont scandé son nom et salué son arrivée. ■

Dix jours après sa démission des Glasgow Rangers, Paul Le Guen revient dans un club où il a joué sept ans et remporté un titre de champion de France et une Coupe des Coupes.

MOUNIC / L'ÉQUIPE

Valenciennes était trop fort

L'ÉQUIPE DU 14 JANVIER. Solide et réaliste, l'équipe d'Antoine Kombouaré s'est logiquement imposée au Parc. Par Guillaume DUFY

Avant cette rencontre, Valenciennes n'avait pris qu'un point en neuf déplacements. Mais, au Parc des Princes, qui n'effraie plus que les joueurs du Paris-SG, tout est désormais possible. « On savait qu'on pouvait gagner, déclarait Laurent Dufresne. On a fait ce qu'il fallait. Et je crois vraiment que notre succès est mérité. »

Défendant à merveille, avec un pressing agressif et haut, la formation d'Antoine Kombouaré s'est procuré les plus belles occasions. Même l'expulsion, trop sévère, de Paauwe (52e) ne suffit pas à l'arrêter dans son élan. Abandonné sur un coup franc de Mater, Savidan, de la tête, ouvrait la marque (0-1, 61e). Paris fut incapable de réagir et VA creusa irrémédiablement l'écart sur une splendide contre-attaque conclue par Roudet (0-2, 88e). La rencontre se termina dans la confusion, avec la réduction du score par Pauleta sur penalty (1-2, 90e), la sortie sur blessure de Ouaddou, ainsi que quelques poussées parisiennes maladroites. Et vaines.

« J'ai envie que les joueurs aient peur avec moi »

Le nouvel entraîneur du PSG appelle à la mobilisation du groupe pour sauver le club. Par Régis TESTELIN

« Entraîner le PSG, est-ce un rêve qui se réalise ?

– Non, si c'était un rêve, je serais venu plus tôt. C'est une fierté. J'ai joué sept ans ici et cela reste une tranche de vie privilégiée.

– Comment comptez-vous vous y prendre pour redresser l'équipe ?

– Il n'y a ni recette miracle ni baguette magique. Je sais qu'on ne change pas les choses comme ça. Mais un discours nouveau et des choses nouvelles peuvent susciter une nouvelle écoute. Ce groupe a largement le potentiel pour décoller et c'est de notre responsabilité d'y parvenir.

– Avez-vous peur de la relégation ?

– Oui. Mais c'est une bonne peur et ça ne m'empêche pas d'être là. J'ai envie que les joueurs aient peur avec moi. J'ai lu qu'ils avaient peur et tant mieux, car s'ils n'avaient pas peur, cela signifierait qu'ils n'ont pas conscience de la situation. »

Nantes, l'empreinte Barthez

L'ÉQUIPE DU 15 JANVIER. Pour son premier match de L1 avec Nantes, le gardien international a tiré ses camarades vers le haut. Et le FCNA a battu Nice sur un but d'un autre nouveau, Luigi Pieroni. De notre envoyé spécial à Nantes, Guy ROGER

LA DIFFÉRENCE est flagrante. Le Nantes de début janvier n'a plus rien à voir avec celui de la première moitié de Championnat. Avant l'arrivée de Barthez et celle de Pieroni, le FCNA jouait la peur au ventre et sous les sifflets. Désormais, avec un Fabien Barthez qui parle, commande, encourage, Nantes joue pour gagner. Ce n'est pas encore exaltant, mais la confiance est de retour. Surtout, la Beaujoire apprécie et pousse son équipe.

Emerse Faé, très tonique contre Nice, le confirme : « La roue a tourné. Il y a quelques mois, la frappe de Moussilou sur le poteau (85e), ça aurait fait poteau rentrant et on aurait perdu 1-0. » Mais cette fois, Nantes n'a pas flanché et l'a emporté dans le temps additionnel, grâce au but de la tête de l'international belge Luigi Pieroni, qui effectuait ses débuts sous le maillot jaune (1-0, 90e + 2).

BOUTROUX / L'ÉQUIPE

Dans le temps additionnel, Luigi Pieroni (n° 27) s'impose de la tête devant Rod Fanni (n° 24) et le gardien niçois Hugo Lloris doit s'incliner.

« LE BOOMERANG PEUT REVENIR VITE »

L'effet Barthez est indéniable. Franck Signorino : « Dans le vestiaire ou sur le terrain, il est là. On le ressent. Dans le jeu, ça incite à plus de concentration, à plus de rigueur. Éric *(Cubilier)* l'avait bien dit : "On n'a pas envie de passer pour des brêles." Ça nous pousse à hausser notre niveau de jeu. » L'orgueil n'a pas tout révolutionné dans le jeu des Canaris, encore en situation précaire, trois points seulement devant le premier relégable. « On n'est pas guéris, observe l'attaquant Julio Rossi. En revanche, on est sur le bon chemin. On défend tous ensemble, on est plus compacts, plus forts dans la récupération du ballon. »

Et Nantes a enfin su forcer le destin. « Je n'ai jamais douté, assure Pieroni. On poussait, il fallait que ça passe et c'est passé. Ce but, c'est magique. Il n'y a pas de mot pour décrire ce que j'ai vécu. » « Un match de foot, c'est quatre-vingt-dix minutes plus les arrêts de jeu, résume Barthez. Mais, dans notre métier, on sait que le week-end d'après on peut passer au travers. On revient en confiance, mais ça peut être dangereux. Le boomerang peut revenir vite. » ■

Mansaré force son destin

L'ÉQUIPE DU 15 JANVIER. Bien que très affecté par un drame personnel, l'attaquant toulousain a largement contribué à la surprenante victoire du TFC sur Lyon. De notre envoyé spécial à Toulouse, Éric CHAMPEL

PRÉVOST / L'ÉQUIPE

Fodé Mansaré : « Je me suis longtemps demandé s'il fallait que je joue. Je ne le regrette pas. »

UN COUP du sombrero pour conjurer un coup bas de la vie. À la 65e minute de Toulouse-Lyon, le Stadium a rugi de bonheur lorsque Fodé Mansaré a réussi le dribble de l'année : à l'arrêt face à Govou, il a effacé le Lyonnais en faisant virevolter le ballon au-dessus de son vis-à-vis interloqué, d'une pichenette de l'extérieur du pied gauche. Un geste de Brésilien « qui est venu naturellement, sans *(se)* poser de questions ».

« ON NE PEUT RIEN CONTRE LA VOLONTÉ DE DIEU »

Mais pour Mansaré (25 ans), l'un des grands artisans de la victoire toulousaine face à l'OL, ce trait de génie était bien plus qu'une prouesse technique confirmant le côté atypique du joueur. « Toute la semaine, j'ai prié pour que Dieu me vienne en aide et nous donne la force de gagner ce match. » Deux jours plus tôt, la femme du milieu offensif toulousain, enceinte de cinq mois, avait perdu son bébé à la suite de complications placentaires.

« Ces derniers jours, je n'ai pas été bien du tout, raconte Mansaré. Je me suis longtemps demandé s'il fallait que je joue ou pas. Finalement, j'ai décidé de regarder devant. On ne peut rien contre la volonté de Dieu. J'ai senti qu'il fallait que je participe à ce match même si j'étais perturbé. Je ne le regrette pas. Je n'ai jamais connu une telle ambiance au Stadium, avec 35 000 personnes qui nous encourageaient ainsi. »

Et la classe d'un autre superbe joueur, le Suédois Johan Elmander, auteur d'une percée sublime avant d'offrir l'ouverture du score à Emana (1-0, 63e), puis d'un récital conclu par un tacle glissé (2-0, 82e), a permis de sceller l'affaire face au leader incontesté de la L1. « Cela prouve que ce groupe a une âme, a commenté Nicolas Dieuze, même s'il s'égare parfois. » ■

LIGUE 1 - 20E JOURNÉE

Paris-SG - Valenciennes :	1-2
Lens - Lille :	1-1
Auxerre - Sochaux :	1-0
Bordeaux - Lorient :	1-1
Le Mans - Troyes :	2-0
Nantes - Nice :	1-0
Sedan - Nancy :	2-2
Toulouse - Lyon :	2-0
St-Étienne - Monaco :	0-1
Rennes - Marseille :	0-2

		Pts	J	G	N	P	diff
1	Lyon	50	20	16	2	2	+26
2	Lens	36	20	10	6	4	+8
3	Marseille	33	20	10	3	7	+8
4	Sochaux	33	20	9	6	5	+2
5	Lille	32	20	8	8	4	+8
6	St-Étienne	31	20	9	4	7	+7
7	Nancy	30	20	8	6	6	+2
8	Bordeaux	30	20	9	3	8	-1
9	Le Mans	27	20	6	9	5	+1
10	Toulouse	27	19	8	3	8	-3
11	Auxerre	26	20	6	8	6	-3
12	Rennes	25	20	6	7	7	-2
13	Lorient	25	20	6	7	7	-3
14	Valenciennes	24	20	7	3	10	-11
15	Monaco	23	20	6	5	9	+3
16	Nantes	20	20	4	8	8	-6
17	Paris-SG	19	19	4	7	8	-7
18	Troyes	17	20	3	8	9	-10
19	Nice	16	20	3	7	10	-7
20	Sedan	14	20	2	8	10	-12

LIGUE 1
16e journée, match en retard
PARIS-SG - TOULOUSE : 0-0

« Le Guen, bienvenue chez toi »

L'ÉQUIPE DU 18 JANVIER. Le nouvel entraîneur du PSG a vécu des débuts crispants face à Toulouse. **Par Régis TESTELIN (avec Mélisande GOMEZ)**

TOUT AVAIT commencé par une bonne blague, sur la pelouse avant la rencontre. Un bon mot signé Élie Baup, l'entraîneur toulousain, à l'adresse d'Alain Cayzac, le président du PSG : « Mais Paulo *(Le Guen)*, il n'était pas qualifié en décembre, au moment où devait avoir lieu le match *(reporté à la suite de la mort d'un supporter parisien après PSG-Hapoël Tel-Aviv [2-4] en Coupe de l'UEFA, lire en page 174)*… Il n'a pas le droit d'être là. Allez, remettez Guy Lacombe sinon je porte réclamation… » Paul Le Guen au centre de toutes les conversations, vu de Toulouse comme du Parc des Princes, et de toutes les banderoles. Souvent respectueuses, comme celle-ci : « Le Guen, bienvenue chez toi ». Ou carrément mystiques, comme celle-là : « Paul, sois notre Messie »…

« Ça m'a fait plaisir, dira Paul Le Guen après la rencontre. Je me sens bien dans ce stade et les gens sont apparemment contents de me voir revenir… » Mais la tournure des événements n'a pas aidé à décrisper l'entraîneur parisien, tendu du début à la fin du match. Sage, discipliné, rassurant pour l'entourage et les joueurs, parfois agacé par l'arbitrage, mais inlassablement tendu comme un arc, jusqu'au coup de sifflet final (0-0). « Je n'attendais pas de miracle, conclut-il. On a été consistants. Je suis déçu par le résultat mais satisfait par l'état d'esprit et la combativité. 0-0 à domicile, ce n'est pas extraordinaire mais on a respecté ce qu'on avait prévu. » ■

LIGUE 1 - 16E JOURNÉE
(Match en retard)

Paris-SG - Toulouse : 0-0

	Pts	J	G	N	P	diff
1 Lyon	50	20	16	2	2	+26
2 Lens	36	20	10	6	4	+8
3 Marseille	33	20	10	3	7	+8
4 Sochaux	33	20	9	6	5	+2
5 Lille	32	20	8	8	4	+8
6 St-Étienne	31	20	9	4	7	+7
7 Nancy	30	20	8	6	6	+2
8 Bordeaux	30	20	9	3	8	-1
9 Toulouse	28	20	8	4	8	-3
10 Le Mans	27	20	6	9	5	+1
11 Auxerre	26	20	6	8	6	-3
12 Rennes	25	20	6	7	7	-2
13 Lorient	25	20	6	7	7	-3
14 Valenciennes	24	20	7	3	10	-11
15 Monaco	23	20	6	5	9	+3
16 Nantes	20	20	4	8	8	-6
17 Paris-SG	20	20	4	8	8	-7
18 Troyes	17	20	3	8	9	-10
19 Nice	16	20	3	7	10	-7
20 Sedan	14	20	2	8	10	-12

LE PSG NE S'EN SORT PAS
MONDIAL : CES BLEUS ONT DE L'ORGUEIL
DOPAGE : MUSEEUW ROMPT LE SILENCE
0,85 €
www.lequipe.fr
L'ÉQUIPE
COUP DE FROID SUR LYON
PLATINI - JOHANSSON, LA PRESSION MONTE
GONZALEZ TERRASSE NADAL
JOUBERT VA DEVOIR SE RACHETER
QUELS BLEUS POUR L'ITALIE ?
L'ÉQUIPE TV
Demain, en direct à partir de 10h30.
Édition spéciale à l'occasion de l'élection du président de l'UEFA.

LIGUE 1
21e journée
MARSEILLE - AUXERRE : 3-1

Marseille sans bruit…

L'ÉQUIPE DU 25 JANVIER. Le huis clos contre Auxerre n'y a rien changé : l'OM continue sa bonne série et s'est emparé de la deuxième place.
De notre envoyé spécial à Marseille, Hervé PENOT

MANTEY / L'ÉQUIPE

LE TROUBLANT silence du huis clos *(décidé à la suite des incidents de Marseille-Nice, cf. page 174)* n'a pas inversé une tendance lourde. Dans le sillage d'un excellent Ribéry, double buteur contre Auxerre (1-0, 8e ; 2-1, 38e), l'OM se tricote une série sur mesure de quatre succès de suite en affichant une force tranquille qui l'avait fui depuis bien longtemps.

Les joueurs garderont finalement un étrange mais beau souvenir de cette fin d'après-midi froide et terriblement venteuse. Bien sûr, ils regrettaient l'absence du public, mais goûtaient cette sensation de redécouvrir les parties entre amis de leur enfance ou, comme Ribéry, ces extérieurs nuit avec Brest, en National. Cette drôle d'atmosphère a, au moins, permis d'entendre les conseils hurlés par certains, les énervements… et les cris de joie après les buts.

Pas difficile ainsi de comprendre que la frappe de Taiwo en fin de match (3-1, 88e), sur un coup franc imaginaire, venait soulager un groupe sous pression… Car Auxerre (qui avait marqué par Jelen entre les deux buts de Ribéry, 1-1, 17e) laissait encore, à ce moment-là, planer l'ombre d'un doute. Les Marseillais, en dépit de ce mistral glacial et de leur qualité technique, s'égaraient dans de longs ballons face au vent.

Les cris des joueurs marseillais et auxerrois résonnent dans le Stade-Vélodrome, désespérément vide. Cette drôle d'ambiance n'empêchera pas l'OM de poursuivre sa marche en avant.

LES PROMESSES DU TRIO RIBÉRY-CISSÉ-NASRI

Reste qu'une hiérarchie s'est dégagée dans le domaine offensif phocéen. L'association Ribéry-Cissé-Nasri devrait tourner la tête de bien des défenses. À part Lyon, aucune équipe en France ne possède une telle force de percussion, un tel alliage de talent, même s'il faut encore trouver du liant.

Jean Fernandez, l'entraîneur d'Auxerre, avouait même : « L'équipe la plus forte a gagné. L'OM est une très bonne formation et, même si elle a eu une période difficile, elle revient. » « On a su être forts psychologiquement et physiquement, alors que ce n'était pas évident », avouait de son côté Albert Émon. Cette équipe ambitieuse craint de moins en moins de monde… ■

Bordeaux ébranle Lyon

L'ÉQUIPE DU 25 JANVIER. Au bout d'un gros match de L1, les Bordelais ont infligé à l'OL sa première défaite à domicile de la saison. **De notre envoyé spécial à Lyon, Vincent DULUC**

LAHALLE / L'ÉQUIPE

Ulrich Ramé ne cède pas devant Milan Baros (n° 7).

GÉRARD HOULLIER a l'habitude de rappeler que les grandes équipes ne perdent jamais deux fois de suite. Dans l'absolu, entre sa chute à Toulouse (0-2) et sa première défaite à domicile de la saison, face à Bordeaux (1-2), Lyon a battu Le Mans (1-0) en Coupe de la Ligue et Laon (CFA2) en Coupe de France (3-1). Mais en Ligue 1, l'Olympique Lyonnais vient bel et bien de perdre deux matches de suite, une première depuis septembre 2002. La victoire des Girondins à Gerland est de celles qui laissent des traces et maintiennent certains comptes ouverts. L'extrême tension de la fin de partie, illustrée par un coup de genou de Juninho sur Jurietti (87e) et par une sortie litigieuse de Ramé dans les pieds de Cris, tout au bout du temps additionnel, peut avoir des prolongements sur les retrouvailles des deux équipe en finale de la Coupe de la Ligue.

Et sur la Ligue 1 ? C'est un peu moins sûr. Même si Lyon reste sur sa plus mauvaise série de la saison (un point sur neuf possibles), sa situation en tête du classement n'est pas fragilisée. Avec quatorze points d'avance sur l'OM et Lens, le club lyonnais ne va pas faire pleurer sur son sort.

Ricardo : « J'ai vu le vrai Bordeaux »

RICARDO (entraîneur de Bordeaux) : « Une victoire sur Lyon, ce n'est pas seulement trois points, c'est beaucoup plus pour la confiance des joueurs. Stratégie, concentration, engagement, esprit tactique : j'ai vu le vrai Bordeaux, il faut qu'on garde cette attitude. On n'est pas comme Lyon, on n'a pas vingt-cinq points d'avance. Il va falloir être très bons et c'est bien parti. »

Claude CHEVALLY

UN CONTRE DE 60 MÈTRES

Mais dans cette soirée passionnante, les Girondins, admirables par leur solidarité, leur défense intelligente et la qualité de leurs remontées de balle, n'ont pas volé ce succès qui s'est dessiné très tôt. Bordeaux a bénéficié, certes, d'une grosse faute de Vercoutre : le gardien lyonnais, du pied, a manqué le ballon mais pas les jambes de Darcheville, blessé pour la soirée, Francia transformant le penalty (0-1, 2e).

Mais les Bordelais, surtout, ont étalé tout ce qui faisait leur force la saison précédente. Ces lignes resserrées, cette solidarité, cette capacité à se projeter rapidement vers l'avant ont souvent troublé Lyon. Et sur une balle perdue par Fred à 60 mètres, les plongées des Girondins se terminèrent, de l'autre côté, par la tête victorieuse de Micoud (0-2, 27e).

Bordeaux aura fait exactement tout ce qu'il fallait faire pour en arriver là. Et Lyon n'était pas capable, cette fois, de faire exactement tout ce qu'il fallait faire pour s'en sortir. Juninho n'eut pas une réussite énorme sur ses coups francs et, dans le jeu, l'OL manqua d'impact. C'est sur un coup franc de Juninho, comme d'habitude, que Lyon réduisit l'écart grâce à une tête de Fred (1-2, 64e).

Une autre équipe que Bordeaux aurait pu céder, alors, face aux poussées lyonnaises, orchestrées par les jambes de Malouda. Mais la tension soudaine et envahissante aura presque moins pénalisé les Bordelais, plutôt calmes et maîtres d'eux-mêmes, que les Lyonnais s'irritant, jusqu'au bout, de leurs difficultés à s'approcher du but de Ramé. ■

LIGUE 1 - 21E JOURNÉE

Marseille - Auxerre (*) :	3-1
(*) À huis clos	
Lille - Paris-SG :	1-0
Lorient - Lens :	1-0
Troyes - Nantes :	1-0
Monaco - Rennes :	0-2
Sochaux - Sedan :	1-1
Nice - Toulouse :	0-1
Valenciennes - Le Mans :	1-1
Lyon - Bordeaux :	1-2
Nancy - St-Étienne :	0-2

		Pts	J	G	N	P	diff
1	Lyon	50	21	16	2	3	+25
2	Marseille	36	21	11	3	7	+10
3	Lens	36	21	10	6	5	+7
4	Lille	35	21	9	8	4	+9
5	St-Etienne	34	21	10	4	7	+9
6	Sochaux	34	21	9	7	5	+2
7	Bordeaux	33	21	10	3	8	0
8	Toulouse	31	21	9	4	8	-2
9	Nancy	30	21	8	6	7	0
10	Le Mans	28	21	6	10	5	+1
11	Rennes	28	21	7	7	7	0
12	Lorient	28	21	7	7	7	-2
13	Auxerre	26	21	6	8	7	-5
14	Valenciennes	25	21	7	4	10	-11
15	Monaco	23	21	6	5	10	+1
16	Nantes	20	21	4	8	9	-7
17	Paris-SG	20	21	4	8	9	-8
18	Troyes	20	21	4	8	9	-9
19	Nice	16	21	3	7	11	-8
20	Sedan	15	21	2	9	10	-12

L'ÉQUIPE
LILLE SORT DU LOT
LE STADE FRANÇAIS A TENU LE CHOC
MÊME BATTUS, LES BLEUS CONTINUENT
ROCKY BALBOA CHAMPION!
LE PARIS BASKET DÉBARQUE À BERCY

LIGUE 1
22e journée | LENS - SAINT-ÉTIENNE : 3-3 | SEDAN - MONACO : 0-1

Soirée folle à Lens

L'ÉQUIPE DU 29 JANVIER. Menés 0-3 à la mi-temps par Saint-Étienne, les Sang et Or ont réussi à arracher le nul dans le temps additionnel.

De notre envoyé spécial à Lens, Jean-Luc GATELLIER (avec Jérôme LE FAUCONNIER)

BOUTROUX / L'ÉQUIPE

Aruna Dindane, Éric Carrière, Seydou Keita et Olivier Thomert (de g. à dr.) : une remontée sensationnelle !

QUE C'EST magnifique, Bollaert, temple des émotions, quand le maillot sang et or est à ce point mouillé ! À la mi-temps, c'était pourtant la catastrophe. Saint-Étienne et son football ultrarapide avaient accablé le peuple lensois. Ses joueurs étaient à genoux face au flamboyant trio offensif Ilan-Heinz-Gomis. 3-0 pour les Verts, l'entreprise était monumentale pour le Racing. Une tête de Seydou Keita avait redonné un peu d'espoir aux Lensois (1-3, 67e). Mais, à deux minutes de la fin du temps réglementaire, ils étaient toujours menés de deux buts.

Et le miracle se produisit ! Adama Coulibaly, qui avait déjà touché la barre de la tête (20e), trouvait cette fois la faille grâce à sa détente (2-3, 89e). Le public était en transe. Avant d'exploser lorsqu'un autre Malien, le capitaine Seydou Keita, égalisait en imitant son compatriote (3-3, 90e + 1). Trois buts de la tête pour un retour extraordinaire ! « C'est miraculeux d'être revenu à 3-3, observait Francis Gillot, l'entraîneur lensois. Mais il ne faut pas oublier cette première mi-temps désastreuse. On prend trois buts sur trois actions stéphanoises. S'il y avait eu cinq occasions, nous en aurions pris cinq… Nous faisions tout à l'envers. Il va falloir retravailler certaines bases. » Son homologue stéphanois, Ivan Hasek, se montrait fataliste : « Nous savions que Lens était capable de revenir au score. Mais en deuxième mi-temps, nous avons perdu le ballon trop vite. » Car auparavant, Saint-Étienne avait donc accompli une première partie de soirée rêvée, en inscrivant trois buts avant la pause. Et avec les trois mêmes joueurs impliqués dans la finalité des actions : deux buts pour Heinz, un but et une passe décisive pour Bafetimbi Gomis, deux passes pour Ilan…

CARRIÈRE A TOUT CHANGÉ

Ce dernier a fait très mal aux Lensois. Le Brésilien donnait d'abord à Gomis qui, d'un très joli tir, battait Itandje (0-1, 16e). Puis il perçait un bloc défensif nordiste apathique et trouvait idéalement Heinz (0-2, 24e). Pour le troisième, le Tchèque s'occupait de tout. Sur un centre de Gomis, il prenait le temps d'amortir de la poitrine et de réussir une demi-volée imparable du gauche (0-3, 45e). Ce but, à quelques instants de la mi-temps, pétrifia les Sang et Or. Mais avec Carrière, entré en jeu à la place de Jussiê (46e), le jeu lensois retrouvait de la cohérence après la pause. La technique de l'ex-international ramenait la lumière dans la maison artésienne. Et l'impensable allait devenir réalité. ■

LIGUE 1 - 22E JOURNÉE

Le Mans - Marseille :	2-0
Lyon - Nice :	1-1
Sedan - Monaco :	0-1
Bordeaux - Lille :	0-1
Nantes - Lorient :	0-2
Toulouse - Troyes :	1-1
Paris-SG - Sochaux :	0-0
Rennes - Valenciennes :	1-0
Auxerre - Nancy :	2-0
Lens - Saint-Étienne :	3-3

		Pts	J	G	N	P	diff
1	Lyon	51	22	16	3	3	+25
2	Lille	38	22	10	8	4	+10
3	Lens	37	22	10	7	5	+7
4	Marseille	36	22	11	3	8	+8
5	St-Etienne	35	22	10	5	7	+9
6	Sochaux	35	22	9	8	5	+2
7	Bordeaux	33	22	10	3	9	-1
8	Toulouse	32	22	9	5	8	-2
9	Le Mans	31	22	7	10	5	+3
10	Rennes	31	22	8	7	7	+1
11	Lorient	31	22	8	7	7	0
12	Nancy	30	22	8	6	8	-2
13	Auxerre	29	22	7	8	7	-3
14	Monaco	26	22	7	5	10	+2
15	Valenciennes	25	22	7	4	11	-12
16	Paris-SG	21	22	4	9	9	-8
17	Troyes	21	22	4	9	9	-9
18	Nantes	20	22	4	8	10	-9
19	Nice	17	22	3	8	11	-8
20	Sedan	15	22	2	9	11	-13

Seydou Keita (deux buts), l'homme par qui le miracle lensois est arrivé.

BELLOUMI / PHOTOPQR / LA VOIX DU NORD

Monaco sait gérer

L'ÉQUIPE DU 28 JANVIER. Après avoir marqué d'entrée, l'ASM a passé sa soirée à défendre face à des Sedanais courageux. De notre envoyé spécial à Sedan, Jean-Luc GATELLIER

QUAND VOUS ÊTES derniers au classement et menés après moins d'une minute de jeu chez vous, il vous reste certes quatre-vingt-neuf minutes pour égaliser, mais le moral ne doit pas être terrible… Face à une équipe de Monaco qui a adopté pendant toute la soirée la tactique du hérisson, le sanglier sedanais s'est piqué le museau. Inlassablement, il a foncé vers les cages de Roma. « On a souffert, on a géré avec un peu de chance », reconnaissait le gardien italien, auteur d'un sans-faute. Au fond, Sedan n'a connu qu'un seul relâchement, en laissant Koller ajuster sa tête sur un coup franc de Cufré (0-1, 1re). « Qu'est-ce que je peux reprocher à mes joueurs à part cette action ? interrogeait, dépité, José Pasqualetti, l'entraîneur ardennais. Monaco était acculé, il n'a pas fait trois passes. Quand vous dépensez autant d'énergie et qu'à l'arrivée vous ne prenez même pas un point… » Alors que l'ASM continue de s'éloigner de la zone rouge, Sedan s'enfonce peu à peu. ■

LIGUE 1
Transferts

24 heures de folie

L'Équipe du 1er février. Le mercato s'est achevé sur une journée incroyablement animée, avec notamment les arrivées de Piquionne à Monaco et de Luyindula au PSG.

Par Guillaume DUFY et Damien DEGORRE

De la réponse d'Olivier Thomert à Rennes à l'officialisation de l'arrivée de Frédéric Piquionne à Monaco, la dernière journée du mercato a été riche en rebondissements.

0 h 12 : Olivier Thomert, le milieu lensois, décide de répondre favorablement à l'offre du Stade Rennais.

ARGUEYROLLES / L'ÉQUIPE

Jussiê (prêté par Lens à Bordeaux).

9 h 30 : Jussiê, le milieu offensif de Lens, prend l'avion en direction de Bordeaux. Un prêt est à l'étude. Joint au téléphone, Ricardo, l'entraîneur girondin, dit son étonnement.

10 heures : Olivier Monterrubio, le milieu de Rennes, passe au centre d'entraînement de La Piverdière. Il est intéressé par un prêt à Nice.

11 h 15 : Fabrice Pancrate (Paris-SG) fait un saut au Camp des Loges avant de prendre le vol de 13 h 50 pour Séville. Il est censé être prêté pour six mois au Betis.

HERMAN / ICON SPORT

Olivier Monterrubio (transféré de Rennes à Lens).

Midi : Lens appelle Rennes pour négocier l'achat d'Olivier Monterrubio. Changement total de stratégie du côté du Racing et désaccord entre les dirigeants nordistes. À ce moment-là, Lens sait que Frédéric Piquionne, l'attaquant stéphanois, ne veut pas venir alors que, la veille au soir, les dirigeants lensois assuraient avoir obtenu l'accord de l'agent du joueur.

12 h 10 : Sébastien Grax, l'attaquant de Monaco, prend l'avion à Nice. Il espère être transféré à Sochaux, mais son départ est conditionné à l'arrivée en Principauté de Frédéric Piquionne. À l'aéroport, il croise le Stéphanois, qui vient d'atterrir.

12 h 50 : Sammy Traoré (Paris-SG) essuye un nouveau refus de la part de ses dirigeants pour un prêt à Nice.

14 heures : C'est officiel : Olivier Thomert (Lens) arrive à Rennes pour 4,5 M€ et trois ans et demi.

BREGARDIS / ICON SPORT

Olivier Thomert (transféré de Lens à Rennes).

15 h 50 : Monterrubio s'apprête à signer à Lens, qui l'achète 1 M€ et lui offre un contrat d'un an et demi. Il rassemble quelques affaires et prend un train pour Lille. « J'avais envie de changer un peu d'air », se réjouit le néo-Lensois.

16 heures : Fousseni Diawara, le latéral droit de Saint-Étienne, quitte Paris. Il s'envole pour Bâle avant de gagner Sochaux en voiture et de signer un prêt de six mois.

17 heures : Alain Cayzac, le président du Paris-SG, quitte le Camp des Loges pour retrouver le Parc des Princes où l'attendent plusieurs dossiers. Parmi ceux-là, celui de Peguy Luyindula, l'attaquant de Marseille, prêté à Levante.

MANTEY / L'ÉQUIPE

Peguy Luyindula (transféré de Marseille au Paris-SG).

18 h 25 : Monaco vient de donner son accord. Grax signe son contrat de trois ans et demi avec Sochaux. « Cela a été une longue et difficile journée, dit le néo-Sochalien. Là, je suis soulagé. » Le départ de Grax signifie que Piquionne se rapproche sérieusement de Monaco.

18 h 38 : Jussiê est bordelais. Lens et Bordeaux se sont entendus sur les conditions d'un prêt avec option d'achat.

19 heures : Pancrate (Paris-SG) est officiellement prêté au Betis Seville jusqu'à la fin de la saison.

21 h 45 : Piquionne est prêté à Monaco. « C'est un soulagement de voir cette affaire réglée », souffle le président stéphanois Bernard Caïazzo.

MOUNIC / L'ÉQUIPE

Frédéric Piquionne (prêté par Saint-Étienne à Monaco).

22 h 30 : Peguy Luyindula devient officiellement un joueur du PSG, tout juste une heure et demie avant la clôture du mercato. ■

PRINCIPAUX TRANSFERTS DE L'HIVER

CLUBS	ARRIVÉES	DÉPARTS
AUXERRE :	O. Sorin (Nancy).	Kalabane (GUI, Manisaspor, TUR), Pieroni (BEL, Nantes), Yebda (Le Mans).
BORDEAUX :	Peruchini (ARG, Proyecto Crecter), Cavenaghi (ARG, Spartak Moscou), Jussiê (BRE, Lens, p.).	Laslandes (Nice).
LE MANS :	Yebda (Auxerre).	Néant.
LENS :	Bisevac (SER, Étoile Rouge Belgrade), Tixier (Uniao Leiria, POR), Monterrubio (Rennes).	Vignal (Kaiserslautern, D2 ALL, p.), Jussiê (BRE, Bordeaux, p.), Thomert (Rennes).
LILLE :	Emerson da Conceiçao (BRE, Malucci FC), Obraniak (Metz, L2).	Le Postollec et Owona (FC Brussels, p.), S. Robail (Boulogne-M., N, p.), Gygax (SUI, Metz, L2, p.).
LORIENT :	Taïder (Toulouse, p.), Talhaoui (Guingamp, L2, p.).	P. M'Bodji (Strasbourg, L2, p.).
LYON :	Baros (RTC, Aston Villa), Fabio Santos (BRE, Cruzeiro), Belhadj (MAR, Sedan).	Belhadj (MAR, Sedan, p.), Carew (NOR, Aston Villa).
MARSEILLE :	Arrache (ALG, sans club), J. Rodriguez (Glasgow Rangers), Maté (Entente SSG, N).	Deruda (Libourne, L2, p.), Bamogo (Celta Vigo, p.).
MONACO :	Piquionne (Saint-Étienne, p.), Pino (COL, Medellin).	Licata (Gueugnon, L2, p.), Quesnel (sans club), Mangani (Brest, L2, p.), Di Vaio (ITA, Genoa).
NANCY :	Y. Hadji (MAR, Rennes), Grégorini (Nice), Fortuné (Utrecht, HOL).	Sorin (Auxerre), Dosunmu (NGA, Zulte-Waregem, BEL, p.).
NANTES :	Barthez (sans club), Pieroni (BEL, Auxerre), Zaïri (MAR, Boavista, p.).	Wilhelmsson (SUE, AS Rome), V. Stojkovic (SER, Arnhem, HOL), N. Boukhari (MAR, Alkmaar, HOL, p.)
NICE :	Laslandes (Bordeaux), Letizi (Glasgow Rangers).	Moussilou (Saint-Étienne, p.), An. Yahia (ALG, Bochum, ALL, p.), Grégorini (Nancy).
PARIS-SG :	Le Guen (entr., Glasgow Rangers), Gallardo (ARG, River Plate), J. Clément (Glasgow Rangers), Luyindula (Levante, ESP).	Paulo César (BRE, Toulouse), Pancrate (Betis Séville, p.).
RENNES :	Esteban (SUI, Servette Genève), Thomert (Lens).	Adailton (BRE, Santos), Y. Hadji (MAR, Nancy), Mvuemba (Portsmouth, p.), Monterrubio (Lens).
ST-ÉTIENNE :	Moussilou (Nice, p.).	Sakho (Montpellier, L2), Piquionne (Monaco, p.), F. Diawara (MAL, Sochaux, p.).
SEDAN :	Belhadj (MAR, Lyon, p.), Job (CAM, Middlesbrough).	Belhadj (Lyon), Hénin (Le Havre, L2).
SOCHAUX :	Grax (Monaco, p.), F. Diawara (MAL, St-Étienne, p.).	Néant.
TOULOUSE :	Fort (RTC, Slavia Prague), Paulo César (BRE, Paris-SG).	Akpa Akpro (Brest, L2, p.), Taïder (Lorient, p.).
TROYES :	Néant.	Saganowski (POL, Southampton, D2 ANG, p.).
VALENCIENNES :	Ouaddou (MAR, Olympiakos, GRE), Jeovânio (BRE, Porto Alegre).	Néant.

p. : prêt

FOOTBALL
LE PSG RELÈVE LA TÊTE
RUGBY
L'IRLANDE DONNE RENDEZ-VOUS AUX BLEUS
L'ÉQUIPE
LYON N'Y ARRIVE PLUS
ONESTA : « ON NE NOUS COMPREND PAS »
PARIS RISQUÉ POUR MAURESMO
DEFRASNE D'OFFRE UN PODIUM AUX MONDIAUX
L'ÉQUIPE TV
Semaine spéciale Argentine
Retrouvez ce soir à 20 heures dans « Match Retour » MAURO CETTO, champion du monde des moins de vingt ans en 2001.

LIGUE 1
23e journée

TROYES - LYON : 1-0

LORIENT - LE MANS : 2-1

Troyes fait douter Lyon

L'ÉQUIPE DU 5 FÉVRIER. En toute fin de match, l'ESTAC a infligé une nouvelle défaite au leader de la Ligue 1, qui n'avance plus. **De notre envoyé spécial à Troyes, Sébastien TARRAGO (avec Jean-Pierre KIEHN)**

ENCORE BATTU, à Troyes (0-1), l'Olympique Lyonnais ne se porte pas bien du tout. En l'espace de cinq journées, le leader de la Ligue 1 n'a conquis que deux points. Ce n'est plus un parcours de relégable, c'est pire. Après avoir écœuré la France du foot et épaté l'Europe, Lyon n'avance plus. La formation de Gérard Houllier avait perdu une fois au cours des cinq derniers mois de l'année 2006. Face à l'ESTAC, elle a concédé son quatrième revers en vingt-trois jours.

Le scénario peut paraître cruel. Lyon a cédé dans le « temps additionnel du temps additionnel », exactement vingt-deux secondes après les trois minutes annoncées par le délégué du match. Au terme d'un ultime corner, d'un dernier cafouillage dans la surface lyonnaise, Benjamin Nivet a offert à Troyes un succès qui a fait chavirer d'ivresse le stade de l'Aube (1-0, 90e + 4).

NIVET : « ON Y A CRU JUSQU'AU BOUT »

« Ça fait du bien, savourait le héros champenois. On y a cru jusqu'au bout et c'est le deuxième match à domicile que nous remportons dans les dernières minutes. C'est plutôt bon signe pour l'avenir car cela prouve que nous ne lâchons rien. »

Le résultat peut également paraître sévère pour l'OL, qui aurait pu marquer bien avant ce coup du sort. Le Crom a fait un grand match, sauvant son camp face à Fred (10e), Müller (32e) et Juninho (35e). Mais l'histoire aurait pu être bien pire, aussi. Car l'équipe de Jean-Marc Furlan, qui possède désormais trois points d'avance sur le premier relégable, a encore montré combien elle savait jouer ce football vif, technique et offensif qui donne des frissons mais qui ne suffit pas toujours à gagner des matches. Coupet a aussi dû briller face à Danic (27e, 48e, 76e), qui avait déjà titillé un poteau sur coup franc (12e). « C'est une période difficile, reconnaissait Gérard Houllier. Mais c'est intéressant. C'est dans l'adversité que l'on forge les succès futurs. » De dix-sept points avant la 19e journée, fin décembre, l'avance de Lyon sur son dauphin (Lens) est passée à onze. C'est toujours considérable. Mais cette curieuse série commence à interpeller. ■

BRETAGNON / FLASH PRESS

Les Troyens Ibrahima Faye, Gharib Amzine et Eloge Enza-Yamissi (de g. à dr.) ont réussi un gros coup face à l'OL.

LIGUE 1 - 23E JOURNÉE

Lille - Nantes :	0-0
Nice - Bordeaux :	2-1
Nancy - Toulouse :	2-1
Sochaux - Rennes :	0-0
Monaco - Auxerre :	2-1
Lorient - Le Mans :	2-1
Valenciennes - Lens :	1-3
Saint-Étienne - Sedan :	1-2
Troyes - Lyon :	1-0
Marseille - Paris-SG :	1-1

		Pts	J	G	N	P	diff
1	Lyon	51	23	16	3	4	+24
2	Lens	40	23	11	7	5	+9
3	Lille	39	23	10	9	4	+10
4	Marseille	37	23	11	4	8	+8
5	Sochaux	36	23	9	9	5	+2
6	St-Étienne	35	23	10	5	8	+8
7	Lorient	34	23	9	7	7	+1
8	Nancy	33	23	9	6	8	-1
9	Bordeaux	33	23	10	3	10	-2
10	Rennes	32	23	8	8	7	+1
11	Toulouse	32	23	9	5	9	-3
12	Le Mans	31	23	7	10	6	+2
13	Monaco	29	23	8	5	10	+3
14	Auxerre	29	23	7	8	8	-4
15	Valenciennes	25	23	7	4	12	-14
16	Troyes	24	23	5	9	9	-8
17	Paris-SG	22	23	4	10	9	-8
18	Nantes	21	23	4	9	10	-9
19	Nice	20	23	4	8	11	-7
20	Sedan	18	23	3	9	11	-12

On n'arrête plus Lorient

L'ÉQUIPE DU 4 FÉVRIER. Menés à la pause, les Merlus ont quand même arraché leur troisième succès de suite, grâce au premier but de la saison de Marlet.

De notre correspondant permanent à Lorient, Raphaël RAYMOND

OFFICIELLEMENT, les Lorientais sont toujours préoccupés par leur maintien. Les trois points qu'ils ont récoltés à l'avant-dernière minute d'une confrontation décousue avec Le Mans les positionnent toutefois bien plus près de l'Europe que de la zone de relégation. Lorient, désormais septième, à 3 points de Marseille, quatrième, a pris ses marques en L1. Depuis le 28 octobre, le promu morbihannais a engrangé 24 points en 13 sorties.

Les Manceaux pensaient pourtant avoir fait le plus dur en ouvrant la marque. La frappe de Grafite dans un but imprudemment déserté par Audard (0-1, 45e) concrétisait la supériorité de l'équipe sarthoise, plus athlétique, qui s'était créé les occasions les plus chaudes. Après la pause, Lorient revint avec la ferme intention de recoller au score. Sur un centre de Le Pen, Pelé ne parvint pas à se saisir du cuir. Alors que Fischer semblait avoir écarté le danger, l'arbitre assistant signala à M. Cailleux que le ballon avait franchi la ligne (1-1, 53e).

« Je crois bien que le ballon est rentré », admit sportivement Fischer après le match. Le défenseur central du MUC avait le masque. C'est lui, en effet, qui était chargé du marquage de Marlet sur le dernier corner lorientais. « En retard au départ », il glissa. Marlet, entré en jeu un quart d'heure plus tôt, marqua, de la tête, son premier but avec le FCL (2-1, 89e). « C'est une libération, confia l'ancien international, le plus souvent confiné au banc cette saison. Depuis que je suis arrivé, je voyais les autres marquer. Un but, ça rebooste. » Tout sourit à Lorient. ■

LIGUE 1
23e journée (suite)
NICE - BORDEAUX : 2-1

La griffe des Aiglons

L'Équipe du 4 février. Grâce à deux buts d'Ederson et à une farouche résistance, les Niçois ont récolté trois points cruciaux en battant Bordeaux.

De notre envoyé spécial à Nice, Régis TESTELIN

Alors qu'il n'avait plus gagné en Ligue 1 depuis la onzième journée, l'OGC Nice s'est offert contre Bordeaux une victoire capitale dans sa lutte pour le maintien. Une semaine après le bon point rapporté de Lyon (1-1), elle pourrait servir de déclic psychologique à l'équipe de Frédéric Antonetti, plus que jamais renforcé dans sa position d'entraîneur. Nice a besoin d'une dynamique, et son succès contre Bordeaux a une bonne tête de point de départ, même si l'équipe reste en position de relégable.

L'essentiel là : l'actualité brûlante n'est plus aux psychodrames de pouvoir qui ont agité les coulisses au cours des semaines précédentes, mais au jeu et à la bagarre contre la zone rouge.

Contre Bordeaux, les Niçois ont construit leur victoire sur trois socles : le talent du Brésilien Ederson, auteur d'un joli doublé (1-0, 12e ; 2-0, 26e) dont un deuxième but superbe, une résistance acharnée, et une réussite enfin au rendez-vous. Les Girondins ont passé l'intégralité de leur temps chez l'adversaire, qu'ils ont dominé de la tête et des épaules. Mais ils ont été inoffensifs dans les vingt derniers mètres, et c'est encore de Micoud – déjà buteur lors de la victoire à Lyon (2-1) – qu'est venue leur seule lumière (2-1, 36e). Bordeaux reste toujours inefficace, et lorsqu'il craque derrière, ce sont encore trois points qui s'envolent. ■

MANTEY / L'ÉQUIPE

Le Brésilien Ederson, auteur de deux buts, dont une superbe frappe de 20 mètres (26e), permet aux Niçois de confirmer leur nul à Lyon (1-1) et de poursuivre leur redressement.

L'ÉQUIPE

PARIS A DE L'APPÉTIT

LIGUE 1
24e journée
PARIS-SG - MONACO : 4-2

Paris, cent cinq jours plus tard

L'Équipe du 11 février. Le PSG a remporté sa première victoire en L1 depuis le 28 octobre. Par Jérôme TOUBOUL

LAHALLE / L'ÉQUIPE

Jérôme Rothen (à dr.), rasséréné depuis l'arrivée de Paul Le Guen, brille devant Juan Pablo Pino.

À une certaine époque, pas si lointaine, quand le PSG dominait l'ASM par deux buts d'écart, quand le Parc versait dans l'exaltation, il flottait comme un parfum de gloire sur la capitale. En 2007, quand Paris bat Monaco, la joie locale a l'étoffe d'un soulagement et les espoirs raffermis n'ont trait qu'au maintien en L1.

Paris a signé là sa première victoire de l'ère Le Guen en Championnat, après trois nuls et une défaite. La première, surtout, depuis le 28 octobre 2006. Le tunnel sans gagner s'est étiré sur douze journées et peut-être aurait-il été creusé un peu plus si Landreau n'avait étouffé un penalty de Piquionne à la 78e minute. C'était le troisième penalty repoussé par le gardien parisien, déjà confronté à cinq reprises à la difficulté. Il est tentant, aussi, d'y voir le signe d'une poisse moins obnubilée par le PSG : Landreau a également dévié une frappe de Plasil sur sa barre (49e) et Meriem a lui aussi échoué sur la transversale (57e).

Le PSG a exhibé tout ce qu'il n'avait pas montré depuis l'arrivée de Le Guen. De la chance, donc. Mais aussi une efficacité offensive extraordinaire. Dès la cinquième minute, Diané ouvrait le score de la tête (1-0, 5e). Puis le même Diané, lancé en position de hors jeu, emmenait de l'épaule un ballon que le malheureux Roma poussait du talon dans son propre but (2-0, 36e) !

Le Guen : « La route est encore longue »

La perte d'emprise des Parisiens après le repos resta sans conséquence, même si un but de Piquionne (2-1, 49e) fit planer sur le Parc un doute qui ne s'éteignit qu'après le penalty manqué par l'ex-Vert et le coup franc victorieux de Gallardo (3-1, 82e). La volonté de Monaco se fracassa sur ses bévues défensives répétées, dont celle de Bolivar devant Cristian Rodriguez marqua une forme d'apothéose (4-1, 85e). La réduction du score par Koller fut anecdotique (4-2, 87e). « On s'est donné un peu d'air, mais ce sera dur jusqu'au bout, souffla Le Guen. La route est encore longue. » Il y a cependant un peu moins de désordre, désormais, entre les murs parisiens. ■

Savidan coule Nantes

L'ÉQUIPE DU 11 FÉVRIER. Nantes a fait naufrage à la Beaujoire, encaissant cinq buts de la part des Valenciennois, dont quatre d'un époustouflant Steve Savidan. **De notre envoyé spécial à Nantes, Guy ROGER**

CETTE FOIS, l'heure est grave. Nantes s'est fait étriller comme cela lui est rarement arrivé sur ses terres. À cinq reprises, Fabien Barthez est allé ramasser le ballon au fond des filets. Un véritable cauchemar pour les Canaris, obligés de courir après le score à partir de la 20e minute, où un attaquant venu d'ailleurs, Steve Savidan, avait dévié du bout du pied un superbe coup franc tiré par Doumeng (0-1, 20e), avant de se déchaîner en seconde période et d'inscrire trois autres buts.

Au point que Georges Eo stigmatisa cette rencontre pour en faire « un condensé de tous les maux qui poursuivent le FCNA depuis le début de saison : fébrilité sur les coups de pied arrêtés, fragilité derrière, et un manque total de réalisme devant ».

Les Nantais ont dû, en plus, jouer à dix à partir de l'heure de jeu, à la suite de l'expulsion de Payet (63e). Depuis le deuxième but de Savidan, royalement servi par Dufresne (0-2, 49e), on sentait bien que quelque chose ne tournait plus. Devant des feux follets comme Doumeng, Paauwe ou Roudet, les Canaris allaient encore se faire contrer et encaisser, en l'espace de quatre minutes, deux nouveaux buts du duo infernal Savidan (0-3, 72e)-Dufresne (0-4, 76e).

KOMBOUARÉ : « ÇA ME FAIT MAL POUR NANTES »

Il fallut l'entrée en jeu de Keserü, auteur du premier but canari (1-4, 79e), pour adoucir un peu le calvaire des Jaunes. Guillon réduisait encore le score (2-4, 87e). Mais il était trop tard, d'autant que le diabolique Savidan remettait une dernière couche dans la foulée (2-5, 88e). Antoine Kombouaré, l'entraîneur valenciennois, n'en rajoutait pas trop : « Nantes, j'y ai passé huit ans, c'est le club de mon cœur et ça me fait mal de les voir comme ça. Mais quand je repense à mes gars, je suis super heureux de voir tout le chemin parcouru. Il y a dix-huit mois, Rippert, Chelle, Traoré et Mater jouaient encore en CFA ou en National. Je suis ravi aussi pour Savidan et ses quatre buts. Nous avons fait un grand pas vers le maintien. » Nantes, lui, a la tête en bas. Après un tel naufrage, il lui sera difficile de s'en remettre. ■

MINIER / OUEST MÉDIAS

Steve Savidan (à g.) accable **Fabien Barthez.**

« C'est exceptionnel »

Steve Savidan, auteur d'un quadruplé, n'avait encore jamais vécu pareille soirée.

« Pensez-vous réellement avoir touché le ballon et marqué sur le premier de vos quatre buts ?

– Oui, oui, je le touche bien. Ça m'en fait quatre et c'est un vrai conte de fées. Ce n'est pas la première fois que je réussis un quadruplé mais, en Ligue 1, bien sûr, c'est une première et c'est exceptionnel.

– On vous a vu échanger votre maillot avec celui de Fabien Barthez à la fin de la rencontre. Que vous a-t-il dit ?

– On n'a pas parlé des buts. Le maillot de Barthez, je l'avais promis à un petit de la famille. Je voulais lui faire ce cadeau et je suis content que Fabien ait accepté de me le donner. » – G. R.

SAVIDAN (note : 9,5/10) : un premier but opportuniste (20e), avant une seconde période de haut vol ponctuée d'une passe décisive pour son compère Dufresne (76e) et d'un triplé (49e, 72e, 88e) lui permettant de prendre le large au classement des buteurs (13 réalisations). Sensationnel ! – G. R.

Eo valse à son tour

L'ÉQUIPE DU 13 FÉVRIER. Rudi Roussillon, le président nantais, a écarté Georges Eo, remplacé par le duo N'Doram-Der Zakarian.

« Rudi Roussillon, vous ne trouvez pas qu'un troisième entraîneur en six mois, ça fait un peu désordre ?

– Je m'en serais bien passé. Mais la situation était trop préoccupante pour persister. Je n'ai rien contre Georges Eo, qui est et restera un ami, comme je n'avais rien contre Serge Le Dizet. Disons que la raison d'État a été la plus forte. Nous étions en train de couler…

– Que reprochez-vous à Georges Eo ?

– Georges a essayé de faire le maximum mais dans son style. Or, pour arrêter la descente, il fallait donner une nouvelle impulsion. Japhet N'Doram et Michel Der Zakarian ont un tempérament de battant et connaissent la maison. C'était la solution qui s'imposait. » ■

LIGUE 1 - 24E JOURNÉE

Paris-SG - Monaco :	4-2
Auxerre - St-Étienne :	1-1
Le Mans - Sedan :	3-2
Lyon - Lorient :	1-0
Nantes - Valenciennes :	2-5
Nice - Troyes :	3-0
Rennes - Nancy :	1-1
Toulouse - Lille :	1-0
Lens - Sochaux :	3-1
Bordeaux - Marseille :	1-0

		Pts	J	G	N	P	diff
1	Lyon	54	24	17	3	4	+25
2	Lens	43	24	12	7	5	+11
3	Lille	39	24	10	9	5	+9
4	Marseille	37	24	11	4	9	+7
5	St-Étienne	36	24	10	6	8	+8
6	Sochaux	36	24	9	9	6	0
7	Bordeaux	36	24	11	3	10	-1
8	Toulouse	35	24	10	5	9	-2
9	Le Mans	34	24	8	10	6	+3
10	Lorient	34	24	9	7	8	0
11	Nancy	34	24	9	7	8	-1
12	Rennes	33	24	8	9	7	+1
13	Auxerre	30	24	7	9	8	-4
14	Monaco	29	24	8	5	11	+1
15	Valenciennes	28	24	8	4	12	-11
16	Paris-SG	25	24	5	10	9	-6
17	Troyes	24	24	5	9	10	-11
18	Nice	23	24	5	8	11	-4
19	Nantes	21	24	4	9	11	-12
20	Sedan	18	24	3	9	12	-13

LIGUE 1
23e journée

SAINT-ÉTIENNE - SEDAN : 1-2

Bafetimbi Gomis vient de battre, d'une frappe du gauche, le gardien sedanais Patrick Regnault (1-0, 10e). Pour la cinquième fois de la saison (et la troisième en trois journées), la danse du léopard célèbre la réussite du jeune attaquant (21 ans) des Verts. Saint-Étienne tient le successeur de Fédéric Piquionne, prêté à Monaco à l'issue d'un mercato tumultueux (Gomis totalisera 10 buts au terme de la saison). Mais la soirée ne finira pas aussi bien qu'elle a commencé pour l'ASSE. Un but de Joseph-Désiré Job (1-1, 48e) et un autre, contre son camp, de Lamine Diatta (1-2, 73e) donneront à la lanterne rouge sedanaise un succès inespéré. Et Saint-Étienne concédera sa deuxième défaite d'affilée à domicile.

MOUNIC / L'ÉQUIPE

LOIRE
adidas

L'EQUIPE
LYONNAIS ET FIER DE L'ÊTRE
CHRISTIAN BÎMES MIS EN EXAMEN
LES ALL BLACKS EN FORMATION DE COMBAT
LYON REPREND DE L'ÉLAN
VALENCIENNES EN MISSION
LUIS FERNANDEZ : « LA FRANCE ME MANQUE »
UNE DERNIÈRE MÉDAILLE POUR PAERSON
POGNON, DU BAUME AU CŒUR
TROIS PODIUMS ET UN GROS PROBLÈME
Plus que 3 jours à tenir.

LIGUE 1
25e journée

LILLE - LYON : 1-2
SAINT-ÉTIENNE - RENNES : 1-3

La réussite du champion

L'ÉQUIPE DU 17 FÉVRIER. Mené jusqu'à la 83e minute, l'OL a réussi un étonnant retournement de situation, dur à digérer pour Lille. **De notre envoyé spécial à Villeneuve-d'Ascq, Stéphane KOHLER**

QUAND SIR Alex Ferguson a quitté le Stadium Nord à la 67e minute de ce Lille-Lyon, le LOSC menait 1-0 et semblait en mesure de battre un OL très peu rassurant et sans grandes idées. Mais l'entraîneur de Manchester United, qui affrontera Lille en 8es de finale de la C1, a oublié que Lyon savait aussi compter sur la chance et la volonté du quintuple et bientôt sextuple champion de France qu'il est.

Hors sujet en bien des domaines, l'équipe de Gérard Houllier a dû son salut à deux coups de pied arrêtés, au talent de Fred et aussi à une certaine naïveté lilloise. L'OL compte désormais treize points d'avance sur Lens et, à voir la joie et le soulagement des partenaires de Florent Malouda, ce succès arraché in extremis va leur faire le plus grand bien.

LAHALLE / L'ÉQUIPE

Fred (à dr.) se faufile entre les Lillois Michel Bastos et Grégory Tafforeau. Sa frappe de la 83e changera le cours du match.

LILLE, DEUX DE CHUTE

Passé proche d'une victoire qu'il pensait mériter davantage que son adversaire, le LOSC a une nouvelle fois craqué en fin de rencontre. Un mal devenu trop récurrent pour relever du simple hasard. « Ce match, nous devions le gagner, lâcha Claude Puel. Lyon n'a pas eu d'occasion et nous prenons deux buts sur coup franc dans les dernières minutes. Il ne faut nous en prendre qu'à nous-mêmes. »

Après une reprise de Cabaye sur la barre (43e), l'un des rares moments forts d'une première période décevante, Lille trouva l'ouverture d'une très curieuse façon. Sur une touche de Lichtsteiner prolongée par Toulalan dans sa propre surface, Audel se retrouva devant Coupet pour reprendre le ballon du gauche (1-0, 52e). Comme groggy, l'OL multipliait ensuite les erreurs de transmissions. Lille n'était pas plus rayonnant, mais pensait tenir un avantage suffisant au fil des minutes. Lourde erreur.

Sur deux coups francs dans la même zone, à 35 mètres du but de Sylva, Lyon réussit un spectaculaire retournement de situation. Ce fut d'abord un coup franc indirect de Ben Arfa vers Toulalan puis Fred, dont la superbe frappe du droit termina dans la lucarne (1-1, 83e). Puis un coup franc de Toulalan parvint sur la tête de Squillaci, qui loba Sylva (1-2, 89e). « Contre cette équipe de Lille, ce n'était pas évident de développer notre jeu, observa Toulalan. On gagne dans les dix dernières minutes, c'est vraiment ces victoires-là qui sont les plus belles. » Le LOSC subit sa deuxième défaite d'affilée en L1, après le revers à Toulouse (0-1), déjà concédé dans les ultimes instants. Mais celui-ci risque de laisser des traces bien plus profondes. ■

LIGUE 1 - 25E JOURNÉE	
Lille - Lyon :	1-2
St-Étienne - Rennes :	1-3
Lorient - Toulouse :	0-1
Nancy - Paris-SG :	0-3
Sedan - Auxerre :	2-2
Sochaux - Le Mans :	2-0
Troyes - Bordeaux :	1-0
Valenciennes - Nice :	0-1
Monaco - Lens :	0-0
Marseille - Nantes :	0-0

		Pts	J	G	N	P	diff
1	Lyon	57	25	18	3	4	+26
2	Lens	44	25	12	8	5	+11
3	Lille	39	25	10	9	6	+8
4	Sochaux	39	25	10	9	6	+2
5	Marseille	38	25	11	5	9	+7
6	Toulouse	38	25	11	5	9	-1
7	St-Étienne	36	25	10	6	9	+6
8	Rennes	36	25	9	9	7	+3
9	Bordeaux	36	25	11	3	11	-2
10	Le Mans	34	25	8	10	7	+1
11	Lorient	34	25	9	7	9	-1
12	Nancy	34	25	9	7	9	-4
13	Auxerre	31	25	7	10	8	-4
14	Monaco	30	25	8	6	11	+1
15	Paris-SG	28	25	6	10	9	-3
16	Valenciennes	28	25	8	4	13	-12
17	Troyes	27	25	6	9	10	-10
18	Nice	26	25	6	8	11	-3
19	Nantes	22	25	4	10	11	-12
20	Sedan	19	25	3	10	12	-13

Rennes fait mal aux Verts

L'ÉQUIPE DU 18 FÉVRIER. Le Stade Rennais a infligé à Saint-Étienne sa quatrième défaite d'affilée à domicile. **De notre envoyé spécial à Saint-Étienne, Claude CHEVALLY**

ENTRE L'ÉQUIPE la plus efficace de Ligue 1 à domicile (21 buts en 12 matches) et des Rennais arrivés à Geoffroy-Guichard avec la deuxième défense du Championnat (19 buts encaissés en 24 journées), où était la vérité ? La réponse fut cinglante. Mais essentiellement pour Saint-Étienne qui a concédé, pour la première fois de son histoire, sa quatrième défaite d'affilée à domicile.

Gomis, joliment alerté par Feindouno, avait pourtant répondu (1-1, 35e) à Utaka, qui avait profité d'un coup franc pour ouvrir le score (0-1, 15e). Mais le Nigérian, profitant d'une déviation de Briand, rendait l'avantage aux Rennais (1-2, 59e). « Un but qui nous a fait très mal », estima Ivan Hasek. Dans la foulée, Briand centrait pour Marveaux, qui s'y prenait à deux fois pour battre Janot (1-3, 62e). Le mal était alors définitivement fait pour les Verts.

Surmontant allégrement les indisponibilités qui s'accumulent, les Rennais n'ont plus perdu à l'extérieur depuis le 25 novembre 2006. « Avec beaucoup de jeunes, on a surtout été réalistes », note Jacques Faty qui, à 23 ans, passerait presque pour un ancien dans cette équipe rennaise décomplexée. ■

RUGBY
DOMINICI : « UN RÊVE À CONSTRUIRE »
TENNIS
FEDERER PLUS FORT QUE CONNORS
CYCLISME
LA RETRAITE POUR ULLRICH ?
L'ÉQUIPE
PARIS, LA DOUCHE FROIDE
LENS TRAÎNE EN ROUTE
L'OM ATTEND LE RACHAT
ARSENAL BATTU PAR DROGBA
LE 100 M RECORD DE BERNARD
ROANNE TOMBE À ORLÉANS

LIGUE 1
26e journée

TOULOUSE - MARSEILLE : 3-0

NICE - LILLE : 2-1

Elmander lamine l'OM

L'ÉQUIPE DU 25 FÉVRIER. Auteur d'un doublé, le génial attaquant suédois de Toulouse a fait craquer la défense marseillaise, comme il avait assommé Lyon en janvier.

De nos envoyés spéciaux à Toulouse, Nicolas STIVAL et Bernard LIONS

UN CAUCHEMAR. Julien Rodriguez et Ronald Zubar mettront du temps avant d'oublier la soirée dévastatrice qu'ils ont vécue au Stadium de Toulouse. Les deux défenseurs de l'OM ont assisté, impuissants, à la démonstration de Johan Elmander, auteur d'un doublé. L'attaquant suédois du TFC n'en est pas à son coup d'essai. Déjà, le 13 janvier, ce bel athlète (1,88 m et 79 kg) avait démantibulé la défense lyonnaise et scellé la défaite (0-2) du leader en marquant le second but.

« On connaît ses qualités, pourtant Johan nous étonne de match en match ! », déclarait son coéquipier Daniel Congré. « Il joue à fond sur son physique et fait preuve d'une telle vaillance, d'une telle combativité, qu'il arrive toujours à faire la différence, observe le capitaine toulousain, Dominique Arribagé. Il faut être à deux ou trois pour l'arrêter. »

Le TFC a mis tout son cœur dans cette partie et Elmander a montré l'exemple en défendant sans relâche. Dès le début de la rencontre, Mathieu a vu son tir heurter la barre (14e). Puis Emana a lancé Elmander dans la profondeur et l'international suédois s'en est allé dribbler Carrasso (1-0, 39e). L'OM s'est ensuite écroulé dès la reprise. C'est encore Elmander qui l'a torturé (2-0, 48e), avant qu'Emana n'alourdisse encore le score (63e, 3-0). Grâce à ce troisième succès d'affilée, le TFC grimpe à la 3e place du classement avec une différence de buts enfin positive (+ 2). « Une équipe qui a flirté avec la relégation les précédentes saisons ne peut pas se retrouver au sommet d'un seul coup, a prévenu Élie Baup, l'entraîneur toulousain. Si on finit au milieu du tableau, ce sera bien. »

1,72

Le nombre de points par match obtenus par le TFC lorsque Johan Elmander est aligné. La différence est très nette avec son rendement lorsqu'il est privé du Suédois **(0,75 point)** puisqu'il a perdu trois de ses quatre matches sans lui.

LAURENSON / FLASH PRESS

Julien Rodriguez et Cédric Carrasso (à terre) sont impuissants. Johan Elmander va ouvrir le score.

Elmander, meilleur buteur du club (sept réalisations) mais aussi passeur décisif (à cinq reprises), a lui aussi le triomphe modeste : « J'ai fait mon boulot. Nous avons réalisé l'un des plus beaux matches de la saison. Toute l'équipe a donné le maximum. Peu importe qui marque les buts. » Ce qui n'empêche pas plusieurs clubs français et étrangers de suivre de très près ce joueur qui, depuis son arrivée à l'été 2006 en provenance du club danois de Bröndby, a conquis les cœurs toulousains comme peu l'avaient fait depuis l'Argentin Beto Marcico, à la fin des années 1980. ■

LIGUE 1 - 26E JOURNÉE

Toulouse - Marseille :	3-0
Le Mans - Monaco :	0-2
Lyon - Sochaux :	3-3
Nantes - Auxerre :	1-1
Nice - Lille :	2-1
Rennes - Sedan :	0-2
Troyes - Lorient :	3-0
Lens - Nancy :	2-2
Bordeaux - Valenciennes :	2-1
Paris-SG - St-Étienne :	0-2

	Pts	J	G	N	P	diff
1 Lyon	58	26	18	4	4	+26
2 Lens	45	26	12	9	5	+11
3 Toulouse	41	26	12	5	9	+2
4 Sochaux	40	26	10	10	6	+2
5 St-Étienne	39	26	11	6	9	+8
6 Lille	39	26	10	9	7	+7
7 Bordeaux	39	26	12	3	11	-1
8 Marseille	38	26	11	5	10	+4
9 Rennes	36	26	9	9	8	+1
10 Nancy	35	26	9	8	9	-4
11 Le Mans	34	26	8	10	8	-1
12 Lorient	34	26	9	7	10	-4
13 Monaco	33	26	9	6	11	+3
14 Auxerre	32	26	7	11	8	-4
15 Troyes	30	26	7	9	10	-7
16 Nice	29	26	7	8	11	-2
17 Paris-SG	28	26	6	10	10	-5
18 Valenciennes	28	26	8	4	14	-13
19 Nantes	23	26	4	11	11	-12
20 Sedan	22	26	4	10	12	-11

Nice sort la tête de l'eau

L'ÉQUIPE DU 26 FÉVRIER. Frédéric Antonetti revient sur la bonne passe de l'OGC Nice, qui a remporté quatre matches de suite dans un contexte très mouvementé en coulisses. **De notre envoyé spécial à Nice, Stéphane KOHLER**

« Nice vient de prendre treize points sur quinze après cette victoire sur Lille (2-1), mais n'a toujours qu'un point d'avance sur le premier relégable. Est-ce décourageant ?

– Avec le très lourd handicap qu'on s'est créé en début de saison *(un point après six journées)*, je savais qu'on allait souffrir jusqu'au bout. Peu d'équipes seraient capables de surmonter un tel départ.

– Quelles sont les raisons de cette embellie ?

– Il y en a plusieurs. Les arrivées de Laslandes et de Letizi au mercato, une prise de conscience des joueurs après les remous extrasportifs du mois de janvier, mais aussi la réussite actuelle de nos attaquants, Ederson, Laslandes et Baky Koné *(auteur des deux buts contre le LOSC, 43e et 85e)*. Et puis, défensivement, on a toujours été dans le coup. On a la quatrième défense de L1. Et on devrait même avoir un goal-average positif, puisqu'on nous a refusé quatre buts valables.

– Vous ne cultivez pas une certaine paranoïa vis-à-vis du corps arbitral ?

– Je ne suis pas parano ! Je parle uniquement de faits. Force est de constater que l'OGC Nice est l'équipe la plus déficitaire de L1 en terme d'arbitrage. Penalties non sifflés, hors-jeu inexistants… Rien ne nous aura été épargné. Et j'attends toujours que l'on gagne un match sur une erreur d'arbitrage en notre faveur. » ■

LIGUE 1
27e journée

SEDAN - PARIS-SG : 2-0

MARSEILLE - LENS : 0-1

Paris au bord du vide

L'ÉQUIPE DU 4 MARS. La défaite du PSG, chez une équipe sedanaise qui reprend espoir, le place dans une situation de relégable. **De notre envoyé spécial à Sedan, Jérôme TOUBOUL (avec Damien DEGORRE et Pascal RÉMY)**

C'EST UNE OMBRE rouge qui flotte désormais sur la capitale. Rouge comme la zone dans laquelle Paris a fini par tomber après des semaines et des semaines de désillusions, de redressements précaires et de rechutes brutales. Il faut croire que les défaites du PSG à Sedan sont vouées à entrer dans l'histoire. Le 2 décembre 2000, Philippe Bergeroo y laissait sa tête après un naufrage inoubliable (1-5). Cette fois, le PSG de Paul Le Guen est passé sous la barre des relégables. À un stade aussi avancé de la saison, cela ne lui était plus arrivé depuis… dix-neuf ans.

MAURICE-BELAY DÉCISIF

L'échec de Paris, le troisième en six jours après les revers contre Saint-Étienne (0-2) au Parc et à Sochaux (1-2) en Coupe de France, résulte de deux buts sedanais à l'origine desquels on trouve le jeune Nicolas Maurice-Belay, prêté par Monaco. Sur le premier, Landreau finit par pousser lui-même le ballon au fond de son but (1-0, 7e). Le second, Maurice-Belay l'offrit à Boutabout alors qu'il restait un quart d'heure à jouer (2-0, 74e). Qu'a proposé le PSG dans l'intervalle ? Pas grand-chose. Le Guen avait laissé Pauleta sur le banc. Il avait titularisé Frau, Luyindula, Diané et lancé Kalou après la blessure de Rodriguez (27e). Personne n'a fait la différence. Plus grave, Sedan n'a jamais paru vaciller. « Je suis triste. Énormément, lançait un Jérôme Rothen accablé. Il va falloir se mettre les c… sur le terrain pour s'en sortir, parce que, sur ce match, on ne l'a pas fait. Il reste douze matches. On joue avec la vie d'un club depuis trop longtemps. »

BOUTROUX / L'ÉQUIPE

Pendant qu'Aliou Cissé (au fond) et ses partenaires sedanais se congratulent, le regard dans le vague de Bonaventure Kalou en dit long sur le désarroi parisien.

Déjà vainqueur à Rennes le week-end précédent (2-0), Sedan, revenu à quatre points du 17e (Valenciennes), a encore épaissi ses espoirs fous de maintien. « On a su faire le dos rond et on n'a pas fait n'importe quoi dans les moments difficiles, apprécie José Pasqualetti. Les résultats commencent à nous sourire, le travail à payer. » Le président parisien, Alain Cayzac, a même perçu dans le match des Sedanais « un modèle de solidarité ». La solidarité est un concept parti pour imprégner l'ensemble des discours parisiens pendant toute la fin de saison. Car Cayzac le reconnaît : « Le mot relégation était tabou il y a quelque temps. Il ne l'est plus aujourd'hui. » ■

LIGUE 1 - 27E JOURNÉE

Saint-Étienne - Lyon :	1-3
Auxerre - Rennes :	1-0
Lorient - Nice :	0-0
Lille - Troyes :	4-0
Nancy - Le Mans :	1-1
Sedan - Paris-SG :	2-0
Monaco - Bordeaux :	0-0
Valenciennes - Toulouse :	0-0
Sochaux - Nantes :	1-2
Marseille - Lens :	0-1

	Pts	J	G	N	P	diff
1 Lyon	61	27	19	4	4	+28
2 Lens	48	27	13	9	5	+12
3 Lille	42	27	11	9	7	+11
4 Toulouse	42	27	12	6	9	+2
5 Sochaux	40	27	10	10	7	+1
6 Bordeaux	40	27	12	4	11	-1
7 St-Étienne	39	27	11	6	10	+6
8 Marseille	38	27	11	5	11	+3
9 Rennes	36	27	9	9	9	0
10 Nancy	36	27	9	9	9	-4
11 Le Mans	35	27	8	11	8	-1
12 Auxerre	35	27	8	11	8	-3
13 Lorient	35	27	9	8	10	-4
14 Monaco	34	27	9	7	11	+3
15 Nice	30	27	7	9	11	-2
16 Troyes	30	27	7	9	11	-11
17 Valenciennes	29	27	8	5	14	-13
18 Paris-SG	28	27	6	10	11	-7
19 Nantes	26	27	5	11	11	-11
20 Sedan	25	27	5	10	12	-9

MANTEY / L'ÉQUIPE

Djibril Cissé (à dr.) semble bien démuni face à l'étau lensois que forment Nenad Kovacevic (à g.) et Éric Carrière (au centre), sous les yeux de Yohan Demont (au fond).

Lens meilleur second rôle

L'ÉQUIPE DU 6 MARS. Après sa victoire à Marseille (1-0), sa sixième à l'extérieur, le Racing est plus que jamais favori pour la deuxième place. **De notre envoyé spécial à Marseille, Jean-Luc GATELLIER**

LENS FONCE VERS la Ligue des champions pendant que Marseille s'en éloigne. Dans la tribune d'honneur du Stade-Vélodrome, Michel Hidalgo, fidèle à l'OM, était mortifié. L'acteur Daniel Auteuil, lui, voyait pour le Racing un prix du meilleur second rôle (à 13 points de Lyon). Dans l'esprit des Lensois, les trois points ramenés de Marseille soldent leur compte débiteur avec l'affligeante sortie de la Coupe de France, face à Montceau-les-Mines (0-1), club de CFA (*lire en page 82*). « On a su réagir au bon moment », se réjouissait le capitaine Seydou Keita. La force des Artésiens est d'avoir su remettre de l'ordre dans leurs idées en l'espace de quelques jours seulement. Leur solidité défensive est un atout de poids et sur le front de l'attaque, même s'il a parfois paru bien esseulé, Aruna a trouvé la solution contre l'OM. « Quand Kovacevic a récupéré le ballon, je me suis élancé aussitôt, raconte-t-il. Parfois, on est hors jeu, parfois non. Il faut prendre le risque. » Au terme de l'action, il a hérité d'un penalty transformé par ses soins (1-0, 59e), pour son onzième but en L1.

C'est aussi avec des types de la trempe de Nenad Kovacevic et de Milan Bisevac, les deux recrues serbes convoitées par… l'OM à l'été 2006, que Lens avance vite. Après 27 journées, le RCL possède dix points de plus qu'en 2005-06 et vient de signer un sixième succès à l'extérieur en L1. ■

AUXERRE - RENNES : 1-0

LIGUE 1
28e journée

TROYES - VALENCIENNES : 1-3

De l'air pour Auxerre

L'ÉQUIPE DU 4 MARS. Vainqueurs de Rennais accrocheurs, les Bourguignons se sont éloignés de la zone de relégation.

De notre envoyé spécial à Auxerre, Franck LE DORZE

RENAULT / PHOTOPOR / OUEST FRANCE TEAMSHOOT

Ireneusz Jelen (à dr.) devance John Mensah et inscrit face à Simon Pouplin le but de la victoire auxerroise.

CE CHAMPIONNAT de L1 n'est plus à un paradoxe près. Plutôt séduisants depuis la trêve, les Auxerrois n'étaient pas parvenus à faire fructifier leur prometteur début d'année, en raison d'un criant manque d'efficacité. Et c'est face à des Rennais qui n'avaient plus perdu à l'extérieur (trois victoires, deux nuls) depuis le 25 novembre qu'ils ont renversé la tendance. Heureusement pour l'AJA qui, à force de gâcher, s'était mise en danger, presque toute seule. Ce succès lui permet de prendre ses aises avec la zone de relégation.

On redouta pourtant longtemps que cette confrontation fermée n'aboutisse à un piteux score nul et vierge. Mais Jelen, moins fringant depuis quelques matches, en raison notamment de problèmes de dos, fit son apparition après la pause et retrouva vite ses jambes. L'international polonais bénéficia d'une longue ouverture de Mignot pour s'en aller tromper Pouplin (1-0, 65e).

« Heureusement, pour une fois, nous n'avons pas pris de but », pouvait souffler Bacari Sagna. Avec désormais un seul point d'avance sur son adversaire, son ancien coéquipier chez les Espoirs, Simon Pouplin, rappelait, lui, la priorité du moment pour Rennes : « Avant de penser à autre chose, il faut d'abord se concentrer sur les 43 points à prendre pour le maintien. » De l'Europe à la Ligue 2, l'écart a rarement semblé aussi faible. ■

CYCLISME
PUERTO, AFFAIRE CLASSÉE
PARIS-NICE : NAZON RETROUVÉ
RUGBY
LE COUP DE GUEULE DE LAPASSET
TENNIS
BATTU, FEDERER NE S'EN FAIT PAS
FOOTBALL
ARSENAL : HENRY NE PARTIRA PAS
L'ÉQUIPE
PARIS EST-IL PERDU ?
Le PSG, avant-derniers du classement de L 1 à dix journées de la fin de la saison, fait face à sa pire situation sportive depuis vingt ans. Arrivé à la trêve pour sauver le club parisien d'une descente en L 2, l'entraîneur Paul Le Guen trouvera-t-il la solution ? (Pages 2 à 4)
CETTE SEMAINE, RETROUVEZ UNE ANALYSE UNIQUE SUR L'ACTUALITÉ DU RUGBY
RUGBY

VA, la preuve par Troyes

L'ÉQUIPE DU 11 MARS. Les Nordistes ont remporté le match de la peur, celui qu'il ne fallait surtout pas perdre. De notre envoyé spécial à Troyes, Jean-Philippe COINTOT

EN S'INCLINANT face à Valenciennes, les Troyens n'ont pas seulement perdu trois points précieux dans l'optique du maintien, ils ont surtout perdu nombre de leurs illusions. Jean-Marc Furlan le reconnaissait aisément : « Les défaites à domicile sont toujours très embarrassantes, mais celle-ci l'est encore plus, car elle intervient devant un adversaire direct. Il nous a manqué trop de concentration et de spontanéité dans le dernier geste pour pouvoir espérer autre chose. » Pourtant, l'ESTAC a dominé toute la première période, s'est procuré quelques belles occasions, notamment par Gigliotti (6e), Danic (19e), Nivet (20e), Barbosa (26e) et Lachuer (28e), mais la finition manquait au rendez-vous.

C'est d'ailleurs au plus fort de la domination troyenne que les Valenciennois ont ouvert le score. « Ce but nous a crucifiés », regrettait Furlan. Sur un long ballon de contre, Mater centrait sur Bezzaz, qui trompait Le Crom (0-1, 38e). Quelques secondes avant la pause, Steve Savidan, meilleur buteur du Championnat mais muet depuis quatre rencontres, expédiait le ballon sur l'angle du poteau (44e).

Du haut de sa tribune présidentielle (il était suspendu après son expulsion contre Nice [0-1]), Antoine Kombouaré pouvait savourer le scénario et donner par la suite de nouvelles consignes à ses joueurs. Celles-ci furent payantes, puisque Doumeng trouvait immédiatement Roudet, qui venait d'entrer en jeu, pour le deuxième but (0-2, 68e).

SEPT BUTS ENCAISSÉS EN DEUX MATCHES

Désemparés, les joueurs de l'Aube sombraient lentement et encaissaient, sur corner, un troisième but par Dufresne (0-3, 87e). Lors de ses deux dernières rencontres (après le 0-4 à Lille), l'ESTAC aura encaissé sept buts, ce qui fait désordre.

Dans les arrêts de jeu, Gigliotti parvenait à réduire le score (1-3, 90e + 3), ce qui ne changeait rien à la bonne affaire valenciennoise. « Nous avons répondu présent et nous nous sommes battus jusqu'au bout, retenait Kombouaré. Ces trois points nous font du bien, mais le chemin est encore long et tortueux. Si nous ne la confirmons pas, cette victoire n'aura servi à rien. » Simplement à installer le doute dans l'esprit des Troyens, ce qui n'est pas rien ! ■

LIGUE 1 - 28E JOURNÉE

Toulouse - Monaco :	1-1
Bordeaux - Sochaux :	2-0
Le Mans - St-Étienne :	2-1
Lorient - Lille :	0-0
Nantes - Nancy :	2-1
Nice - Rennes :	1-1
Troyes - Valenciennes :	1-3
Lens - Sedan :	1-1
Paris-SG - Auxerre :	0-1
Lyon - Marseille :	1-1

	Pts	J	G	N	P	diff
1 Lyon	62	28	19	5	4	+28
2 Lens	49	28	13	10	5	+12
3 Lille	43	28	11	10	7	+11
4 Toulouse	43	28	12	7	9	+2
5 Bordeaux	43	28	13	4	11	+1
6 Sochaux	40	28	10	10	8	-1
7 St-Étienne	39	28	11	6	11	+5
8 Marseille	39	28	11	6	11	+3
9 Le Mans	38	28	9	11	8	0
10 Auxerre	38	28	9	11	8	-2
11 Rennes	37	28	9	10	9	0
12 Lorient	36	28	9	9	10	-4
13 Nancy	36	28	9	9	10	-5
14 Monaco	35	28	9	8	11	+3
15 Valenciennes	32	28	9	5	14	-11
16 Nice	31	28	7	10	11	-2
17 Troyes	30	28	7	9	12	-13
18 Nantes	29	28	6	11	11	-10
19 Paris-SG	28	28	6	10	12	-8
20 Sedan	26	28	5	11	12	-9

Blaise Kouassi (de dos) est en retard. Yassine Bezzaz ouvre le score (38e).

ROSEREAU / PHOTOPOR / LA VOIX DU NORD TEAMSHOOT

AUTOMOBILE
RÄIKKÖNEN ANNONCE LA COULEUR
RUGBY
QUELS BLEUS POUR LE MONDIAL ?
CYCLISME
L'AVÈNEMENT DE CONTADOR
TENNIS
L'APPENDICITE DE MAURESMO
L'ÉQUIPE
PARIS À LA DÉRIVE
COUP D'ARRÊT POUR LENS
DESCHAMPS S'EN PREND À DOMENECH
ROGGE : « DES JEUX POUR LES JEUNES »
NOAH ET FLORIDA ONT EU CHAUD
LAMY-CHAPPUIS SACRÉ À OSLO
ECOSSAIS ET GÉNÉREUX ?!
YES SIR !!

LIGUE 1
29e journée

SOCHAUX - TOULOUSE : 4-2
RENNES - PARIS-SG : 1-0

Sochaux est reparti

L'ÉQUIPE DU 18 MARS. Brillants et efficaces, les Francs-Comtois ont régalé Bonal, en dominant largement des Toulousains toujours en course pour l'Europe.

De notre envoyé spécial à Sochaux, Jean-Marc BUTTERLIN

À BONAL, ON SAIT respecter les centenaires. C'est en effet sous les yeux de son plus ancien combattant, Max Lehmann, né en décembre 1906, champion de France avec Sochaux en 1935 et 1938, vainqueur de la Coupe en 1937, que l'équipe d'Alain Perrin a signé un festival offensif qui lui a permis de repasser au classement devant son adversaire, Toulouse, grâce à la différence de buts. Cela ne suffira pas à s'emparer du trophée du champion, présenté avant le match, mais au moins les Doubistes ont-ils remis le train sur les rails dans la course aux places européennes.
Sochaux a réalisé un match sans fausse note, à part les deux buts trop tardifs concédés aux Toulousains (Mansaré, 4-1, 88e ; Emana, 4-2, 90e + 2). Ce fut un petit régal par instants, une leçon de jeu vers l'avant et une récompense pour un entraîneur resté fidèle à son idée malgré deux défaites.

VADAM / PHOTOPOR / L'ALSACE

Sébastien Grax (n° 4) réussit un doublé face aux Toulousains (de g. à dr.) **Nicolas Douchez**, **Albin Ébondo** et **Dominique Arribagé** (au centre, **Alvaro Santos**).

PERRIN PERSISTE ET GAGNE

Perrin n'a pas hésité à placer Karim Ziani très bas, ce qui lui a permis d'aligner Jérôme Leroy et Isabey, deux autres créateurs, sur les côtés, avec deux attaquants, Grax et Alvaro Santos. La formule était osée. Elle avait échoué, faute d'adresse, contre Nantes (1-2). Elle a été gagnante face à Toulouse. « C'est parce qu'on a été présents dans tous les domaines », commenta l'excellent Isabey. Le bloc-équipe violet explosa dès que Sochaux eut mis le nez devant après le but de Grax (1-0, 21e), qui ne pouvait mieux fêter sa première titularisation. Ensuite, il n'y eut plus, une heure durant, qu'une équipe sur le terrain.
Sochaux valida une écrasante domination par la qualité de son jeu collectif, parfaitement servi par ses individualités. Il enfila les buts avec la bénédiction d'un adversaire écartelé sur le terrain (J. Leroy, 2-0, 33e ; Grax, 3-0, 55e). Le quatrième but, inscrit par Isabey après un double relais avec Grax (4-0, 64e), symbolisa la facilité avec laquelle les Francs-Comtois se sont joués de la résistance toulousaine. Il couronna également les activités du duo majeur de la rencontre : « On a réussi des choses qu'on a travaillées à l'entraînement, dit Grax. L'entente avec "Micka" *(Isabey)* a été excellente. » Quant à Toulouse, qui a encaissé en un soir autant de buts que lors des dix journées précédentes, il reste, malgré sa défaite, un client sérieux dans la course à l'Europe. ■

LIGUE 1 - 29E JOURNÉE

Sochaux - Toulouse :	4-2
Lille - Le Mans :	0-2
Marseille - Nice :	3-0
Monaco - Nantes :	2-1
Nancy - Lyon :	0-3
St-Étienne - Troyes :	3-1
Sedan - Bordeaux :	1-1
Valenciennes - Lorient :	0-0
Auxerre - Lens :	1-0
Rennes - Paris-SG :	1-0

		Pts	J	G	N	P	diff
1	Lyon	65	29	20	5	4	+31
2	Lens	49	29	13	10	6	+11
3	Bordeaux	44	29	13	5	11	+1
4	Lille	43	29	11	10	8	+9
5	Sochaux	43	29	11	10	8	+1
6	Toulouse	43	29	12	7	10	0
7	St-Étienne	42	29	12	6	11	+7
8	Marseille	42	29	12	6	11	+6
9	Le Mans	41	29	10	11	8	+2
10	Auxerre	41	29	10	11	8	-1
11	Rennes	40	29	10	10	9	+1
12	Monaco	38	29	10	8	11	+4
13	Lorient	37	29	9	10	10	-4
14	Nancy	36	29	9	9	11	-8
15	Valenciennes	33	29	9	6	14	-11
16	Nice	31	29	7	10	12	-5
17	Troyes	30	29	7	9	13	-15
18	Nantes	29	29	6	11	12	-11
19	Paris-SG	28	29	6	10	13	-9
20	Sedan	27	29	5	12	12	-9

Le PSG désemparé

L'ÉQUIPE DU 19 MARS. Le Paris-SG a concédé à Rennes sa quatrième défaite d'affilée. Il se rapproche de la L2. De notre envoyé spécial à Rennes, Guillaume DUFY

CONTRE UNE ÉQUIPE rennaise toujours en course pour la Ligue des champions, le PSG a encaissé sa quatrième défaite d'affilée. Un revers qui ne change pas grand-chose au classement – Paris est toujours 19e –, mais qui fait terriblement mal aux têtes. « On va de déception en déception, observait Paul Le Guen. Pour le maintien, ce sera très dur, mais c'est jouable. »
Mais si ses joueurs veulent conserver leur place en L1, ils ne pourront pas compter uniquement sur le brio de Mickaël Landreau, qui a longtemps repoussé les assauts bretons avant de céder. Le gardien international a réussi trois arrêts remarquables face à Thomert, Utaka et Briand, mais il ne peut pas tout faire. Il céda, une seule fois, lorsque Utaka centra pour Briand, qui devança avec détermination Mendy (1-0, 76e). Landreau n'y arrivera pas seul et le Paris-SG continuera de souffrir s'il n'améliore pas rapidement son efficacité offensive. Pour la quatrième fois de suite, il a encore terminé un match de L1 sans marquer. En fin de match, Traoré a catapulté le ballon sur la transversale… « Le négatif appelle le négatif, constatait Kalou. Mais on a presque touché le fond, il n'y a donc plus grand-chose à craindre. Tant qu'il y a de la vie, il y a de l'espoir. » ■

NIESTER / PHOTOPOR / OUEST FRANCE

Jimmy Briand (à dr.) se joue de **Sammy Traoré** (à g.) et de **Bernard Mendy**.

LES PISTARDS À LA HAUTEUR
LOEB RELANCÉ, FORD DÉCLASSÉ
COUPE D'EUROPE : LE FIASCO DES CLUBS FRANÇAIS
NOAH TAILLÉ POUR LA FINALE
IAN THORPE : « JE SUIS CLEAN »
L'ÉQUIPE
PARIS SORT DU ROUGE
NANTES EN PERDITION
SOCHAUX ET TOULOUSE VERS L'EUROPE
LYON DANS LE DOUTE
TOURS LAISSE PASSER L'OCCASION
DJOKOVIC S'INSTALLE PARMI LES GRANDS
DEUX GÉANTS À LA UNE
VELO MAGAZINE VIENT DE PARAÎTRE. 4 €

LIGUE 1
30e journée

LENS - PARIS-SG : 1-2

NANTES - SEDAN : 0-1

Paris respire encore

L'ÉQUIPE DU 2 AVRIL. Le PSG a accompli l'exploit d'aller gagner à Bollaert. Il quitte la zone rouge, aiguisant les doutes lensois. **De notre envoyé spécial à Lens, Jérôme TOUBOUL**

AU MOINS une fois en 2006-07, le PSG aura laissé la même trace que Lyon. Il a gagné à Lens, là où seul l'OL avait imposé sa loi (4-0). Cette victoire était indispensable pour sortir de la zone rouge, et l'équipe de Paul Le Guen aura eu l'immense mérite de l'arracher à un moment du match où les événements semblaient le conduire vers l'asphyxie. Remonté à la 17e place, Paris n'est plus dépendant des autres pour assurer sa survie en L1.

À Lens, le PSG est passé par tous les états, mais il a su finir le match comme il l'avait entamé, dans le bon sens, limitant la casse d'un début de deuxième mi-temps lors duquel Lens fit à peu près tout ce qu'il voulait sur le terrain. Mais il aura manqué un peu de tout à l'équipe nordiste. Un peu de qualité technique, un peu de précision sur les tirs, un peu de caractère, aussi, lorsque Paris reprit l'avantage…

GILLOT : « CE SERA CHAUD »

Lens conserve sa deuxième place. Mais son irrégularité et son manque de tranchant dans les moments forts nourrissent sa stagnation au classement. « Cela fait un moment qu'on n'y arrive pas, se désolait Francis Gillot. Depuis longtemps, je sais que ce sera chaud jusqu'au bout. On en a eu la confirmation. »

Lens n'a plus le vent en poupe, ce qui fut palpable d'entrée de jeu lorsque Luyindula décala Diané, qui marqua d'un tir croisé (0-1, 2e). Dans cette première mi-temps qu'il entama avec un but de retard, Lens peina à ressortir un réel point fort. Et, plus tard, si son égalisation releva du sens de l'histoire, elle résulta aussi d'une certaine réussite : sur un coup franc de Monterrubio, Rozehnal, sous la pression de Dindane, marqua contre son camp (1-1, 52e)…

Si Lens a perdu ce match, ce fut sans doute parce qu'il ne sut pas le gagner dans les minutes qui suivirent son égalisation, alors que Paris chancelait. Les échecs de Jemaa (56e, 62e) et de Seydou Keita (59e) ne lui permirent pas de faire basculer le score. Et le PSG reprit confiance. Rothen frappa un coup franc en direction d'Armand qui marqua d'un extérieur du gauche en extension (1-2, 72e) ! Un but qui coupa tous les élans lensois et qui soulagea les Parisiens. « L'état d'esprit de tout le monde a été irréprochable, appréciait Armand. Maintenant qu'on est sortis de la zone de relégation, on va tout faire pour ne pas y retourner. » ■

MANTEY / L'ÉQUIPE

D'une étonnante reprise en extension, Sylvain Armand (au centre) trompe Charles Itandje à la 72e minute et donne un précieux succès à Paris.

LIGUE 1 - 30E JOURNÉE	
Lorient - Marseille :	2-1
Nantes - Sedan :	0-1
Le Mans - Auxerre :	2-2
Lille - Valenciennes :	0-2
Nice - Monaco :	1-1
Toulouse - St-Étienne :	1-0
Troyes - Sochaux :	0-1
Lens - Paris-SG :	1-2
Lyon - Rennes	reporté
Bordeaux - Nancy	reporté

		Pts	J	G	N	P	diff
1	Lyon	65	29	20	5	4	+31
2	Lens	49	30	13	10	7	+10
3	Sochaux	46	30	12	10	8	+2
4	Toulouse	46	30	13	7	10	+1
5	Bordeaux	44	29	13	5	11	+1
6	Lille	43	30	11	10	9	+7
7	St-Étienne	42	30	12	6	12	+6
8	Marseille	42	30	12	6	12	+5
9	Le Mans	42	30	10	12	8	+2
10	Auxerre	42	30	10	12	8	-1
11	Rennes	40	29	10	10	9	+1
12	Lorient	40	30	10	10	10	-3
13	Monaco	39	30	10	9	11	+4
14	Nancy	36	29	9	9	11	-8
15	Valenciennes	36	30	10	6	14	-9
16	Nice	32	30	7	11	12	-5
17	Paris-SG	31	30	7	10	13	-8
18	Sedan	30	30	6	12	12	-8
19	Troyes	30	30	7	9	14	-16
20	Nantes	29	30	6	11	13	-12

MINIER / L'ÉQUIPE

Fabien Barthez (à dr.), officiellement blessé, quitte la pelouse, remplacé par Tony Heurtebis.

Sedan fait un malheur

L'ÉQUIPE DU 2 AVRIL. Battu, à la suite d'une bourde de Barthez, par des Ardennais revigorés, Nantes est de nouveau au plus mal.
De notre envoyé spécial à Nantes, Guy ROGER

UN SEUL BUT a suffi à une solide équipe sedanaise pour s'imposer à la Beaujoire. Les petits camarades de Ducourtioux en sont à leur sixième match d'affilée sans défaite et n'ont jamais autant cru à un possible maintien en L1. Nantes, en revanche, s'enlise chaque semaine davantage.

Le FCNA a terminé la rencontre sans Fabien Barthez, qui, touché à la cuisse droite, a quitté le terrain (72e), ramassé ses affaires et filé chez lui illico. « Je ne le croyais pas blessé, confia Cetto. Il avait réussi plusieurs sorties aériennes et j'avais confiance. » Les Nantais avaient paru maîtriser d'emblée. Une frappe de Vainqueur avait touché la transversale (17e). Sedan avait du mal à exister. Mais, explique Ouadah, « on sentait les Nantais de plus en plus nerveux. Ils ne trouvaient plus de solution et ça nous mettait en confiance ».

Une tête de Yahia trouva le poteau (57e). Et puis Ducourtioux se chargea de transformer en pépite un tir qui ressemblait à un centre (0-1, 62e). Comment Barthez s'y est-il pris pour capter le ballon derrière sa ligne ? Mystère. Le public de la Beaujoire était pétrifié. Dans le rétroviseur, il semblait déjà apercevoir la Ligue 2. ■

ALONSO - HAMILTON, COUP DOUBLE POUR McLAREN
SAFIN ASSOMME LA FRANCE
RINER, L'ÂGE D'OR
BALLAN, LE RONDE AU NOM DU PÈRE
MALAISE À BIARRITZ
L'ÉQUIPE
L'OM FAIT UN RÊVE
TOULOUSE MET LA PRESSION SUR LENS
LE REAL RETROUVE DES COULEURS
LA CHORALE À TUE-TÊTE
AUJOURD'HUI, RETROUVEZ UNE ANALYSE UNIQUE SUR L'ACTUALITÉ DU RUGBY
RUGBY

LIGUE 1
31e journée | **MARSEILLE - LILLE : 4-1** | **SEDAN - TOULOUSE : 0-2**

L'OM saute sur l'occasion

L'ÉQUIPE DU 9 AVRIL. Marseille s'est relancé face à une équipe de Lille injustement réduite à dix d'entrée de jeu. **De notre envoyé spécial à Marseille, Hervé PENOT**

MANTEY / L'ÉQUIPE

Renato Civelli, en état de grâce, redonne l'avantage à l'OM (2-1), malgré la présence des Lillois Mathieu Debuchy, Nicolas Plestan, Rafael Schmitz et Matthieu Chalmé (de g. à dr.).

LE RÊVE EST toujours à portée de main. Marseille, désormais cinquième de la L1, pointe à quatre longueurs de Lens et de Toulouse, pour l'instant détenteurs des deux derniers strapontins pour la Ligue des champions. Ce qui laisse songeur, tant l'équipe phocéenne a perdu en chemin des points et des forces. Elle se réveille peut-être au meilleur moment, celui qui compte, ce *money time* cher aux basketteurs, alors que Lille entrevoit un finish plus incertain.

Seule ombre au tableau marseillais : la situation de Djibril Cissé, sur le banc en début de match et accueilli par un concert de sifflets à son entrée. Ribéry, lui, était bien présent pour son retour, après six semaines d'arrêt à cause d'une fracture au pied droit.

PUEL : « BEAUCOUP DE VENT CONTRAIRE »

L'autre fait majeur de la rencontre fut l'arbitrage de M. Piccirillo, qui faussa rapidement le match. En dix minutes, l'arbitre eut le temps de siffler deux penalties, l'un en faveur de l'OM pour une faute inexistante d'Emerson sur Pagis, un autre pour une faute peu évidente de Julien Rodriguez sur Nicolas Fauvergue.

Niang (1-0, 9e), d'un côté, et Bastos (1-1, 11e), de l'autre, convertirent les offrandes, mais le score de parité n'effaçait pas ces erreurs car Emerson avait été expulsé ! Déjà privé de Makoun, Cabaye, Bodmer et Tafforeau, le LOSC vit ses espoirs s'amenuiser et le doute l'envahir.

Les Marseillais tardèrent toutefois à profiter de leur surnombre et de leur configuration très offensive en dépit d'un Niang virevoltant. Il fallut un corner de Ribéry pour voir l'Argentin Civelli, d'un superbe geste technique, donner l'avantage à l'OM (2-1, 38e). Cela concrétisa une domination territoriale, beaucoup moins une emprise technique. Mais l'OM n'était pas ennuyé par les fantômes lillois. Et Civelli planta un deuxième but tout aussi magistral sur un corner de Nasri (3-1, 63e).

« Certains joueurs ont été mis à mal récemment, comme Civelli, mais ils ont su trouver les ressources mentales pour se révolter », appréciait Albert Émon. En toute fin de match, la dramatique faiblesse de la défense lilloise était encore exploitée par Niang (4-1, 90e + 1). « On a eu beaucoup de vent contraire, estimait Claude Puel. Le penalty, l'expulsion, deux buts sur coups de pied arrêtés. Ce match était un tournant pour les deux équipes. Il y en a une qui stagne, l'autre qui est propulsée vers le haut. » ■

LIGUE 1 - 31E JOURNÉE

Valenciennes - Lyon :	0-0
Auxerre - Bordeaux :	0-0
Monaco - Troyes :	0-0
Nancy - Lorient :	0-1
Paris-SG - Le Mans :	2-1
Rennes - Lens :	1-0
St-Étienne - Nantes :	2-1
Sochaux - Nice :	1-1
Sedan - Toulouse :	0-2
Marseille - Lille :	4-1

		Pts	J	G	N	P	diff
1	Lyon	66	30	20	6	4	+31
2	Lens	49	31	13	10	8	+9
3	Toulouse	49	31	14	7	10	+3
4	Sochaux	47	31	12	11	8	+2
5	Marseille	45	31	13	6	12	+8
6	St-Étienne	45	31	13	6	12	+7
7	Bordeaux	45	30	13	6	11	+1
8	Lille	43	31	11	10	10	+4
9	Rennes	43	30	11	10	9	+2
10	Auxerre	43	31	10	13	8	-1
11	Lorient	43	31	11	10	10	-2
12	Le Mans	42	31	10	12	9	+1
13	Monaco	40	31	10	10	11	+4
14	Valenciennes	37	31	10	7	14	-9
15	Nancy	36	30	9	9	12	-9
16	Paris-SG	34	31	8	10	13	-7
17	Nice	33	31	7	12	12	-5
18	Troyes	31	31	7	10	14	-16
19	Sedan	30	31	6	12	13	-10
20	Nantes	29	31	6	11	14	-13

Toulouse, c'est sérieux

L'ÉQUIPE DU 9 AVRIL. Le TFC est troisième à sept journées de la fin. Mais refuse toujours obstinément d'envisager la Ligue des champions.
De notre envoyé spécial à Sedan, Éric CHAMPEL

LA CASQUETTE vissée sur la tête, le ton presque bougon, Élie Baup a rabâché son éternel couplet. « L'Europe, la Ligue des champions ? Moi, je ne parle pas de ça. Le dénouement de ce Championnat, on le connaîtra lors des deux dernières journées. »

Voici pourtant Toulouse revenu à la hauteur de Lens, 2e. Le TFC est l'équipe la plus performante de l'année 2007. Elle a pris 25 points sur 39 possibles et a remporté à Sedan, sans pourtant faire un grand match, sa sixième victoire de la saison en déplacement. « Ce que je retiens, c'est qu'on a été capables de se dire les choses à la mi-temps », notait Nicolas Douchez. Précision de Dominique Arribagé : « On s'est tous dit qu'on allait perdre ce match, alors on s'est remobilisés. »

Et le destin a basculé dans le dernier quart d'heure. Hyperréalistes, Paulo César (0-1, 78e) puis Ébondo (0-2, 85e) ont profité de l'éparpillement collectif d'une équipe ardennaise qui est tombée après six matches sans défaite et reste engluée à la dix-neuvième place.

Grands chantres de la discrétion, les Toulousains ont quitté le stade Louis-Dugauguez sans éclats de voix et sans exprimer le moindre excès de triomphalisme. « Le plus dur commence, a presque regretté Dominique Arribagé. Maintenant, il va falloir gérer toute cette euphorie autour du club. Il est là, le danger… » ■

Nicolas Dieuze, Paulo César et Pantxi Sirieix (de g. à dr.) jubilent. Le TFC est 3e.

HERVIO / FLASH PRESS

L'ÉQUIPE
CHOCS EN STOCK
BIARRITZ SE RESSAISIT

LIGUE 1
32e journée

TOULOUSE - AUXERRE : 2-0

« Le TFC n'a peur de rien »

L'ÉQUIPE DU 16 AVRIL. Johan Elmander, l'attaquant suédois de Toulouse, encore décisif face à Auxerre, explique la réussite de son équipe, deuxième de la L1.

De notre envoyé spécial à Toulouse, Éric CHAMPEL

PRÉVOST / L'ÉQUIPE

Johan Elmander face aux Auxerrois **Baptiste Martin** (à g.) et **Jean-Sébastien Jaurès.**

« TOULOUSE DEUXIÈME après 32 journées. Auriez-vous imaginé un tel scénario lorsque vous êtes arrivé à l'été 2006 ?

– Au début de la saison, je l'avoue, je n'y aurais pas trop cru. Je nous situais plutôt au milieu du classement. Mais quand on voit ce qu'on réalise depuis la reprise, je suis moins surpris. La Ligue des champions, c'est un rêve. Après la Coupe du monde, c'est la plus belle des compétitions. Mais il n'est pas question d'annoncer partout que nous allons tout casser.

– Pourquoi avoir autant de pudeur à parler ouvertement d'Europe ?

– C'est pour se protéger et pour ne pas se disperser. Si on continue comme ça, en jouant avec notre tête comme face à Auxerre, en pratiquant un jeu simple et sans excès d'individualisme, on peut arriver à nos fins. Notre force est là. On n'a peur de rien.

« C'EST UN HONNEUR D'ÊTRE COMPARÉ À MARCICO »

– La victoire (2-0) face à Auxerre marque-t-elle un tournant, notamment dans votre manière de gérer le score ?

– Oui, tout à fait. Nous n'avons jamais perdu le contrôle du match, même quand Auxerre s'est mis à dominer. C'est une étape, c'est la preuve que l'équipe progresse et grandit collectivement.

– À titre personnel, vous avez encore été déterminant, sur ce déboulé en solitaire conclu par une passe décisive à Fodé Mansaré *(2-0, 30e, après l'ouverture du score signée Achille Émana, 7e)*. Pourquoi êtes-vous aussi à l'aise dans cette équipe et aussi efficace ?

– L'entraîneur me fait confiance et me responsabilise beaucoup. Je ne suis pas un leader de vestiaires mais, sur le terrain, j'essaye d'être un exemple. Même quand je ne suis pas au mieux physiquement, je donne le maximum et je me mets au service de l'équipe. Ce doit être ça, le style suédois : penser aux autres avant de penser à soi.

– Les supporters toulousains voient en vous le successeur de l'Argentin Beto Marcico, idole du Stadium de 1985 à 1992…

– J'ai entendu parler de ce joueur. C'est un honneur que l'on me compare à lui. Et si j'ai une forme de pression, elle est là. Je veux faire partie des joueurs qui ont qualifié le TFC pour une Coupe européenne. » ■

LIGUE 1 - 32E JOURNÉE

Bordeaux - Paris-SG :	0-0
Le Mans - Rennes :	0-0
Lille - Sochaux :	2-0
Lorient - Monaco :	0-0
Nantes - Lens :	0-0
Toulouse - Auxerre :	2-0
Troyes - Nancy :	0-0
Valenciennes - Marseille :	0-0
Nice - Saint-Étienne :	2-1
Lyon - Sedan :	1-0

		Pts	J	G	N	P	diff
1	Lyon	69	31	21	6	4	+32
2	Toulouse	52	32	15	7	10	+5
3	Lens	50	32	13	11	8	+9
4	Sochaux	47	32	12	11	9	0
5	Marseille	46	32	13	7	12	+8
6	Lille	46	32	12	10	10	+6
7	Bordeaux	46	31	13	7	11	+1
8	St-Étienne	45	32	13	6	13	+6
9	Rennes	44	31	11	11	9	+2
10	Lorient	44	32	11	11	10	-2
11	Le Mans	43	32	10	13	9	+1
12	Auxerre	43	32	10	13	9	-3
13	Monaco	41	32	10	11	11	+4
14	Valenciennes	38	32	10	8	14	-9
15	Nancy	37	31	9	10	12	-9
16	Nice	36	32	8	12	12	-4
17	Paris-SG	35	32	8	11	13	-7
18	Troyes	32	32	7	11	14	-16
19	Sedan	30	32	6	12	14	-11
20	Nantes	30	32	6	12	14	-13

LIGUE 1
30e journée (match en retard)
BORDEAUX - NANCY : 3-0

Bordeaux version show

L'ÉQUIPE DU 19 AVRIL. Grâce à leur victoire sur Nancy, les Girondins se replacent pour la Ligue des champions.

De notre envoyé spécial à Auxerre, Franck LE DORZE

THEILLET / PHOTOPOR / SUD OUEST TEAMSHOOT

Marouane Chamakh (à g.) ouvre le score (18e).

LOIN DES AMBIANCES surchauffées de Lyon et de Marseille, Bordeaux, devant 22 000 spectateurs, a enregistré sa plus large victoire à domicile en Championnat. Ce succès face aux Nancéiens permet aux Bordelais de se hisser à un point de Lens (3e) et trois de Toulouse (2e). « Bordeaux a son destin entre ses mains, estime Ricardo. Mais il n'y a plus de temps à perdre. »

Il fallut un coup de pied arrêté pour que les Girondins se mettent en confiance. En l'occurrence un corner repris de la tête par Chamakh (1-0, 18e). Celui-ci récidivait, servi par Cavenaghi (2-0, 43e). Nancy concédait un troisième but sur une énième fébrilité dont profitait Cavenaghi pour sa première titularisation (3-0, 55e).

Et voici Nancy, victime d'une série de neuf matches sans victoire, toujours obligé de lutter pour son maintien, alors qu'à l'issue du match aller victorieux (2-1, 12e journée), la deuxième place apparaissait comme une promesse le protégeant du pire. ■

LIGUE 1 - 30E JOURNÉE
(Matches en retard)

Lyon - Rennes :	0-0
Bordeaux - Nancy :	3-0

		Pts	J	G	N	P	diff
1	Lyon	70	32	21	7	4	+32
2	Toulouse	52	32	15	7	10	+5
3	Lens	50	32	13	11	8	+9
4	Bordeaux	49	32	14	7	11	+4
5	Sochaux	47	32	12	11	9	0
6	Marseille	46	32	13	7	12	+8
7	Lille	46	32	12	10	10	+6
8	St-Étienne	45	32	13	6	13	+6
9	Rennes	45	32	11	12	9	+2
10	Lorient	44	32	11	11	10	-2
11	Le Mans	43	32	10	13	9	+1
12	Auxerre	43	32	10	13	9	-3
13	Monaco	41	32	10	11	11	+4
14	Valenciennes	38	32	10	8	14	-9
15	Nancy	37	32	9	10	13	-12
16	Nice	36	32	8	12	12	-4
17	Paris-SG	35	32	8	11	13	-7
18	Troyes	32	32	7	11	14	-16
19	Sedan	30	32	6	12	14	-11
20	Nantes	30	32	6	12	14	-13

PARKER, TERRY, AREVA CHALLENGE : NOS INVITÉS DU DIMANCHE
PARIS ACCABLE LES NANTAIS
NADAL - FEDERER, LES INSÉPARABLES
UNE FINALE POUR IBANEZ OU LABIT
L'ÉQUIPE DIMANCHE
LYON AU SIXIÈME CIEL
Votez pour la droite, Votez pour la gauche, Votez pour la paire... de Glaglashoes!
La première Basket 100% été
49€
glaglashoes.com

LIGUE 1
33e journée

AUXERRE - LYON : 0-0
RENNES - TOULOUSE : 3-2

Lyon, un bonheur bien caché

L'ÉQUIPE DU 22 AVRIL. Les Lyonnais ont remporté leur sixième titre à Auxerre. À l'hôtel, dans une ambiance éteinte. **De notre envoyé spécial à Auxerre, Vincent DULUC**

UN AN PLUS TÔT, apprenant leur cinquième titre devant leur télé, les joueurs de Lyon, rassemblés dans leur hôtel à Paris, étaient partis dans une folle sarabande, dansant comme des enfants au milieu de la rue. En 2007, les Lyonnais ont remporté leur sixième titre de champion de France dans un salon de leur hôtel à Auxerre, en assistant sur un grand écran à la victoire de Rennes sur Toulouse (3-2).

Il n'y a pas eu de chant, à peine deux ou trois hurlements. Mais pas un seul « on est les champions », le tube des années précédentes. Le seul cri qui a accompagné le bruit des bouchons de champagne fut un « bonne année ! » plein de dérision. L'atmosphère au sein du club lyonnais est particulière depuis trop longtemps pour ne pas l'être encore le jour du sacre.

« LE TITRE, LES SUPPORTERS N'EN ONT PAS VOULU... »

Gérard Houllier est ensuite revenu sur les sifflets de Gerland, contre Rennes (0-0), qui lui restaient « en travers de la gorge. Le titre, on l'a gagné il y a trois jours, mais les supporters n'en ont pas voulu. On l'avait remporté à l'hôtel l'an passé. Cette saison, on l'a gagné sous les sifflets. Le PSG, lui, joue au Parc dans une atmosphère de fête alors qu'il est 17e... »

Dans le hall de l'hôtel, les joueurs se promenaient gentiment au milieu de la dizaine de supporters et de curieux, un verre de bière ou une coupe à la main. Mais ce n'était pas vraiment une fête.

Parce que Lyon savait depuis quatre ou cinq mois qu'il allait remporter son sixième titre de champion. Parce que certains joueurs ont pris du recul, compte tenu de la situation, à l'exemple du Brésilien Claudio Caçapa : « Je n'ai pas beaucoup joué, cela ne peut pas être un titre aussi fort que les autres, pour moi. Mais je pars la tête haute, et je suis fier de ce que nous avons gagné, à Lyon. » « On entre dans l'histoire, affirme Florent Malouda. Ce n'est pas le suspense qui fait la valeur d'un titre. » On dirait, quand même, que les joueurs lyonnais ont un peu perdu l'habitude d'être heureux. ■

Les joueurs et le staff de l'OL posent pour la postérité sur le parking de leur hôtel à Auxerre, après avoir assisté sur grand écran à la victoire de Rennes sur Toulouse (3-2), qui leur donne officiellement leur sixième titre de champion.

MAO / L'ÉQUIPE

LES CHAMPIONS DE FRANCE

Grégory Coupet Gardien, 34 ans ; 33 matches cette saison.
Rémy Vercoutre Gardien, 27 ans ; 5 matches.
Éric Abidal Défenseur, 27 ans ; 33 matches.
Jérémy Berthod Défenseur, 23 ans ; 10 matches.
Claudio Caçapa (BRE) Défenseur, 31 ans ; 6 matches.
Cris (BRE) Défenseur, 30 ans ; 32 matches, 4 buts.
François Clerc Défenseur, 24 ans ; 21 matches.
Patrick Müller (SUI) Défenseur, 30 ans ; 10 matches.
Anthony Réveillère Défenseur, 27 ans ; 30 matches.
Sébastien Squillaci Défenseur, 26 ans ; 28 matches, 3 buts.
Alou Diarra Milieu, 25 ans ; 15 matches, 1 but.
Fabio Santos (BRE) Milieu, 26 ans ; 8 matches.
Sidney Govou Milieu, 27 ans ; 28 matches, 1 but.
Juninho (BRE) Milieu, 32 ans ; 31 matches, 10 buts.
Kim Källström (SUE) Milieu, 24 ans ; 33 matches, 3 buts.
Florent Malouda Milieu, 27 ans ; 35 matches, 10 buts.
Tiago (POR) Milieu, 26 ans ; 27 matches, 4 buts.
Jérémy Toulalan Milieu, 23 ans ; 32 matches.
Milan Baros (RTC) Attaquant, 25 ans ; 12 matches, 4 buts.
Grégory Bettiol Attaquant, 21 ans ; 4 matches.
Hatem Ben Arfa Attaquant, 20 ans ; 13 matches, 1 but.
Karim Benzema Attaquant, 19 ans ; 21 matches, 5 buts.
Fred (BRE) Attaquant, 23 ans ; 20 matches, 11 buts.
Loïc Rémy Attaquant, 20 ans ; 6 matches.
Sylvain Wiltord Attaquant, 33 ans ; 22 matches, 5 buts.
Gérard Houllier Entraîneur, 59 ans.
Et aussi : Mahamadou Diarra (MAL, milieu, 26 ans ; 2 matches, parti au Real Madrid, ESP) et **John Carew** (NOR, attaquant, 27 ans ; 9 matches, 1 but, parti à Aston Villa, ANG).
(Chiffres au 1er juillet 2007.)

Les quatre fantastiques

Ils sont toujours derrière les recordmen Hervé Revelli et Jean-Michel Larqué, couronnés sept fois avec Saint-Étienne (de 1967 à 70 et de 74 à 76). Mais Grégory Coupet, Claudio Caçapa, Juninho et Sidney Govou, les quatre Lyonnais qui ont vécu l'intégralité de la série de six titres de l'OL, rejoignent deux autres Stéphanois : Georges Bereta (de 1967 à 70, 74 et 75) et Robert Herbin (1964, de 67 à 70 et 75).

MAO / L'ÉQUIPE

Florent Malouda, Tiago et Juninho (de g. à dr.) pourront enfin célébrer à Auxerre un titre qui leur était promis.

Rosenborg, loin devant

Avec six titres de champion de France d'affilée, Lyon a porté haut le record national... tout en demeurant loin des intouchables Norvégiens de Rosenborg Trondheim, qui ont enlevé 13 Championnats à la suite. Voici les meilleures séries européennes de l'histoire.

Titres de champion d'affilée

13
- Rosenborg Trondheim *(NOR, 1992-2004)*

9
- CDNA Sofia *(BUL, 1954-1962)*
- Celtic Glasgow *(ECO, 1966-1974)*
- Glasgow Rangers *(ECO, 1989-1997)*
- MTK Budapest *(HON, 1917-1925)*
- Dynamo Kiev *(UKR, 1993-2001)*

7
- Olympiakos *(GRE, 1997-2003)*
- Maribor Branik *(SLV, 1997-2003)*

6
- Lyon *(2002-2007)*
- Steaua Bucarest *(ROU, 1993-1998)*
- Spartak Moscou *(RUS, 1996-2001)*

5
- Anderlecht *(BEL, 1964-1968)*
- Croatia Zagreb *(CRO, 1996-2000)*
- Real Madrid *(ESP, 1961-1965 et 1986-1990)*
- Juventus Turin *(ITA, 1931-1935)*
- Gornik Zabrze *(POL, 1963-1967)*
- FC Porto *(POR, 1995-1999)*
- Sparta Prague *(RTC, 1987-1991 et 1997-2001)*

Un exploit unique

L'ÉQUIPE DU 22 AVRIL. Sacré pour la sixième fois d'affilée, Lyon réalise une prouesse inédite dans un Championnat européen majeur. De notre envoyé spécial à Lyon, Sébastien TARRAGO

S'IL Y A BIEN un moment, en cette fin de saison un peu trouble, où il faut se lever et applaudir la phénoménale domination de l'Olympique Lyonnais sur le Championnat, c'est en ce jour de sacre. Après avoir battu le record national en 2006 avec cinq sacres de suite, l'OL s'en approprie un sur la scène européenne. En Angleterre, en Italie, en Allemagne ou en Espagne, traditionnellement considérés avec la France comme les pays majeurs du football européen, personne n'était encore parvenu à étendre sa domination sur une telle durée.

Puisque la question brûle toutes les lèvres, posons-la immédiatement : la L1 peut-elle vraiment être considérée comme un Championnat majeur ? Oui et non. Non, parce qu'aucun « grand » club n'a été en mesure de rivaliser avec l'OL, différence fondamentale avec l'Angleterre ou l'Espagne. Oui, parce que le niveau général du Championnat est plutôt bon. Ce sont les coups de folie, les joueurs de génie et des locomotives qui manquent à la L1. Comment le reprocher à Lyon ?

Ce qu'il a réalisé relève du domaine de l'exceptionnel. Cette saison ne fut pas la confirmation de sa suprématie. Elle fut celle du massacre. Honoré à la 33e journée, l'OL s'offre un autre record, celui du champion le plus précoce.

UN BEAU CHAMPION EN MANQUE D'AMOUR

Pourquoi alors ce manque d'enthousiasme général ? Parce qu'on reste sur les dernières impressions, cette élimination en huitièmes de finale de la C1 par l'AS Rome (0-0, 0-2) et cette finale de la Coupe de la Ligue perdue contre Bordeaux (0-1) notamment.

Dans sa folle ascension, Lyon souffre d'un manque d'amour qui correspond aussi à une absence de concurrence. Cette saison, l'OL a pourtant fait un effort pour relancer le Championnat. Entre les 19e et 23e journées, Lyon a pris deux points sur quinze possibles. « Heureusement que janvier a été un peu plus difficile, sinon, on aurait été champions fin février », ironisait l'entraîneur de l'OL. À l'heure du bilan, il faut aussi se souvenir d'une première moitié de saison étourdissante (16 victoires, 2 nuls, 1 défaite). Lyon avait alors offert un spectacle magnifique, celui d'une machine infernale et intouchable. Celui d'un beau champion. ■

LIGUE 1
33e journée (suite)
AUXERRE - LYON : 0-0

PARIS-SG - NANTES : 4-0

Houllier choisit la sortie

L'ÉQUIPE DU 26 MAI. Gérard Houllier a annoncé qu'il ne serait plus l'entraîneur de Lyon la saison prochaine.

Par Vincent DULUC (avec Claude CHEVALLY)

MINIER / L'ÉQUIPE

Gérard Houllier quitte l'OL après avoir décroché un deuxième titre de champion.

LE DÉPART DE Gérard Houllier, que les observateurs de la vie lyonnaise voyaient venir depuis de longues semaines, est officiel. Si l'ancien manager de Liverpool quitte Jean-Michel Aulas et l'OL à un an de la fin de son contrat, c'est déjà que les deux parties sont d'accord financièrement. Car il n'est question ni de démission ni de licenciement.

Reste que la décision de Houllier n'est pas une surprise. Fatigué physiquement par la pression du management au quotidien, pas toujours très populaire dans son vestiaire, lassé de lutter en vain contre l'influence de Bernard Lacombe, le conseiller du président, il a fait le choix de son envie profonde plutôt que de son orgueil.

Certes, Jean-Michel Aulas a toujours soutenu son entraîneur en cette deuxième partie de saison difficile. Et il n'aime pas perpétuer sa réputation de président que l'on laisse. Mais, quitte à se diriger vers le divorce, obliger Houllier à faire le premier pas était une base dans sa stratégie.

« Je suis fier du cinquième titre de champion, mais je le suis peut-être encore plus du sixième, une nouvelle meilleure performance européenne *(dans un Championnat majeur)*, a souligné le désormais ex-entraîneur de l'OL. Je ne doute pas que Lyon finira par accrocher cette finale européenne dont il rêve. Mais il s'agissait de repartir sur un projet de trois ans. Et je ne me voyais pas m'engager ainsi. Je pars pour raisons personnelles, mais pas à cause de ma santé. J'ai éprouvé le besoin de faire un break. » ■

Le 30 mai, l'OL officialisera la venue, pour deux ans, d'Alain Perrin, l'ancien entraîneur de Sochaux, en remplacement de Gérard Houllier.

LIGUE 1 - 33E JOURNÉE	
PSG - Nantes :	4-0
Sedan - Nice :	1-1
Lens - Le Mans :	2-0
Monaco - Lille :	3-1
Sochaux - Lorient :	1-1
Rennes - Toulouse :	3-2
Marseille - Troyes :	2-1
Nancy - Valenciennes :	1-0
Auxerre - Lyon :	0-0
St-Étienne - Bordeaux :	0-2

		Pts	J	G	N	P	diff
1	Lyon	71	33	21	8	4	+32
2	Lens	53	33	14	11	8	+11
3	Bordeaux	52	33	15	7	11	+6
4	Toulouse	52	33	15	7	11	+4
5	Marseille	49	33	14	7	12	+9
6	Rennes	48	33	12	12	9	+3
7	Sochaux	48	33	12	12	9	0
8	Lille	46	33	12	10	11	+4
9	St-Étienne	45	33	13	6	14	+4
10	Lorient	45	33	11	12	10	-2
11	Monaco	44	33	11	11	11	+6
12	Auxerre	44	33	10	14	9	-3
13	Le Mans	43	33	10	13	10	-1
14	Nancy	40	33	10	10	13	-11
15	Paris-SG	38	33	9	11	13	-3
16	Valenciennes	38	33	10	8	15	-10
17	Nice	37	33	8	13	12	-4
18	Troyes	32	33	7	11	15	-17
19	Sedan	31	33	6	13	14	-11
20	Nantes	30	33	6	12	15	-17

Paris punit Nantes

L'ÉQUIPE DU 22 AVRIL. Avec quatre buts marqués, le PSG a fait un grand pas vers le maintien, qui s'éloigne en revanche des Nantais.

Par Guillaume DUFY (avec Guy ROGER)

LE PARIS-SG n'est plus très loin du maintien en L1. Sans réaliser son meilleur match de la saison, il a inscrit quatre buts, puni et relégué Nantes à huit points et fait chavirer le public du Parc des Princes, heureux de retrouver le grand Pedro Miguel Pauleta, double buteur et double passeur. À croire qu'il adore recevoir Fabien Barthez ! La statistique est anecdotique, mais elle existe : depuis qu'il est parisien, Pauleta a trompé, au Parc, l'ancien gardien de l'équipe de France à cinq reprises. Du grand Pauleta, sorti avant la fin du match (69e) sous les applaudissements d'une foule heureuse qui a même ressorti de ses souvenirs poussiéreux la belle ola.

L'ambiance est évidemment tout autre du côté de Nantes, dernier du classement et très proche de la division inférieure. Frédéric Da Rocha, le vieux guerrier, a regagné les vestiaires en larmes. Très sincèrement, pour l'ensemble de sa récente œuvre, Nantes ne mérite plus une élite qu'il fréquente pourtant depuis 1963. « Dès qu'on prend un but, on pète les plombs, constate Mauro Cetto, le capitaine. On fait moins d'efforts pour se replier, défendre, et ça devient difficile de gagner. » Les hommes du duo Der Zakarian-N'Doram ont bien eu quelques occasions, mais insuffisamment dangereuses pour tromper l'excellent Mickaël Landreau, qui n'a évidemment fait aucun cadeau à son club de cœur.

LE GUEN : « IL FAUT RESTER MOBILISÉS »

Paris, lui, a lâché les chevaux, inscrivant quatre buts. Et quels buts ! Un coup franc splendide de Pauleta (1-0, 16e), une frappe exceptionnelle de Rothen (2-0, 43e), et deux contre-attaques incisives conclues par Pauleta (3-0, 64e) et Luyindula (4-0, 66e). « On a su être opportunistes, analyse Paul Le Guen, et profiter de leurs erreurs. Mais il faut rester mobilisés… »

« Car on est encore dans la m…, ose Jérôme Rothen. La ola, c'est bien, c'est agréable. Mais il faut rester vigilants. » Ne pas oublier que, quelques semaines plus tôt, le Paris-SG était dernier du classement et proche du vide. ■

Pauleta (hors champ) ouvre la marque sur coup franc (16e). **Fabien Barthez** (à dr.) et Nantes font les frais du réveil parisien.

GROMIK / L'ÉQUIPE

BIARRITZ FAÇON CHAMPION

REPORTAGE : LA BATAILLE MANCHESTER-CHELSEA

L'ÉQUIPE DIMANCHE

LA LEÇON DE MAINTIEN

VALVERDE : UN DOUBLÉ À LIÈGE ?

LE NOUVEAU TRIOMPHE DE FERRARI

POGNON DIFFÈRE SA RENTRÉE

TOULOUSE AURA SA BELLE

NBA : MIAMI AU BORD DU GOUFFRE

LANCÔME LOVES MEN

LIGUE 1
34e journée

BORDEAUX - LENS : 1-0
MARSEILLE - SOCHAUX : 4-2

Bordeaux refait le dauphin

L'ÉQUIPE DU 30 AVRIL. Grâce à leur victoire sur Lens, les Girondins dépassent leur adversaire du jour et remontent au deuxième rang de la L1. Comme en 2005-06…

De notre envoyé spécial à Bordeaux, Guillaume DUFY

IL N'Y A PAS qu'à Paris, Marseille, Saint-Étienne et Lens que l'ambiance est exceptionnelle, à donner des frissons. À Bordeaux aussi, le stade peut exploser. C'est seulement plus rare. Ce fut le cas à la fin de cette rencontre face à Lens, Chaban-Delmas s'est levé, a crié, chaviré, applaudi. C'était beau.

Même les joueurs sont restés un moment sur la pelouse, sans doute étonnés et fiers d'avoir pu provoquer un tel engouement. On n'avait plus vu ça depuis une éternité. C'était en 1999, l'année du titre. Cette saison, Bordeaux ne sera pas champion mais presque… Terminer juste derrière l'OL vaut beaucoup d'argent.

« Rien n'est fait, tempère Ricardo, mais je suis content car c'était le match à ne pas rater. Car si on s'était inclinés, la deuxième place aurait été définitivement perdue. » Une deuxième place trop facilement lâchée par les Nordistes, qui n'ont pas cadré une frappe. Ils sont passés à côté. « À cause d'une insuffisance technique, analyse Francis Gillot. Nous avons un problème de maturité, de puissance. » « On n'est pas assez tueurs dans la surface, regrette Yohan Demont. On cherche à entrer dans le but… »

Le Brésilien Jussiê, unique buteur du match, déborde son ancien coéquipier lensois Yohan Demont (à g.).

LAHALLE / L'ÉQUIPE

LIGUE 1 - 34E JOURNÉE	
Toulouse - Paris-SG :	1-3
Lille - Nancy :	0-1
Lyon - Le Mans :	2-1
Troyes - Sedan :	3-2
Nice - Auxerre :	0-0
Nantes - Rennes :	0-2
Valenciennes - Monaco :	2-2
Lorient - St-Étienne :	0-0
Bordeaux - Lens :	1-0
Marseille - Sochaux :	4-2

	Pts	J	G	N	P	diff
1 Lyon	74	34	22	8	4	+33
2 Bordeaux	55	34	16	7	11	+7
3 Lens	53	34	14	11	9	+10
4 Marseille	52	34	15	7	12	+11
5 Toulouse	52	34	15	7	12	+2
6 Rennes	51	34	13	12	9	+5
7 Sochaux	48	34	12	12	10	-2
8 St-Étienne	46	34	13	7	14	+4
9 Lille	46	34	12	10	12	+3
10 Lorient	46	34	11	13	10	-2
11 Monaco	45	34	11	12	11	+6
12 Auxerre	45	34	10	15	9	-3
13 Le Mans	43	34	10	13	11	-2
14 Nancy	43	34	11	10	13	-10
15 Paris-SG	41	34	10	11	13	-1
16 Valenciennes	39	34	10	9	15	-10
17 Nice	38	34	8	14	12	-4
18 Troyes	35	34	8	11	15	-16
19 Sedan	31	34	6	13	15	-12
20 Nantes	30	34	6	12	16	-19

RICARDO : « J'AI VU UNE BELLE ÉQUIPE »

Pourtant, Lens a joué en supériorité numérique pendant plus de cinquante minutes après l'expulsion méritée de Jemmali (38e), coupable d'un tacle violent sur Aruna. Les Girondins menaient déjà (1-0, 13e) grâce à un but, c'en est presque risible tellement le coup était prévisible, de Jussiê, prêté par Lens en janvier… « Ça fait un bien fou de marquer contre ses anciens partenaires », savoure le Brésilien. « On savait qu'il allait faire un gros match », confesse son ami Hilton, dépité.

« J'ai vu une belle équipe et de beaux comportements, enchaîne Ricardo. Une équipe bien organisée, avec un visage évidemment plus défensif après l'expulsion pour opposer une résistance. » Une résistance intelligente qui a permis aux Girondins d'achever leur sixième match sans prendre de but et d'obtenir leur troisième succès de suite. ■

Au bon souvenir de Jussiê

JUSSIÊ (note : 7/10) : Survolté, il s'est rappelé au souvenir de Lens, qui l'a prêté à Bordeaux au mercato. Il a inscrit son deuxième but avec les Girondins. Une activité incessante, jusqu'à avoir des crampes à l'heure de jeu !

Lawrence LEENHARDT

Marseille déboule

L'ÉQUIPE DU 30 AVRIL. L'OM a impressionné Sochaux avant la finale de la Coupe de France et revient à trois points de la deuxième place. **De notre envoyé spécial à Marseille, Dominique ROUSSEAU**

LONGTEMPS INCAPABLE de saisir les opportunités de grimper au classement, Marseille ne les laisse désormais plus passer. Les Phocéens ont fait la différence face à Sochaux grâce à leur armada offensive après une course à handicap ponctuée par un but de Jérôme Leroy (0-1, 6e). Marseille répliquait sur un coup franc de Ribéry repris par Cana (1-1, 14e). L'OM respirait mais peinait face à l'excellente organisation sochalienne.

« Le but de Sochaux nous a mis un coup derrière la tête, mais, en deuxième mi-temps, nous étions mieux réglés », concédait Franck Ribéry. Démonstration : Taiwo donnait à Ribéry qui adressait un centre parfait à Djibril Cissé (2-1, 70e). L'attaquant international inscrivait son troisième but en trois rencontres !

Il y ajoutait une passe décisive de la tête vers Nasri, qui d'un tir croisé du gauche trompait Richert (3-1, 74e). Un raid ravageur de Ribéry parachevait le festival (4-1, 87e), même si Sochaux réduisait l'écart sur un but contre son camp de Julien Rodriguez (4-2, 90e + 2). « Le score est lourd, admettait Alain Perrin, l'entraîneur franc-comtois. Il est vrai que cela peut marquer les esprits avant les retrouvailles en finale de la Coupe *(voir page 84)*. » ■

Lorik Cana vient de remettre l'OM dans le sens de la marche, d'une tête rageuse (14e).

FABLET / L'ÉQUIPE

BORDEAUX DÉPASSE LENS AU SPRINT
L'OM SOUFFLE LE SHOW
AULAS - HOULLIER : LE POKER MENTEUR
RIEN N'ARRÊTE RAFAEL NADAL
DI LUCA, PRINCE DE LIÈGE
L'ÉQUIPE
BARTHEZ S'EN EST ALLÉ
AUJOURD'HUI, RETROUVEZ UNE ANALYSE UNIQUE SUR L'ACTUALITÉ DU RUGBY

LIGUE 1
34e journée (suite)

NANTES - RENNES : 0-2

Barthez plaque Nantes

L'ÉQUIPE DU 30 AVRIL. Défait contre Rennes (0-2), puis pris à partie par des supporters, le gardien a quitté Nantes pour toujours. **De notre envoyé spécial à Nantes, Guy ROGER**

L'AVENTURE DE Fabien Barthez au FCNA, commencée en décembre 2006, s'est terminée en queue de poisson quatre mois plus tard. Sur un coup de tête. Après un énième incident, survenu dans la foulée de la sixième défaite à domicile de la saison pour les Canaris, face au voisin rennais (0-2). Le « feuilleton Barthez » a connu son épilogue sur le parking de la Beaujoire. Et, sans l'intervention des CRS, il aurait pu y avoir du grabuge.

Sur le coup de 23 heures, tandis que, plus amer que d'habitude, il quittait le stade au volant de sa Porsche, Barthez a été bloqué et insulté par un petit groupe de supporters. L'un d'eux se serait alors rué sur le capot de sa voiture, l'aurait enfoncé d'un coup de pied avant d'essayer de sortir Barthez du véhicule. Ce dernier a répliqué en décochant un coup de poing et les CRS ont aussitôt sifflé la fin du combat.

CETTO : « DANS UN PREMIER TEMPS, IL A BEAUCOUP DONNÉ »

On ne reverra plus le gardien champion du monde. Ni le président Roussillon, qui l'avait défendu à tous crins à chacun de ses dérapages, ni ses coéquipiers, ni les habitués des entraînements avec qui il s'arrêtait parfois pour discuter, signant un autographe à un môme, tirant sur une clope roulée de ses doigts. Selon un proche, il « était fragilisé, à bout et vivait de plus en plus mal cette situation ». Michel Der Zakarian avait flairé que ce n'était pas le grand amour entre Barthez et une partie du vestiaire : « On n'est pas obligé de s'aimer pour jouer ensemble. Juste d'accepter de mouiller le maillot sans arrière-pensées. »

Barthez faisait des efforts. « Dans un premier temps, il a beaucoup donné, notait le capitaine, Mauro Cetto. Aujourd'hui, ça se voit moins, mais je sais que des jeunes comme le défenseur Jean-Jacques Pierre ont pu progresser grâce à lui. »

Mais, depuis plusieurs semaines, l'auréole de Fabien Barthez était cabossée. Le régime de faveur dont il bénéficiait au milieu de ses partenaires l'avait placé en porte-à-faux, et le court-circuit avec les anciens comme Savinaud ou Da Rocha, voire les plus jeunes, tel Payet, était définitif.

Barthez n'est donc pas venu au décrassage. Rudi Roussillon, le président nantais, en avait été averti la veille. Lui qui s'était personnellement investi pour le faire venir « dans le but d'être le leader qui nous fait défaut et relancer le club vers les sommets ». À la Jonelière, le bruit circulait encore que Barthez avait été une nouvelle fois dispensé d'entraînement. À la même heure, il y a longtemps que le gardien international roulait, avec femme et enfant, en direction de Lyon. ■

FEL / L'ÉQUIPE

Fabien Barthez accuse le coup après la 16e défaite nantaise de la saison. Plus tard, victime d'une agression, il lâchera définitivement un club où il n'a jamais fait l'unanimité.

« J'étais venu donner. Mais j'ai dérangé »

L'ÉQUIPE DU 3 MAI. Fabien Barthez revient sur sa saison nantaise mouvementée, qui se termine en queue de poisson.
Par Olivier MARGOT

« Que s'est-il passé après Nantes-Rennes ?
– À la sortie du stade, j'ai vu arriver vers ma voiture cinq ou six mecs l'air très décidés. Ils mettaient des coups de poing dans la vitre, des coups de pied dans la voiture. Il y en a un qui a ouvert la porte. C'est là que je suis sorti de mon véhicule. Si j'étais resté dedans, ils m'auraient explosé la tête.
– Vous ne rejouerez pas à Nantes ?
– Non. Je ne rejouerai jamais pour Nantes, c'est trop compliqué.
– Comprenez-vous que le régime spécial dont vous avez bénéficié ait pu énerver ?
– Mais avec Michel *(Der Zakarian)* et Japhet *(N'Doram)*, ça s'est super bien passé. J'avais carte blanche, je travaillais comme je le désirais pour atteindre le meilleur de ma forme. Et quand il le fallait, je me soumettais aux règles du collectif. À Nantes, j'étais venu donner. Mais j'ai dérangé.
– Pourquoi avoir quitté le terrain après l'invraisemblable but que vous encaissez contre Sedan (0-1) ?
– Mais ce but me ressemble ! Des comme ça, j'en prends toujours un ou deux par an depuis quinze ans. J'ai quitté le terrain car je m'étais fait une béquille et j'étais moralement mort. Je m'en voulais.
– Quand même, c'est dur de finir ainsi, non ?
– La vérité est ailleurs. Il y a des choses beaucoup plus graves dans l'existence. Si je dois arrêter sur cet épisode malheureux, il me reste ma vie à moi et tant de bonheurs à connaître. J'ai la chance d'être un homme libre. »

Plus d'un but encaissé par match

Les statistiques de Fabien Barthez à Nantes

En L1 :
Moyenne de buts encaissés par match
1,57
14 matches joués, **22** buts encaissés.

En Coupe de France :
1
5 matches joués, **5** buts encaissés.

Total :
19 matches joués, **27** buts encaissés.
*(moyenne : **1,42** but encaissé par match)*

L'ÉQUIPE
BIARRITZ ET TOULOUSE ACCÉLÈRENT
LENS DANS LE MILLE
IVECO
400€

LIGUE 1
35e journée

SAINT-ÉTIENNE - LILLE : 2-1 | **LENS - TOULOUSE : 2-0**

Moussilou enfonce Lille

L'ÉQUIPE DU 7 MAI. Le doublé de l'ancien attaquant du LOSC confirme la terrible dépression nordiste et entretient les espoirs stéphanois. **De notre envoyé spécial à Saint-Étienne, Régis DUPONT**

NEUF DÉFAITES en douze matches. Parfois, les chiffres parlent mieux que les longs discours. Et le tableau de bord lillois dit tout. Depuis plus de deux mois, l'ombre du LOSC promène sa tristesse sur tous les stades de France. À Saint-Étienne, l'équipe de Claude Puel s'est encore inclinée au bout d'une rencontre à laquelle la qualité technique n'était pas conviée. « Dans le jeu, dans l'approche, c'était intéressant », objectait pourtant l'entraîneur nordiste. Mais, englué en milieu de tableau, le LOSC n'envisage même plus une qualification en Coupe de l'UEFA.

DEUX BUTS ESTAMPILLÉS 100 % EX-LILLOIS

Face aux Verts, ce sont d'anciens copains qui ont enterré ses ultimes espoirs, via deux buts estampillés 100 % ex-Lillois : le premier, une passe de Landrin détournée avec bonheur par Moussilou (1-0, 31e), qui n'avait encore jamais marqué à Geoffroy-Guichard. Le deuxième, une volée-centre de Dernis reprise par ce même Moussilou (2-1, 62e). Dans l'intervalle, Mouhamadou Dabo s'était fendu d'une relance catastrophique qui avait offert à Mirallas une éphémère égalisation (1-1, 59e). « On a montré du caractère, de la volonté, et on a été capables de revenir. C'est positif car, ces derniers temps, nous n'avions pas eu cette réaction », releva Claude Puel. Concrètement, Lille a cadré un tir en sus de son but.

HERVIO / FLASH PRESS

Matt Moussilou, double buteur (31e et 62e), face à ses anciens coéquipiers Stathis Tavlaridis (à g.) et Tony Sylva.

Saint-Étienne, qui ne tient pourtant pas la forme du siècle, a gagné en montrant un peu plus de conviction. Avant cette partie, les Foréziens avaient glané un point en trois journées. Ce succès les fait passer à la huitième place, donc pas si loin de l'Intertoto, voire de l'UEFA. « Défensivement, nous n'avons pas été souvent en difficulté », résuma Ivan Hasek. C'est confirmé, l'herbe est plus verte à Saint-Étienne qu'à Lille. ■

10e, son pire classement !
(Évolution du classement de Lille cette saison)

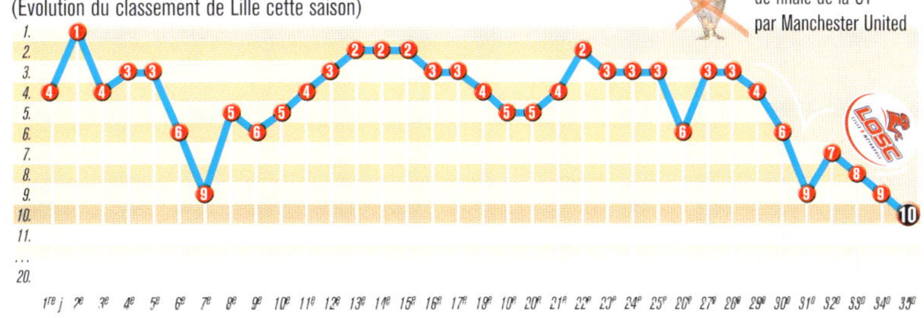

LIGUE 1 - 35E JOURNÉE	
Paris-SG - Lyon :	1-1
Auxerre - Troyes :	1-0
Le Mans - Nantes :	1-1
Lens - Toulouse :	2-0
Nancy - Nice :	3-0
Rennes - Bordeaux :	0-0
Sedan - Lorient :	3-1
Sochaux - Valenciennes :	1-0
St-Étienne - Lille :	2-1
Monaco - Marseille :	1-2

		Pts	J	G	N	P	diff
1	Lyon	75	35	22	9	4	+33
2	Lens	56	35	15	11	9	+12
3	Bordeaux	56	35	16	8	11	+7
4	Marseille	55	35	16	7	12	+12
5	Rennes	52	35	13	13	9	+5
6	Toulouse	52	35	15	7	13	0
7	Sochaux	51	35	13	12	10	-1
8	St-Étienne	49	35	14	7	14	+5
9	Auxerre	48	35	11	15	9	-2
10	Lille	46	35	12	10	13	+2
11	Lorient	46	35	11	13	11	-4
12	Nancy	46	35	12	10	13	-7
13	Monaco	45	35	11	12	12	+5
14	Le Mans	44	35	10	14	11	-2
15	Paris-SG	42	35	10	12	13	-1
16	Valenciennes	39	35	10	9	16	-11
17	Nice	38	35	8	14	13	-7
18	Troyes	35	35	8	11	16	-17
19	Sedan	34	35	7	13	15	-10
20	Nantes	31	35	6	13	16	-19

Jackpot pour Lens

L'ÉQUIPE DU 6 MAI. Le Racing a retrouvé la deuxième place en dominant Toulouse, un concurrent direct. **De notre envoyé spécial à Lens, Jean-Luc GATELLIER**

« LA MORT DE L'UN, c'est le pain de l'autre », disait Eddy Merckx en bon « Cannibale ». En concédant sa troisième défaite d'affilée, Toulouse s'est éloigné du podium. À l'inverse, Lens a relancé son entreprise de consolidation, qui battait de l'aile depuis quelque temps, et a réalisé une excellente opération en retrouvant la deuxième place, déjà occupée à quinze reprises cette saison.

Le salut du Racing est venu d'un homme souvent providentiel cette saison, Seydou Keita, ou plutôt de deux, avec Aruna. Car le centre de l'Ivoirien, pour servir son capitaine, valait son pesant d'or (1-0, 84e).

Bollaert laissait enfin exploser sa joie. Les Lensois couraient dans tous les sens, comme touchés par la grâce. En toute fin de match, l'union sacrée, réclamée par Francis Gillot, s'exerçait à plein lorsque Daniel Cousin, malmené par une frange de supporters, était cette fois encouragé au moment de réaliser le break sur un penalty bien sévère sifflé contre Toulouse (2-0, 89e). Dans les couloirs de Bollaert, Élie Baup se mit à tonner. « À 0-1, on avait une chance de revenir, mais il y a eu ce penalty injustifié au cas où on serait revenus au score », ironisait l'entraîneur violet. Côté lensois, Éric Carrière jubilait : « Cela faisait longtemps que nous n'avions pas joué à ce niveau. » C'était le moment. ■

Daniel Cousin inscrit sur penalty, face à Nicolas Douchez, le deuxième but lensois (89e).

PAPON / L'ÉQUIPE

LIGUE 1
35e journée

PARIS-SG - LYON : 1-1

Grand frisson dans la surface de réparation parisienne : alors que le PSG mène 1-0 depuis l'ouverture du score par Édouard Cissé à la 47e minute, Mickaël Landreau, son gardien international, commet une énorme bourde en ramassant de la main une passe de Sylvain Armand (83e). Coup franc indirect pour Lyon sur la ligne des 5,50 m. Juninho frappe sous le regard de Florent Malouda, mais son ballon ne franchit pas le rideau dressé devant la ligne de but parisienne. Le Brésilien se vengera à la 4e minute du temps additionnel en reprenant victorieusement de la tête un centre de Govou (1-1). Le cinquième but inscrit par l'OL au PSG entre la 87e et la 95e minute en quatre oppositions en 2006-07 ! Paris devra encore attendre pour assurer son maintien en L1.

FEL / L'ÉQUIPE

MALOUDA
10
NOVOTEL
Fly Emirates
20

L'ÉQUIPE
NANTES, C'EST FINI

LIGUE 1
36e journée

BORDEAUX - NANTES : 0-1

Nantes, une histoire s'achève

L'ÉQUIPE DU 10 MAI. Le FCNA quitte la L1 sur un succès paradoxal à Bordeaux. Après quarante-quatre saisons d'affilée dans l'élite et huit mois de gâchis. **De notre envoyé spécial à Bordeaux, Guy ROGER**

JUSTE APRÈS LA bataille, quand résonne encore sur des feux mal éteints une sono trop criarde, l'image de quelques Nantais applaudissant au centre du terrain paraît incongrue. Les Canaris viennent d'arracher une courte victoire, contre le cours du jeu, mais ils savent aussi qu'ils sont relégués. Pris de vitesse, archi dominés, bousculés par des Girondins plus percutants et qui ont bénéficié d'un penalty, stoppé par Heurtebis en première période, les Nantais ont pourtant tenu le choc. Jusqu'au but d'Oliech (0-1, 78e), ils n'avaient en tout et pour tout inquiété Ramé que deux fois, par Mamadou Diallo (46e) et Saïdou (63e), c'est dire… Mais ce n'est pas à Chaban-Delmas, où ils ont officiellement perdu leur place dans l'élite, que les joueurs nantais ont dévissé. Le mal est bien plus profond, le gâchis énorme, les responsabilités nombreuses. Les dirigeants, comme les joueurs qui sont restés, et même ceux qui n'ont fait que passer dans le vestiaire, les Nourdin Boukhari, Wilhelmsson, Vladimir Stojkovic ou Barthez, n'ont pas su retenir leur bonheur. Celui d'être les héritiers d'une dynastie fabuleuse qui aura conquis huit titres de champion et trois Coupes de France.

Le Bordelais Fernando voit son penalty stoppé par Tony Heurtebis (17e). Les Girondins sont battus (0-1), les Nantais, bien que victorieux, abattus.

FABLET / L'ÉQUIPE

Un titre et plus rien (Classement final de Nantes depuis 2001)

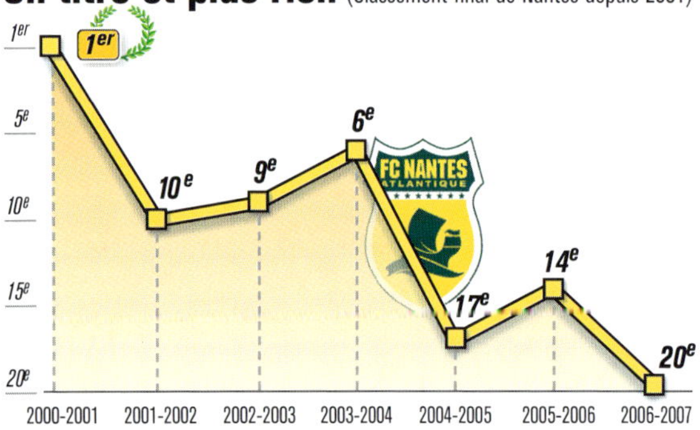

La valse nantaise

Après une longue période de stabilité de trente-cinq ans, pendant laquelle seulement quatre entraîneurs s'étaient succédé, une inflation galopante s'est installée avec le passage de six entraîneurs en dix ans seulement.

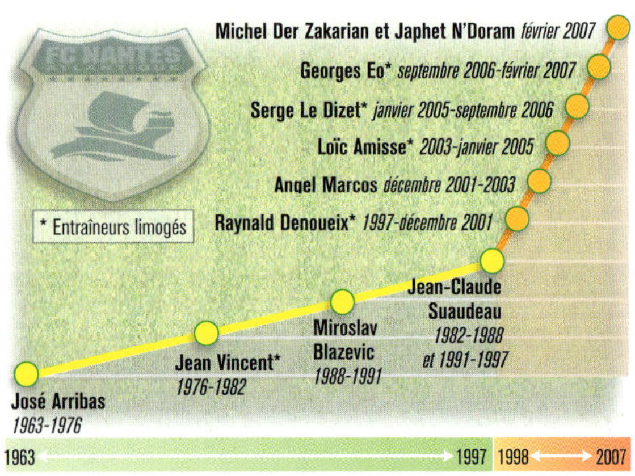

SIGNORINO : « COMME SI J'AVAIS PARTICIPÉ À UNE CATASTROPHE »

Avec au total quatre entraîneurs en huit mois (Le Dizet, Eo et le duo Der Zakarian-N'Doram), un recrutement raté et l'effet Barthez, qui a accentué la scission du vestiaire, le bilan de la cuvée 2006-07 fera date, c'est sûr. « J'ai un sentiment de honte. Pendant quarante-quatre ans, des gens se sont battus pour bâtir un palmarès exceptionnel et c'est nous qui faisons descendre ce monument historique. C'est comme si j'avais participé à une catastrophe », résumait Franck Signorino.

Le rêve est donc passé. Reste un immense gâchis. Les conflits qui ont émaillé les sept dernières saisons ont été trop nombreux pour parler de simples coïncidences. « Le minage de l'intérieur ne date pas d'hier », a reconnu un membre du staff. Le président Roussillon s'est planté en beauté pour s'être montré trop crédule, ou pour avoir été trop proche des joueurs (*).

Avant de monter dans le bus, Nicolas Savinaud s'est approché de la main courante. Pour ce « Nantais historique », la page à tourner pèse des tonnes : « C'est fini pour moi, a-t-il lâché. On m'a annoncé que mon contrat ne serait pas renouvelé. Mais ce n'est pas le plus important. Cette descente restera gravée à jamais dans ma mémoire. » Et le bus du FCNA s'est enfoncé dans la nuit, en plein cauchemar. ■

(*) Rudi Roussillon sera démis de ses fonctions le 10 juin et remplacé par Luc Dayan, Xavier Gravelaine étant nommé directeur sportif.

Sedan tombe aussi

L'ÉQUIPE DU 10 MAI. Les Ardennais sont mathématiquement relégués en Ligue 2 après leur défaite logique face à un LOSC sérieux. De nos envoyés spéciaux à Villeneuve-d'Ascq, Régis DUPONT et Stéphane KOHLER

« IL A UN DÉCÈS dans une famille ? Vous avez perdu quelqu'un ? » Face à l'assistance presque muette en salle de presse après la rencontre, José Pasqualetti décida de dédramatiser. Malgré la relégation désormais officielle de Sedan, l'entraîneur corse trouva la force de sourire et d'analyser avec un joli recul la saison de son équipe.

Relégable depuis la fin octobre 2006 et la 11e journée, Sedan filait depuis de longs mois vers un destin presque inéluctable. Son passage parmi l'élite n'aura donc duré qu'une saison, marquée par un départ plombé, un changement d'entraîneur (Serge Romano remplacé par Pasqualetti), de nombreux blessés, mais aussi par un football plaisant, offensif, salué par l'entraîneur lillois, Claude Puel : « Sedan a montré de belles choses, en marquant pas mal de buts, mais n'a pas toujours trouvé le bon équilibre pour garder ses résultats. Sa relégation démontre toute la difficulté de bien se comporter dans ce Championnat. »

LACHOR : « ON A PRODUIT DU SPECTACLE, MAIS... »

Face à Lille, les Sangliers illustrèrent parfaitement cette instabilité, après avoir pourtant ouvert la marque par Pujol (0-1, 13e). Le LOSC patina une petite demi-heure, avant d'égaliser sur un penalty de Bastos (1-1, 29e), puis de prendre définitivement l'avantage grâce à Abdulkader Keita (2-1, 44e). « Évidemment, il y a beaucoup de tristesse, indiquait Pasqualetti. Mais je tire quand même un gros coup de chapeau à mes joueurs. On a montré des choses intéressantes et j'espère que cet échec nous servira pour rebondir. »

Infiniment moins médiatique et surprenante que celle de Nantes, la descente de Sedan s'inscrit dans l'histoire récente et douloureuse du club, qui aimerait bien ne plus jouer au yo-yo. « C'est dur à gérer, glissait le défenseur Yoann Lachor. On a produit beaucoup de spectacle, mais, en n'ayant gagné que deux matches lors de la phase aller, c'était difficile de s'en sortir. La vie continue… » ■

LIGUE 1 - 36E JOURNÉE	
Sochaux - Monaco :	2-1
Lille - Sedan :	2-1
Nice - Paris-SG :	1-0
Troyes - Rennes :	2-2
Marseille - Nancy :	2-1
Bordeaux - Nantes :	0-1
Lorient - Auxerre :	2-1
Valenciennes - St-Étienne :	1-0
Lyon - Lens :	3-0
Toulouse - Le Mans :	0-1

		Pts	J	G	N	P	diff
1	Lyon	78	36	23	9	4	+36
2	Marseille	58	36	17	7	12	+13
3	Lens	56	36	15	11	10	+9
4	Bordeaux	56	36	16	8	12	+6
5	Sochaux	54	36	14	12	10	0
6	Rennes	53	36	13	14	9	+5
7	Toulouse	52	36	15	7	14	-1
8	St-Étienne	49	36	14	7	15	+4
9	Lille	49	36	13	10	13	+3
10	Lorient	49	36	12	13	11	-3
11	Auxerre	48	36	11	15	10	-3
12	Le Mans	47	36	11	14	11	-1
13	Nancy	46	36	12	10	14	-8
14	Monaco	45	36	11	12	13	+4
15	Paris-SG	42	36	10	12	14	-2
16	Valenciennes	42	36	11	9	16	-10
17	Nice	41	36	9	14	13	-6
18	Troyes	36	36	8	12	16	-17
19	Sedan	34	36	7	13	16	-11
20	Nantes	34	36	7	13	16	-18

HERVIO / FLASH PRESS

La déception est immense pour Yoann Lachor et Sedan, officiellement relégués en L2.

La sacrée soirée de l'OM

L'ÉQUIPE DU 10 MAI. En battant Nancy grâce à un but de Djibril Cissé, l'OM a doublé Lens et Bordeaux pour s'emparer de la deuxième place.
De notre envoyé spécial à Marseille, Dominique ROUSSEAU (avec Hélène FOXONET)

MARSEILLE CONTINUE son sprint. L'OM, qui vient d'engranger seize points en six journées, occupe désormais la deuxième place. Ce fut une nouvelle fois un test de caractère. Sans Ribéry (suspendu) et affichant un net état de fatigue à la suite de l'enchaînement des rencontres, l'OM n'a pas eu à livrer un gros duel dans l'entrejeu comme précédemment, mais à gérer la possession du ballon, que Nancy lui abandonnait volontiers.

Après un premier acte stérile, Marseille, instruit des résultats à la mi-temps de Bordeaux (0-0) et de Lens (0-3), reprenait en seconde période avec plus de punch et de détermination. L'OM se livrait, Nancy aussi, les deux équipes s'étiraient, offrant des espaces. Puis ce fut l'heure du coaching. Émon sortait Pagis pour Cissé, afin de perturber une charnière Diakhaté-Puygrenier jusque-là imprenable, puis Maoulida pour Valbuena. Et cela était payant. Sur un centre de Niang, Cissé reprenait le ballon, qui, contré par Grégorini, allait à la main de Chrétien.

L'arbitre, M. Auriac, décrétait très généreusement pour l'OM un penalty et l'expulsion du défenseur de Nancy. Niang le transformait, son sixième de la saison, son douzième but, soit son meilleur total sur une saison en L1 (1-0, 78e). Le Vélodrome exultait avant de faire silence quand Puygrenier égalisait de la tête sur corner (1-1, 80e). Mais finissait la rencontre en délire lorsque Cissé catapultait, toujours de la tête, le ballon dans le but sur un centre de Valbuena (2-1, 82e) puis en apprenant la nouvelle : l'OM était deuxième. « Ça a tiré physiquement, mais nous avons fait la différence sur l'état d'esprit, appréciait Albert Émon. Pour atteindre ce haut niveau, les dix-huit joueurs sont à féliciter. » ■

Djibril Cissé inscrit un deuxième but capital pour l'OM (82e).

BOUTROUX / L'ÉQUIPE

KAKÁ ET IBAÑEZ, NOS INVITÉS DU DIMANCHE
NANTES SOMBRE DANS LA CONFUSION
EUROPE : DUEL FINAL À TWICKENHAM
UNE COURONNE POUR CLERMONT
TOP 14 : DAX OU LA ROCHELLE
L'ÉQUIPE DIMANCHE
L'OM EST DE RETOUR !
DROGBA OFFRE LA CUP À CHELSEA
ITALIE : LA JUVENTUS EN SERIE A
STUTTGART CHAMPION D'ALLEMAGNE
HAMBOURG : FEDERER DÉFIE NADAL
NBA : JAZZ CE SOIR POUR LES SPURS
PRO A : NANCY, CHALON O.K., LE MANS K.O.
GP DE FRANCE : ROSSI VEUT SA REVANCHE

LIGUE 1
37e journée

SAINT-ÉTIENNE - MARSEILLE : 1-2
NANTES - TOULOUSE : 0-0 (match arrêté à la 87e)

Le gros lot pour Marseille

L'ÉQUIPE DU 20 MAI. Une victoire sur Saint-Étienne arrachée à cinq minutes de la fin expédie directement l'OM en Ligue des champions. **De notre envoyé spécial à Saint-Étienne, Hervé PENOT**

LE SPEAKER DE Geoffroy-Guichard égrène petit à petit les résultats de la soirée. Les joueurs marseillais squattent la pelouse, saluent leurs supporters, guettent surtout les résultats définitifs de Lens et de Bordeaux. Puis une clameur s'échappe de la tribune olympienne : l'OM retrouvera la Ligue des champions sans passer par le tour préliminaire. « C'est une grande soirée. On renoue enfin avec le statut du club. La saison est vraiment aboutie », s'enthousiasme Samir Nasri.

Le club provençal est en effet assuré de terminer à la deuxième place, sous le regard ému de Robert Louis-Dreyfus, le patron. Lui, si rare auprès de ses joueurs, a repiqué au jeu, malgré la défaite en finale de la Coupe de France. Il ne voulait pas rater cette marche vers la gloire.

LES REMPLAÇANTS FONT LA DIFFÉRENCE

Au coup de sifflet final, il a frappé dans la main de Pape Diouf, son président, manière basketteur, un grand sourire barrant son visage rayonnant. Il n'avait plus qu'à attendre en pur fan… Sa présence s'était tellement raréfiée ces dernières années qu'on le croyait loin de ce tumulte, de cette agitation. « Ça nous a fait plaisir de le voir dans cet état, confie Samir Nasri. C'est la première fois en trois ans que je le vois parler dans le vestiaire. On sent quelqu'un qui est présent, proche du club et de nouveau motivé. »

Comme un symbole, c'est Djibril Cissé, un an après sa fracture tibia-péroné, ici même à Geoffroy-Guichard sous le maillot de l'équipe de France, qui a entrouvert la porte du bonheur d'une frappe exceptionnelle (0-1, 54e). Puis Valbuena, sur un service de Pagis, deux remplaçants, a délivré le peuple marseillais (1-2, 85e). Entre-temps, Pascal Feindouno, d'une frappe tendue des 25 mètres, avait offert l'égalisation aux Verts (1-1, 69e).

Dans le stade vidé de ses chœurs stéphanois, le millier de supporters phocéens entonne un hymne à la Ligue des champions. Un autre dédié à Albert Émon, revenu une demi-heure après la fin, seul sur la pelouse, profiter de ce moment rare. Il crame alors une cigarette, prend son portable. C'est l'heure du bonheur, de la satisfaction du travail accompli. ■

Marseille fonctionne par séries
Parcours de l'OM en L 1 cette saison

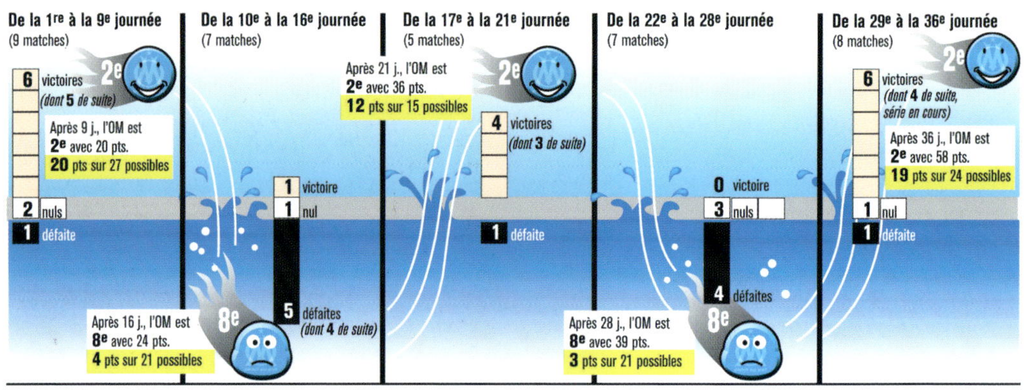

GROMIK / L'ÉQUIPE

Les Marseillais explosent de joie après le but victorieux de Matthieu Valbuena (85e). L'OM est en Ligue des champions.

Toulouse gagne au tapis vert

L'ÉQUIPE DU 25 MAI. Après l'envahissement du terrain lors de Nantes-Toulouse, la commission de discipline de la LFP a donné match perdu au FCNA et attribué la victoire au TFC. **Par Marc CHEVRIER**

QUARANTE MINUTES pour entendre la défense nantaise et une demi-heure pour délibérer, essentiellement sur la sanction à infliger à Nantes. De l'aveu même de son président, Jacques Riolacci, la commission de discipline de la LFP n'a pas eu de difficulté à juger l'envahissement du terrain de Nantes par ses supporters : « Le règlement, pour une fois, est d'une simplicité biblique. »

L'incident avait entraîné l'arrêt définitif du match Nantes-Toulouse à trois minutes de la fin, alors que le score était de 0-0. Résultat ? Le FC Nantes perd la rencontre par pénalité et écope de deux matches à huis clos, dont un ferme. Toulouse est déclaré vainqueur sur le résultat de 0-0, puisque l'équipe entraînée par Élie Baup n'avait marqué aucun but. Le TFC empoche donc 3 points et revient dans la course pour la troisième place qualificative pour le tour préliminaire de la Ligue des champions, ce qui ne manquera pas de susciter la controverse auprès des autres candidats à la C1. ■

LIGUE 1 - 37E JOURNÉE

Lens - Nice :	0-0
Monaco - Lyon :	1-0
Nancy - Sochaux :	5-2
Auxerre - Lille :	2-1
Rennes - Lorient :	4-1
Paris-SG - Troyes :	2-1
Le Mans - Bordeaux :	1-1
Sedan - Valenciennes :	1-1
St-Étienne - Marseille :	1-2
Nantes - Toulouse	arrêté (*)

(*) Terrain envahi à la 87e. Match donné gagnant sur tapis vert à Toulouse, sur le score de 0-0.

		Pts	J	G	N	P	diff
1	Lyon	78	37	23	9	5	+35
2	Marseille	61	37	18	7	12	+14
3	Lens	57	37	15	12	10	+9
4	Bordeaux	57	37	16	9	12	+6
5	Rennes	56	37	14	14	9	+8
6	Toulouse	55	37	16	7	14	-1
7	Sochaux	54	37	14	12	11	-3
8	Auxerre	51	37	12	15	10	-2
9	St-Étienne	49	37	14	7	16	+3
10	Lille	49	37	13	10	14	+2
11	Nancy	49	37	13	10	14	-5
12	Lorient	49	37	12	13	12	-6
13	Monaco	48	37	12	12	13	+5
14	Le Mans	48	37	11	15	11	-1
15	Paris-SG	45	37	11	12	14	-1
16	Valenciennes	43	37	11	10	16	-10
17	Nice	42	37	9	15	13	-6
18	Troyes	36	37	8	12	17	-18
19	Sedan	35	37	7	14	16	-11
20	Nantes	34	37	7	13	17	-18

PARIS-SG - TROYES : 2-1

Le PSG condamne Troyes

L'ÉQUIPE DU 20 MAI. En battant l'ESTAC, Paris officialise à la fois son maintien et la relégation en L2 de son adversaire. Par Damien DEGORRE

VOILÀ LE PSG officiellement maintenu. Et Troyes définitivement condamné. L'intérêt économique d'une participation du PSG en L1 est évident, mais Troyes a prouvé que la qualité sportive du Championnat pâtirait de sa relégation. La philosophie de jeu prônée par Jean-Marc Furlan a été en effet respectée jusqu'au bout. Au Parc, encore une fois, les Troyens ont cherché à construire leurs actions. Le but de Nivet (0-1, 23e) en est l'illustration. Mais ils descendent en L2. Il faut sans doute chercher des explications dans son recrutement et dans la différence de niveau entre ses joueurs.

Son maintien, le PSG le doit sans doute à son entraîneur. Arrivé en janvier, Paul Le Guen a su relancer certains joueurs et réaliser un mercato judicieux. Mais, après ce dernier match à domicile, il ne va pas non plus sauter au plafond. Avant le penalty transformé par Pauleta (1-1, 71e), Paris aurait pu, en effet, être mené plus largement au score.

Les errances défensives parisiennes n'avaient d'égales, à ce moment-là, que l'inefficacité impressionnante de Pauleta. Le capitaine du PSG a su par la suite profiter du travail de Diané, à l'origine du penalty et passeur pour le quatorzième but du Portugais (2-1, 78e). Pauleta prend la tête du classement des buteurs. Avec davantage de réalisme, il serait loin devant. Et Paris, certainement sauvé depuis longtemps. ■

Les Troyens Ziad Jaziri (à g.) et Gaël Danic sont dépités. L'ESTAC est en Ligue 2.

LAHALLE / L'ÉQUIPE

UN MIRACLE POUR TOULOUSE

ITALIE : DESCHAMPS QUITTE LA JUVENTUS

L'ÉQUIPE DIMANCHE

LES DÉFIS DE LA TERRE

AGEN PLEURE, BIARRITZ RIT

LACOSTE

LIGUE 1
38e et dernière journée

TOULOUSE - BORDEAUX : 3-1

Toulouse, la vie en rose

L'ÉQUIPE DU 28 MAI. Le TFC disputera la première C1 de son histoire. De notre envoyé spécial à Toulouse, Bernard LIONS (avec Éric CHAMPEL et Nicolas STIVAL)

LABLATINIÈRE / L'ÉQUIPE

Les Toulousains planent, à l'image de Nicolas Douchez.

MÊME POUR FÊTER la troisième place, la pelouse du Stadium n'a pas été envahie à l'issue de ce derby de la Garonne. On se souvient que cela avait été le cas à quelques minutes de la fin de Nantes-Toulouse. Trois points acquis sur tapis vert plus tard, le TFC était relancé dans la course à la troisième place de la L1. Il l'a miraculeusement décrochée dans le temps additionnel de la 38e journée à la faveur de l'égalisation lilloise contre Rennes (1-1).

Nul doute que cette qualification pour le tour préliminaire de la Ligue des champions n'a pas fini d'être contestée. Mais elle fait le bonheur du TFC qui, outre la plus-value sportive, va pouvoir remplir ses caisses.

Bordeaux a, lui aussi, cru pouvoir se qualifier pour la deuxième année d'affilée pour cette épreuve très lucrative. Mais il devra se contenter de la Coupe de l'UEFA grâce à sa victoire en Coupe de la Ligue *(lire en page 94)*. Les hommes de Ricardo avaient pourtant idéalement attaqué ce match. Après que Fernando eut trouvé le poteau droit (8e), Wendel ouvrit le score (0-1, 16e).

Mais Toulouse possède un homme providentiel : Johan Elmander. Le Suédois égalisa (38e, 1-1) avant de doubler la mise, toujours de la tête (2-1, 51e) et de porter l'estocade d'une frappe du droit (71e, 3-1). Vint le dénouement final, pour le bonheur du TFC. « Toulouse revient de loin, mais son moral a été fantastique », concédait Ricardo. La fête fut belle, le délire général. Jean-Luc Moudenc, le maire de la ville, était projeté dans la piscine des vestiaires. Il en ressortait avec une fracture de la cheville gauche. « Merde, on a pété le maire », s'exclamèrent les deux présumés coupables. « On a prouvé qu'il n'y a pas que le rugby à Toulouse, s'est réjoui Élie Baup. Il y a tout pour que cette ville devienne un fief de football. » ■

Elmander voit triple

ELMANDER (note : 8,5/10) : il avait retrouvé ses jambes et son instinct de buteur. Un joli coup du chapeau (38e, 51e, 71e) à l'image d'une saison où il fut indispensable au TFC. Éric CHAMPEL

LIGUE 1 - 38E JOURNÉE

Lyon - Nantes :	2-1
Marseille - Sedan :	1-0
Troyes - Lens :	3-0
Toulouse - Bordeaux :	3-1
Lille - Rennes :	1-1
Sochaux - St-Étienne :	1-0
Valenciennes - Auxerre :	1-3
Monaco - Nancy :	2-0
Lorient - Paris-SG :	0-1
Nice - Le Mans :	3-3

		Pts	J	G	N	P	diff
1	Lyon	81	38	24	9	5	+36
2	Marseille	64	38	19	7	12	+15
3	Toulouse	58	38	16	8	14	+1
4	Rennes	57	38	14	15	9	+8
5	Lens	57	38	15	12	11	+6
6	Bordeaux	57	38	16	9	13	+4
7	Sochaux	57	38	15	12	11	-2
8	Auxerre	54	38	13	15	10	0
9	Monaco	51	38	13	12	13	+7
10	Lille	50	38	13	11	14	+2
11	St-Étienne	49	38	14	7	17	+2
12	Le Mans	49	38	11	16	11	-1
13	Nancy	49	38	13	10	15	-7
14	Lorient	49	38	12	13	13	-7
15	Paris-SG	48	38	12	12	14	0
16	Nice	43	38	9	16	13	-6
17	Valenciennes	43	38	11	10	17	-12
18	Troyes	39	38	9	12	17	-15
19	Sedan	35	38	7	14	17	-12
20	Nantes	34	38	7	14	17	-19

Rennes s'y voyait déjà

L'ÉQUIPE DU 27 MAI. Un but du LOSC dans le temps additionnel a privé les Bretons du podium. Ils finissent quatrièmes derrière Toulouse.

De notre envoyé spécial à Villeneuve-d'Ascq, Stéphane KOHLER

QUE NELLY VIENNOT nous pardonne, mais le dernier match de sa belle carrière d'arbitre assistant ne restera pas uniquement marqué par son ultime prestation drapeau en main. On retiendra évidemment et avant tout l'hallucinant et si cruel dénouement du Championnat vécu par le Stade Rennais... Un but de John Utaka (0-1, 74e) avait pour ainsi dire offert aux hommes de Pierre Dréossi la troisième place de la L1, alors qu'ils n'étaient jamais montés sur le podium cette saison. Les dirigeants bretons, le président Frédéric de Saint-Sernin en tête, avaient déjà pris position au bord de la pelouse pour communier avec leurs joueurs et fêter une qualification historique et inédite pour le 3e tour préliminaire de la Ligue des champions.

Le rêve dura dix-neuf minutes, mais brutalement, au bout du temps additionnel, un coup franc d'Obraniak fut repris de la tête par Fauvergue (1-1, 90e + 3). Les joueurs rennais, accablés, s'écroulèrent au sol quelques secondes plus tard quand M. Poulat siffla la fin du match. Rennes devra donc se contenter de la Coupe de l'UEFA. Un résultat en soi remarquable pour la première saison de Dréossi sur le banc et après un début d'exercice catastrophique. Reste à savoir maintenant comment les dirigeants bretons vont gérer cette position et le fait d'être privés de tour préliminaire de la C1 par Toulouse. Les trois points accordés par la LFP au TFC pour sa « victoire » à Nantes *(lire page 66)* restent au cœur de toutes les conversations. « La LFP et Frédéric Thiriez nous ont volé le tour préliminaire », lâchait Pierre Dréossi, inconsolable. ■

Les joueurs rennais restent tétanisés sur la pelouse, à l'instar de Cyril Jeunechamp.

MONS / L'ÉQUIPE

Lens a tout faux

L'ÉQUIPE DU 27 MAI. Il semblait proche de la Ligue des champions, il disputera l'Intertoto : Lens, 5e, a sombré à Troyes. De notre envoyé spécial à Troyes, Jean-Luc GATELLIER

LAHALLE / L'ÉQUIPE

C'est le temps des regrets pour Olivier Monterrubio (à g.) et Marco Ramos.

ADIEU LA LIGUE des champions ! La désillusion est immense. L'échec fait mal, très mal. Parce que Lens était monté sur le podium au soir de la 13e journée et s'y trouvait toujours au matin de la 38e. Parce que, longtemps deuxièmes, les Lensois ont même possédé 6 points d'avance sur leur poursuivant immédiat (Lille), après vingt-neuf rencontres. Parce qu'au terme d'une soirée fertile à Marseille (1-0, 27e j.), le 4 mars, Lens avait alors repoussé l'OM à 10 points... Mais peut-être surtout parce que sa nette défaite à Troyes (0-3, buts de Danic, 9e ; Matuidi, 55e ; et Lachuer, 57e) a provoqué l'immense courroux de ses 4 000 supporters présents au stade de l'Aube. Des amoureux déçus qui ont jeté sur la pelouse leurs drapeaux, symboles de leur fierté perdue.

Sur le terrain, les joueurs, hagards, assistaient à ce triste spectacle qu'ils avaient provoqué par leur incapacité à rivaliser (à dix, après l'expulsion de Ramos à la 35e) avec une équipe troyenne déjà en L2. « Dans le vestiaire, c'était la désolation », résumait Francis Gillot. « Je préfère ne pas parler, sinon je vais dire des choses méchantes », lâchait Demont, mâchoire serrée.

La quatrième place a aussi échappé au RCL. De peu, en raison d'une différence de buts favorable aux Rennais. Les Artésiens ont bu le calice jusqu'à la lie, mais ils y sont tout de même pour quelque chose. Quelle triste fin ! ■

Troisième couronne pour Pauleta

L'ÉQUIPE DU 27 MAI. Le Portugais a inscrit, à Lorient, son 15e but de la saison. Suffisant pour distancer Savidan au classement des buteurs.

De notre correspondant permanent à Lorient, Raphaël RAYMOND

PEDRO PAULETA a inscrit à Lorient son quinzième but de la saison et a décroché son troisième titre de meilleur buteur. Le Portugais a repris de la tête un centre de Rothen (0-1, 53e), donnant la victoire au PSG. Sa prestation se concluait sous l'ovation des supporters parisiens, quand Paul Le Guen le remplaçait par Diané. Le Guen, le premier technicien à remettre en cause son statut de titulaire. « Il termine meilleur buteur et je suis très content pour lui », a observé sobrement l'entraîneur parisien.

Dommage que Pauleta n'ait pas souhaité commenter. Peut-être n'avait-il pas envie de se rappeler que depuis les 18 buts du Messin Bernard Zénier en 1987, jamais le meilleur buteur de L1 n'avait été aussi peu efficace. ■

LIGUE 1
Transferts

Roux : « Mon démon de midi »

L'Équipe du 6 juin. Guy Roux, nouvel entraîneur de Lens, explique pourquoi, à 68 ans, il a été rattrapé par sa passion du banc. **De notre envoyé spécial à Lens, Jérôme TOUBOUL**

« **POURQUOI replonger, deux ans après avoir quitté le banc d'Auxerre ?**

– Cela s'est fait rapidement. Ce n'était pas dans mes projets. Mais deux clubs m'ont contacté, Bordeaux et Lens. J'ai décidé d'écouter. D'abord Lens, puis les dirigeants bordelais. Ils se sont montrés très insistants. J'ai beaucoup hésité.

– Sur quels critères avez-vous tranché ?

– J'ai trouvé que Lens était plus conforme à mon tempérament d'homme de l'Est, du froid. Bordeaux, c'est le Sud-Ouest. C'est une équipe de Sud-Américains. J'ai pensé que je serais plus dans mon milieu à Lens.

« J'AI COMPRIS QUE JE DEVENAIS EMBÊTANT À L'AJA »

– Avez-vous également choisi Lens pour son environnement populaire ?

– À Bordeaux, il y a un bon peuple aussi. Mais c'est vrai que ce qui a plus pesé dans mon choix, c'est ce qui s'était passé le jour de mes 60 ans, en octobre 1998. Dans tout le stade Félix-Bollaert, il y avait des banderoles "Bon anniversaire, Guy !" avec des lampes de mineur allumées dans le public. Le club m'en a offert une. C'est peut-être le plus beau soir de ma carrière, en dehors des quatre finales de Coupe de France gagnées avec l'AJA.

– Vous veniez d'annoncer que vous ne vous occuperiez plus du recrutement de l'AJA. Fallait-il comprendre qu'une page allait se tourner ?

– C'était sûrement dans mon subconscient. Mais, habitant ma coquille, j'ai sous-estimé l'impact de ma notoriété, je n'ai pas pensé un seul instant que je pouvais gêner les autres gens du club. J'ai compris que je devenais embêtant, que même si je mourais sur place, je leur faisais de l'ombre. Partir, c'était le seul moyen de dissocier mon image de celle de l'AJA.

– L'envie du banc vous démangeait-elle ?

– Pas vraiment. Je me disais plutôt, en pensant aux entraîneurs d'équipes menacées notamment : "Mais comment font-ils ?" J'étais douillettement installé dans ma vie. Entraîner une équipe de L1, c'est beaucoup de risques. Ce qui m'arrive là, c'est mon démon de midi avec le ballon.

– À l'image de ces acteurs qui aimeraient mourir sur les planches, vous verriez-vous mourir sur un banc ?

– Oh non… Ou alors à la fin du match, si on l'a gagné. Si je mourais à la 71e minute, j'aurais raté vingt minutes de match. Plus le temps additionnel… » ■

La Ligue décidera le 27 juin de ne pas homologuer le contrat de Guy Roux en raison de son âge, ce qui ne devrait néanmoins pas l'empêcher d'exercer.

PRÉVOST / L'ÉQUIPE

Malgré la contestation, Guy Roux porte déjà les couleurs du RC Lens.

Bordeaux hisse le drapeau Blanc

L'Équipe du 7 juin. Quatre ans après avoir raccroché les crampons, Laurent Blanc va faire ses grands débuts d'entraîneur, à la tête des Girondins. **Par Régis TESTELIN (avec Étienne MOATTI)**

BOUTROUX / L'ÉQUIPE

POURQUOI A-T-IL ÉTÉ CHOISI PAR BORDEAUX ?

La direction de M6, l'actionnaire principal du club, avait déterminé un profil type : un entraîneur connu qui respecte cependant l'effectif en place. Guy Roux a longtemps été le candidat idéal, mais il a choisi Lens. Au milieu d'une multitude de pistes, l'idée de Laurent Blanc (41 ans) a fini par s'imposer. Respecté, diplômé et disponible, le « Président » s'est engagé à ne rien bouleverser, même s'il a imposé la venue de Jean-Louis Gasset, l'ancien entraîneur d'Istres, dans un rôle d'adjoint. Son arrivée a déjà créé un séisme médiatique, et sa progression dans le métier mettra Bordeaux sous les projecteurs.

Laurent Blanc, star et débutant, impatient de commencer sa mission à la tête des Girondins.

POURQUOI A-T-IL DÛ ATTENDRE PLUSIEURS ANNÉES AVANT D'OBTENIR UN POSTE D'ENTRAÎNEUR ?

Depuis l'arrêt de sa carrière de joueur, en 2003, il a pris son temps. « C'est un métier très difficile que je ne voulais pas exercer dans n'importe quel club. Car, quand tu as connu le haut niveau, tu veux toujours y rester », explique le champion du monde 1998. Depuis quatre ans, plusieurs pistes ont existé, mais son inexpérience était avancée : « Cet argument commençait à me chatouiller, confie-t-il. J'avais du mal à l'accepter. »

QUE PEUT-IL APPORTER AU CLUB ?

Son charisme. Sa fraîcheur. « J'ai mon parcours : il va m'aider, mais il ne me suffira certainement pas », avance-t-il. Après quatre ans « d'attente », on doute en tout cas qu'il compte ses heures, que la lassitude et le stress le gagnent. ■

LES BRÈVES

GIGNAC SE RÉVÈLE.

MINIER / L'ÉQUIPE

Le Lorientais André-Pierre Gignac, 21 ans, fait des étincelles pour sa première saison en L1 : 9 buts, dont un triplé lors de Lorient-Nantes (3-1). Au terme de l'exercice, il rejoindra Toulouse, qualifié pour la C1.

LES INAMOVIBLES.

Neuf joueurs ont disputé les 38 matches de la saison de L1 : sept gardiens et seulement deux joueurs de champ, Bacary Sagna (Auxerre), et Christophe Abriel (Lorient).

LA SALADE NIÇOISE.

L'OGC Nice aura tout vu en 2006-07. La fin de son projet de grand stade, annulé par la justice, le faux départ de son président, Maurice Cohen, et des bisbilles interminables entre ses actionnaires. L'équipe a d'autant plus de mérite à avoir obtenu son maintien.

LES MALHEURS DE YEPES.

MANTEY / L'ÉQUIPE

Accablé lors des premières journées par plusieurs penalties sifflés contre lui, Mario Yepes continue de jouer de malchance. Lors d'OM-PSG (1-1), le Colombien est grièvement blessé à la cheville à la suite d'un choc avec Djibril Cissé. Sa saison est terminée.

JANOT PASSEUR DÉCISIF.

Le fantasque gardien stéphanois Jérémie Janot ajoute une arme de plus à sa panoplie. Lors de la 13e journée, à Nantes, il monte sur l'ultime corner (90e+4), hérite du ballon et le transmet à Hognon qui égalise (2-2) !

LAMOUCHI FILE AU QATAR.

BOICHARD / L'ÉQUIPE

Après seulement six journées, Sabri Lamouchi résilie son contrat avec l'OM. « Ce n'est pas le joueur qui part, c'est l'homme », dit-il avant de partir en exil doré au Qatar.

LA L1 GAGNE DE L'ARGENT.

Bien aidés par les 000 millions de Canal+, les comptes des clubs de L1 sont repassés au vert : 27,7 M€ de bénéfice global en 2005-06… mais 13,5 M€ de pertes pour le PSG.

L'ODYSSÉE DE SYLVA.

Tony Sylva, le gardien lillois, s'envole en février vers le Sénégal pour y disputer un match amical en sélection… et pour apprendre que la rencontre a finalement été organisée à Rouen ! Il a fait 8 000 km de voyage pour rien.

LE DESSIN de Bernard Chenez

L'ÉQUIPE DU 10 MAI. Alors que le séjour à bord d'un luxueux yacht de Nicolas Sarkozy, fraîchement élu président de la République, défraie la chronique, le FC Nantes sombre irrémédiablement vers la L2.

LE MEILLEUR JOUEUR DE LIGUE 1

Trophées UNFP 2006-07

Florent Malouda (Lyon)

LAHALLE / L'ÉQUIPE

Les autres lauréats

Meilleur entraîneur de L1 :	Gérard Houllier (Lyon)
Meilleur gardien de L1 :	Teddy Richert (Sochaux)
Meilleur espoir de L1 :	Samir Nasri (Marseille)
Meilleur entraîneur de L2 :	Francis De Taddeo (Metz)
Meilleur joueur de L2 :	Yoann Gouffran (Caen)
Meilleur gardien de L2 :	Stéphane Cassard (Strasbourg)
Meilleur arbitre :	Bertrand Layec
Meilleure joueuse :	Camille Abily (Lyon)

LES PHRASES

« J'ai envie de jouer la Ligue des champions, d'avoir autour de moi de grands joueurs »

À la veille de la 1re journée, **Franck Ribéry** annonce à la télévision sa volonté de quitter l'OM pour rejoindre Lyon. Avant de faire volte-face une semaine plus tard et de déclarer : « Je suis marseillais. »

MANTEY / L'ÉQUIPE

FÈVRE / L'ÉQUIPE

« J'ai pensé à Roberto Baggio en finale de la Coupe du monde »

Le Bordelais **Fernando,** inconsolable après avoir raté un penalty décisif face à Nantes (0-1, 36e j.), songe à l'échec de l'Italien Baggio lors des tirs au but de la finale de 1994 contre le Brésil (0-0, 2-3 aux t.a.b.).

« Je suis en manque de confiance, mais je vais la retrouver. Je regarde les DVD de mes buts. »

Pedro Pauleta, très peu en réussite après la trêve, cherche la solution. L'attaquant parisien retrouvera le chemin du but en fin de saison pour terminer à nouveau meilleur buteur de la L1.

MANTEY / L'ÉQUIPE

LE CHIFFRE

8

Le minuscule total de buts inscrits lors de la 32e journée, marquée par six 0-0. Le peu glorieux record de 1986-87 (9 buts, 8e journée) est battu.

LES BRÈVES

L'OL CANNIBALE.

FABLET / L'ÉQUIPE

Difficile vainqueur du PSG (1-1, 5-4 aux t.a.b.) à Gerland, Lyon n'en empoche pas moins son cinquième Trophée des champions de suite.

OBRANIAK, ÇA PAYE.

Arrivé de Metz (L2) au mercato, Ludovic Obraniak fait ses premiers pas avec le LOSC à la 77e minute de Bordeaux-Lille. Pour son premier ballon, il frappe un coup franc dévié par Chamakh dans son propre but et donne la victoire aux Nordistes (1-0).

BAROS, UN GESTE NAUSÉABOND.

Lors de Lyon-Rennes (0-0), le Lyonnais Milan Baros se pince le nez, l'air dégoûté, en croisant Stéphane Mbia. La Ligue condamnera le geste, sans le juger raciste pour autant : trois matches de suspension.

AUXERRE N'EST PLUS COOL.

FÈVRE / L'ÉQUIPE

Depuis mai 1998, il avait aligné 307 matches d'affilée en L1 dans le but de l'AJ Auxerre, un record. Victime d'une pubalgie, Fabien Cool, 34 ans, cède sa place en décembre à Olivier Sorin, venu de Nancy. Il annoncera sa retraite à la fin de la saison.

WILTORD ÉPINGLÉ.

Surpris lors d'une soirée très festive avec trois coéquipiers dans un hôtel lyonnais à la veille d'OL-Rennes (0-0), Sylvain Wiltord est mis à pied deux jours par son club avant de réintégrer le groupe pro.

L'ASCENSION DE SAVIDAN.

Longtemps en tête du classement des buteurs, le Valenciennois Steve Savidan finit 2e derrière Pauleta (13 unités) et rate de peu un exploit unique, lui qui avait été le roi des scoreurs de National en 2004-05 (20 buts), puis de L2 en 2005-06 (16).

OBERTAN, LE LAURÉAT.

ARGUEYROLLES / L'ÉQUIPE

Révélation de la saison avec Bordeaux, l'attaquant Gabriel Obertan, 19 ans, poursuit ses études en parallèle. À la fin de l'année scolaire, il décroche son bac littéraire avec mention assez bien.

LYON CARTONNE.

Lors du derby à Saint-Étienne (3-1), les Lyonnais Cris, Malouda et Toulalan écopent chacun d'un carton jaune stupide... à première vue. Suspendus lors de la journée suivante, ils sont assurés de ne pas l'être pour la finale de la Coupe de la Ligue...

L'IMAGE

VACHER / PHOTOPOR / LE PROGRÈS TEAMSHOOT

Malgré les Parisiens Boukary Dramé, Édouard Cissé et Sylvain Armand (de g. à dr.), Ilan, le Brésilien de l'AS Saint-Étienne, réussit au Parc des Princes une magnifique bicyclette lors de la 26e journée, le 25 février. C'est le deuxième but (45e) de la victoire stéphanoise sur le PSG (2-0). Un bijou qui sera désigné plus beau but de la saison de Ligue 1.

L'HISTOIRE

Paris licencie Dhorasoo

L'ÉQUIPE DU 12 OCTOBRE. Son après-Coupe du monde n'est probablement pas celui qu'il avait imaginé. Après avoir annoncé son intention de ne plus jouer en équipe de France, Vikash Dhorasoo s'est vu signifier celle du PSG de le licencier « pour faute grave, avec rupture immédiate du contrat ». Une première dans l'histoire du club.

Le Paris-SG avance trois motifs au licenciement de son ancien international français. Le premier, « un manquement délibéré à l'obligation de réserve », fait référence à l'interview que Vikash Dhorasoo a accordée à *L'Équipe* le 23 septembre. Dans cet entretien, le joueur, 33 ans, s'avouait « humilié » par les mises à l'écart successives dont il faisait l'objet depuis quatre matches.

Le deuxième, « un manquement général aux devoirs de loyauté », renvoie aux critiques formulées dans cette même interview à l'encontre de sa hiérarchie. « Ce "pétage de plombs" de la part de l'entraîneur, je ne l'explique pas », s'étonnait Dhorasoo. Enfin, le dernier, « l'insubordination, la désobéissance et l'attitude de provocation permanente », rappelle son retard à l'entraînement du 14 septembre et ses prétendus refus de s'entraîner.

L'avocat du joueur assure que son client n'a pas « l'intention de se laisser faire » : « Les faits ne sont pas tous avérés, certains ne peuvent pas constituer une faute grave et le PSG a oublié un principe essentiel : le droit d'expression du salarié. » Ce droit d'expression, Dhorasoo l'avait utilisé à l'époque « pour se libérer d'un poids ». Ses mots révèlent pourtant un malaise flagrant avec son entraîneur, et un point de non-retour semblait atteint.

Le soir même de cette interview, le président Cayzac avait déclaré que Dhorasoo s'était « exclu tout seul ». Seules des excuses du joueur à ses partenaires, à l'entraîneur et au président auraient alors pu adoucir le climat. Mais l'ancien Lyonnais n'était visiblement pas disposé à les présenter à tout le monde.

Damien DEGORRE et Marc CHEVRIER

LES JOUEURS DU MOIS

Trophées UNFP / Canal + / *L'Équipe* 2006-07

Résultats des votes (en pourcentage des voix) :

MARTIN / L'ÉQUIPE

AOÛT

1er 42 % **Steve Savidan** Valenciennes
2es 31 % ABDULKADER KEITA Lille
PETER ODEMWINGIE Lille

NATAF / L'ÉQUIPE

SEPTEMBRE

1er 63 % **Jérémie Janot** Saint-Étienne
2e 19 % BENJAMIN GAVANON Nancy
3e 18 % FRED Lyon

FEL / L'ÉQUIPE

OCTOBRE

1er 38 % **Juninho** Lyon
2e 33 % CRIS Lyon
3e 29 % KIM KÄLLSTRÖM Lyon

MOUNIC / L'ÉQUIPE

NOVEMBRE

1er 52 % **Florent Malouda** Lyon
2e 26 % ULRICH LE PEN Lorient
3e 22 % ISMAËL BANGOURA Le Mans

LABLATINIÈRE / L'ÉQUIPE

DÉCEMBRE

1er 38 % **Frédéric Piquionne** Saint-Étienne
2e 26 % YAYA TOURÉ Monaco
3e 15 % FLORENT MALOUDA Lyon

MOUNIC / L'ÉQUIPE

JANVIER

1er 73 % **Bafetimbi Gomis** Saint-Étienne
2e 21 % JOHAN ELMANDER Toulouse
3e 6 % MARKO BASA Le Mans

ARGUEYROLLES / L'ÉQUIPE

FÉVRIER

1er 65 % **Johan Elmander** Toulouse
2e 23 % SEYDOU KEITA Lens
3e 12 % STEVE SAVIDAN Valenciennes

BOUTROUX / L'ÉQUIPE

MARS

1er 55 % **Samir Nasri** Marseille
2e 37 % MICKAËL LANDREAU Paris-SG
3e 8 % MICKAËL ISABEY Sochaux

LAHALLE / L'ÉQUIPE

AVRIL

1er 36 % **Peguy Luyindula** Paris-SG
2e 35 % ULRICH RAMÉ Bordeaux
3e 29 % ACHILLE ÉMANA Toulouse

Metz-Strasbourg, aller-retour

Les deux clubs de l'Est retrouvent la L1 un an après l'avoir quittée. Caen, relégué en 2005, les accompagne.

Laurent Agouazi (à dr.) a connu une saison de L2 euphorique avec Metz, le Strasbourgeois Guillaume Lacour (à g.) un exercice plus tendu. Les deux milieux se retrouveront en L1 pour poursuivre leurs duels…

LAHALLE / L'ÉQUIPE

LIGUE 2
19e journée
METZ - STRASBOURG : 4-1

20e journée
CAEN - DIJON : 3-2

27e journée
LE HAVRE - STRASBOURG : 0-1

Metz façon Lyon

L'ÉQUIPE DU 9 DÉCEMBRE. Avec treize points d'avance sur le quatrième, Metz écrase la L2, à l'image de sa spectaculaire victoire sur Strasbourg. **De notre correspondant permanent à Metz, Lionel DANGOUMAU**

METZ EST AU-DESSUS du lot. À mi-chemin dans sa course à la remontée, le leader de la L2 possède treize points d'avance sur le quatrième, avec un temps de passage historique depuis que la Deuxième Division est une poule unique (1993). On ne voit vraiment pas comment le FC Metz pourrait rater l'accession en L1. Les hommes de Francis De Taddeo ne sont pas toujours brillants, mais leur redoutable efficacité force le respect. À l'image du match contre Strasbourg, d'abord âpre puis spectaculaire après l'expulsion de Deroff (50e), les Lorrains savent s'adapter aux événements. Sur une pelouse indigne d'une rencontre de ce niveau, ils ont fini par donner à leur soirée des allures de triomphe, qu'appréciait De Taddeo : « L'ampleur du résultat nous rassure pour l'avenir. »

UN BRIN DE FOLIE

Comme d'habitude, Metz a su marquer tôt. Cardy frappait un coup franc dans la surface, involontairement dévié par Deroff dans son but (1-0, 20e). Strasbourg répondait pourtant à l'impact physique du leader. Jusqu'à la sortie de Deroff. En surnombre, les Messins prenaient plus de risques et gagnaient en fluidité. Au bout d'un immense raid, Béria, bousculé par Mathlouthi, s'écroulait dans la surface. Babacar Gueye transformait le penalty (2-0, 69e). Le match aurait pu se terminer là, mais la folie était partout. L'intenable Mouloungui obtenait à son tour un penalty, converti par Cohade (2-1, 71e). La fougue messine n'était cependant pas éteinte : un tir d'Obraniak était repoussé par Cassard, dans les pieds de Cardy (3-1, 75e). L'ancien Toulousain réalisait le doublé, sur un centre de François raté par Papiss Cissé (4-1, 84e). Jean-Pierre Papin, l'entraîneur alsacien, se rendait à l'évidence : « Le plus fort a gagné. » ■

BOUTROUX / L'ÉQUIPE

Trois Strasbourgeois (Guillaume Lacour, Renaud Cohade et Morgan Schneiderlin) ne suffisent pas à arrêter le Messin Ludovic Obraniak, qui mène un train d'enfer.

LIGUE 2 - 19E JOURNÉE

	Pts	J	G	N	P	diff
1 Metz	46	19	14	4	1	+21
2 Caen	40	19	11	7	1	+19
3 Strasbourg	34	19	9	7	3	+8
4 Dijon	33	19	9	6	4	+3
5 Le Havre	30	19	7	9	3	+11
6 Amiens	30	19	9	3	7	+1
7 Grenoble	29	19	7	8	4	+6
8 Reims	29	19	8	5	6	+4
9 Châteauroux	29	19	8	5	6	+2
10 AC Ajaccio	26	19	7	5	7	-1
11 Bastia	24	19	6	6	7	+1
12 Gueugnon	24	19	7	3	9	-8
13 Libourne-St-S.	20	19	5	5	9	-4
14 Montpellier	19	19	5	4	10	-4
15 Créteil	19	19	4	7	8	-9
16 Brest	18	19	3	9	7	-5
17 Istres	17	19	4	5	10	-16
18 Guingamp	16	19	3	7	9	-5
19 Niort	16	19	3	7	9	-9
20 Tours	13	19	3	4	12	-15

Caen écarte Dijon

L'ÉQUIPE DU 23 DÉCEMBRE. Après un match engagé, les Normands ont logiquement battu leur rival bourguignon, relégué à dix points. **De notre envoyée spéciale à Caen, Mélisande GOMEZ**

EN BATTANT DIJON au bout d'une soirée pleine de suspense, les Caennais s'installent un peu plus à leur aise sur un podium qu'ils ne semblent pas près de quitter, au vu de la qualité technique et du caractère dont il font preuve depuis vingt journées. Les Bourguignons n'ont jamais abdiqué, mais ont cédé devant la valeur des joueurs offensifs caennais.

« C'était un match clé de la saison, et on a été là », résumait Stéphane Samson, auteur de l'ouverture du score (1-0, 16e). Caen semblait parti pour une soirée tranquille, mais Dijon revint deux fois à la marque, par Mangione (1-1, 35e) puis Grégoire (2-2, 62e s.p., alors que Florentin avait redonné l'avantage à Caen, 2-1, 57e). Les Caennais, exemplaires dans l'envie, allèrent chercher la victoire sur un but plein de sang-froid de Grandin, à peine entré en jeu (3-2, 78e). Les Caennais pouvaient enfiler leurs bonnets de Père Noël et se réjouir devant leur kop. ■

DESFOUX / PHOTOPQR / OUEST FRANCE

Jérémy Sorbon (à g.) remercie Elliot Grandin, le père Noël caennais auteur du troisième but.

Strasbourg assomme Le Havre

L'ÉQUIPE DU 3 MARS. Vainqueur d'un étouffant duel pour la montée, le Racing a relégué son adversaire normand à six points. **De notre envoyée spéciale au Havre, Mélisande GOMEZ**

LE HAVRE AVAIT l'occasion de recoller aux Alsaciens dans ce match au sommet. Il est resté à quai, jamais dominé, mais battu en réalisme par un adversaire plus solide. Après la défaite, quatre jours plus tôt, sur le marécage grenoblois (2-1), ce deuxième faux pas du HAC compromet ses rêves de L1. La montée, les Strasbourgeois, eux, doivent y croire plus que jamais. « On est ravis, avouait Jean-Pierre Papin. Je vois une grande force dans mon équipe. »

La force, par exemple, de se laisser dominer avant de cueillir son adversaire. Car après une pluie d'occasions manquées par de percutants Havrais, Joao Paulo allait refroidir le stade par un but heureux, en plaçant sa tête à la suite d'un corner de Johansen, dévié par la main de Mandanda, puis la tête de Tum (0-1, 42e). Strasbourg a gagné le match qu'il fallait. ■

LIGUE 2 - 27E JOURNÉE

	Pts	J	G	N	P	diff
1 Metz	56	26	16	8	2	+27
2 Caen	54	27	15	9	3	+23
3 Strasbourg	52	27	14	10	3	+13
4 Le Havre	46	27	12	10	5	+18
5 Amiens	44	27	13	5	9	+3
6 Dijon	41	27	11	8	8	-3
7 Bastia	39	27	10	9	8	+4
8 Châteauroux	39	27	11	6	10	-2
9 Grenoble	38	27	9	11	7	+6
10 Reims	37	27	10	7	10	+3
11 Gueugnon	35	27	10	5	12	-4
12 AC Ajaccio	34	27	9	7	11	-2
13 Libourne-St-S.	31	26	8	7	11	-4
14 Montpellier	29	27	7	8	12	-5
15 Brest	28	27	5	13	9	-3
16 Guingamp	28	27	6	10	11	-4
17 Niort	25	27	5	10	12	-14
18 Istres	25	27	6	7	14	-19
19 Créteil	24	27	5	9	13	-18
20 Tours	20	27	5	5	17	-19

LIGUE 2
33e journée
AMIENS - METZ : 0-2

Metz en apothéose

L'Équipe du 21 avril. Leader incontesté de L2, le FC Metz a validé sa montée en L1. Le club lorrain jouera en 2007-08 sa 57e saison dans l'élite. **De notre envoyé spécial à Amiens, Lionel DANGOUMAU**

MONS / L'ÉQUIPE

Papiss Cissé, Julien François, Daniel Gygax et Laurent Agouazi (de g. à dr.) viennent saluer les supporters messins qui ont fait le déplacement pour le match décisif à Amiens.

PAS DE SCÈNE DE JOIE effrénée ni de course folle. Au coup de sifflet final, les Messins se sont contentés d'aller saluer leurs supporters, avec la simple satisfaction du devoir accompli à cinq journées de la fin. Il y avait bien longtemps que tout était plié, leur montée comme la victoire à Amiens (2-0). La place du FC Metz est bien en Ligue 1.
Si on en doutait après leur dernière saison, catastrophique, les Lorrains l'ont prouvé en survolant leurs neuf mois de L2. Leur victoire en Picardie a ressemblé à ce parcours : ils ont marqué tôt, sur un beau mouvement collectif (0-1, 12e), puis tué le suspense sur un contre d'école (0-2, 24e), les deux fois avec Papiss Cissé à la conclusion.

DE TADDEO : « LE CENTRE DE FORMATION, UNE ASSURANCE-VIE »

Plus tard, dans le vestiaire, vingt Messins survoltés scandaient : « On est en Ligue 1 ! On n'a pas peur de Lyon ! » « J'ai déjà vécu des moments comme ça *(avec Toulouse en 2003)* mais je les savoure comme il se doit, souriait Julien Cardy. Je sais que cela peut être exceptionnel dans une carrière. »
Très vite, dans la saison, la maîtrise collective de cette équipe a surpris, parce que Metz avait bouleversé son effectif à l'intersaison avec plus de trente mouvements de joueurs. Pour remonter, le club s'est appuyé sur ses jeunes, des anciens revanchards (Léoni, François) et trois patrons (Cardy, Diop, Marichez). Et même au moment où leur leadership semblait menacé, avant et après le départ pour Lille de Ludovic Obraniak, les Lorrains ont tenu bon.
Premier depuis la 8e journée, Metz était trop fort. « On s'attendait à une saison difficile, mais on a fait un bon début qui nous a mis dans une dynamique positive et notre rythme de croisière est resté assez impressionnant », savourait Julien François. Il est aussi difficile de ne pas voir là le succès d'un entraîneur qui vivait sa première saison sur le banc d'une équipe professionnelle. « C'est la réussite de tout le monde au club, nuance Francis De Taddeo. On a un centre de formation de qualité, ce qui constitue une assurance-vie. » ■

38e et dernière journée
LIBOURNE-SAINT-SEURIN - CAEN : 1-2

Caen y est enfin

L'Équipe du 26 mai. Après une accession manquée d'un rien en 2006, les Caennais retrouvent l'élite, qu'il avaient quittée deux ans plus tôt.
De notre envoyée spéciale à Libourne, Mélisande GOMEZ

LA PLUIE NE LES A JAMAIS fait taire. Le match vient de se terminer et la poignée de fidèles Caennais qui avait fait le déplacement n'en finit plus de chanter son bonheur de retrouver l'élite. Après deux fins de saison riches en désillusions, le Stade Malherbe referme une douloureuse parenthèse.
La délivrance est d'autant plus belle qu'il a fallu trembler jusqu'au bout de la saison. On croyait pourtant les Normands à l'abri, à la faveur d'un départ canon. Mais alors qu'ils semblaient s'envoler vers la L1, la panne est arrivée en hiver, les obligeant à jouer avec les nerfs de leurs supporters. À l'image de leur match à Libourne, où ils avaient pris l'avantage dès la douzième seconde grâce à Deroin (0-1, 1re), avant de se faire rejoindre sur un penalty de Deranja (1-1, 70e). « Oui, j'ai eu peur, reconnut un Franck Dumas soulagé. Cette saison aura été stressante jusqu'au bout. » Et jusqu'à ce but de Gouffran (1-2, 81e) qui libéra définitivement des Caennais tendus. « Ça fait deux ans qu'on galère, résumait le héros normand. L'année dernière, on a échoué de tellement peu *(de deux buts)*. Cette fois, on y est. »
L'accession vient récompenser des dirigeants qui n'ont jamais changé de cap. Pour accrocher son objectif, Caen a misé sur la stabilité presque complète de son effectif et sur un entraîneur néophyte. Le pari a fini par payer. « Cette nuit, je crois qu'on ne va pas dormir », prévenait Gouffran. ■

LIGUE 2 CLASSEMENT FINAL

		Pts	J	G	N	P	diff
1	Metz	76	38	22	10	6	+32
2	Caen	71	38	19	14	5	+25
3	Strasbourg	70	38	19	13	6	+14
4	Amiens	69	38	21	6	11	+15
5	Grenoble	59	38	15	14	9	+12
6	Le Havre	56	38	15	11	12	+14
7	Châteauroux	54	38	15	9	14	-2
8	Dijon	54	38	14	12	12	-3
9	Bastia	53	38	14	11	13	+3
10	Gueugnon	48	38	13	9	16	-5
11	Reims	47	38	12	11	15	-3
12	AC Ajaccio	47	38	12	11	15	-6
13	Guingamp	46	38	11	13	14	+1
14	Brest	45	38	10	15	13	0
15	Montpellier	44	38	11	11	16	-7
16	Niort	44	38	10	14	14	-8
17	Libourne-St-S.	44	38	12	8	18	-9
18	Créteil	40	38	9	13	16	-17
19	Istres	35	38	8	11	19	-28
20	Tours	26	38	6	8	24	-28

Voilà deux ans qu'ils attendaient ce moment. Stéphane Samson, Nicolas Florentin, Anthony Deroin et Grégory Proment (de g. à dr.) laissent éclater leur joie.

BRETAGNON / FLASH PRESS

37e journée
STRASBOURG - METZ : 2-1

FOOT DER

Strasbourg arrache son retour

L'ÉQUIPE DU 19 MAI. Un an après être descendus, les Alsaciens retrouvent la L1. C'est le premier succès de Jean-Pierre Papin comme entraîneur. De notre correspondant permanent à Strasbourg, Lionel DANGOUMAU

MAO / L'ÉQUIPE

Tout semble aller pour le mieux entre Jean-Pierre Papin (à g.) et le président Philippe Ginestet en cette soirée d'euphorie. Mais quelques semaines plus tard, l'entraîneur annoncera son départ.

DEBOUT SUR UNE TABLE, Philippe Ginestet réclame le silence du vestiaire. « Les gars ! lance le président strasbourgeois. Vous avez 100 000 euros à vous partager ! Et on part tous trois jours à Ibiza ! » Explosion de joie. Les scènes surréalistes se succèdent dans les couloirs du stade de la Meinau. Jean-Pierre Papin, qui triomphe pour sa première année d'entraîneur professionnel, est allé faire un tour dans la piscine.

Les excès strasbourgeois sont à la hauteur des obstacles d'une saison où rien n'a été simple pour le Racing. Le match contre Metz, celui de la délivrance, l'a encore montré, lorsque dans le temps additionnel Cardy frappa un coup franc près de la surface, dans une Meinau tétanisée. À ce moment-là, Strasbourg était en L1, grâce à deux buts de Cohade (1-0, 13e) et Mouloungui (2-1, 22e) contre un seul de Bassong (1-1, 19e). Une immense clameur célébra l'arrêt de Cassard. Fin de l'angoisse. « Toute la saison a été comme ça, racontait Papin dans le vestiaire. Mais je veux bien souffrir ainsi chaque année. »

BELLAÏD : « IL N'Y A PAS PLUS BEAU QU'UNE MONTÉE »

Les Alsaciens sont sur le podium depuis fin février. Mais la plupart de leurs victoires ont été plus arrachées que maîtrisées : Strasbourg a remporté onze points dans le dernier quart d'heure. Avec une bonne partie de l'équipe reléguée, quelques apports d'expérience (Strasser, Camadini), une trouvaille (Cohade) et une résurrection (Mouloungui), Strasbourg a su rebondir, un an tout juste après une saison où rien ne lui avait réussi. « Il n'y a pas plus beau qu'une montée », souriait Habib Bellaïd qui, à 21 ans, a vécu sa plus belle émotion de joueur. ■

Papin s'en va déjà

L'ÉQUIPE DU 10 JUIN. Malgré la montée, la rupture est consommée entre Strasbourg et le Ballon d'Or 1991. Par Jérôme LE FAUCONNIER

Jean-Pierre Papin a fini par sortir de son silence pour confirmer son inéluctable divorce avec le RC Strasbourg. Arrivé en Alsace à l'été 2006 avec pour objectif de faire remonter le club en L1, le Ballon d'Or 1991 a rempli sa mission. Mais cela n'a pas suffi.

Papin désigne clairement le fautif : Fehrat Khirat, le coordinateur sportif – « un grand bouffon », *dixit* JPP –, qui n'aurait, selon ses dires, cessé de lui savonner la planche. Interrogé sur la réputation de Strasbourg, surnommé le « Marseille de l'Est » en raison de ses problèmes récurrents, Papin a cette réponse sans équivoque : « On m'avait prévenu, mais ce qu'on m'avait dit était loin de la vérité. Franchement, à côté, Marseille est un club tranquille ! »

Jean-Marc Furlan, ex-coach de Troyes, succédera à Papin et deviendra le 26e entraîneur du RC Strasbourg en 28 ans.

LES BRÈVES

AMIENS, RIEN NE SERT DE COURIR.

ROBERTS / OFFSIDE

Dixièmes après la 12e journée, Amiens et David De Freitas repartent au pas de charge (17 victoires en 26 matches). Un rush qui ne les amènera qu'au pied du podium, à un point de Strasbourg.

COURBIS, ENCORE UNE AFFAIRE.

Bombardé entraîneur de Montpellier après le limogeage de Jean-François Domergue, Rolland Courbis crée la polémique car son club, à la lutte pour le maintien, se déplace à Ajaccio, avec qui il reste très lié. Le MHSC y remporte (2-0) son premier succès de la saison à l'extérieur et sauve sa peau.

LES ARTILLEURS DU HAVRE.

Jean-Michel Lesage et Kandia Traoré, les deux attaquants du Havre, sont inséparables. Sur la pelouse comme au classement des buteurs, dont ils prennent conjointement la 1re place, avec 18 buts.

JORGE, PARI PERDU.

BOUTROUX / L'ÉQUIPE

Après le RC Paris et le PSG, Artur Jorge vole au secours de Créteil à la suite de la mise à l'écart d'Albert Rust. Sans sa légendaire moustache, le coach portugais ne parviendra pas à éviter la relégation.

MAURICIO TOUT EN HAUT.

Après l'avoir longtemps eu au bout du pied, le Castelroussin Guilherme Mauricio finit par inscrire, contre Grenoble (1-0, 22e j.), le 111e but de sa carrière en L2, battant le record de Samuel Michel, qu'il portera à 115 unités au terme de la saison.

THIL, ROI DES BUTEURS.

DELORME / L'ÉQUIPE

Boulogne-sur-Mer, promu en L2, doit beaucoup à son attaquant Grégory Thil, qui, en marquant à 31 reprises, fait voler en éclats le record de buts en National.

POULIQUEN VIRÉ.

Grenoble, 5e de la L2, réalise la meilleure saison de son histoire. Malgré tout, les actionnaires écartent l'entraîneur, Yvon Pouliquen, au grand dam des joueurs et des supporters.

L'IMBROGLIO VAIRELLES.

L'ancien international Tony Vairelles doit patienter deux mois pour faire ses débuts avec Tours, la Fédération belge tardant à délivrer sa lettre de sortie. Il ne pourra sauver la place en L2 du club, trop mal parti.

Sochaux, soixante-dix ans après

En dominant Marseille en finale, les Sochaliens rejoignent leurs glorieux anciens, lauréats en 1937.

POUVAIT-IL Y AVOIR plus bel anniversaire ? Le 12 mai 2007 succède au 9 mai 1937. Le succès des Sochaliens, face à Strasbourg (2-1), au stade Yves-du-Manoir de Colombes, n'est plus unique. Juste récompense pour les hommes d'Alain Perrin, auteurs d'un parcours sans fausse note, écartant Saint-Étienne dans son Chaudron en 32es (3-1), Lyon-La Duchère (CFA2, 2-1) en 16es, Monaco (2-0) en 8es, le Paris-SG, tenant de l'épreuve, en quarts (2-1) et l'épatant Montceau-les-Mines (CFA, 2-0 a.p.) en demi-finales.

De petits amateurs de Saône-et-Loire, déboulonneurs d'idoles (Bordeaux en huitièmes, 2-2, 5-4 aux t.a.b., puis Lens en quarts, 1-0), qui poussent les futurs vainqueurs à la prolongation. « On veut juste montrer que nous ne sommes pas des bouseux avec de la paille sous les chaussures », explique Lionel Large, le coentraîneur montcellien. Pari réussi. Avant eux, Romorantin, tombeur de Rennes (3-1 a.p.), ou Calais, forcément, victorieux de Lorient (2-0), s'étaient déjà chargés d'écrire une belle page de la légende de l'épreuve.

L'OM, à son niveau, aussi. Qualifié pour sa 18e finale, le club aux dix Coupes de France est, comme l'année précédente, privé de dessert. Le coup est rude pour les Olympiens, tombeurs de Cambrai (CFA2, 4-1 a.p.), Le Mans (1-0 a.p.), Vannes (National, 5-0), Nantes (3-0), mais surtout, en 8es, de Lyon (2-1).

Le résultat de la finale sera d'autant plus dur à avaler que les coéquipiers de Djibril Cissé, double buteur au Stade de France, mènent par deux fois au score avant d'être rejoints. Le portier sochalien, Teddy Richert, fait le reste aux tirs au but. « C'est un grand malheur », glisse Albert Émon, l'entraîneur phocéen. L'affaire prend des allures de malédiction pour un club qui n'a plus remporté le moindre trophée depuis 1993, date de son titre de champion d'Europe et qui perd là sa quatrième finale d'affilée (Coupes de l'UEFA 1999 et 2004, Coupes de France 2006 et 07). De quoi se forger une image de perdant magnifique. ■

FABLET / L'ÉQUIPE

MANTEY / L'ÉQUIPE

Calais (**Boutoille**), l'habitué, sort Lorient.

MANTEY / L'ÉQUIPE

Montceau (**Kambou**, à dr.) renverse Bordeaux et Lens.

MOUNIC / L'ÉQUIPE

Marseille (**Zubar**, porté par **Rodriguez**) bat Lyon à son propre jeu.

Le trophée attendu depuis sept décennies en Franche-Comté passe de mains en mains sur le podium des lauréats de la Coupe 2007. Sochaux, vainqueur de l'OM aux tirs au but en finale (2-2, 5-4 aux t.a.b.) après avoir été mené deux fois au score, a la tête dans les étoiles.

TOULOUSE S'EST FAIT PEUR

VW DÉMARRE LE DAKAR À FOND

LE MANS S'OFFRE LA TÊTE DE NANCY

L'ÉQUIPE

CALAIS EN RAFFOLE

COUPE DE FRANCE

AUJOURD'HUI

15H00 PSG-NÎMES

17H30 BAYONNE-LYON

EUROSPORT

COUPE DE FRANCE
32es de finale

CALAIS (CFA) - LORIENT : 2-0
NANCY - LENS : 3-3 (8-9 aux t.a.b.)

MANTEY / L'ÉQUIPE

Les deux Christophe de l'équipe de Calais, Rollet (à g.) et Meirsman (à dr.), escaladent les barrières aussi facilement qu'ils bousculent leurs adversaires.

COUPE DE FRANCE 32ES DE FINALE	
Nancy - LENS :	3-3 (8-9 aux t.a.b.)
Saint-Étienne - SOCHAUX :	1-3
Créteil (L2) - NICE :	1-2 a.p.
BORDEAUX - Bastia (L2) :	2-0
Auxerre - NIORT (L2) :	2-2 (4-5 aux t.a.b.)
NANTES - Guingamp (L2) :	1-0
VALENCIENNES - Caen (L2) :	2-1
Metz (L2) - LILLE :	0-2
LIBOURNE-SAINT-SEURIN (L2) - Troyes :	4-2
Rennes - ROMORANTIN (N) :	1-3 a.p.
PARIS-SG - Nîmes (N) :	3-0
Châtellerault (N) - TOULOUSE :	1-1 (3-4 aux t.a.b.)
Quevilly (CFA) - MONACO :	0-2
Bayonne (CFA) - LYON :	1-2
CALAIS (CFA) - Lorient :	2-0
Cambrai (CFA2) - MARSEILLE :	1-4 a.p.
Pluvigner (DSR) - LE MANS :	0-3
Pont-de-Chéruy (DHR) - SEDAN :	0-1
AMIENS (L2) - Grenoble (L2) :	3-0
GUEUGNON (L2) - Louhans-Cuiseaux (N) :	3-1
GFCO Ajaccio (CFA) - STRASBOURG (L2) :	1-2
MONTPELLIER (L2) - Saint-Lô (CFA2) :	4-1
VANNES (N) - Concarneau (CFA) :	3-2
LYON-LA DUCHÈRE (CFA2) - Entente SSG (N) :	1-0
ORLÉANS (N) - Moulins (N) :	2-1
PONTIVY (CFA) - La Vitréenne (CFA2) :	1-0
RODEZ (CFA) - Angoulême (DH) :	3-1
CLERMONT (N) - Dunkerque (CFA) :	3-1
Bois-Guillaume (CFA) - CHATEAUBRIANT (CFA2) :	0-1
Feignies (CFA2) - MONTCEAU (CFA) :	1-2
JARVILLE (CFA2) - Amnéville (CFA2) :	1-0
Palaiseau (DSR) - LAON (CFA2) :	0-4

Calais, évidemment

L'ÉQUIPE DU 7 JANVIER. Le spécialiste de la Coupe a encore frappé, éliminant Lorient en toute logique.

De notre envoyé spécial à Boulogne-sur-Mer, Régis DUPONT

LA PLUIE, LE VENT, ET CALAIS qui gagne à la fin. Un 32e de finale contre le CRUFC, c'est presque invariablement cela pour les équipes professionnelles : une punition totale. Au stade de la Libération de Boulogne-sur-Mer, Lorient s'est volontiers plié à la tradition née en 2000. Comme Cannes, Troyes et Brest avant elle, l'équipe de Christian Gourcuff a donc chuté. Et le pire, c'est qu'elle n'a jamais donné l'impression de vouloir échapper à son destin. « Sur ce que j'ai vu, la victoire calaisienne est méritée, mais notre faiblesse m'a choqué », résumait un Gourcuff qui avait des raisons de pester. La première vraie occasion lorientaise ? Une frappe sur le poteau de Le Pen (86e), suivie d'une autre de Yesso sur la barre (87e), à un moment où le match était plié.

HOGUET : « NOUS SOMMES FOUS »

Battus dans l'engagement, ce qui était prévisible, les Lorientais le furent aussi dans la maîtrise collective, ce qui est moins pardonnable. Sans compter les erreurs individuelles, telle celle de Medjani, qui tacla grossièrement Hoguet (31e). Pennacchio déposa le coup franc qui suivit sur l'arrière du crâne de Boutoille (1-0, 31e). La deuxième mi-temps fut semblable à la première. Le CRUFC ne vit rien venir de notable, sinon ses propres contres, dont l'un mit sur orbite Boutoille, impeccable de sang-froid (2-0, 77e). La soirée finissait, comme d'habitude, dans l'euphorie complète. « Je crois que c'est parce que nous sommes fous que ça marche », analyse le capitaine, Matthieu Hoguet. Finaliste en 2000, quart-finaliste en 2006, le CRUFC entretient plus que jamais sa légende. Il est en seizièmes, et cela n'étonne personne. Adepte de l'exploit perpétuel, ce club n'est plus une figure de la Coupe de France, il est la Coupe de France. ■

Le miracle lensois

L'ÉQUIPE DU 7 JANVIER. Réduits à dix et menés 1-3 par Nancy, les Nordistes ont réussi à arracher le nul et à se qualifier aux tirs au but.

De notre correspondant permanent à Nancy, Lionel DANGOUMAU

QUEL MATCH, QUEL SCÉNARIO ! Nancy et Lens ont offert aux spectateurs de Marcel-Picot un vrai match de Coupe, plein de rebondissements. Seule la grave blessure de Monsef Zerka, victime d'une double fracture tibia-péroné au bout de trois secondes de jeu, est venue ternir cette soirée.
D'abord, il y eut une domination sans partage de l'ASNL. Le virevoltant Issiar Dia débordait et centrait pour Kim, dont le tir, dévié par Gillet, trompait Chabbert (1-0, 16e). Puis, sur un corner, N'Guémo transmettait à Dia qui marquait instantanément en pivot (2-0, 28e). À la reprise, Jemaa réduisait l'écart (2-1, 46e). Mais il allait bientôt faire replonger son équipe. L'expulsion du Tunisien (57e) était rapidement suivie d'un coup franc de Bérenguer dévié dans son propre but par Seydou Keita (3-1, 62e). Le RC Lens continua tout de même à y croire. Il fut bien aidé par M. Chapron, qui lui accorda un penalty généreux, transformé par Aruna (3-2, 70e). Un coup de fouet pour dix Lensois qui s'offrirent ensuite une collection d'occasions ratées, jusqu'à l'égalisation de Monnet-Paquet (3-3, 90e + 2). Rien ne se décantait en prolongation. La séance de tirs au but était inévitable – et interminable : dix-huit tentatives ! À ce jeu, Lens prenait le meilleur. ■

RENNES - ROMORANTIN (N) : 1-3 (a.p.)

Romorantin se paie Rennes

L'ÉQUIPE DU 7 JANVIER. Le onzième du National a corrigé une équipe rennaise pathétique, déjà éliminée par Reims de la Coupe de la Ligue.

De notre envoyé spécial à Rennes, Philippe BOUVET

SANS RIRE, c'est le Stade Rennais qui a réussi un drôle d'exploit ! Celui d'être éliminé deux fois de suite, sur sa pelouse, par des équipes de niveau inférieur. Trois semaines après le quart de finale de Coupe de la Ligue perdu face à Reims (0-1, *lire p. 92*), Rennes a remis cela face à Romorantin, modeste formation de National. Les sifflets et quolibets du stade de la Route-de-Lorient ont accompagné la fin de match pathétique de l'équipe bretonne, battue dans la prolongation qu'elle avait déjà difficilement arrachée.

La fête, elle était dans la petite tribune qui accueillait les quelque 500 personnes venues de Sologne pour soutenir l'équipe de Romorantin, 18 000 habitants, l'un des plus faibles budgets du National (1,2 million d'euros), onzième de son Championnat. « Vous savez, quand on gère un club de National, il y a plus de soucis que de bonheur. Alors, le bonheur, il faut le prendre à pleines dents », savourait le président solognot, Jean-Claude Guémon. C'est une première pour son club, qui, s'il avait déjà accédé une fois aux seizièmes, n'y était jamais parvenu en dominant une équipe de niveau supérieur.

Rennes n'a donc pas su trouver la faille. Et comme souvent, sur un contre, Fabien lobait Revault (0-1, 52e). L'égalisation vint pourtant sur une tête d'Utaka (1-1, 72e), permettant aux Bretons d'arracher la prolongation. Celle-ci fut à sens unique, en faveur des Rennais, jusqu'à cette faute de Jacques Faty (107e). Dudoit transformait le penalty(1-2, 107e). Hadjeres enfonçait ensuite le clou (1-3, 109e).

« Mes joueurs ont su aller au-delà de leurs limites et c'est une grande fierté », résumait l'entraîneur de Romorantin, Ludovic Lidon. « Contre Reims, nous avions eu très peu d'occasions. Là, il y en a eu beaucoup plus, même si le sentiment est le même, celui de l'impuissance », concluait Pierre Dréossi, l'entraîneur breton. ■

Les tribunes rennaises se sont déjà vidées, mais qu'importe pour Xavier Dudoit (porté en triomphe), l'auteur du deuxième but, et les joueurs de Romorantin. Ils tiennent leur exploit.

GAUDARD / PHOTOPQR / LA NOUVELLE RÉPUBLIQUE

COUPE DE FRANCE
16es de finale
MONTPELLIER (L2) - NICE : 1-1 (4-2 aux t.a.b.)

Montpellier assomme Nice

L'ÉQUIPE DU 21 JANVIER.
Relégable en Championnat, l'OGCN s'est fait sortir de la Coupe par Montpellier.

De notre correspondant à Montpellier, Johan RIGAUD

DE HULLESSEN / PHOTOPQR / LE MIDI LIBRE / TEAMSHOOT

Le gardien Geoffrey Jourdren conduit la farandole montpelliéraine.

DEPUIS SA CHUTE en L2 à l'été 2004, le Montpellier-Hérault a toujours éliminé au moins un club de l'élite dans les deux Coupes nationales. Il n'a pas dérogé à sa règle en cette saison 2006-07 et s'est offert un petit bonheur en épinglant l'OGC Nice.

Des Azuréens réduits à dix à un quart d'heure de la fin (expulsion de Rool, 73e) et qui avaient pourtant réussi à ouvrir le score au début de la prolongation grâce à une tête d'Échouafni (0-1, 95e) sur un corner d'Ederson. Mais Montpellier égalisa dans la foulée sur un coup franc de Delaye effleuré de la tête par Aït-Alia (1-1, 97e) ; et lors des tirs au but, c'est Nice qui fut le plus fébrile, avec une frappe au-dessus d'Ederson.

Voilà un match de plus qui laisse un goût amer aux Aiglons. Car Nice a placé les quarante-cinq premières minutes sous son emprise, trouvant même à trois reprises le poteau montpelliérain (Fanni, 7e ; Koné et Ederson, 23e). L'OGCN fut beaucoup moins menaçant en seconde période. C'est même Montpellier, par un centre-tir de Delaye sur la transversale (67e), qui se montra le plus dangereux. Les débats restèrent équilibrés et tendus jusqu'au bout de la prolongation, que l'équipe héraultaise termina aussi à dix, avant le verdict de la loterie. ■

COUPE DE FRANCE 16ES DE FINALE

Le Mans - MARSEILLE :	0-1
MONACO - Toulouse :	2-0
Amiens (L2) - NANTES :	1-3
BORDEAUX - Niort (L2) :	3-3 (5-4 aux t.a.b.)
MONTPELLIER (L2) - Nice :	1-1 (4-2 aux t.a.b.)
Strasbourg (L2) - LILLE :	2-3
PARIS-SG - Gueugnon (L2) :	1-0
Romorantin (N) - VALENCIENNES :	1-2
Calais (CFA) - SEDAN :	1-2
Orléans (CFA) - LENS :	1-3
Laon (CFA2) - LYON :	1-3
SOCHAUX - Lyon-La-Duchère (CFA2) :	2-1
Jarville (CFA2) - LIBOURNE-ST-SEURIN (L2) :	3-5 a.p.
CLERMONT (N) - Rodez (CFA) :	1-0
Bois-Guillaume (CFA) - VANNES (N) :	1-1 (5-6 aux t.a.b.)
Pontivy (CFA) - MONTCEAU (CFA) :	0-2

MONTCEAU FAIT CRAQUER BORDEAUX

C'EST LA LUTTE POUR LA FINALE

TOUT SUR LE TOURNOI

L'ÉQUIPE

MARSEILLE, C'EST SHOW

FIFA 07 BAISSE SON PRIX

LA MEILLEURE AFFAIRE DU MERCATO

COUPE DE FRANCE
8es de finale

MARSEILLE - LYON : 2-1

MOUNIC

Bien servi par **Habib Beye** (au fond à g.), **Mamadou Niang** (n° 15) trompe **Grégory Coupet** et offre la victoire à l'OM dans les arrêts de jeu, sous les yeux de **Sébastien Squillaci, Juninho, François Clerc** et **Cris** (de g. à dr.).

Marseille est renversant

L'ÉQUIPE DU 1ER FÉVRIER. L'OM a éliminé Lyon de la Coupe de France, comme en 2006, grâce à deux buts dans les cinq dernières minutes. Une ambition naissante enveloppe la Canebière.

De notre envoyé spécial à Marseille, Hervé PENOT

LYON A PERDU l'un de ses paris, l'une de ses carottes : il ne lui reste plus que trois titres à conquérir et cet échec nécessite des remises en question. L'OM ne vit pas dans cette logique de « surpuissance », mais s'affirme comme une vraie équipe de Coupe. Il fallait être fort pour revenir ainsi dans les dernières minutes, être solidaires et mentalement à niveau. Rarement, depuis des années, le Vélodrome avait vécu un tel moment de bonheur, une telle osmose, une telle ambiance irréelle.

Côté lyonnais en revanche, cette élimination ne peut pas rester du domaine de l'anecdote. Elle survient après trop d'échecs en L1 pour ne pas contraindre Gérard Houllier à revoir ses plans. Depuis son début de règne, jamais Jean-Michel Aulas n'avait connu une telle déconvenue. Lyon, qui ne vivait que par la culture de la gagne, est tombé de très haut.

« Il faut savoir perdre de temps en temps, glissait le président de l'OL. Il ne nous a manqué que cinq minutes. On ne peut pas tout gagner. Cette Coupe n'était pas la priorité du club. » Réplique de Pape Diouf, son homologue marseillais : « Je suis pour une fois d'accord avec Aulas, qui nous avait donné favoris sur ce match. Dire que Lyon est dans une mauvaise passe est un argument spécieux. Notre emprise sur le match est récompensée par les deux buts qui consacrent notre domination absolue. »

« Nous sommes des hommes »

Gérard HOULLIER (entraîneur de Lyon) : « On pense qu'on tient une qualification et puis finalement elle nous échappe. Nous sommes des hommes. On a souvent vécu cette situation dans l'autre sens. Mais comptez sur nous pour rebondir. Nous ne sommes pas abattus, il y a des choses beaucoup plus graves dans la vie. »

Éric CHAMPEL

LE RETOUR FOU

Pourtant, à la mi-temps, l'OL avait donné une leçon de réalisme et rentrait au vestiaire nanti d'un avantage très peu mérité. Même le but de Cris fut assez surprenant : Juninho lui avait délivré, comme d'habitude, un coup franc, mais les Marseillais le croyaient hors jeu (0-1, 18e). Lyon avait pourtant subi l'impact physique des Marseillais. Dans la volonté, dans le rythme, l'OM affichait un niveau qu'il n'avait pas souvent atteint en cette saison 2006-07. Mais pour remporter un match, il faut évidemment marquer. Et Coupet, même mis sous pression, avait assez peu de travail à effectuer.

L'OM entamait la deuxième période en pressant moins. Devant le coup de moins bien de son équipe, Émon décidait de changer complètement de tactique. Il sortait Olembe pour faire entrer Niang et revenait ainsi à un milieu à trois avec Nasri et Ribéry devant Cana. Il préférait garder Djibril Cissé, pas dans le coup, mais capable à ses yeux de marquer à tout moment. Un choix surprenant car Marseille n'avait alors plus d'emprise sur le jeu et Cissé errait toujours devant. L'ex-Auxerrois ratait une reprise de près seul devant les buts (69e), puis trouvait le poteau (72e). Ça se rapprochait.

Émon envoyait encore Pagis. C'était l'heure de la revanche, du retour fou. L'ancien Strasbourgeois égalisait d'une frappe des dix-huit mètres sur un centre parfait de Ribéry (1-1, 87e). Puis, dans la foulée, Niang profitait d'un centre de Beye pour marquer de la tête (2-1, 90e + 1) ! Le Vélodrome explosait. Marseille peut de nouveau rêver aux sommets. ■

COUPE DE FRANCE 8ES DE FINALE	
Monaco - SOCHAUX :	0-2
PARIS-SG - Valenciennes :	1-0
MARSEILLE - Lyon :	2-1
NANTES - Lille :	1-0 a.p.
Libourne-St-Seurin (L2) - SEDAN :	1-2
Clermont (N) - LENS :	1-4
MONTCEAU (CFA) - Bordeaux :	2-2 (5-4 aux t.a.b.)
Montpellier (L2) - VANNES (N) :	0-2 a.p.

MONTCEAU-LES-MINES (CFA) - BORDEAUX : 2-2 (5-4 aux t.a.b.)

Ce petit est un géant

L'ÉQUIPE DU 1ER FÉVRIER. Montceau a sorti Bordeaux après avoir égalisé à trente-cinq secondes de la fin et joué toute la prolongation à dix.

De notre envoyé spécial à Gueugnon, Bernard LIONS

CE FUT UNE soirée à demander dame Coupe en mariage, tellement elle a retourné les cœurs. Malgré son grand âge, elle n'a rien à envier à miss France. Les Bourguignons l'aimaient sans doute un peu plus que les Girondins. Montceau-les-Mines, promu en CFA, n'avait jamais éliminé un club professionnel. « On veut juste montrer que nous ne sommes pas des bouseux avec de la paille sous les chaussures », avait expliqué Lionel Large. Le coentraîneur, avec Yannick Chandioux, également joueur, gardait en mémoire la dernière confrontation du seul club de sa vie avec une L1. En 2000, les Mineurs montcelliens, alors en DH, avaient touché le fond face à Nantes (0-6, en 16es de finale).

Bordeaux pensait pourtant que cette virée en Saône-et-Loire ne constituerait qu'une formalité champêtre après avoir ouvert le score par Perea (0-1, 24e). Sans un excès de suffisance, les Bordelais auraient même pu, dû, doubler la mise. « Ils ont un peu joué comme des stars », estimait Ben Hassine. Et, au bout de la rencontre, Kambou égalisa sur un missile du droit (1-1, 90e). Montceau arrachait la prolongation. Il la disputa à dix. Il avait déjà effectué ses trois changements quand Cortambert (luxation du coude) sortit sur une civière. Ricardo profita de cette deuxième pause pour passer une soufflante à ses joueurs. Ils réagirent enfin par Wendel, qui reprit du gauche un ballon repoussé par Crétin, le gardien bourguignon (1-2, 92e).

RAMÉ : « L'ARBITRE A RECONNU S'ÊTRE TROMPÉ »

Montceau semblait à genoux. M. Malige l'en releva. Ben Hassine raconte : « L'arbitre m'accorde un coup franc à 40 mètres. Le but est de tirer très fort dans la boîte. Car il n'y avait pas n'importe qui dans le but. » Sauf que Ramé prit mal ses appuis. Il retomba sans relâcher le ballon. L'arbitre et son assistant estimèrent qu'il avait franchi la ligne (2-2, 97e). « Mon corps se trouve devant la ligne, comme le ballon, assure Ramé. L'arbitre a d'ailleurs reconnu s'être trompé après le match. » Le FCMB résista jusqu'aux tirs au but, qui permirent à Crétin de briller. « Je suis parti quatre fois du bon côté et j'en ai repoussé deux », sourit le portier montcellien, recalé à 14 ans d'un stage de recrutement des Girondins. Maintenant, c'est sûr. Ce Petit Poucet n'a plus de limites. ■

MANTEY / L'ÉQUIPE

Les amateurs de Montceau exultent après leur victoire sur Bordeaux. Décisif lors de la séance des tirs au but, le gardien Romain Crétin est le héros de la soirée.

COUPE DE FRANCE
Quarts de finale
SOCHAUX - PARIS-SG : 2-1

La marque du lion

L'ÉQUIPE DU 1ER MARS. Sochaux a joliment construit un succès qui fait perdre sa Coupe à Paris.

De notre envoyé spécial à Sochaux, Jean-Marc BUTTERLIN

POCHAT / L'ÉQUIPE

Mickaël Landreau et le Paris-SG n'ont pas démérité. Mais leur trophée s'est envolé.

LA VITRINE du Paris-SG, tenant de l'épreuve, ne s'ornera pas d'une huitième Coupe de France. Sochaux, lui, reste en course pour s'approprier un deuxième trophée soixante-dix ans après le premier, en 1937. « On vit une belle saison pour l'instant, observait Alain Perrin. Il ne faut pas lâcher maintenant, pour qu'elle soit encore plus belle. »

Il fallut un bon quart d'heure pour que le FCSM réussisse à poser son jeu ce qui, vu l'état de la pelouse, relevait par instants de l'exploit. Mais il y parvint avec sérénité. Paris courait derrière et se retrouva largué à deux longueurs à la mi-temps. Isabey avait ouvert la marque d'une frappe superbe (1-0, 24e) puis offert le second but d'un joli centre du gauche que Dagano avait repris de la tête (2-0, 39e).

Le PSG ne voulut pourtant pas partir aussi vite. Il fit preuve de plus d'audace. Le match s'emballa soudainement et prit une formidable dimension. Diané, entré en jeu, perça côté droit, obligeant Afolabi à marquer contre son camp (2-1, 75e). Un quart d'heure de pure folie débutait : Paris tenta tout, pendant que Sochaux ratait tout et même l'impossible, comme Le Tallec qui touchait la barre à deux mètres de la ligne (89e). Et la victoire de Sochaux releva, pour finir, d'un dernier réflexe de Richert sur une mine lâchée par Armand à l'entrée de la surface (90e). ■

PARIS PERD SA COUPE
KACHKAR DONNE DES GARANTIES
DES AGENTS AU RAPPORT
L'ÉQUIPE
UN MONTCEAU DE BONHEUR
ZABEL CE GÉANT...

COUPE DE FRANCE
Quarts de finale (suite)

MONTCEAU-LES-MINES (CFA) - LENS : 1-0

La montagne Montceau

L'ÉQUIPE DU 1ER MARS. Incroyable vainqueur de Lens, l'équipe de Saône-et-Loire est la seconde de niveau 4, après Calais en 2000, à atteindre les demi-finales.

De notre envoyé spécial à Gueugnon, Jean-Philippe COINTOT

DE MARTIGNAC / L'ÉQUIPE

Razak Boukari (à g.) débordé, le gardien lensois Sébastien Chabbert accroche Yoan Bon (nº 9) dans la surface (79e). C'est le tournant du match. Le penalty, réussi par Christophe Alidor, donnera la victoire à Montceau.

LE LIVRE D'HISTOIRE de la Coupe de France s'est enrichi d'une nouvelle et belle page. En parvenant à sortir de l'épreuve les professionnels du Racing Club de Lens, deuxièmes de la Ligue 1, les petits amateurs de Saône-et-Loire, quinzièmes de leur groupe en Championnat de CFA, sont entrés dans la légende de la Coupe. Désormais, la France entière va pouvoir situer la ville de Montceau-les-Mines sur la carte. Tout le monde saura que ce club doté d'un petit budget de 500 000 euros a ridiculisé consécutivement deux formations majeures de L1, Bordeaux et Lens.

Jean-Pierre Bailly, le président montcellien, ne trouvait plus les mots pour exprimer ce trop-plein de félicité : « Je suis, je suis... comment dire, heureux. C'est un bonheur extrême, c'est beau, c'est géant, cela devient gigantesque. Que pouvons-nous faire de plus, sinon aller en finale et la gagner ? Nous ne sommes plus le Petit Poucet, mais le "Grand Poucet". »

Montceau aurait même pu infliger la plus grosse claque de son histoire à un Racing totalement absent, dépassé par les événements. S'il n'y avait eu Sébastien Chabbert dans le but lensois, le dauphin de Lyon en L1 serait très certainement reparti de l'enfer du stade Jean-Laville de Gueugnon avec une vraie valise.

LARGE : « C'EST GRANDIOSE, QUE DIRE D'AUTRE ? »

La logique a tout simplement été respectée, et elle voulait que la meilleure formation l'emporte. Ce fut donc Montceau. « Il n'y a pas photo, souriait le gardien bourguignon, Romain Crétin. On a quand même eu plus d'occasions que les Lensois. » Alors, quand Chabbert, jusqu'alors irréprochable, se permit de faucher Yoan Bon dans la surface de réparation, l'arbitre, M. Coué, n'hésita pas une seule seconde et indiqua le point de penalty.

La sanction était transformée, sans la moindre appréhension, par Christophe Alidor, à peine entré en jeu (1-0, 79e). Buteur d'un soir, buteur pour l'éternité. Formé à Saint-Étienne, l'attaquant de Montceau expliquait : « Ce fut plus dur que contre Bordeaux *(en quarts de finale, 2-2, 5-4 aux t.a.b.)*, car il n'y avait plus d'effet de surprise, même si Lens n'a pas eu beaucoup d'occasions. Quant au penalty, je n'ai pas réfléchi. J'ai simplement dit à mon capitaine *(Martial Beaucaire)*, qui voulait le tirer, que je le sentais. Alors, j'y suis allé et j'ai marqué. Pourtant, je n'ai pas très bien frappé... »

Alors que les Lensois, un peu moins timorés, jetaient enfin toutes leurs forces dans cette bataille perdue d'avance, Montceau faillit inscrire un second but. Mais le tir de Bagrowski finit sa course sur la base du poteau (85e). « C'est grandiose, que dire d'autre ? soufflait Lionel Large, l'un des deux entraîneurs du club bourguignon. Quand on est dans le foot, il n'y a rien de plus beau que de parvenir à atteindre de tels sommets. » Montceau-les-Mines se dirige désormais à grands pas vers son destin. Celui qui le destinait, enfin, à sortir de l'anonymat... ■

COUPE DE FRANCE QUARTS DE FINALE

Sedan - NANTES :	1-1 (4-5 aux t.a.b.)
SOCHAUX - Paris-SG :	2-1
MARSEILLE - Vannes (N) :	5-0
MONTCEAU (CFA) - Lens :	1-0

« Un terrible coup sur la tête »

Francis GILLOT (entraîneur de Lens) : « Cela fait deux ans et demi que je dirige cette équipe, ce qui doit représenter 115 matches officiels, et je peux dire qu'il s'agit du plus mauvais. Nous avons été suffisants et insuffisants dans tous les domaines. Rien n'a marché. Ni physiquement ni tactiquement. J'espère qu'on va pouvoir se relever après ce terrible coup sur la tête. Allez demander aux joueurs s'ils ont pris ou non ce match à la légère... Moi, je ne suis pas dans leur tête ni sur le terrain. Mais, franchement, quand on joue ainsi devant une équipe de CFA, on peut s'étonner de leur réaction, non ? »

NALLET : « JE VEUX SAUVER CASTRES »

L'ÉQUIPE

ET FINALEMENT SOCHAUX

LES SALAIRES DES STARS

COUPE DE FRANCE
Demi-finales

MONTCEAU-LES-MINES (CFA) - SOCHAUX : 0-2 a.p.
MARSEILLE - NANTES : 3-0

La loi du plus fort

L'ÉQUIPE DU 18 AVRIL. Encore énorme de volonté, Montceau a fini par craquer en prolongation. Sochaux disputera la cinquième finale de Coupe de France de son histoire.

De notre envoyé spécial à Gueugnon, Bernard LIONS

AU COUP DE SIFFLET final, il y eut forcément des têtes baissées, des regards embués du côté de Montceau. Les héros de Saône-et-Loire se trouvaient à une marche du Stade de France. Ils l'ont ratée. Mais ils vont vite redresser le buste et sécher leurs larmes dans la nuit. Montceau a fini par déposer les armes. Mais en offrant, une nouvelle fois, une superbe leçon de volonté et de courage.

Les Montcelliens laisseront l'image de formidables guerriers. Sochaux disputera donc sa troisième finale au Stade de France en cinq saisons, après celles de la Coupe de la Ligue (perdue en 2003 contre Monaco, gagnée en 2004 face à Nantes). Ce sera aussi sa première de Coupe de France depuis 1988, lorsqu'il évoluait en D2.

FERVEUR POPULAIRE

Montceau viendra supporter Sochaux en spectateur. Il en profitera pour recevoir son trophée de meilleur club amateur de France. La Saône-et-Loire se souviendra longtemps de ses habitants massés le long des 25 kilomètres séparant Montceau-les-Mines de Gueugnon. Pris dans ce tourbillon, le président Bailly a même été victime d'un petit malaise en début d'après-midi.

La Coupe a décidément fait tourner la tête à nombre de Bourguignons. Les joueurs, eux, ont su garder la leur bien froide.

POCHAT / L'ÉQUIPE

Natif du Creusot, en Saône-et-Loire, et déjà buteur cette saison contre Montceau avec... la réserve de Monaco, Sébastien Grax inscrit le premier but sochalien (95e).

Sochaux joua vite et bien. Mais, une fois de plus, Montceau plia sans rompre. Et Crétin obtint la prolongation en boxant une ultime reprise de Pitau (90e + 1). Signe que quelque chose ne tournait pas rond du côté sochalien, Isabey et Perrin s'invectivèrent violemment sur le terrain.

Comme face à Bordeaux, en huitièmes, les Montcelliens encaissèrent pourtant un but peu après la reprise du jeu. Grax, le natif du Creusot (à 20 kilomètres de Montceau), se souvint qu'il avait déjà marqué cette saison contre l'équipe de Saône-et-Loire. C'était en CFA, avec la réserve de Monaco (2-0). Il mystifia Gaudin et plaça une frappe victorieuse (0-1, 95e). Les 1 200 supporters sochaliens pouvaient enfin exulter. Montceau mit pourtant tout son cœur pour tenter d'égaliser. Mais ses derniers espoirs s'envolèrent après le but de Jérôme Leroy à la suite d'un déboulé parfait de Quercia (0-2, 113e). Au revoir. Et merci. ■

COUPE DE FRANCE DEMI-FINALES	
Montceau (CFA) - SOCHAUX :	0-2 a.p.
MARSEILLE - Nantes :	3-0

Marseille remet ça

L'ÉQUIPE DU 19 AVRIL. L'OM, net vainqueur de Nantes, visitera le Stade de France pour la deuxième année d'affilée. De notre envoyé spécial à Marseille, Dominique ROUSSEAU

LA COUPE DE France aura donc été une séance de rattrapage pour Marseille et Nantes, lesquels avaient livré un consternant 0-0 en L1 en février dernier au Stade-Vélodrome. Les joueurs de Der Zakarian et N'Doram, derniers en Championnat, ont très rapidement levé les interrogations sur leur investissement en Coupe. Un tir de Da Rocha trouvait le poteau de Carrasso (22e).

Mais Marseille, à défaut d'être brillant, allait se montrer opportuniste. Zaïri perdait le ballon, Ribéry le récupérait et déclenchait une frappe qui trompait Barthez, avancé (1-0, 28e). Nantes avait trop gâché. Si Ribéry, touché à la cuisse, sortait à la mi-temps, la puissance offensive marseillaise n'en était pas affectée. Ainsi, au terme d'un raid époustouflant, Nasri servait Maoulida qui marquait de près (2-0, 55e). Le Stade-Vélodrome nageait dans le bonheur et, dans un soir de grande bonté, saluait l'entrée de Djibril Cissé (75e).

L'international, pressé, allait défier Barthez avant de marquer en deux temps (3-0, 76e) ! Une issue cruelle pour les Nantais, qui s'étaient montrés globalement aussi dangereux que l'OM. Côté marseillais, le champagne coulait à flots dans les vestiaires. Jack Kachkar était-il quelque part devant un écran pour voir ça ? ■

Djibril Cissé, à peine entré en jeu, signe le troisième but de l'OM (76e), dédié à son ex-coéquipier de l'AJ Auxerre Khalilou Fadiga.

FRANCOTTE / L'ÉQUIPE

BIARRITZ MENACÉ, NARBONNE RELÉGUÉ

L'ÉQUIPE

SOCHAUX DOMPTE L'OM

COUPE DE FRANCE
Finale

Dans un rugissement

L'ÉQUIPE DU 13 MAI. Après être revenu deux fois au score, Sochaux a enlevé la Coupe de France, soixante-dix ans après. Un bonheur qui fait le malheur de l'OM. Par Dominique ROUSSEAU

Teddy Richert vient de détourner le tir au but décisif de Ronald Zubar. La délivrance pour les Sochaliens (de g. à dr.) : Jérémie Bréchet, Philippe Brunel, Valter Birsa, Jérôme Leroy, Karim Ziani, Antony Le Tallec, Stéphane Pichot, Rabiu Afolabi, Guirane N'Daw et Dusko Tosic.

L'ÉLAN MARSEILLAIS, irrésistible au cours des semaines précédentes, s'est brisé de manière brutale au Stade de France. Les individualités de l'équipe provençale n'ont cette fois pas fait la différence. C'est le collectif sochalien qui l'a emporté avec ténacité, revenant deux fois à la marque pour s'imposer aux tirs au but. Une sorte de revanche au passage pour Alain Perrin, licencié de manière fort peu délicate par l'OM en mars 2004.

Avant cette finale, on s'était interrogé sur l'influence possible du match de Championnat à Marseille entre les deux équipes le 29 avril (34e journée), qui s'était terminé par la victoire de l'OM (4-2) (*lire p. 59*). Au Stade-Vélodrome, Leroy avait ouvert la marque, à la 6e minute pour Sochaux. Là, c'était Djibril Cissé qui inscrivait le premier but après un débordement de Taiwo, suivi d'un délice d'extérieur du pied de Nasri pour un ballon en cloche que l'avant-centre marseillais propulsait de la tête dans le but (1-0, 5e). Comment l'OM allait-il gérer cette nouvelle configuration ? À vrai dire moyennement pendant les quarante-cinq premières minutes. Le dispositif marseillais était très étiré, offrant des espaces et des intervalles que Sochaux utilisait. Mais l'essentiel des problèmes marseillais tenait en une individualité, Jérôme Leroy. Le joueur de cette finale.

MARSEILLE S'EST ENDORMI

Sochaux avait tissé sa toile mais ne parvenait pas à en tirer parti. Marseille était attentiste et la rencontre tombait dans un statu quo improductif. À la reprise, Leroy, encore lui, ouvrait les hostilités par une tentative de bicyclette au-dessus (47e). La peur s'était peu à peu installée dans les rangs marseillais. L'OM s'en tenait à de longs ballons pour Cissé. Et Sochaux finissait par bénéficier de son lent travail de sape.

Sur un centre de Leroy, forcément, Dagano prenait le dessus sur Zubar pour égaliser de la tête (1-1, 67e). Face aux trop rares munitions reçues par ses attaquants, Albert Émon sortait Niang pour Oruma. Cela permettait à l'OM de tenir jusqu'à la prolongation. L'entraîneur phocéen lançait alors le deuxième étage de son coaching. Il souhaitait cette fois donner plus de poids devant. Exit donc Mbami, au profit de Maoulida (94e). Et ce dernier centrait pour Cissé, qui marquait de la tête, le thème de la soirée,

FABLET / L'ÉQUIPE

les trois premiers buts de la finale ayant été inscrits ainsi (2-1, 98e).
Pour Sochaux, il ne s'agissait plus de finasser. Et Perrin répliquait : il sortait Dagano pour Le Tallec (104e), qui, sur une ouverture de Karim Ziani, marquait, évidemment de la tête (2-2, 116e) !
Pour les supporters marseillais qui avaient assisté à la finale de la Coupe Gambardella, la séance de tirs au but qui se profilait rappelait de mauvais souvenirs. Ils avaient soutenu de la voix Auxerre, opposé à Sochaux, et les jeunes Lionceaux avaient fini par l'emporter de cette manière (2-2, 5-4 aux t.a.b.), le déroulement à la marque ayant été exactement le même… Un mauvais pressentiment qui se vérifia. Richert, au bout de la séance, s'opposait avec brio au tir au but de Zubar et offrait la Coupe à Sochaux. ■

Richert, le sixième sens

L'ÉQUIPE DU 14 MAI. Le gardien sochalien a refusé de connaître la façon de tirer les penalties des Marseillais. Il s'est fié à son instinct. Par Jean-Marc BUTTERLIN

FEL / L'ÉQUIPE

Teddy Richert stoppe le penalty de Toifilou Maoulida, avant d'arrêter celui de Ronald Zubar.

LE NOMBRE DES VICTIMES de Teddy Richert a encore augmenté au Stade de France. Il atteint désormais la demi-douzaine, une sorte de cote d'alerte. En échouant face au gardien sochalien, les Marseillais Maoulida et Zubar ont rejoint les désormais ex-Nantais Pujol, Yapi, Landreau et Delhommeau, qui avaient manqué leurs tirs au but lors de la finale de la Coupe de la Ligue 2004 (1-1, 5-4 aux t.a.b. pour Sochaux). L'envie d'ériger à Richert une statue de spécialiste du penalty serait donc tentante si ses performances se limitaient à cet exercice. Mais, face à Marseille, il avait été déterminant bien avant la loterie finale.
Est ce que, trois ans après ses premiers prodiges, il ferait peur ? « Je n'en sais rien, dit-il. Il faut demander aux autres. Pour ma part, je ne cherche pas à avoir d'attitudes spéciales. Je rentre dans ma bulle, je me concentre. » D'une Coupe à l'autre, Richert préfère s'attacher à l'environnement favorable, au tirage au sort qui lui a permis de se retrouver devant le virage jaune et bleu, comme en 2004 : « C'était peut-être un signe. Je me suis adossé au public que je sentais derrière moi. »

Les tirs au but

● réussi ■ arrêté

MARSEILLE

1	Taiwo	1-1
2	Maoulida	2-1
3	Cana	3-2
4	D. Cissé	4-3
5	Nasri	4-4
6	Zubar	5-4

Gardien sochalien : **Richert**

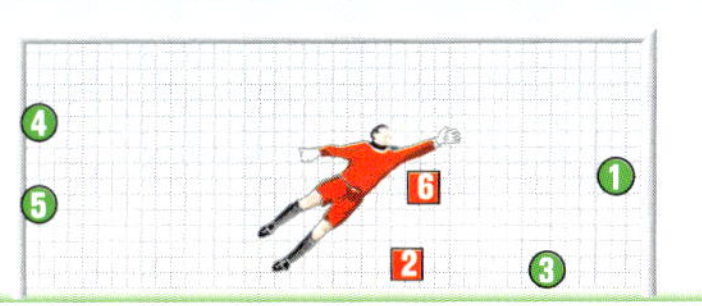

SOCHAUX

1	Ziani	1-0
2	Birsa	2-1
3	Le Tallec	3-1
4	Leroy	4-2
5	Bréchet	4-3
6	Brunel	5-4

Gardien marseillais : **Carrasso**

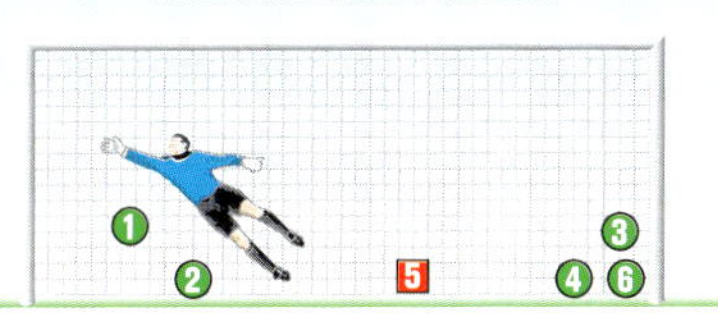

BRÉCHET : « APRÈS MON ÉCHEC, JE N'AI MÊME PAS EU PEUR »

Mais la chaleur du kop doubiste ne pouvait suffire. Il fallait surtout le talent d'un homme, ses intuitions. Ses trucs peut-être ? Richert : « C'est vrai, j'ai un petit secret mais je ne vais pas vous en parler. J'avais seulement observé la façon de tirer de Niang car c'est lui qui frappe les penalties pendant les matches. Or il n'était plus là pour les tirs au but. »
Richert n'a pas voulu consulter la liste dressée par Christian Jahan, le préparateur physique franc-comtois, sur laquelle était indiquée la façon de tirer de chaque Marseillais. Aziz Bouras, l'entraîneur des gardiens du FCSM : « C'est une liste qui a existé à chaque tour de Coupe. Quand j'ai demandé à Teddy s'il la désirait, il a dit non. » Deux plongeons sur sa gauche ont fait de Teddy Richert le héros de Saint-Denis. Plus tard, Jérémie Bréchet, auteur du seul tir au but manqué par Sochaux, confiait : « Quand je suis revenu au milieu du terrain après mon échec, c'est drôle, mais je n'ai même pas eu peur. Comment dire ? Je sentais que Teddy allait faire un miracle. » ■

Perrin : « Je veux y prendre goût »

L'ÉQUIPE DU 14 MAI. L'entraîneur sochalien a remporté, face à son ancien club, son premier trophée et rêve déjà de nouvelles conquêtes. Par Hervé PENOT

« Quel sentiment vous a animé en touchant la coupe de France ?

– Une grande fierté. J'ai aussi eu une pensée pour mon père, qui est parti au mois de janvier. Avec ma mère, ç'a été un grand moment d'émotion, car il a beaucoup suivi ma carrière d'entraîneur. De là-haut, il nous a donné un coup de main…

– C'est votre premier trophée. Le vivez-vous comme une forme d'aboutissement ?

– Non. Je veux plutôt y prendre goût. Comme les joueurs, on vit pour la gagne. On veut monter le plus haut possible, placer des lignes sur un CV. Notre reconnaissance, plus encore que celle des joueurs, passe par les trophées. Mais, pour gagner, il faut aller dans des équipes avec du potentiel, comme Paris, Marseille, Lyon…

– Vous avez pourtant entraîné Marseille !

– Et je n'ai pas gagné. C'est pour ça qu'il y a une frustration, même si le club était en reconstruction. En tout cas, Sochaux a mérité cette Coupe de France, vu notre parcours et nos intentions. On peut toujours gagner ce type d'épreuves avec des tirages favorables, ce ne fut pas notre cas *(Saint-Étienne, Monaco, PSG, avant l'OM en finale)*. C'est pour ça, d'ailleurs, qu'un entraîneur préfère toujours le Championnat, car il évoque la continuité d'une saison. Mais gagner un trophée, c'est vraiment spécial…

– Quelle est votre part dans ce succès ?

– Entre 10 et 15 %. Il y a onze joueurs sur le terrain et on prend chacun à peu près 10 %. Nous, notre réussite est dans la préparation, un peu comme un metteur en scène, mais ça ne reste qu'une petite partie. Si un président a le choix, il vaut mieux avoir un mauvais entraîneur et de bons joueurs que l'inverse. »

FEL / L'ÉQUIPE

Alain Perrin soulève sa première coupe.

BOUTROUX / L'ÉQUIPE

Teddy Richert est battu sur le premier coup de tête victorieux de Djibril Cissé (1-0, 5e) sous les yeux de son coéquipier Franck Ribéry (no 7) et des Sochaliens Guirane N'Daw (à g.) et Dusko Tosic.

Fin de série pour Cissé

L'ÉQUIPE DU 13 MAI. Malgré ses deux buts, Djibril Cissé a perdu sa première finale en Coupes, après cinq victoires. Par Hélène FOXONET

Toute série en cours a une fin. Celle de Djibril Cissé, qui tentait d'obtenir une 6e victoire en finale en Coupes, s'est brutalement terminée avec la défaite de l'OM. Pourtant, l'attaquant de l'équipe de France aime les finales de Coupes. Aucune de celles qu'il avait jouées auparavant ne lui avait échappé : Coupe de France 2003 avec Auxerre, avec qui il avait déjà gagné la Coupe Gambardella (en 1999), Coupe des Confédérations la même année avec l'équipe de France, Ligue des champions 2005 avec Liverpool (la fameuse remontée face à l'AC Milan, 3-3, 3-2 aux t.a.b., lors de laquelle il réussit sa tentative aux tirs au but), Supercoupe d'Europe dans la foulée, Coupe d'Angleterre 2006 (contre Wigan, 3-3, 3-1 aux t.a.b., dont un but de Cissé). « Oui, la Coupe, j'aime ça, disait-il en se tapant sur le cœur, à la veille d'affronter Sochaux. Je ne peux pas donner de recette particulière pour savoir comment ça se gagne, mais il faut tout donner le jour du match, ne pas se crisper. Quand on joue à l'OM, ça doit donner envie. »

Cinq minutes après l'entame, Nasri centrait pour l'attaquant international. Première occasion, premier but de la tête pour Cissé (1-0, 5e), dans la droite ligne de ses quatre buts lors des sept journées précédentes de L1. Il pourrait même savourer une première revanche, celle d'avoir transformé une relation bien compromise avec les supporters. Mais il a déjà dépassé tout ça. Après ce but, l'ancien Auxerrois s'est éteint, à l'image de l'équipe, râlant quelquefois quand les ballons n'arrivaient plus. Et ils arrivèrent très peu. Pourtant, à peine entré en prolongation, il héritait d'un centre de Maoulida qu'il convertissait une nouvelle fois de la tête (2-1, 98e). Deux buts en finale, l'homme aux cheveux rouges confirmait son statut de porte-bonheur. Jusqu'à l'égalisation de Le Tallec (2-2, 116e) et la série de tirs au but fatale. La frappe victorieuse de Cissé, ramenant l'OM à 3-4, n'a pas suffi. ■

Au Stade de France, Sochaux - Marseille : 2-2 a.p. (1-0, 1-1), 5-4 aux t.a.b.

Temps doux. Pelouse en très bon état. 79 797 spectateurs. Arbitre : M. Poulat.

LES BUTS. **0-1 : 0-1 : D. CISSÉ** (5e, passe de Nasri) ; **1-1 : DAGANO** (67e, passe de J. Leroy) ; **1-2 : D. CISSÉ** (98e, passe de Maoulida) ; **2-2 : LE TALLEC** (116e, passe de Ziani).

TIRS AU BUT. K. Ziani (réussi), Taiwo (r), Birsa (r), Maoulida (manqué), Le Tallec (r), Cana (r), J. Leroy (r), D. Cissé (r), Bréchet (m), Nasri (r), Brunel (r), Zubar (m).

AVERTISSEMENTS. **Marseille** : J. Rodriguez (90e + 1), Oruma (100e).
Sochaux : J. Leroy (31e).

SOCHAUX : Richert - Pichot, Afolabi, Bréchet (cap.), Tosic - K. Ziani, Pitau (Brunel, 106e), Ndaw, J. Leroy - Grax (Birsa, 74e), Dagano (Le Tallec, 104e). **Entraîneur** : A. Perrin.

MARSEILLE : Carrasso - Beye (cap.), Zubar, J. Rodriguez, Taiwo - Ribéry, Cana, Mbami (Maoulida, 94e), M. Niang (Oruma, 73e) - Nasri - D. Cissé. **Entraîneur** : A. Émon

LES BRÈVES

L'ŒDIPE DE LIBOURNE.

GRIPE / L'ÉQUIPE

Spécialiste de la Coupe, Libourne-Saint-Seurin retrouve en 32es Jean-Marc Furlan, son ancien mentor, qui l'avait emmené en quarts en 2002. Devenu entraîneur de Troyes, l'ancien de la maison est à son tour victime de la tradition (2-4).

ROOL ROUGIT ENCORE.

Un coup de coude infligé au Montpelliérain Aït-Alia vaut au Niçois Cyril Rool le 19e carton rouge de sa carrière et quatre matches de suspension. Il s'était pourtant bien tenu en L1 jusqu'alors, n'étant expulsé qu'à la 30e journée.

BRÉCHET N'EST PAS UN BUTEUR.

Le Sochalien Jérémy Bréchet, 27 ans, n'a jamais marqué en pro, que ce soit en Championnat ou en Coupes. Ni même aux tirs au but, puisqu'il rate sa tentative contre l'OM, lui qui ne s'était jamais avancé lors d'une telle séance…

ISABEY PUNI.

MOUNIC / L'ÉQUIPE

Déterminant en 32es et en quarts, Mickaël Isabey, l'emblématique milieu sochalien, est écarté de la finale après avoir eu des mots avec son entraîneur, Alain Perrin.

LE DOUBLÉ DOUBISTE.

En lever de rideau de la finale, les jeunes Sochaliens remportent la Coupe Gambardella contre Auxerre, sur un score rigoureusement identique à leurs aînés (2-2, 5-4 aux t.a.b.). Seul Saint-Étienne avait déjà réalisé un tel doublé, en 1970.

NIORT S'ACCROCHE.

Niort, qui se maintient difficilement en L2, se fait plaisir en Coupe. Il s'impose à Auxerre (2-2, 5-4 aux t.a.b.) puis emmène Bordeaux aux tirs au but après avoir joué 110 minutes à dix et remonté deux buts de retard (3-3, 4-5 aux t.a.b.) !

SEDAN, BOURREAU DE CALAIS.

FABLET / L'ÉQUIPE

Même mal en point en L1, les Sangliers de Sedan tiennent à leur fierté. En 16es, ils mettent fin à l'aventure de Calais (2-1), comme ils l'avaient fait en 2001.

LA SAINE COLÈRE DE RLD.

Excédé par la finale perdue, énième désillusion, Robert Louis-Dreyfus, le propriétaire de l'OM, débarque dans le vestiaire marseillais vêtu du tee-shirt d'un groupe de supporters et passe un savon mémorable aux joueurs.

LE DESSIN d'Hugot

L'ÉQUIPE DU 30 JANVIER. Le Paris-SG de Paul Le Guen, en pleine déconfiture en Ligue 1 (16e), retrouve en huitièmes de la Coupe Valenciennes, qui s'était imposé au Parc (2-1) quinze jours plus tôt.

LE BUTEUR

Djibril Cissé (Marseille)

MARTIN / L'ÉQUIPE

À peine revenu après sa double fracture de la jambe, le Marseillais Djibril Cissé frappe trois fois en 32es de finale contre Cambrai (CFA2, 4-1 a.p.). L'ancien de Liverpool inscrira sept buts au total dans cette Coupe 2006-07, marquant également en quarts contre Vannes (National, 5-0), en demies contre Nantes (3-0) et en finale face à Sochaux (2-2, doublé).

Trois autres joueurs réaliseront un triplé lors de cette édition, tous en 32es : Deranja en faveur de Libourne (L2, contre Troyes, 4-2), Pacios pour Rodez (CFA, devant Angoulême, CFA, 3-1) et Lorain au bénéfice de Laon (CFA2, à Palaiseau, DH, 4-0).

L'HISTOIRE

Ziani, une affaire de foot

L'ÉQUIPE DU 11 MAI. TOUT EST PARTI de là : Karim Ziani, le meneur de jeu sochalien, a discuté avec José Anigo, le directeur sportif de l'OM, après la défaite doubiste au Vélodrome en L1 (2-4). Longtemps, personne n'avait cru bon d'en faire état. Mais Jean-Claude Plessis, le président franc-comtois, a fini par laisser éclater sa colère, condamnant « des choses qui ne se font pas à la veille d'une finale de Coupe de France ». Pape Diouf, son homologue marseillais, pique sa crise à son tour : « C'est une saleté sans nom ! Que José Anigo ait parlé à Ziani, au vu et au su de tout le monde, ne permet pas de proférer de telles insinuations. »

Les dirigeants phocéens ont-ils tenté de déstabiliser l'un des atouts de l'équipe adverse ? Ou Plessis a-t-il simplement cherché à nourrir la guéguerre avant la finale ? « Nous n'avons eu aucun contact avec l'OM, assure Jeannot Werth, l'agent du joueur. Si Ziani ne peut pas discuter avec Anigo, qui est un ami de son père, je me demande où on va. »

« C'est mon rôle de mettre certaines pratiques en lumière, répond Plessis. Elles ne sont pas nouvelles à Marseille. » Ce type d'histoire passe toutefois largement au-dessus de la tête des joueurs. Lionel Potillon en sourit : « C'est de bonne guerre. Ça m'est arrivé quand je jouais en Espagne. J'ai été contacté par notre adversaire avant un match important. Ça ne m'a pas empêché d'être dans le coup. » Son président reste sur sa position : « Ziani ne partira pas à Marseille, ou alors au double de sa valeur. »

Jean-Marc BUTTERLIN

• Le 28 juin, l'OM officialisera la venue de Karim Ziani pour quatre ans, un transfert de 8 millions d'euros.

LA PHRASE

« Je pensais que la Coupe de France, comme le Loto, ça n'arrivait qu'aux autres… »

David Diliberto, joueur de Cambrai (CFA2), savoure sa soirée extraordinaire en 32es face à l'OM (1-4 a.p.).

PISANO / PHOTOPQR / TEAMSHOOT

0

LE CHIFFRE

Parvenu en quarts pour la première fois depuis sa finale perdue en 1998, le RC Lens (54 saisons en D1) n'a toujours pas remporté la moindre Coupe de France. Troyes, Valenciennes et Le Mans sont les seuls autres clubs de la L1 2006-07 dans ce cas.

Bordeaux remet ça

Vainqueurs in extremis de Lyon, les Girondins décrochent un deuxième trophée après celui glané en 2002 face à Lorient.

LE 31 MARS 2007, Bordeaux rejoint le Paris-SG (1995, 98) et Strasbourg (1997, 2005), également doubles vainqueurs de la Coupe de la Ligue. Déjà couronnés en 2002 (3-0 contre Lorient), les Girondins récidivent. La performance est de taille, d'autant qu'elle est obtenue aux dépens de l'ogre lyonnais (1-0).

Cette finale restera-t-elle dans l'histoire ? Surtout par la pauvreté du spectacle proposé… L'affiche opposant le champion de France 2006 à son dauphin s'annonçait pourtant somptueuse. Elle a été soporifique. Le but d'Henrique, au bout de l'ennui (89e), a surtout eu le grand mérite d'y mettre fin. « Bordeaux a pourri le match », s'emporte Gérard Houllier, particulièrement amer après la rencontre. La pilule est en effet dure à avaler pour l'impérial Olympique Lyonnais, dont la fin de saison trahit un malaise bien inhabituel depuis sept ans.

Avant ce « non-match », il y a eu de belles oppositions et de beaux vainqueurs. En premier lieu, le Stade de Reims. Les Champenois, vainqueurs de Monaco en huitièmes (0-0, 4-3 aux t.a.b.) et de Rennes en quarts (1-0) redorent ainsi le blason du club septuple champion de France et double vainqueur de la Coupe (de France). Ils échouent finalement aux portes du Stade de France face au futur vainqueur bordelais (1-2). Le Mans complète le dernier carré de cette treizième édition. Les hommes de Frédéric Hantz, pour en arriver là, n'ont écarté que des clubs de l'élite : Troyes en seizièmes (2-1), Lens en huitièmes (3-1) et Sochaux en quarts de finale (2-1), avant de tomber à Gerland face à Lyon (0-1), futur champion de France alors en route pour un joli doublé.

C'était compter sans des Girondins bien décidés, eux, à s'offrir un trophée après cinq années de disette : « On ne peut pas gagner tous les matches. Ce n'est pas la fin du monde », conclut Jean-Michel Aulas, le président rhodanien. « Les Coupes, c'est comme ça, il faut savoir gagner, savoir marquer un but », lui répond en écho son homologue bordelais, Jean-Louis Triaud. ■

MANTEY / L'ÉQUIPE

LAHALLE / L'ÉQUIPE

Le **Stade de Reims** sort Monaco et Rennes.

BOUTROUX / L'ÉQUIPE

Wiltord et **Lyon** désespèrent Paris.

BOUTROUX / L'ÉQUIPE

Le Mans (**Grafite**, à g.) encore dans le dernier carré.

Banzaï! Le Bordelais Marouane Chamakh (à dr.) s'envole à une altitude que Jérémy Toulalan, le milieu lyonnais, semble incapable d'atteindre. Mais il faudra attendre la 89e minute d'une finale très décevante pour voir les Girondins prendre le meilleur, grâce à une tête d'Henrique sur un corner frappé par Micoud.

NANTES REPREND UNE CLAQUE
BASKET
LES BLEUES AU DÉFI DES AUSTRALIENNES
RUGBY
LOMU, OMBRE DE LUI-MÊME
L'ÉQUIPE
MONACO, RIEN NE VA PLUS
Dix-septièmes au classement de L 1 avec 4 points en six matches, les Monégasques, qui jouent ce soir à Valenciennes en Coupe de la Ligue, vivent un début de saison catastrophique. Du jamais-vu depuis 1977. (Page 3)
LONGO OUVRE LES MONDIAUX
TENNIS
MAURESMO SE RELANCE EN CHINE
LES COACHES PRIVÉS SONT-ILS L'AVENIR DE L'ATHLÉ ?
FRANCE/AUSTRALIE CE SOIR À 22 H 30
LES BLEUES EN QUART DE FINALE DU CHAMPIONNAT DU MONDE DE BASKET FÉMININ EN DIRECT ET EN EXCLUSIVITÉ SUR SPORT+
LA CHAÎNE DE CEUX QUI VEULENT PLUS DE SPORT Sport+

COUPE DE LA LIGUE
16es de finale
NANCY - NICE : 1-0

Nancy, bourreau de Nice

L'ÉQUIPE DU 21 SEPTEMBRE. Les Lorrains ont remporté le remake de la finale 2006 et laissent le Gym à ses doutes.

De notre correspondant permanent à Nancy, Lionel DANGOUMAU

FRÉDÉRIC ANTONETTI a piqué une grosse colère en rentrant dans son vestiaire. Quelques secondes de fureur après une nouvelle déconvenue de son équipe, qui n'a pas obtenu à Nancy le déclic qu'elle était venue y chercher. « Les occasions, c'est six à deux pour nous, observait-il, agacé. Leur but, ce n'est pas une occasion pour moi, c'est un corner mal tiré où on fait une grosse faute. Nancy est troisième *(de L1)* ? Et nous on est derniers ? Voilà, c'est tout ce que j'ai à dire. »

Toujours pas réaliste, Nice repart avec une défaite de plus contre son vainqueur du 22 avril, lors de la finale de la Coupe de la Ligue 2006 (1-2). À Clairefontaine, où il passe ses diplômes d'entraîneur, Pablo Correa a pu interrompre sa récréation et éteindre la télé. « Après le but, il s'est dit qu'on allait gagner. Il a pu retourner en cours », souriait son adjoint Paul Fischer, aux commandes en son absence. Des deux équipes, Nice était pourtant celle qui était le mieux entrée dans la revanche, trouvant même le poteau nancéien (11e).

Bien que dangereux en contre, le Gym subissait le pressing lorrain au point de camper dans sa moitié de terrain, et de concéder plusieurs corners, dont celui du but : frappé par Gavanon, repris de la tête par André Luiz et dévié par Curbelo (1-0, 25e). Comme ils ne réussissaient pas à déborder un bloc très compact, les Niçois tentaient de surprendre par des ballons dans le dos de Lécluse et Diakhaté. Mais ni Koné ni Moussilou ne trouvaient le cadre.

« Quand on réagit comme on l'a fait dans la dernière demi-heure, il y a beaucoup d'espoir, expliquait Antonetti. Mais dans les périodes où vous avez la tête sous l'eau, la réussite vous fuit… » « Si on était nuls, si on n'avait aucune occasion de but, on aurait du souci à se faire mais, en seconde période, on a vu beaucoup plus d'engagement et de détermination », approuvait Anther Yahia. Nancy n'a pas les mêmes soucis. En faisant tourner leur effectif (Puygrenier, Chrétien et Zerka étaient sur le banc), Correa et Fischer ont pu préparer les prochaines échéances, tout en restant maîtres de leur trophée un tour de plus. ■

COUPE DE LA LIGUE - 16ES DE FINALE	
Nantes - TOULOUSE :	0-2
NANCY - Nice :	1-0
PARIS-SG - Lorient :	3-1
Sedan - SOCHAUX :	0-1
Troyes - LE MANS :	1-2
Valenciennes - MONACO :	0-0 (4-5 aux t.a.b.)
Istres (L2) - LILLE :	0-1
AUXERRE - Strasbourg (L2) :	2-0
Créteil (L2) - LENS :	1-4
Montpellier (L2) - MARSEILLE :	1-2
RENNES - Libourne-Saint-Seurin (L2) :	2-1
Sète (N) - SAINT-ÉTIENNE :	1-4
DIJON (L2) - Amiens (L2) :	2-1
REIMS (L2) - Clermont (N) :	3-1
Lyon et Bordeaux exempts.	

Les Niçois Cédric Varrault et Anther Yahia (de g. à dr.) ne peuvent arrêter le Nancéien Issiar Dia.

MAO / L'ÉQUIPE

COUPE DE LA LIGUE
8es de finale
REIMS (L2) - MONACO : 0-0 (4-3 aux t.a.b.)

LAHALLE / L'ÉQUIPE

Le Rémois Julien Ielsch (à dr.) prend le dessus sur le Monégasque Serge Gakpé.

Reims enfonce Monaco

L'ÉQUIPE DU 25 OCTOBRE.
Dominés une bonne partie du match, les Champenois ont éliminé Monaco aux tirs au but. La série noire de l'ASM se poursuit…

De notre envoyé spécial à Reims, Stéphane KOHLER

MÊME SANS DEUX tribunes encore en chantier, le stade Auguste-Delaune a fait beaucoup de bruit pour saluer la qualification du Stade de Reims. La joie des Rémois contrastait avec l'accablement des Monégasques, dépités par ce nouveau coup d'un sort qui semble s'acharner sur la destinée de l'ASM depuis le début de saison.

Pour sa première à la tête de l'équipe azuréenne, Laurent Banide a pourtant vu ses joueurs se montrer assez audacieux, concernés et entreprenants, mais les blessures (Koller, Monsoreau) et la maladresse continue de Di Vaio furent sans doute de trop pour obtenir une victoire qui aurait constitué un précieux bol d'air.

En première période, les Rémois s'installaient dans la surface adverse, très accueillante, mais Roma restait vigilant. La reprise était à l'avantage de Monaco. Secoué, Reims tenait tant bien que mal. Di Vaio enchaînait les occasions, mais Liébus s'interposait brillamment (82e, 87e, 90e + 2). Reims reprenait ses esprits en début de prolongation, mais les deux équipes, fatiguées, perdaient leur lucidité. Place aux tirs au but. Liébus, exemplaire de bout en bout, détourna les tentatives de Givet et de Di Vaio, tandis que Roma ne put s'interposer que sur celle de Bonnal. Quand ça ne veut pas… ■

LE TOUR SORT SA CARTE

PAU RATE LE COCHE

CASTAIGNÈDE FORFAIT CONTRE LES BLACKS

L'ÉQUIPE

UNE FIN DE LYON

Lyon s'est qualifié pour les quarts de finale de la Coupe de la Ligue en battant, hier soir à Gerland, le Paris-SG (2-1), grâce à deux buts de Sylvain Wiltord dans les ultimes minutes. Bordeaux a gagné (1-0) à Auxerre. (Pages 3 et 4)

MARSEILLE CRAQUE ENCORE

MILTON ET FRAU JUGÉS AUJOURD'HUI

LE MEA CULPA D'ANTONETTI

BIDÉGORRY, BIZUTH DU RHUM

FIFA 07 NOUVEAU JEU NOUVELLE GÉNÉRATION

AUJOURD'HUI SUR XBOX 360

FIFA07.EA.COM

COUPE DE LA LIGUE
8es de finale (suite)

LYON - PARIS-SG : 2-1
SAINT-ÉTIENNE - MARSEILLE : 4-1

Tomberont-ils un jour ?

L'ÉQUIPE DU 26 OCTOBRE. Mené 0-1 à la 88e minute, Lyon a renversé la situation par un doublé de Sylvain Wiltord. Incroyable. **De notre envoyé spécial à Lyon, Jérôme TOUBOUL**

CE N'EST PAS TOUJOURS un exploit de battre le Paris-SG. Mais c'est un exploit de le battre dans les conditions que Lyon rencontra en ce huitième de finale de Coupe de la Ligue. Il faut croire que, même moyen, l'OL plane au-dessus de la moyenne en 2006-07. L'équipe de Gérard Houllier n'a rien montré d'enivrant, mais elle a rendu ce match inoubliable par l'étendue de sa force de réaction. Les deux buts de Wiltord, inscrits aux 88e et 90e minutes, marquent un immense moment dans la saison de l'OL. « Lyon n'est pas intouchable », répètent ses adversaires successifs. Personne, ni en France ni ailleurs, ne l'a encore prouvé cette saison.

Paris faillit en apporter la démonstration. Il n'a pas manqué grand-chose aux hommes de Guy Lacombe pour réussir un coup colossal. Un peu de concentration en fin de match, forcément. Et, avant, un peu d'audace, pour inscrire un deuxième but quand Lyon était encore « prenable ».

En première période, Paris manqua de mordant mais pas d'initiative. Plusieurs occasions du PSG avaient établi que l'assise défensive de l'OL laissait à désirer. Et le constat ne fit que s'épaissir dès le début de la seconde période, la tranche de match où tout bascula. Armand lança dans l'axe Cristian Rodriguez, lequel se présenta face à Vercoutre, qu'il tenta de dribbler avant de s'écrouler. Il y a eu des penalties moins discutables, d'autres davantage. Paulo César s'extirpa du débat pour tromper Vercoutre sur sa gauche (0-1, 58e).

LAHALLE / L'ÉQUIPE

Sylvain Wiltord (n° 22) inscrit le but de la victoire, deux minutes après avoir offert l'égalisation aux Lyonnais. Wiltord 2, PSG 1.

LE PSG EST MAUDIT

Ce but réveilla l'orgueil de Lyon. Mais, longtemps, Gerland ne vit rien venir d'autre que la résistance du PSG. L'OL se mit à désespérer lorsque Alonzo repoussa un tir de Benzema (87e). Il faut cependant croire que Lyon est béni et que cette bienveillance du destin se conjugue avec la malédiction, qui, souvent, rattrape le PSG. Il restait deux minutes quand Tiago lança plein axe Wiltord, impeccable pour battre Alonzo de l'extérieur du droit (88e, 1-1). Un joli but… si on occulte la position de hors jeu de l'ancien Bordelais au départ. Wiltord ne l'était pas, en revanche, à la réception du centre de Loïc Rémy (90e, 2-1). Armand et Édouard Cissé s'effondrèrent au coup de sifflet final. En France, en ce moment, le foot se joue à onze et, à la fin, c'est toujours Lyon qui gagne. ■

COUPE DE LA LIGUE - 8ES DE FINALE	
LE MANS - Lens :	3-1
Lille - RENNES :	0-2 a.p.
NANCY - Toulouse :	2-1
Auxerre - BORDEAUX :	0-1
LYON - Paris-SG :	2-1
SAINT-ÉTIENNE - Marseille :	4-1
REIMS (L2) - Monaco :	0-0 (4-3 aux t.a.b.)
SOCHAUX - Dijon (L2) :	5-0

Les Verts mettent l'OM K.-O.

L'ÉQUIPE DU 26 OCTOBRE. Marseille s'est lourdement incliné chez des Stéphanois qui ont livré une superbe performance. **De notre envoyé spécial à Saint-Étienne, Hervé PENOT**

LES COULOIRS DE Geoffroy-Guichard présentent un joli panel d'acteurs muets. La plupart des Marseillais défilent, les uns après les autres, comme dans un générique de fin. Visages fermés, mutisme en bandoulière. Pas question de voir éclore les prémices d'une énième crise. Pape Diouf, le président, se contentait d'évoquer une situation « préoccupante ».

Après la claque reçue en L1 devant l'OL, au Vélodrome *(1-4, lire p. 26)*, l'OM revit pourtant un cauchemar. Le score est identique, l'impression laissée plus négative encore. Saint-Étienne n'est pas Lyon. L'ASSE, surtout, s'était passée de six titulaires, ce qui ne l'a pas empêchée de détruire méthodiquement la résistance de son adversaire.

Quatre buts, signés Fousseni Diawara (1-0, 34e), Hautcœur (2-0, 45e + 1), Bafetimbi Gomis (3-0, 52e) et Bilos (4-1, 72e s.p.) ont ponctué cette démonstration, qu'un penalty généreusement accordé aux Marseillais et transformé par Pagis (3-1, 56e) ne put atténuer. « Il faut travailler, explique Franck Ribéry. On a pris deux claques, mais il ne faut pas dramatiser. » Comme le disait le Stéphanois Zoumana Camara : « On va faire attention. Ce succès ne veut rien dire. Quand ça fonctionne bien, il faut se méfier. C'est là que tout peut tomber. » Une phrase que les Marseillais peuvent méditer. ■

NATAF / L'ÉQUIPE

Julien Sablé, Marek Heinz et Herita Ilunga (de g. à dr.) debout, Toifilou Maoulida et l'OM à terre.

CE QUE LES BLEUS VONT FAIRE À MARCOUSSIS
MILLER REDEVENU FORTE TÊTE
LE MANS A GRILLÉ SON JOKER
L'ÉQUIPE
REIMS, ÇA PÉTILLE !

COUPE DE LA LIGUE
Quarts de finale

RENNES - REIMS (L2) : 0-1

Reims se fait mousser

L'ÉQUIPE DU 21 DÉCEMBRE. Vainqueurs à Rennes, les Rémois atteignent leur première demi-finale de Coupe nationale depuis 1988. **De notre correspondant permanent à Rennes, Raphaël RAYMOND**

EN VOYAGE EN BRETAGNE, le Stade de Reims a trouvé son cadeau de Noël : la demi-finale de la Coupe de la Ligue 2006-07, sa première dans une Coupe nationale depuis 1988. Même si les Champenois ont été bien aidés dans leur entreprise par une équipe rennaise d'une grande faiblesse, leur succès ne souffre aucune contestation. Il s'est dessiné sur un corner de l'omniprésent Féret, milieu formé… au Stade Rennais. Au milieu d'une défense bretonne statique, la reprise de Tourenne, déviée par Fauré, prenait Pouplin à contre-pied (0-1, 52e). « On a senti au fil du match que l'on pouvait se qualifier, expliqua Féret. Quand on a marqué, on s'est arrachés pour tenir le résultat et Liébus a fait le reste. »
En fait, le gardien champenois n'a eu que trois arrêts à effectuer, en fin de match. Après avoir repoussé un penalty tiré par Monterrubio (82e), il sut s'opposer à la reprise d'Hadji (83e) avant d'écarter du pied le tir à bout portant de Marveaux (85e).

BRUNO CHEYROU : « UNE FAILLITE COLLECTIVE »

Parce qu'ils faisaient mieux circuler le ballon, les Rémois n'avaient jamais été inquiétés auparavant. À la pause, Pierre Dréossi, l'entraîneur rennais, passa un gros savon à ses joueurs. « C'est vrai, j'étais très en colère. Nous étions moins bons, moins vite que nos adversaires », concédera-t-il. Les entrées d'Hadji, de Marveaux et de Moreira ne changèrent rien.
« C'est une faillite collective, admit Bruno Cheyrou. On peut parler de faute professionnelle. » Olivier Monterrubio : « On a été inexistants, nous ne faisions pas trois passes d'affilée. C'est une vraie soirée cauchemar. À titre personnel, je rate un penalty. Je ne peux pas tomber plus bas. »
Vainqueur de la Coupe de France en 1950 et 58, au temps de sa splendeur, demi-finaliste en 1987 et 88, le Stade de Reims n'a jamais brillé en Coupe de la Ligue. Depuis 2003, son parcours s'est arrêté trois fois au premier tour et une fois en seizièmes. « Nous sommes à quatre-vingt-dix minutes du Stade de France, se réjouissait Julien Féret. Bordeaux est une grosse équipe, mais à Delaune, ce sera difficile de nous barrer la route. » ■

NATAF / L'ÉQUIPE

Johan Liébus arrête le penalty du Rennais Olivier Monterrubio (83e). Reims tient son exploit.

COUPE DE LA LIGUE QUARTS DE FINALE	
BORDEAUX - Saint-Étienne :	1-0 a.p.
LYON - Nancy :	3-1
Sochaux - LE MANS :	1-2
Rennes - REIMS (L2) :	0-1

« C'est tellement bon… »

L'ÉQUIPE DU 21 DÉCEMBRE. **Johan Liébus**, le gardien rémois, s'est montré déterminant en détournant, notamment, un penalty de Monterrubio en fin de match.

« Reims demi-finaliste de la Coupe de la Ligue, qu'est-ce que cela vous inspire ?
– C'est tellement bon de venir gagner sur le terrain d'une équipe de L1… On ne réalise pas encore. Pour le moment, je n'ai connu qu'une toute petite carrière. C'est incontestablement le moment le plus fort. Je n'ai vécu que deux saisons comme titulaire, à Gueugnon. J'ai rejoint le Stade de Reims à l'été 2006, pour le prestige de son maillot et de son histoire, mais aussi pour vivre et faire revivre au club des moments forts. Et Reims va revivre un grand match en demi-finales contre Bordeaux. Toute la ville est derrière nous. Elle n'attend que ça. Cela va nous transcender.
– Comment expliquez-vous votre exploit ?
– On s'est appuyés sur la défaite contre Cambrai *(CFA2, 0-1)*, en Coupe de France. On s'est mis dans la peau des joueurs nordistes, en se disant que tout était possible. À Rennes, on s'est montrés très solidaires. Prenez nos milieux défensifs : leur activité a largement contrarié la relance rennaise.
– Jusqu'au dernier quart d'heure, vous n'avez pas eu grand-chose à faire. Ensuite, vous réalisez trois arrêts déterminants, dont un sur penalty…
– Quand un gardien est chaud bouillant… Monterrubio ne tire jamais au même endroit. J'ai choisi de partir à gauche. Je crois qu'en me voyant partir il a voulu changer son option de départ. Et la frappe m'est arrivée dans les pieds. » – R. R.

THORPE : UN CONTRÔLE QUI POSE PROBLÈME
MANAUDOU RÊVE D'UN TRIPLÉ EN OR
L'ÉQUIPE
UNE FINALE IDÉALE

COUPE DE LA LIGUE
Demi-finales

REIMS (L2) - BORDEAUX : 1-2
LYON - LE MANS : 1-0

Champagne pour Bordeaux

L'ÉQUIPE DU 17 JANVIER. Cinq ans après leur première victoire en Coupe de la Ligue, les Girondins se sont difficilement qualifiés pour la finale 2007 en dominant le Stade de Reims.

De notre envoyé spécial à Reims, Régis TESTELIN

FABLET / L'ÉQUIPE

Florian Marange (à dr.), félicité par Marouane Chamakh, inscrit le premier but girondin (58e).

LA BELLE AVENTURE du Stade de Reims s'est achevée à domicile contre une équipe bordelaise suffisamment rigoureuse, prudente et concentrée pour ne pas tomber dans le piège. Cinq ans après leur Coupe de la Ligue remportée en 2002 (contre Lorient, 3-0), les Girondins retrouveront donc le Stade de France. Leur qualification est globalement méritée. Ils ont d'abord su profiter des cadeaux de l'adversaire, puis ont défendu leur avantage avec assurance et efficacité.

Mais la qualification pour la finale fut longue à se dessiner et particulièrement difficile à conserver au bout d'un final à suspense. Car, après le but contre son camp de Jemmali (1-2, 87e), Bordeaux flotta longtemps et ne fut pas loin de céder, notamment lorsque Jurietti prit un carton rouge direct pour une agression sur Ielsch et laissa ses partenaires s'en sortir à dix (90e). Voir Reims obtenir la prolongation n'aurait rien eu de scandaleux, mais l'équipe de Thierry Froger est juste partie d'un peu trop loin, sans doute engoncée par la crainte de mal faire ou de rater l'événement.

COUPE DE LA LIGUE DEMI-FINALES	
Reims (L2) - BORDEAUX :	1-2
LYON - Le Mans :	1-0

LIÉBUS SE TROUE

Son début de match fut assez pénible. Il y eut d'abord cette énorme erreur de Liébus, le gardien rémois, héros du quart de finale à Rennes (1-0), sur une frappe anodine de Florian Marange de vingt-cinq mètres. Le ballon fusa sur l'insupportable pelouse d'Auguste-Delaune, mais cela ne suffit pas à tout expliquer, car le cuir échappa bel et bien aux mains de l'ancien Gueugnonnais (0-1, 58e). On était alors dans la meilleure période des Rémois.

Quinze minutes plus tard, il y eut cette faute de Baldé sur Chamakh dans la surface de réparation. Darcheville transforma le penalty en force, sous les sifflets destinés à M. Duhamel (0-2, 75e). Après la rencontre, il fut longtemps question de son arbitrage, mais, sincèrement, il n'y avait pas grand-chose à en redire. Les Rémois regretteront sûrement d'être entrés trop tard dans la rencontre et de ne pas avoir plus tenté. À l'image de Nzigou, dont la frappe détournée par Ramé (37e) restera l'occasion la plus dangereuse. Et comme le disait justement Ricardo, l'entraîneur bordelais, « ce match n'a été un match de Coupe que pendant dix minutes. Les dix dernières… » ■

Lyon, six ans après

L'ÉQUIPE DU 18 JANVIER. Vainqueur logique du Mans, Lyon s'est qualifié pour la finale de la Coupe de la Ligue. Le doublé est en vue. **De notre envoyé spécial à Lyon, Sébastien TARRAGO**

EN 2001, l'Olympique Lyonnais avait remporté le premier titre de l'ère Aulas en s'adjugeant la Coupe de la Ligue face à Monaco, grâce à des buts signés Claudio Caçapa et Patrick Müller (2-1 a.p.). Le Brésilien et le Suisse sont toujours lyonnais et ils auront peut-être l'occasion de répéter cette performance face à Bordeaux. Certains présidents de club souligneront sans doute que ce succès offre une affiche dont rêvait Frédéric Thiriez, le président de la LFP. Bordeaux et Lyon, qualifiés directement pour la C1, avaient été exemptés du premier tour de cette Coupe de la Ligue. Ils seront en finale.

Lyon s'est procuré un nombre assez incroyable d'occasions. Pourtant, Éric Abidal a marqué un but (1-0, 22e) qui a vite laissé deviner l'issue d'un match que l'OL a maîtrisé avec une certaine facilité. Le Mans ne parvint jamais à créer le danger devant le but de Vercoutre. Le score en resta donc là à la pause.

En début de seconde période, le MUC évolua plus haut, Lyon recula même assez nettement. Mais là, on chipote un peu. Question opportunités, Lyon s'affirma encore en patron impitoyable. Il y eut quelques coups spectaculaires et des occasions en pagaille : Réveillère frappa sur le poteau (57e), Govou, seul à cinq mètres, tenta un retourné acrobatique qu'il dévissa (60e), Fred gâcha une offrande de Juninho (64e) et la reprise de Malouda à bout portant fut repoussée par un arrêt sublime de Pelé (75e). Le Mans était dépassé. Six ans plus tard, Lyon reverra le Stade de France. ■

REIX / FLASH PRESS

Éric Abidal (bras levé) est l'auteur de l'unique but lyonnais (22e).

BIARRITZ, PARIS : CHOCS D'EUROPE

TOURS, DIVINE SURPRISE !

MANAUDOU, L'ARGENT THORPE, LES REMOUS

RONALDO, PHELPS, COUPE DE L'AMERICA : NOS INVITÉS DU DIMANCHE

L'ÉQUIPE DIMANCHE

SUR UN COUP DE TÊTE

MARSEILLE RECHUTE À LORIENT

COMMENT LE PSG S'EST REMOBILISÉ

NANTES - SEDAN : DÉFAITE INTERDITE

MILAN TIENT LE CHOC À ROME

Nouveau Stralis
Hommage à l'excellence
Built the same way
IVECO

COUPE DE LA LIGUE
Finale

BORDEAUX - LYON : 1-0

Bordeaux sort du néant

L'ÉQUIPE DU 1ER AVRIL. Couronnée in extremis face à Lyon, l'équipe de Ricardo est, au fond, le vainqueur idéal d'une finale qui n'a offert ni intérêt ni jeu. Par Vincent DULUC

MANTEY / L'ÉQUIPE

Le capitaine et gardien de but girondin Ulrich Ramé peut brandir le trophée.

IL PARAÎT QUE la finale de la Coupe de la Ligue était visible sur plusieurs continents. Pour l'image du football français et pour le niveau de ses futurs contrats, il vaudrait mieux que quelqu'un ait saboté l'affaire, qu'une panne de faisceau ait proposé un documentaire sur la culture des jonquilles ou le petit train d'Interlude.

Cette finale devait être ce que le football français avait de mieux à offrir, une soirée de printemps entre le champion de France et son dauphin de la saison précédente. Cela n'a été qu'une finale d'une médiocrité immense, durant laquelle Lyon n'a joué au foot que pendant vingt minutes, et Bordeaux pas du tout, ou vaguement, quatre fois trente secondes, en comptant large.

Il faudra seulement songer à décorer Henrique pour avoir évité à tout le monde la torture d'une prolongation, par son coup de tête victorieux devant Cris et Vercoutre (1-0, 89e). Au top 5 des plus mauvaises ▸

PAPON / L'ÉQUIPE

Jean-Claude Darcheville jubile, les Lyonnais pleurent, accablés par ce coup du sort.

Houllier : « Bordeaux a pourri le match »

Gérard HOULLIER (entraîneur de Lyon) :
« D'habitude, je rends hommage à l'adversaire. Pas cette fois. J'estime que Lyon a été supérieur à Bordeaux, mais, à un certain moment, notre adversaire a pourri le match. Je constate qu'il a frappé deux fois au but et n'a réussi qu'un seul tir cadré, celui qui a amené le but. Et il est rare qu'un gardien, le nôtre, n'ait pas un seul arrêt à faire. Cette défaite est à la fois injuste et cruelle. S'il y avait eu 2-0 à la mi-temps en notre faveur, je pense que personne n'aurait trouvé à y redire. À l'arrivée, on a été performants et Bordeaux efficace. Mais il s'agit, à mes yeux, d'une sorte de hold-up. » Claude CHEVALLY

RICARDO (entraîneur de Bordeaux) :
« Le scénario de ce match fait qu'on en gardera longtemps un grand souvenir. Nous avons beaucoup travaillé et on a été récompensés. Lyon n'a pas su profiter de sa bonne période. Il a eu les vingt premières minutes pour lui. Il était mieux organisé. Il s'est procuré des occasions. Cela n'a plus du tout été le cas en seconde période. Bordeaux a alors largement maîtrisé son sujet. Nous étions mieux en place. Mon équipe n'est pas capable d'imposer son jeu comme l'OL. Lyon est plus fort, mais la Coupe est à nous ! Nous sommes tous très heureux. »
Lawrence LEENHARDT

finales nationales de l'histoire, Lyon-Bordeaux a sa chance. Au fond, que les Girondins aient remporté une finale aussi médiocre est sans doute moins moral mais beaucoup plus cohérent. Quand personne ne joue vraiment au foot, l'équipe de Ricardo et redoutable. En attendant, il faut lui attribuer le crédit d'une remarquable attitude compétitrice et collective.

Le bilan des Lyonnais, lui, prend désormais une tout autre tournure. Cette défaite donne à leur année 2007 des allures catastrophiques. Et à Lyon, l'heure est au débat et à la remise en cause, plus profondément que jamais depuis sept ans.

Pour s'approcher du doublé dont ils rêvaient, il aurait fallu que les Rhodaniens marquent dans leurs moments forts, au cœur du premier quart d'heure. Mais Ramé capta facilement une frappe du gauche de Govou (4e), boxa plus difficilement une volée incroyable et lointaine de Toulalan (17e), et la finale s'endormit, hachée par l'arbitrage difficile de M. Piccirillo et par la nature épicière d'une équipe bordelaise qui n'osait même pas s'enhardir à se faire des passes.

COACHING GAGNANT POUR RICARDO

La suite du programme fut constamment affligeante. Mais, en rééquilibrant sa défense avec Marange à gauche, en se réorganisant dans un 4-2-3-1 qui fermait mieux les portes, Ricardo, au moins, remporta son duel tactique. Gérard Houllier, qui avait le meilleur banc offensif, et de loin, n'osa pas lui répondre, et son coaching ne sortit jamais son équipe de la logique d'impuissance dans laquelle chaque minute qui passait l'entraînait irrésistiblement. L'entraîneur lyonnais avait les meilleurs attaquants en magasin et il les a laissés dans l'arrière-boutique, gardant Benzema sur le banc et lançant Wiltord quand tout était fini, après le but d'Henrique.

Rien n'annonça vraiment ce but. Parce qu'il ne se passa rien pendant les quarante premières minutes de cette seconde partie de programme. Et même si Lyon était incapable d'esquisser le moindre mouvement collectif, piochant au milieu de terrain face à l'hermétisme girondin, Baros eut une balle de but à la 86e minute, sur une action personnelle. Il trouva le poteau, une chance pour le trio arbitral, qui avait signalé un contrôle de la main bien sévère.

Prendre un but à une minute de la fin, un tourment si souvent infligé à ses adversaires, est arrivé trop souvent à Lyon, en 2007, pour qu'il s'agisse d'un hasard. L'OL a manqué dans les grandes largeurs le seul rendez-vous qui l'intéressait encore avant les vacances. Sa fin de saison va être plus étrange encore que prévu.

Les Bordelais, vainqueurs de l'épreuve pour la deuxième fois, après leur victoire sur Lorient (3-0) en 2002, vont, en revanche, bénéficier d'un élan considérable pour le sprint final en Championnat. Leur saison est déjà réussie. Celle des Lyonnais ? Il va y avoir débat. ■

PAPON / L'ÉQUIPE

À l'image de Florent Malouda, à la lutte avec le Bordelais Fernando (à g.), les Lyonnais n'ont pu se dépêtrer du marquage girondin.

Henrique, ce héros

HENRIQUE (note : 7/10) : bien placé, il a coupé les rares centres venus de la gauche, couvert les longs ballons, contré les Lyonnais sur coups de pied arrêtés et… inscrit le but de la victoire d'un joli coup de tête (89e). Après avoir gagné sa place en défense centrale, à peine un mois plus tôt, le Brésilien a été le héros de cette finale.

Régis TESTELIN

Au Stade de France, Bordeaux - Lyon : 1-0 (0-0)

Temps froid. Pelouse moyenne. 79 072 spectateurs. **Arbitre** : M. Piccirillo.
LE BUT. 1-0 : HENRIQUE (89e, passe de Micoud).
AVERTISSEMENTS. Bordeaux : Micoud (34e), Chamakh (45e + 1), Jurietti (66e) ; **Lyon** : Clerc (38e), Fred (65e).

Bordeaux : Ramé - Jurietti, Planus, Henrique, Wendel (Jussiê, 67e) - Faubert, Fernando, Mavuba, Micoud - Darcheville, Chamakh (Marange, 46e). **Entraîneur** : Ricardo.

Lyon : Vercoutre - Clerc, Squillaci, Cris, Abidal - Tiago (Wiltord, 90e + 1), Toulalan, Juninho (cap.) (Källström, 68e) - Govou, Fred (Baros, 72e), Malouda. **Entraîneur** : G. Houllier.

Coupe de la Ligue : le tableau final

Huitièmes de finale ■ 24 et 25 octobre 2006

LYON - Paris-SG	2-1
NANCY - Toulouse	2-1
SOCHAUX - Dijon (L2)	5-0
LE MANS - Lens	3-1
Lille - RENNES	0-2 a.p.
REIMS (L2) - Monaco	0-0, 4-3 aux t.a.b.
Auxerre - BORDEAUX	0-1
ST-ÉTIENNE - Marseille	4-1

Quarts de finale ■ 19 et 20 décembre 2006

LYON	3
Nancy	1
Sochaux	1
LE MANS	2
Rennes	0
REIMS (L2)	1
BORDEAUX	1 a.p.
St-Étienne	0

Demi-finales ■ 16 et 17 janvier 2007

LYON	1
Le Mans	0
Reims (L2)	1
BORDEAUX	2

Finale ■ 31 mars, à Saint-Denis, Stade de France
Lyon - BORDEAUX, 0-1

LES BRÈVES

SARRAMAGNA RETROUVE LES VERTS.

ROBERTS / OFFSIDE

Relégué en National, Sète se rappelle vite au bon souvenir de la L2. Il sort Tours d'entrée (2-0), puis Bastia au deuxième tour (0-0, 5-3 aux t.a.b.), ce qui permet à son entraîneur, l'ancien Stéphanois Christian Sarramagna, de recevoir les Verts en 16es (1-4).

L'OL CROQUE LE TENANT.

Nancy ne parvient pas plus que ses prédécesseurs à conserver la Coupe de la Ligue. La mission proposée en quarts était trop difficile : un déplacement à Lyon (1-3).

CARRASSO CONTRE CARRASSO.

Le derby Montpellier-OM des 16es permet à Cédric Carrasso, le gardien marseillais, de croiser son petit frère Johann, 18 ans, portier remplaçant du MHSC. Force restera à l'aîné (1-2).

PARIS LAVE L'AFFRONT.

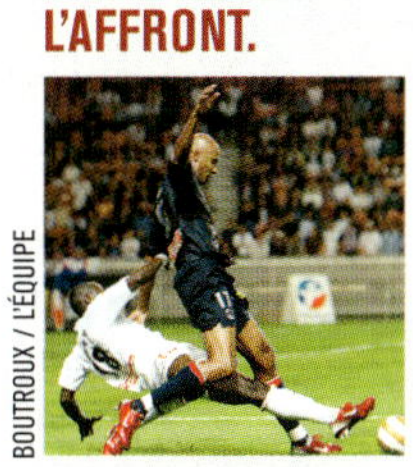
BOUTROUX / L'ÉQUIPE

Le PSG, battu au Parc par Lorient (2-3), prend sa revanche au même endroit en 16es de la Coupe de la Ligue (3-1).

HOULLIER EST TOMBÉ.

L'entraîneur lyonnais connaît, face à Bordeaux, sa première défaite en finale. Gérard Houllier avait remporté les neuf précédentes, avec Lyon, Liverpool et l'équipe de France des moins de 18 ans.

LE DOUBLÉ… POUR RICARDO.

L'entraîneur des Girondins enlève sa deuxième Coupe de la Ligue en tant qu'entraîneur, après celle de 1998 avec le PSG. Seul Jacky Duguépéroux (Strasbourg) avait réussi ce « doublé » avant lui (1997, 2005). Mais Ricardo a aussi gagné l'épreuve en tant que joueur : en 1995 avec Paris.

THIRIEZ CRITIQUÉ.

DELORME / L'ÉQUIPE

La Ligue est accusée d'avoir « protégé » Bordeaux et Lyon, les deux premiers de la L1 2005-06, exemptés des 16es… et qui se retrouvent en finale. « Ces deux équipes ont acquis leur billet sur le terrain », s'agace Frédéric Thiriez.

BERGUES PUNI.

Patrice Bergues, l'entraîneur adjoint de Lyon, est expulsé pour avoir fêté de manière excessive l'égalisation de Wiltord face au PSG en 8es (2-1) et provoqué le banc parisien. Il écopera de deux matches de suspension.

La revanche du Milan

Le club italien, passé par le tour préliminaire, domine Liverpool en finale, dans un remake de 2005.

ET DIRE QUE l'AC Milan a failli ne jamais la jouer, cette Ligue des champions 2006-07… Sanctionné à la suite du scandale des matches truqués du Calcio, le club lombard sauve sa place en C1 grâce à l'allègement de sa peine en appel et doit se coltiner un tour préliminaire contre l'Étoile Rouge Belgrade (1-0, 2-1). La route sera longue. En poules, Milan se qualifie aisément mais n'échappe pas à une glissade « pour du beurre » face aux quasi novices lillois (0-2). Grâce à cet exploit à San Siro, le LOSC atteint les huitièmes de finale pour la première fois de son histoire ! Bordeaux, quant à lui, ne fait jamais illusion dans ce premier tour, tandis que Lyon, fidèle à ses habitudes, passe à la moulinette le Real Madrid (2-0) et se qualifie dès la quatrième journée.

Les clubs français ont mangé leur pain blanc. Lille s'incline sans surprise face à Manchester United (0-1, 0-1) et, surtout, l'OL s'effondre face à l'AS Rome, dès les huitièmes (0-0, 0-2). Quelle déception ! Autre énorme bide, le champion en titre, le Barça de Ronaldinho, qui disparaît sous l'effet de la résurrection de Liverpool. Le Bayern enfonce le Real dans la crise, tandis que l'AC Milan se défait péniblement du Celtic, après prolongation.

Milan, qui terrasse le Bayern en quarts, va se retrouver seul face à trois Anglais dans le dernier carré : Liverpool et Chelsea accompagnent Manchester United, qui a frappé un très grand coup en laminant la Roma à Old Trafford (7-1 !).

Trop forts, les Red Devils ? Pas pour le magicien Kaka, qui marque trois fois pour l'AC Milan en deux matches dantesques (2-3, 3-0). United s'incline et, comme en 2005, Milan et Liverpool, tombeur de Chelsea en demies (*bis repetita* de… 2005) se retrouvent en finale, à Athènes.

À l'image du scénario joué deux ans plus tôt, les Italiens prennent vite les devants et mènent 2-0. Mais Milan ne tend jamais l'autre joue. Le réveil des Reds, cette fois, sera trop tardif (2-1). Papy Maldini, 37 ans et 11 mois, brandit pour la cinquième fois la coupe aux grandes oreilles. ■

LAHALLE / L'ÉQUIPE

MOUNIC / L'ÉQUIPE

Le **Barça** passe à la trappe dès les huitièmes.

MANTEY / L'ÉQUIPE

L'**OL** tombe de haut face à l'AS Rome.

MARTIN / L'ÉQUIPE

Manchester atomise la **Roma** en quarts.

Carlo Ancelotti et l'AC Milan tiennent la coupe avant de la lancer. Un trophée sur lequel le club lombard inscrit son nom pour la septième fois, à deux unités du Real Madrid (9). Vainqueur de Liverpool à Athènes, Milan tutoie l'Olympe.

L'ÉQUIPE
PARIS VOIT LA VIE EN ROSE
BAALA EN PATRON À BRUXELLES
UN PARFUM D'EUROPE

LIGUE DES CHAMPIONS

3e tour préliminaire (retour)

RABOTNICKI SKOPJE (MCD) - LILLE : 0-1 (ALLER : 0-3)

Lille n'a pas tremblé

L'ÉQUIPE DU 23 AOÛT. En s'imposant sans forcer son talent, le LOSC a, comme attendu, décroché son billet pour la phase de poules de la Ligue des champions.

De notre envoyé spécial à Skopje (MCD), Stéphane KOHLER

DEVANT SANS doute plus de moustiques que de spectateurs, le Rabotnicki Skopje n'a pas réussi l'exploit historique que personne n'attendait. Lille, large vainqueur à l'aller (3-0), s'est encore imposé au pittoresque Gradski Stadion (1-0) et a fort logiquement décroché son billet pour sa troisième Ligue des champions en cinq saisons. Pour la première fois, les Nordistes figureront même dans le deuxième chapeau, lors du tirage au sort, aux côtés de Chelsea ou du Bayern. Une position qui en dit long sur la permanence au haut niveau d'un club pourtant privé d'un stade à la hauteur de ses performances sportives et moins considéré médiatiquement (le match à Skopje n'a pas été diffusé à la télévision) que beaucoup d'autres.

Le tirage au sort de ce troisième tour préliminaire devait faire de l'obstacle macédonien un simple monticule. Ce fut le cas, mais les Lillois sont à féliciter pour le sérieux et l'application déployés au Stadium puis à Skopje, même si le match retour n'a jamais atteint des sommets de qualité technique, loin de là.

Hormis dix minutes de flottement à chaque entame de mi-temps, le LOSC n'a jamais vraiment tremblé. Skopje fut légèrement plus dangereux qu'au match aller, ce qui n'était guère difficile. Mais le bloc lillois ne fut à aucun moment mis hors de position et Johan Audel réussit rapidement l'essentiel en inscrivant un but qui rendait la tâche adverse impossible (0-1, 19e). Le milieu gauche aurait pu, en fin de match, réussir le doublé, mais sa frappe du gauche trouva l'équerre de Pacovski (89e). Anecdotique en rapport du soulagement nordiste.

PUEL : « ON GRANDIT »

« On a bien fait notre boulot, reconnaissait Claude Puel, et le premier objectif de la saison, primordial, est atteint. Avec cette deuxième Ligue des champions d'affilée, on continue notre bonhomme de chemin, on grandit et on franchit des paliers. On est appréciés partout où on va en France, même s'il y a quelques épiphénomènes comme l'absence de télévision. Mais ce qui nous intéresse, c'est le terrain. »

Sans trembler, sans briller mais avec professionnalisme et efficacité, Lille avance et retrouvera bien le stade Bollaert de Lens comme domicile provisoire en Ligue des champions. Tant pis pour les grincheux du Pas-de-Calais. ■

C1 - 3E TOUR PRÉLIMINAIRE RETOUR (entre parenthèses, le score du match aller)	
BENFICA (POR) - Austria Vienne (AUT) :	3-0 (1-1)
Maccabi Haïfa (ISR) - LIVERPOOL (ANG) :	1-1 (1-2)
Étoile Rouge Belgrade (SER) - AC MILAN (ITA) :	1-2 (0-1)
VALENCE CF (ESP) - Austria Salzbourg (AUT) :	3-0 (0-1)
Osasuna (ESP) - HAMBOURG (ALL) :	1-1 (0-0)
Rabotnicki Skopje (MCD) - LILLE :	0-1 (0-3)
ARSENAL (ANG) - Dinamo Zagreb (CRO) :	2-1 (3-0)
Ajax Amsterdam (HOL) - FC COPENHAGUE (DAN) :	0-2 (2-1)
Ruzomberok (SLQ) - CSKA MOSCOU (RUS) :	0-2 (0-3)
Legia Varsovie (POL) - CHAKHTIOR DONETSK (UKR) :	2-3 (0-1)
Fenerbahçe (TUR) - DYNAMO KIEV (UKR) :	2-2 (1-3)
Mlada Boleslav (RTC) - GALATASARAY (TUR) :	1-1 (2-5)
Chievo Vérone (ITA) - LEVSKI SOFIA (BUL) :	2-2 (0-2)
STEAUA BUCAREST (ROU) - Standard Liège (BEL) :	2-1 (2-2)
SPARTAK MOSCOU (RUS) - Slovan Liberec (RTC) :	2-1 (0-0)
AEK ATHÈNES (GRE) - Heart of Midlothian (ECO) :	3-0 (2-1)

ATANASOVSKI / AFP

Dès la 19e minute, Johan Audel (à dr.) enterre définitivement les espoirs du Rabotnicki en battant le gardien macédonien Tome Pacovski.

LIGUE DES CHAMPIONS

Phase de poules, 1re journée

AC MILAN (ITA) - AEK ATHÈNES (GRE) : 3-0

Gourcuff séduit l'Italie

L'ÉQUIPE DU 16 SEPTEMBRE. L'ex-Rennais a marqué pour sa première titularisation avec l'AC Milan. **Par Guillaume DUFY (avec Raphaël RAYMOND)**

FÈVRE / L'ÉQUIPE

Yoann Gourcuff (au centre) découvre avec bonheur la Ligue des champions.

CHRISTIAN GOURCUFF, l'entraîneur de Lorient, n'a pas regardé Lyon-Real (2-0) à la télévision. Car, au même moment, son fils Yoann, 20 ans, effectuait ses premiers pas en tant que titulaire sous le maillot de l'AC Milan, face à l'AEK Athènes (3-0).

Positionné en milieu gauche, au poste habituellement occupé par Clarence Seedorf, l'international Espoirs a prouvé en quatre-vingt-dix minutes qu'il avait le niveau de l'AC Milan. Quand il a décidé de quitter Rennes pour le club lombard, il a entendu beaucoup de gens parier qu'il ne jouerait jamais. « J'ai fait le bon choix, répond-il. Les entraînements sont très riches et d'un excellent niveau, je sens que j'ai déjà progressé. »

Des progrès qui se sont concrétisés lorsque il a joliment repris de la tête un centre de Kaka (2-0, 41e). « J'ai ressenti beaucoup d'émotion. Le stade n'était pas plein, mais il y avait une telle ambiance. Je ne pouvais pas rêver mieux. »

Gourcuff a épaté tout son monde. « Ce qui m'a surtout surpris, c'est la facilité de ses déplacements, son aisance physique », observe son père. La *Gazzetta dello Sport,* qui lui a attribué la meilleure note du match (8 sur 10), prédit au Français, « à la simplicité et au style de grande classe », un bel avenir au Milan. ■

LYON - REAL MADRID (ESP) : 2-0

Une sacrée fessée

L'ÉQUIPE DU 14 SEPTEMBRE. L'OL, auteur de quarante-cinq premières minutes emballées et magnifiques, a tourmenté le Real Madrid dans des proportions cachées par le score.

De notre envoyé spécial à Lyon, Vincent DULUC

DORÉNAVANT, ENTRE l'OL et le Real Madrid, tout est comme d'habitude : comme un an et un jour plus tôt (3-0), les Lyonnais ont étourdi les Madrilènes dans une proportion que le score participe à occulter, mais qui a fait passer des frissons de plaisir dans les tribunes de Gerland, au cours d'une première période souvent sensationnelle.

En 2005, le Real était venu montrer qu'il n'avait ni équilibre ni discipline. Cette fois, il est venu montrer qu'il avait moins de talent. Pour lui, on ne sait pas ce qui est le plus inquiétant. Lyon a étouffé l'équipe espagnole par une intensité à laquelle cette dernière étaient incapable de survivre. Ne pas avoir mené 3-0, et entretenir ainsi un semblant de flamme chez les rares Madrilènes ayant refusé leur sort, aura été la seule faiblesse lyonnaise de la soirée.

Les joueurs de Gérard Houllier ont lancé sur des bases idéales leur saison de Ligue des champions. Ils ont conservé le même impact physique, ils ont sans doute accru leur qualité technique grâce à la confiance gagnée par les internationaux en Allemagne, et Fred a montré tout ce qu'un grand avant-centre peut apporter à l'OL à ce niveau.

Au fond, mener 2-0 au repos était presque une déception. La manière dont le Real fut en permanence concassé et pris de panique aurait mérité une fessée historique. Plus impressionnant encore qu'un an plus tôt, lorsqu'il passa trois buts aux Madrilènes en ▸

LAHALLE / L'ÉQUIPE

Florent Malouda met dans le vent Mahamadou Diarra, son ancien partenaire lyonnais (à g.), et Cicinho (à dr.). « On est très, très bien préparés », observera le Guyanais.

« Une vraie continuité »

L'ÉQUIPE DU 15 SEPTEMBRE. **Florent Malouda** souligne la cohérence de la méthode lyonnaise, saison après saison.

« Laquelle des deux victoires face au Real, à un an de distance, préférez-vous ?

- Celle de cette saison, parce que c'est la dernière en date. Et parce qu'il faut oublier, justement, ce qui s'est passé la saison précédente. Il faut avancer.

- Quand on voit votre impact physique face à Madrid, on a l'impression que l'OL est une équipe moderne, bien plus que le Real…

- On est très, très bien préparés. Et notre impact est d'autant plus fort qu'il y a une vraie continuité dans notre système de jeu et dans le choix des hommes. On sait exactement comment se positionner par rapport à l'autre, quand on a le ballon ou quand on ne l'a pas. Face au Real, on a su gagner les duels offensifs en première période, et les duels défensifs en seconde, à un moment où nos adversaires avaient un peu plus le ballon.

- On dirait aussi que les joueurs de l'OL savaient qu'ils allaient retrouver leur meilleur niveau en reprenant la Ligue des champions…

- Oui. On sait qu'on arrive à se sublimer et à élever notre niveau de jeu en Coupe d'Europe. Il faut être prêts et, une fois que le match est commencé, oser. On a pris énormément de plaisir. À travers le jeu, en première mi-temps, parce qu'on les a mis en difficulté en se créant beaucoup d'occasions. Et en seconde période, le plaisir a été de bien défendre ensemble, d'être cohérents jusqu'au bout. » - V. D.

Raùl (au centre) et ses partenaires madrilènes n'en reviennent pas. Pour la deuxième fois en un an, le ciel leur est tombé sur la tête dans la capitale des Gaules.

LUTTIAU / L'ÉQUIPE

l'espace de trente et une minutes, Lyon aurait pu mener par quatre ou cinq buts d'écart.

GOVOU PASSEUR SUBTIL

Les deux buts lyonnais de la première période auront établi deux manières. Un coup de poignard sur une action simple, un ballon de son camp signé Juninho vers Fred, dont le lob de l'intérieur du pied fut précis (1-0, 11e). Un deuxième coup de poignard sur une action collective et magnifique, partie de la gauche par un redoublement d'Abidal au-delà de Malouda ; à cette allure-là, Beckham n'avait aucune chance de suivre, Fred s'offrit en relais, et Govou, dans l'axe, décala d'une passe subtile Tiago qui devança Casillas (2-0, 31e).

Cela faisait 2-0, et cela aurait dû faire beaucoup plus. Mais vraiment beaucoup. C'est un catalogue : tête de Malouda sauvée miraculeusement par Casillas (15e), frappe de Govou au ras du cadre (27e), coup franc de 40 mètres de Juninho boxé par Casillas sauvant ensuite une tête de Fred (33e), décalage de Fred pour Réveillère trouvant encore Casillas (36e), frappe terrible de Malouda sur la barre (41e), tête de Fred au-dessus (45e) et dernière envolée de Casillas sur un coup franc de Juninho (45e + 1).

Que le grand d'Espagne ait été moins ridicule après le repos était dans l'ordre des choses. Lyon n'avait plus autant à montrer, plus autant à donner, peut-être. Les Lyonnais restèrent campés sur des positions que les attaquants madrilènes n'étaient pas vraiment en mesure de contester. Le second acte, au fond, ne fut qu'un long tour d'honneur pour l'équipe de Gérard Houllier, accompagnée vers son triomphe par la standing ovation de Gerland. En un an et un jour, le Real a pris cinq buts à Lyon, sans en inscrire un seul. Par superstition, le club madrilène avait changé d'hôtel. À ce train-là, il va finir en auberge de jeunesse. ■

Les nombreux arrêts d'Iker Casillas (à dr., face à Florent Malouda) épargnent au Real une déculottée historique.

LUTTIAU / L'ÉQUIPE

Bordeaux pense positif

L'ÉQUIPE DU 14 SEPTEMBRE. Tout bien réfléchi, les Girondins considèrent le 0-0 ramené de Galatasaray comme une bonne opération. De nos envoyés spéciaux à Istanbul, Bernard LIONS et Régis TESTELIN

DE MARTIGNAC / L'ÉQUIPE

Pas de vainqueur entre le Serbe de Galatasaray Sasa Ilic (à g.) et Jean-Claude Darcheville.

QUELS SONT les gagnants des deux 0-0 entre Galatasaray et Bordeaux à Istanbul et à Eindhoven entre le PSV et Liverpool ? Ceux qui se déplaçaient ? Pas forcément. Comme Liverpool aux Pays-Bas, Bordeaux semblait au-dessus de Galatasaray : plus de marge de manœuvre, plus de sécurité et moins de déchets. Mais comme les Reds, Bordeaux n'a pas su profiter d'un contexte favorable. Jurietti et Marange sont très peu montés, Ducasse et Micoud se sont rarement infiltrés, Wendel et Faubert ont d'abord défendu, les initiatives personnelles ont été rares et la conservation du ballon a été privilégiée aux contres rapides… C'était un choix, il a payé si l'on s'en tient à la réputation de Galatasaray. Mais la satisfaction de l'entraîneur belge du club turc – « Ce résultat n'est surtout pas une déception », a dit Éric Gerets – a de quoi entretenir les regrets bordelais.

MICOUD : « ÇA VA SE JOUER À LA MAISON »

Ricardo et ses joueurs préfèrent cependant insister sur le positif. Johan Micoud : « C'était une découverte pour pas mal de monde, dans une ambiance assez chaude et face à des joueurs qui avaient plus l'habitude de la C1 que nous. C'est bien d'avoir pris un point à l'extérieur. On a été présents dans les duels et c'est encourageant pour la suite. Bien sûr, il y avait de la place pour gagner, mais, d'un autre côté, on aurait pu prendre un but sur la fin. Les deux 0-0 du groupe laissent tout ouvert, ça va se jouer à la maison. À titre personnel, je me sens mieux. Tout le monde m'est tombé dessus après le match contre Nice en L1 (3-2), mais c'est un peu facile. J'ai besoin de toucher beaucoup de ballons pour être à l'aise. »

« Grâce à ce 0-0, je pense que les autres équipes du groupe vont nous craindre, enchaîne Lilian Laslandes. On va recevoir deux fois et il faudra absolument qu'on emballe les matches. » Avec l'espoir d'en savoir enfin plus sur la hiérarchie bien nébuleuse de ce groupe C. ■

Saha intenable

L'ÉQUIPE DU 14 SEPTEMBRE.
L'attaquant des Bleus, auteur d'un doublé et d'une passe décisive, a sorti MU d'un mauvais pas.
Par Vincent GARCIA

SOUVERAINS pour l'instant en Premier League et dominateurs dans ce match, les Mancuniens ont pourtant connu toutes les peines du monde pour battre le Celtic Glasgow, qui avait été premier club britannique à gagner la Coupe d'Europe des clubs champions en 1967, juste avant… Manchester United en 1968.

La faute à une défense des Red Devils distraite et peu inspirée sur le premier but de Vennegoor of Hesselink (0-1, 21e), et à Nakamura, auteur d'un coup franc magistral (2-2, 43e). Mais heureusement, Louis Saha était là. Pour cette première confrontation européenne entre les deux équipes, l'ancien Messin a été intenable : un doublé (1-1, 30e s.p. et 2-1, 40e, sur un tir de près) et une passe décisive pour Solskjaer (3-2, 47e). L'attaquant des Bleus est en forme. ■

C1-1RE PHASE, 1re journée

GROUPE C

Galatasaray (TUR) - Bordeaux : 0-0
PSV Eindhoven (HOL) - Liverpool (ANG) : 0-0

		Pts	J	G	N	P	diff
1	Bordeaux	1	1	0	1	0	0
	Galatasaray	1	1	0	1	0	0
	Liverpool	1	1	0	1	0	0
	PSV Eindhoven	1	1	0	1	0	0

GROUPE E

Lyon - Real Madrid (ESP) : 2-0
Dynamo Kiev (UKR) - Steaua Bucarest (ROU) : 1-4

		Pts	J	G	N	P	diff
1	Steaua Buc.	3	1	1	0	0	+3
2	Lyon	3	1	1	0	0	+2
3	Real Madrid	0	1	0	0	1	-2
4	Dynamo Kiev	0	1	0	0	1	-3

GROUPE F

Manchester United (ANG) - Celtic Glasgow (ECO) : 3-2
FC Copenhague (DAN) - Benfica (POR) : 0-0

		Pts	J	G	N	P	diff
1	Man. United	3	1	1	0	0	+1
2	Benfica	1	1	0	1	0	0
	FC Copenh.	1	1	0	1	0	0
4	Celtic Glasg.	0	1	0	0	1	-1

GROUPE H

Anderlecht (BEL) - Lille : 1-1
AC Milan (ITA) - AEK Athènes (GRE) : 3-0

		Pts	J	G	N	P	diff
1	AC Milan	3	1	1	0	0	+3
2	Anderlecht	1	1	0	1	0	0
	Lille	1	1	0	1	0	0
4	AEK Athènes	0	1	0	0	1	-3

ANDERLECHT (BEL) - LILLE : 1-1

Lille, un cran plus haut

L'ÉQUIPE DU 15 SEPTEMBRE. Sur la pelouse d'Anderlecht, le LOSC a confirmé qu'il disposait désormais d'arguments convaincants pour compter en Ligue des champions.

De notre envoyé spécial à Bruxelles (BEL), Régis DUPONT

FABLET / L'ÉQUIPE

Tony Sylva (à dr.) met en échec Ahmed Hassan, l'attaquant égyptien d'Anderlecht. À l'image de ses coéquipiers, le gardien sénégalais réussit un excellent match à Bruxelles.

UN AN APRÈS, le LOSC a validé à Anderlecht sa théorie de l'apprentissage (1-1). En 2005-06, alors qu'il (re)découvrait la Ligue des champions avec un effectif quasi béotien, le club nordiste avait combattu les critiques en rappelant sans cesse son manque de vécu à un tel niveau. Et avait finalement échoué d'un rien à la troisième place d'un groupe ultra-disputé (en ayant marqué un seul but).

Cette saison, le même effectif dispute d'entrée la C1 pour atteindre les huitièmes de finale, convaincu d'un potentiel qui s'est étoffé. « L'an dernier, nous n'aurions pas eu les ressources nécessaires pour revenir après avoir pris un but, reconnaît Claude Puel. Cette fois, les joueurs ont su être opiniâtres, ne pas renoncer, aller chercher ce résultat alors que tout était contre nous. »

En plus de l'égalisation de Fauvergue (1-1, 80e, alors qu'Anderlecht avait ouvert le score par Pareja, 1-0, 42e), le LOSC a touché trois fois les poteaux belges et s'est créé une énorme occasion en toute fin de rencontre via Youla (90e). Ces simples faits confirment un impact offensif incomparable avec celui de la saison précédente. L'équipe de Claude Puel sait désormais se montrer patiente, elle a les moyens de construire, même quand un élément aussi important que Bodmer, le patron de son milieu de terrain, est porté pâle. En un mot, elle est plus mûre.

UN BANC BIEN GARNI

La nouveauté lilloise, c'est aussi la profondeur de banc. Puel peut effectuer de vrais choix. À Bruxelles, il a pu se priver de Dumont, Tavlaridis, Gygax et Vitakic. Et les remplaçants Fauvergue et Youla ont énormément apporté. « Ces dernières saisons, les joueurs venus du banc nous ont souvent permis d'obtenir des résultats », rappelle le technicien nordiste.

Lille prend de la consistance, il lui reste à apprendre la constance. « La *grinta,* on l'a de plus en plus, mais pas toujours dès le début, on doit chercher plus de régularité sur les quatre-vingt-dix minutes à ce niveau aussi », constate Stéphane Lichtsteiner. Reste que le troisième de L1 est l'équipe qui a le mieux négocié sa première journée au sein du mini-championnat à trois (Anderlecht, AEK Athènes, LOSC) qui se dessine, derrière l'AC Milan, dans cette poule H. Cela n'a encore qu'une importance toute relative, mais cela témoigne que, cette saison, les Dogues ne sont pas à la remorque de l'événement. ■

LIGUE DES CHAMPIONS
Phase de poules, 2e journée
LIVERPOOL (ANG) - GALATASARAY (TUR) : 3-2

Liverpool s'est fait peur

L'ÉQUIPE DU 28 SEPTEMBRE.
Après avoir mené 3-0, les Reds ont difficilement battu Galatasaray.

Par Mickaël CARON

CAIRNDUFF / ACTION IMAGES / FLASH PRESS

52e minute : Peter Crouch déploie ses immenses jambes pour un but sublime.

LIVERPOOL a remporté sa troisième victoire d'affilée face à Galatasaray. Pour cela, les joueurs de Rafael Benitez ont réussi une première demi-heure de haut niveau. Mais le retour des Turcs en deuxième mi-temps a ravivé les interrogations sur la solidité défensive des Reds.

Luis Garcia avait donné le ton : « Nous pensons être une meilleure équipe. Reste à le montrer. » Ses partenaires y sont parvenus dès les premières minutes. Fabio Aurelio enroulait son ballon vers Crouch qui ouvrait le score de près (1-0, 7e). Dans la foulée, un centre au cordeau de Pennant était repris de la tête par Luis Garcia (2-0, 14e).

Mais c'est Crouch qui signait l'exploit de la soirée. Servi par Finnan, le géant anglais s'envolait pour un ciseau exceptionnel (3-0, 52e). La suite laissera un goût plus amer à Benitez. Ümit Karan profitait d'une dizaine de minutes de flottement dans la défense anglaise pour réduire deux fois le score (3-1, 59e ; 3-2, 65e). Et les Turcs frôlaient l'égalisation à trois ou quatre reprises, Reina effectuant une parade décisive face à Hakan Sükür dans le temps additionnel. Malgré la victoire, les Reds n'ont pas effacé leurs doutes nés d'un début de saison poussif. La preuve ? Anfield a sifflé. ■

LE PSG SUSPEND DHORASOO
TOP 14 : PARIS ET LES AUTRES
L'ÉQUIPE
LILLE TIENT LE CHOC
LYON, LA BELLE AFFAIRE
LE REAL MADRID CARTONNE
BORDEAUX ET LE MYSTÈRE MICOUD
FOIRE AUX VINS
RETROUVEZ NOTRE SÉLECTION DES GRANDS CLASSIQUES AUX DERNIÈRES DÉCOUVERTES À PRIX E.LECLERC

LIGUE DES CHAMPIONS
Phase de poules, 2e journée (suite)

STEAUA BUCAREST (ROU) - LYON : 0-3
REAL MADRID (ESP) - DYNAMO KIEV (UKR) : 5-1

Lyon maître du jeu

L'ÉQUIPE DU 27 SEPTEMBRE. Lyon a encore étalé sa puissance à Bucarest, où il a inscrit trois buts, et pris la tête de son groupe avec six points en deux matches.

De notre envoyé spécial à Bucarest (ROU), Sébastien TARRAGO

À L'HEURE D'ENVISAGER le déplacement lyonnais en Roumanie, on ne savait pas vraiment ce que l'on pouvait attendre du Steaua Bucarest. En fait, pas grand-chose, tout au moins pas face à l'OL de l'automne 2006. Les Roumains se sont beaucoup battus. Pas pour gagner. Pour ne pas perdre. Cela a payé durant quarante-deux minutes. Puis, les joueurs de Gérard Houllier ont accéléré, et ils ont marqué trois fois. Avec six points, l'OL possède déjà trois longueurs d'avance sur le Steaua et sur le Real.

Lyon est irrésistible. Pas seulement parce qu'il possède de grands attaquants, de grands milieux de terrain ou de grands défenseurs. Non : parce qu'il possède des joueurs dont on a parfois l'impression qu'ils savent tout faire. À Bucarest, Grégory Coupet a eu un seul arrêt à effectuer. C'était dans le temps additionnel (90e + 3) sur un coup franc de Dica. Auparavant, le différentiel technique entre les deux équipes fut trop flagrant pour que cette histoire se termine autrement. Le quintuple champion de France profita d'une énorme maladresse du gardien du Steaua pour ouvrir le score en fin de course. Un coup franc de Juninho de 30 mètres avait été contré par un défenseur, le ballon s'était envolé dans les airs, Carlos Fernandes sauta et le laissa étrangement filer entre ses mains. Fred était là et marqua sous forme d'hommage à Gerd Müller (0-1, 43e).

UNE PETITE DOUCEUR POUR FINIR

Après la pause, Lyon dévoila durant quinze minutes le visage qu'il avait déjà offert face au Real Madrid (2-0) en première période, et contre Lille (4-1) trois jours plus tôt *(lire en page 23)*, en seconde. La démonstration technique et collective fut admirable, la phase de domination rugissante, et à la suite d'un corner de Juninho au premier poteau, Tiago doubla le score de la tête (0-2, 55e). Après une nouvelle action collective magnifique, Källström eut une première occasion (85e, frappe hors cadre), puis Juninho, actif dans les trois buts, y alla de sa talonnade à l'entrée de la surface pour le remplaçant Benzema, qui conclut du gauche (0-3, 89e). Une petite douceur pour finir, ça fait toujours du bien. ■

DE MARTIGNAC / L'ÉQUIPE

Karim Benzema **(à g.), à peine entré en jeu, inscrit le troisième but de l'OL.**

Toulalan est partout

TOULALAN (note : 7,5/10) : **Calme, omniprésent, donnant l'impression d'attirer le ballon, l'ex-Nantais a démontré à la fois des vertus de guerrier et un sens de l'équilibre et de l'appréciation des trajectoires qui vont lui permettre de voyager loin. - Claude CHEVALLY**

Raùl revit enfin

L'ÉQUIPE DU 27 SEPTEMBRE. Le capitaine madrilène a réussi un doublé face au Dynamo Kiev (5-1) après onze mois sans marquer avec son club. **De notre correspondant à Madrid (ESP), Frédéric HERMEL**

BIEN SÛR, le Real a gagné. Et c'est ce qui comptait le plus pour les Madrilènes, deux semaines après leur défaite à Lyon (0-2). Mais l'événement de cette douce soirée face au Dynamo Kiev concerne Raùl Gonzalez Blanco, le capitaine du Real Madrid. Un homme au centre de toutes les critiques depuis quasi trois saisons. Un attaquant qui n'avait pas marqué sous le maillot blanc depuis le 26 octobre 2005, lors d'un match de Championnat contre La Corogne.

Cette fois, le numéro 7 a de nouveau fait trembler les filets… et par deux fois ! Onze mois plus tard, Raùl a enfin pu accomplir son geste préféré : embrasser son alliance après avoir marqué. C'est à la 27e minute qu'il s'est senti revivre en reprenant de la tête un centre de Reyes (2-0). À cet instant, l'ambiance était déjà détendue car, sept minutes auparavant, Van Nistelrooy avait ouvert le score (1-0, 20e). Après que l'Ukrainien Milevsky (3-1, 47e) eut répondu au but de Reyes (3-0, 45e + 1), le Real repartit de plus belle. Avec Raùl, bien entendu.

Le capitaine chipa un ballon dans la défense et dribbla Chovkovsky pour inscrire son deuxième but (4-1, 61e). Pas en reste, Van Nistelrooy provoqua l'expulsion du portier ukrainien en essayant de le dribbler, avant de transformer lui-même le penalty (5-1, 70e). Les choses semblent se mettre en place du côté de Madrid. Et c'est le Dynamo Kiev qui en a subi les premières conséquences. ■

MARCOU / AFP

Raùl **(à g.) et** **Ruud Van Nisterooy** **: deux doublés et une belle joie.**

LILLE - AC MILAN (ITA) : 0-0
BORDEAUX - PSV EINDHOVEN (HOL) : 0-1

MANTEY / L'ÉQUIPE

MANTEY / L'ÉQUIPE

Lille tient tête au Milan

L'ÉQUIPE DU 28 SEPTEMBRE. Le LOSC a prouvé face à l'AC Milan qu'il n'avait plus à être timide en C1. Les huitièmes de finale sont à ce prix.

De notre envoyé spécial à Lens, Stéphane KOHLER

À DÉFAUT D'AVOIR fait une grosse audience sur TF1, Lille a eu Félix-Bollaert derrière lui face à l'AC Milan. Les 33 302 spectateurs du stade lensois ont poussé constamment les Dogues, passés près d'une victoire face à l'ogre de cette poule H. Certes, Seedorf n'était pas hors jeu lorsque son but fut invalidé par l'arbitre (50e) et les Rossoneri ont plusieurs fois buté sur l'excellent Sylva, mais Lille a su se montrer à la hauteur de l'enjeu.

« Milan, ça reste très costaud, note Grégory Tafforeau. Nous éprouvons beaucoup de fierté de leur avoir tenu tête. On les a d'abord beaucoup regardés. Mais, mentalement et physiquement, on n'a pas lâché et on les a inquiétés lors de la dernière demi-heure. On s'est un peu surpris nous-mêmes d'avoir eu la main sur le match ! »

Le LOSC rappela d'abord l'équipe de la saison précédente en C1 : intimidée et fébrile, coupable de nombreuses erreurs techniques. L'AC Milan confisqua alors la balle, géra la rencontre jusqu'à l'heure de jeu, puis les Dogues se montrèrent plus précis, plus audacieux. « On a pris notre temps, estime Mathieu Bodmer. Milan nous a posé des problèmes et on perdait trop vite le ballon. Ensuite, on a réussi à jouer de manière plus propre. On a surtout tenté des choses, on a tiré *(9 frappes cadrées)*, ce qu'on ne faisait pas souvent en 2005-06. »

Abdulkader Keita (en haut à g.) percute face à Gattuso, Nicolas Plestan (en bas à g.) résiste à Kaka : devant comme derrière, le LOSC se montre à la hauteur de l'AC Milan.

UN ÉQUILIBRE RETROUVÉ

Porté par la chaleur du public de Bollaert, moins passif et plus proche que celui du Stade de France, le LOSC reste en position intéressante avant de jouer deux fois l'AEK Athènes. Il a les moyens d'être ambitieux. Après avoir touché trois fois les montants à Anderlecht (1-1), les Dogues ont pris conscience face à Milan que leur potentiel offensif était d'une autre ampleur que la saison précédente. Odemwingie n'est pas le seul à pouvoir faire la différence. Abdulkader Keita a brillé dans son couloir droit et la qualité de frappe lilloise (Bodmer, Tafforeau, Cabaye) est un atout qui peut faire « sortir » une défense regroupée. Mais si Lille a inquiété Milan, c'est d'abord en retrouvant et en respectant son équilibre collectif, son engagement et sa solidarité. ■

Bordeaux dans de sales draps

L'ÉQUIPE DU 28 SEPTEMBRE. Les Girondins, en s'inclinant à domicile devant le PSV Eindhoven, ont déjà compromis leurs chances de qualification. De notre envoyé spécial à Bordeaux, Bernard LIONS

C1-1RE PHASE, 2e journée

GROUPE C

Bordeaux - PSV Eindhoven (HOL) : **0-1**
Liverpool (ANG) - Galatasaray (TUR) : **3-2**

	Pts	J	G	N	P	diff
1 Liverpool	4	2	1	1	0	+1
2 PSV Eindh.	4	2	1	1	0	+1
3 Galatasaray	1	2	0	1	1	-1
4 Bordeaux	1	2	0	1	1	-1

GROUPE E

Steaua Bucarest (ROU) - Lyon : **0-3**
Real Madrid (ESP) - Dynamo Kiev (UKR) : **5-1**

	Pts	J	G	N	P	diff
1 Lyon	6	2	2	0	0	+5
2 Real Madrid	3	2	1	0	1	+2
3 Steaua Buc.	3	2	1	0	1	0
4 Dynamo Kiev	0	2	0	0	2	-7

GROUPE H

Lille - AC Milan (ITA) : **0-0**
AEK Athènes (GRE) - Anderlecht (BEL) : **1-1**

	Pts	J	G	N	P	diff
1 AC Milan	4	2	1	1	0	+3
2 Anderlecht	2	2	0	2	0	0
3 Lille	2	2	0	2	0	0
4 AEK Athènes	1	2	0	1	1	-3

BORDEAUX ENTENDAIT faire fructifier le point ramené d'Istanbul (0-0, à Galatasaray). C'est raté. Sans ressort derrière et sans grande imagination devant, il s'est logiquement incliné face à une équipe du PSV pourtant amputée d'un tiers de ses titulaires (Cocu, Culina, Farfan et Kluivert). Les Girondins courent donc toujours après une victoire dans cette compétition depuis le 20 septembre 1999, date d'un dernier succès au Spartak Moscou (2-1). Ce soir-là, Micoud avait marqué. Face au PSV, il est sorti dès la mi-temps… Officiellement, pour blessure. Ce qui n'empêchera pas de poser des interrogations.

LE PSV RÉDUIT À DIX

Bordeaux devra les lever et se relever de cette défaite. Et vite. Mais sa tâche dans ce groupe C s'annonce désormais compliquée. La manière dont les Néerlandais leur confisquèrent d'entrée le ballon confirma en effet les lacunes girondines déjà entrevues en L1.

À s'entêter à jouer bas, les Bordelais finirent par ne plus jouer du tout. Or, à ce niveau de la compétition, cela ne passe pas. Après une première période très décevante, les hommes de Ricardo parvinrent à mieux contenir leurs hôtes à la reprise. Mais Väyrynen ramena le dauphin de Lyon à la raison et, surtout, à sa triste réalité, en trompant Ramé à l'issue d'une belle combinaison avec Arouna Koné (0-1, 65e).

Les Girondins terminèrent à onze contre dix, après l'expulsion sévère de Lamey (85e). Mais rien n'y fit. Bordeaux n'avait tout simplement pas le niveau. ■

Complètement impuissant contre les champions des Pays-Bas, Johan Micoud (au centre) ne passera qu'une mi-temps sur la pelouse.

MANTEY / L'ÉQUIPE

LILLE TOUCHE AUX BUTS
BORDEAUX JOUE DÉJÀ GROS
UN FOOTBALLEUR A-T-IL LE DROIT DE TOUT DIRE ?
L'ÉQUIPE
LA MACHINE À GAGNER
SAISON TERMINÉE POUR MONFILS
DAGRENAT ET PERPIGNAN, C'EST FINI
NANCY VEUT PASSER LA CINQUIÈME
PARIS EN VRAI LEADER
RUGBY
H CUP
SPÉCIAL COUPE D'EUROPE

LIGUE DES CHAMPIONS
Phase de poules, 3e journée

LILLE - AEK ATHÈNES (GRE) : 3-1
DYNAMO KIEV (UKR) - LYON : 0-3

Bons baisers de Lille

L'ÉQUIPE DU 18 OCTOBRE. Le LOSC a arraché, en fin de partie, un succès qui le place en bonne position pour la qualification. **De notre envoyé spécial à Lens, Régis DUPONT (avec Éric CHAMPEL)**

LA SOIRÉE LILLOISE, même délocalisée à Lens, s'est achevée comme dans un rêve. Long, très long à se dessiner, le succès acquis par le LOSC le propulse vers la qualification. L'équipe de Claude Puel compte désormais cinq points, trois de plus qu'Anderlecht, battu à domicile par l'AC Milan (0-1), quatre de plus qu'Athènes. C'est une forme de jackpot pour des Lillois toujours invaincus en C1. « On n'en est qu'à la moitié du chemin, tempère Claude Puel. On peut parler d'une bonne opération, mais pas de qualification ou d'avantage décisif. »
Au terme d'un match spectaculaire, le LOSC s'est pourtant relevé de tout : d'une prestation parfois mal maîtrisée, de la discrétion de son axe Bodmer-Odemwingie et, surtout, d'une égalisation grecque. Évidemment, quand on compte dans son effectif un élément aussi étincelant qu'Abdulkader Keita, c'est plus facile. L'Ivoirien a encore débloqué la rencontre.

ROBAIL, UNE PREMIÈRE QUI MARQUE

Car s'il y a toujours 0-0 à la pause, ce n'est pas en raison de la frilosité des acteurs. D'entrée, le LOSC a montré les crocs, mais rapidement l'AEK a sorti ses griffes. Puis surgit Mathieu Robail. Bien servi par le phénoménal Keita, il s'offre le bonheur rare d'un but pour une première titularisation en Ligue de champions (1-0, 64e). Alors qu'une partie des tribunes festoie encore, Ilic trompe Sylva, (1-1, 67e). L'AEK, qui n'avait plus marqué en France depuis plus de quarante ans, célèbre l'événement. Le coup est rude pour le LOSC, sonné. Puel fait alors sortir Odemwingie pour Youla et Robail pour Gygax (78e). C'est le Suisse, porté disparu depuis des mois, qui va se trouver à la réception d'une nouvelle passe décisive de Keita (2-1, 82e). Dans le temps additionnel, Youla, pour se mettre dans le ton des autres remplaçants, décale Makoun qui marque du gauche (3-1, 90e + 1). « Les joueurs qui sont rentrés nous ont remis dans le bons sens, résume Claude Puel. Nous sommes allés chercher cette victoire dans l'esprit et dans la philosophie. » ■

BOUTROUX / L'ÉQUIPE

Daniel Gygax (au centre), auteur du deuxième but lillois (78e), est félicité par Mathieu Chalmé, Kevin Mirallas et Nicolas Plestan (de g. à dr.).

Houllier : « Un match très professionnel »

L'ÉQUIPE DU 18 OCTOBRE. L'entraîneur de l'OL apprécie la victoire sans bavure contre Kiev, qui rapproche son équipe des huitièmes de finale.
De notre envoyé spécial à Kiev (UKR), Sébastien TARRAGO

« **COMMENT ANALYSEZ-VOUS cette nette victoire ?**
– Je savais que le Dynamo Kiev était une équipe qui attaque bien et beaucoup. Elle l'a démontré, même à 3-0 pour nous. Une fois le premier but marqué *(Juninho, 31e)*, on a eu davantage confiance, on a pu imposer notre supériorité technique et on a fait un match très professionnel.
– Vous avez procédé à quelques aménagements au milieu de terrain. Quelles sont vos impressions sur la performance dans ce secteur de jeu ?
– C'est l'équipe qui a gagné, et ce sont quatorze joueurs qui ont contribué à ce succès. Alors, le but de Källström *(2-0, 38e)* a été décisif, c'est sûr.
– Le danger vient de partout *(le troisième but fut inscrit par Malouda, 50e)*. Ce doit être une satisfaction ?
– C'est notre philosophie de jeu. Chez moi, tout le monde peut participer au jeu offensif, tant que l'équilibre défensif n'est pas mis en danger. Peu importe si Fred se retrouve arrière droit.
– Avec trois victoires, considérez-vous que Lyon est déjà qualifié ?
– Lyon a 75 % de chances de se qualifier pour les huitièmes de finale.
– Vous avez inscrit huit buts en Ligue des champions, vous n'en avez pas concédé un seul. Cette équipe de Lyon a-t-elle des limites ?
– *(Il sourit.)* J'espère… Les siennes… Ce que j'ai aimé, sur ces trois matches, c'est de ne pas avoir pris de but, même si on a été mis en danger. On m'a fait remarquer que c'était notre dixième victoire d'affilée. L'équipe est dans une phase de progrès important. Son challenge, c'est de toujours recommencer, de toujours mieux faire. » ■

Florent Malouda, ici à la lutte avec Taras Mikhalik, inscrira le troisième but.

LAHALLE / L'ÉQUIPE

BORDEAUX - LIVERPOOL (ANG) : 0-1
CHELSEA (ANG) - FC BARCELONE (ESP) : 1-0

Bordeaux loin du compte

L'ÉQUIPE DU 19 OCTOBRE. Logiquement battus par Liverpool, les Girondins ont sans doute laissé filer leur dernière chance d'accéder aux huitièmes de finale. **De notre envoyé spécial à Bordeaux, Régis TESTELIN (avec Jérôme LE FAUCONNIER)**

C'EST TRISTE, sans doute vexant, mais c'est comme ça : les Girondins ont une nouvelle fois démontré qu'ils n'avaient pas le niveau requis pour poursuivre l'aventure en Ligue des champions. Dans l'ensemble, c'était un peu mieux que face au PSV Eindhoven (0-1), mais pas beaucoup plus. Le résultat, lui, est le même, et cette nouvelle défaite à domicile sur le plus petit des scores devrait les condamner à renoncer à l'une des deux premières places du groupe C, promises à Liverpool et au PSV Eindhoven, vainqueur de Galatasaray (2-1).

LUTTIAU / L'ÉQUIPE

Le capitaine des Reds, Jamie Carragher, résiste parfaitement à Marouane Chamakh.

LUTTIAU / L'ÉQUIPE

Peter Crouch (n°15) inscrit, sur corner, le but de la victoire pour Liverpool (57e).

En trois matches, Bordeaux n'a toujours pas marqué le moindre but. « Je pense que nous avons montré plus de choses que contre le PSV, mais ce n'est pas suffisant pour la Ligue des champions », confirme Ricardo. Bordeaux est resté trop juste, comme s'il n'avait ni les hommes, ni la vitesse, ni la technique, ni la puissance pour forcer les serrures européennes. « On n'a pas fait un mauvais match, mais il manque toujours un détail qui fait la différence », poursuit l'entraîneur bordelais.

RICARDO : « JOUER LA TROISIÈME PLACE, C'EST BIEN AUSSI »

La première période avait d'ailleurs clairement annoncé la couleur. Si la possession du ballon était girondine, l'occupation des zones de vérité n'était pas favorable aux Marine et Blanc, ni les occasions de but. Au retour du vestiaire, il y eut pourtant quelque chose de neuf dans les intentions bordelaises : l'envie de mettre du rythme et même un peu de folie. Et l'on se dit à ce moment que peut-être…

Mais l'espoir se fracassa net en deux temps. Sur une transversale exceptionnelle de Riise, Luis Garcia trouva Ramé sur sa frappe et, dans la continuité de l'action, Liverpool se procura un corner. Tiré par Bellamy, le ballon acheva sa course sur la tête de Crouch et bientôt dans le but de Ramé (0-1, 58e). Liverpool tenait sa victoire, sans être génial, tout juste un peu plus solide qu'une équipe girondine bien trop tendre à ce niveau. « Ce n'est pas fini », clamait Ricardo avant de se rendre à davantage de raison : « Jouer la troisième place, c'est bien aussi. » ■

C1-1RE PHASE, 3e journée

GROUPE A

Chelsea (ANG) - FC Barcelone (ESP) : **1-0**
Werder Brême (ALL) - Levski Sofia (BUL) : **2-0**

		Pts	J	G	N	P	diff
1	Chelsea	9	3	3	0	0	+5
2	FC Barcelone	4	3	1	1	1	+4
3	Werder Brême	4	3	1	1	1	0
4	Levski Sofia	0	3	0	0	3	-9

GROUPE C

Bordeaux - Liverpool (ANG) : **0-1**
Galatasaray (TUR) - PSV Eindhoven (HOL) : **1-2**

		Pts	J	G	N	P	diff
1	Liverpool	7	3	2	1	0	+2
2	PSV Eindhoven	7	3	2	1	0	+2
3	Galatasaray	1	3	0	1	2	-2
4	Bordeaux	1	3	0	1	2	-2

GROUPE E

Dynamo Kiev (UKR) - Lyon : **0-3**
Steaua Bucarest (ROU) - Real Madrid (ESP) : **1-4**

		Pts	J	G	N	P	diff
1	Lyon	9	3	3	0	0	+8
2	Real Madrid	6	3	2	0	1	+5
3	Steaua Buca.	3	3	1	0	2	-3
4	Dynamo Kiev	0	3	0	0	3	-10

GROUPE H

Lille - AEK Athènes (GRE) : **3-1**
Anderlecht (BEL) - AC Milan (ITA) : **0-1**

		Pts	J	G	N	P	diff
1	AC Milan	7	3	2	1	0	+4
2	Lille	5	3	1	2	0	+2
3	Anderlecht	2	3	0	2	1	-1
4	AEK Athènes	1	3	0	1	2	-5

Drogba dompte le Barça

L'ÉQUIPE DU 19 OCTOBRE. Auteur de son neuvième but de la saison, le quatrième en Ligue des champions, l'Ivoirien a eu raison des champions d'Europe. **De notre envoyé spécial à Londres (ANG), Jean-Michel ROUET**

AVEC TROIS VICTOIRES en autant de matches, Chelsea a fait un très grand pas vers les huitièmes de finale. En revanche, il va falloir que le tenant du titre se réveille, parce qu'avec seulement quatre points le Barça n'est désormais à l'abri de rien, d'autant qu'il n'a quasi jamais été, face à Chelsea au niveau qui était le sien en 2005-06.

Avec deux équipes rassemblant 34 % des meilleurs footballeurs de la planète – dix-sept des cinquante nommés au Ballon d'Or 2006 de *France Football* (9 à Chelsea, 8 à Barcelone) –, on s'attendait à un peu plus de coups d'éclat. Le match resta pourtant longtemps verrouillé, en tout cas assez peu en rapport avec tous les talents offensifs déployés sur la pelouse.

Certes, on assistait bien à l'opposition de styles attendue, avec d'un côté le pressing et la puissance athlétique des Londoniens, de l'autre le mouvement et la progression par passes courtes vers le but adverse des champions d'Europe. Puis la lumière est venue, comme souvent, de Didier Drogba.

L'Ivoirien, bien que touché à la tête en fin de première période, allait lancer enfin ce sommet par son neuvième but de la saison (son quatrième en Ligue des champions). Juste en dehors de la surface, il mystifia Puyol et Marquez pour adresser un tir dans le petit filet (1-0, 47e). Et sans un mauvais choix d'Essien (pourtant auteur d'un match de mammouth) sur un contre (52e), puis une tentative trop enlevée de Chevtchenko pourtant seul face au but (53e), l'affaire aurait sans doute été vite réglée… ■

Michael Essien, auteur d'un match énorme, terrasse le FC Barcelone de Ronaldinho.

NATAF / L'ÉQUIPE

L'EXPLOIT DE BENNETEAU

CAUCAUNIBUCA EST REDEVENU PHÉNOMÉNAL

L'ÉQUIPE

LYON NE PARTAGE RIEN

PLUS QUE JAMAIS, NOUS FERONS LA ROUTE ENSEMBLE.

LIGUE DES CHAMPIONS
Phase de poules, 4e journée

LYON - DYNAMO KIEV (UKR) : 1-0

Contrat rempli pour l'OL

L'ÉQUIPE DU 2 NOVEMBRE. Lyon s'est fait peur en fin de match face au Dynamo Kiev, mais a encore gagné. L'OL est qualifié pour les huitièmes.

De notre envoyé spécial à Lyon, Sébastien TARRAGO (avec Claude CHEVALLY)

C'EST UN DOUBLE sentiment qui est venu submerger les esprits au coup de sifflet final. Lyon a gagné, encore, toujours, et cet OL de l'été et de l'automne 2006 est décidément une drôle de machine. Ce qu'elle est en train de réaliser en ce début de saison est tout simplement phénoménal (14 succès consécutifs), et il faudra sans doute attendre longtemps avant qu'une autre équipe parvienne à son niveau de performance et de résultats. Mais, face à Kiev, Lyon a aussi réalisé sa prestation la moins aboutie en Ligue des champions et s'est fait peur dans des proportions assez rares.

Après avoir ouvert le score par Benzema (1-0, 14e), la formation de Gérard Houllier a en effet manqué de constance, voire d'application. « Kiev nous a posé beaucoup de problèmes défensifs », confirmait Gérard Houllier. Ce qui n'a pas empêché Lyon de se qualifier après seulement quatre rencontres, comme en 2004 et en 2005.

DEUX BELLES FRAYEURS...

Seulement voilà : on s'est tellement habitué à observer un OL rayonnant et dominant qu'on ne peut pas s'empêcher de revenir sur les faiblesses entrevues. Après l'ouverture du score, Lyon a parfois manqué de discipline dans le repli défensif et a exposé quelques facilités superflues. « L'OL n'est pas vraiment fait pour gérer un résultat », avançait Gérard Houllier. Les Lyonnais sont tellement forts, depuis tellement longtemps, que l'échec était difficilement envisageable. Malgré son incapacité à emballer la rencontre, l'OL hérita de plusieurs situations pour rendre sa soirée tranquille. En vain. Ce n'était pas une grande idée. Car, en fin de match, Milevsky puis Kleber se créèrent deux occasions exceptionnelles (76e et 80e) qui firent frémir Gerland. Ce n'est pas grave, bien sûr. C'est juste un rappel à l'ordre. Sans conséquence. La vérité est ailleurs : « On peut estimer qu'on a progressé, arguait Gérard Houllier, puisque, cette année, nous n'avons toujours pas encaissé le moindre but après quatre journées. » ■

NATAF / L'ÉQUIPE

Karim Benzema (à g.) trompe Alexander Chovkovsky, le gardien de Kiev, pour inscrire le but victorieux de l'OL (14e).

L'ŒIL de Bixente Lizarazu — **L'ÉQUIPE DU 3 NOVEMBRE**

Lyon, le tube de l'automne

SI JE DEVAIS établir un classement des meilleures équipes européennes du moment, il serait le suivant : 1. Lyon ; 2. Chelsea ; 3. Barcelone ; 4. Bayern Munich. Bien entendu, cela ne signifie pas pour autant que ces quatre équipes se retrouveront en demi-finales de la C1. Depuis le début de la saison, Lyon a toujours su ajouter à ses victoires une très grande qualité de jeu. Le talent des joueurs est indiscutable, mais il n'y a pas que ça. Je suis frappé, par exemple, par l'impact physique des Lyonnais. Ils sont toujours un ton au-dessus. On devine derrière tout ça un travail très pointu, très individualisé. Je remarque aussi que tous les profils s'épanouissent à Lyon. Les nouveaux, comme Toulalan, Squillaci ou Källström, évoluent comme s'ils étaient là depuis quatre ou cinq ans. Les anciens, comme Abidal ou Malouda, continuent de franchir des paliers. Un jeune comme Benzema parvient à obtenir du temps de jeu et à progresser. Enfin, une star comme Juninho donne toute la mesure de son talent. Cette harmonie est la preuve que tout le monde adhère à cette aventure sportive et humaine. Franchement, je suis emballé par Lyon. À l'heure qu'il est, je serais bien en peine d'émettre une quelconque critique. L'OL n'a pas la reconnaissance qu'il mérite. ■

NATAF / L'ÉQUIPE

Juninho à la lutte avec Badr El-Kaddouri (à g.) et Taras Mikhalik.

LIVERPOOL (ANG) - BORDEAUX : 3-0
AEK ATHÈNES (GRE) - LILLE : 1-0

Bordeaux n'avait pas le niveau

L'ÉQUIPE DU 1ER NOVEMBRE. Étrillés à Anfield, les Girondins ne passeront pas l'hiver en Ligue des champions. Mais ils espèrent atteindre la 3e place de leur groupe, synonyme de qualification pour la Coupe de l'UEFA. De notre envoyé spécial à Liverpool (ANG), Bernard LIONS (avec Jean-Michel ROUET)

LE MIRACLE N'A pas eu lieu. Les Girondins ont été rattrapés par la cruelle réalité, celle d'une équipe de milieu de tableau de Ligue 1. Après avoir concédé à Liverpool son troisième revers de suite, Bordeaux, qui ne compte qu'un point, est éliminé de la compétition. Les Anglais sont qualifiés pour les huitièmes, en compagnie des Néerlandais du PSV Eindhoven. « Après quatre matches, on n'a pas marqué un seul but, c'est une déception. C'est aussi la preuve que Bordeaux n'est pas encore prêt pour le haut niveau », soulignait Ricardo. Reste désormais l'objectif d'accrocher la troisième place de la poule, synonyme de Coupe de l'UEFA.

Si, au moins, Liverpool avait été à la hauteur de sa réputation… Ce ne fut même pas le cas. Il a fallu que Bordeaux se noie tactiquement en première mi-temps et qu'il se saborde tout seul en seconde pour que les champions d'Europe 2005 décrochent une facile victoire et la qualification. On s'attendait à une pression terrible des Reds. Il n'en fut rien. Alors que la partie se distinguait jusque-là par la pauvreté de ses actions et un gros déchet technique, Faubert signifia, d'un geste à Perea, de ne pas revenir davantage. Mal lui en prit, puisqu'il se retrouva tout seul pour défendre sur un centre de Gerrard. Luis Garcia ajustait sa volée du gauche (1-0, 23e). Et voilà comment Bordeaux, déjà dominé, se retrouvait bêtement mené.

En étant un peu moins mauvaise, l'équipe de Ricardo pouvait espérer faire mieux. Cela se vérifia dès l'entame de la seconde mi-temps, où les Girondins se créèrent quatre occasions par Marange (47e), Darcheville (50e et 51e) et Wendel (56e). Bordeaux venait de laisser passer sa chance. Et cette partie retomba vite dans l'à-peu-près et l'ennui. Puis à la 67e minute survint l'incident : Riise jouait une touche au lieu de rendre le ballon aux Bordelais. Fernando, furieux, lui ouvrit l'arcade d'un coup de tête.

Le Brésilien laissa là son équipe. « L'expulsion a tout changé, constata Ricardo. Ce match jouable est devenu totalement injouable. » Steven Gerrard doubla la mise (2-0, 72e). Puis Luis Garcia s'offrit un doublé (3-0, 78e). C'était fini. ■

Double buteur (23e et 78e), Luis Garcia, ici face au Bordelais Gérald Cid, est le grand artisan de la victoire des Reds.

HERVIO / FLASH PRESS

Fernando : « Je n'étais plus moi-même »

FERNANDO (Bordeaux) : « J'ai commis une erreur qui va me servir de leçon. Je me suis avancé vers Riise qui ne voulait pas rendre le ballon et, pendant quelques secondes, je n'ai plus été moi-même. Je ne voulais pas le frapper. Mais cela n'excuse pas mon geste. J'ai conscience d'avoir pénalisé mon équipe. À onze contre onze, c'est déjà difficile, alors à dix contre onze… »

Éric CHAMPEL

Puel : « Tout reste jouable »

L'ÉQUIPE DU 2 NOVEMBRE. L'entraîneur lillois retient le bon comportement de son équipe à Athènes, malgré la défaite, et reste optimiste. De notre envoyé spécial à Athènes (GRE), Régis DUPONT

« EN VOULEZ-VOUS vous à Tavlaridis pour son expulsion *(à la 22e minute à la suite de deux fautes incontestables sanctionnées de deux cartons jaunes)*?

– Je n'ai pas trop envie de revenir sur l'expulsion ni sur l'arbitrage. J'aurais simplement aimé qu'il soit aussi virulent des deux côtés. Ça nous a pénalisés mais, malgré tout, nous avons réussi un grand match collectivement. Nous n'avons pas paniqué, nous avons concédé très peu d'occasions et nous nous en sommes créé. Les joueurs auraient mérité un autre résultat.

– La suspension de Cabaye *(deuxième carton jaune)* face à Anderlecht n'est-elle pas l'autre gros coup dur de la soirée ?

– Au-delà du résultat, il y a effectivement pas mal de points négatifs. La blessure de Makoun ou la fatigue accumulée, par exemple. Mais il faut rester sur le positif. Tout reste jouable. Il faudra faire la décision chez nous *(contre Anderlecht)* et peut-être aller chercher quelque chose à Milan.

– Mathieu Bodmer a pris place en défense centrale après l'expulsion de Tavlaridis. Avez-vous apprécié sa prestation ?

– Mathieu avait déjà joué à ce poste et il s'en était toujours très bien sorti. Son match nous a permis de sortir proprement le ballon, de ne pas subir. L'AEK a su être patient pour débloquer la situation *(but de Liberopoulos d'un extérieur du droit, 1-0, 74e)*, ne s'est pas précipité. Mais un partage des points aurait été largement mérité. » ■

C1-1RE PHASE, 4e journée

GROUPE C

Liverpool (ANG) - Bordeaux : 3-0
PSV Eindhoven (HOL) - Galatasaray (TUR) : 2-0

	Pts	J	G	N	P	diff
1 Liverpool	10	4	3	1	0	+5
2 PSV Eindhoven	10	4	3	1	0	+4
3 Galatasaray	1	4	0	1	3	-4
4 Bordeaux	1	4	0	1	3	-5

GROUPE E

Lyon - Dynamo Kiev (UKR) : 1-0
Real Madrid (ESP) - Steaua Bucarest (ROU) : 1-0

	Pts	J	G	N	P	diff
1 Lyon	12	4	4	0	0	+9
2 Real Madrid	9	4	3	0	1	+6
3 Steaua Buca.	3	4	1	0	3	-4
4 Dynamo Kiev	0	4	0	0	4	-11

GROUPE H

AEK Athènes (GRE) - Lille : 1-0
AC Milan (ITA) - Anderlecht (BEL) : 4-1

	Pts	J	G	N	P	diff
1 AC Milan	10	4	3	0	1	+7
2 Lille	5	4	1	2	1	+1
3 AEK Athènes	4	4	1	1	2	-4
4 Anderlecht	2	4	0	2	2	-4

Le talent d'Abdulkader Keita (à g.) ne sera pas suffisant pour un LOSC réduit à dix face à l'AEK Athènes de Georgas Nikolaos.

DE MARTIGNAC / L'ÉQUIPE

L'ESCROC QUI FAIT TREMBLER LE FOOT FRANÇAIS

L'ÉQUIPE

LYON PREMIER PARTOUT

LIGUE DES CHAMPIONS
Phase de poules, 5e journée

REAL MADRID (ESP) - LYON : 2-2
LILLE - ANDERLECHT (BEL) : 2-2

« Une expérience géniale »

L'ÉQUIPE DU 23 NOVEMBRE. Grégory Coupet savoure l'exploit de l'OL, qui est allé chercher la première place de son groupe à Madrid. **De notre envoyé spécial à Madrid (ESP), Sébastien TARRAGO**

« UN PENALTY arrêté, un match nul, la première place du groupe assurée. La soirée madrilène a été magnifique…

– C'est génial, c'est sûr. Mais je dois quand même avouer que le scénario nous contrarie un peu. On menait 2-0 *(buts de Carew, 0-1, 11e ; et Malouda, 0-2, 31e)* et on a moins su gérer qu'en 2005-06. Le Milan mettait tous ses atouts en alignant quatre, cinq attaquants, et…

– Le Real, vous voulez dire ?

– *(Il sourit.)* Oui, pardon… Malgré la poussée du Real, on a donc continué à jouer en avançant. On aurait peut-être dû gérer un peu plus, faire circuler davantage, pour les obliger à fournir des efforts défensifs. Au bout du compte, on s'est exposés et on a énormément souffert.

« CETTE LIGUE DES CHAMPIONS EST UNE OBSESSION »

– Sur un plan personnel, il y a aussi ce penalty arrêté à la 89e.

– Ça se joue à pas grand-chose. J'avais souvent vu Van Nistelrooy tenter ce geste, un plat du pied puissant. Je me suis dit qu'à ce moment-là de la partie il allait peut-être essayer de se rassurer en frappant comme ça. J'ai essayé de l'allumer un peu sur ma droite, et je suis vite parti de l'autre côté. C'est un exploit qui fait du bien à tout le monde, d'autant qu'il n'y avait pas penalty. Cela aurait été vraiment injuste de perdre là-dessus.

– De manière plus générale, vous êtes déjà certains de terminer à la première place, vous ne perdez pas à Madrid…

– C'est très positif et, en même temps, on prend deux buts sur des coups de pieds arrêtés *(M. Diarra, 1-2, 39e ; Van Nistelrooy, 2-2, 83e)*. Ça prouve qu'il faut être encore plus rigoureux dans ce domaine, comme dans la gestion du jeu. Heureusement, John *(Carew)* a été extraordinaire devant. Il a bien gardé le ballon et on s'est peut-être trop appuyés sur lui. On l'a un peu laissé livré à lui-même. Ceci dit, finir avec le couteau sous la gorge dans un match à Madrid, c'est une expérience géniale.

– Remporter cette C1, est-ce la grande ambition du vestiaire lyonnais ?

– La première ambition, très honnêtement, c'est d'être champion une sixième fois. Mais cette Ligue des champions est une obsession, oui. Si on pouvait vivre une grande aventure, ce serait merveilleux. » ■

John Carew réalise son match le plus accompli sous le maillot lyonnais. Un but (11e) et un festival face à la défense du Real et à Fabio Cannavaro (à dr.).

FÈVRE / L'ÉQUIPE

Le rêve lillois s'éloigne

L'ÉQUIPE DU 22 NOVEMBRE. Après avoir mené deux fois au score, le LOSC a concédé un nul qui réduit considérablement ses chances de qualification. **De notre envoyé spécial à Lens, Régis DUPONT (avec Stéphane KOHLER)**

LE SCÉNARIO redouté par Claude Puel s'est réalisé. Pour arracher sa qualification en huitièmes, Lille devra obtenir un résultat à Milan. Et le pire, c'est que même une victoire à San Siro ne serait pas forcément suffisante. Le LOSC ne maîtrise plus son destin. Car si l'AEK Athènes gagne en Belgique, les Grecs sont assurés de finir deuxièmes. « On avait tout pour bien faire et on se retrouve dos au mur », regrettait Grégory Tafforeau. « Il faut revenir sur terre et aller à Milan avec de grosses ambitions », avançait pour sa part Mathieu Chalmé.

Jusqu'au repos, Lille fut fébrile et en équilibre très instable. Et c'était un demi-miracle si le LOSC menait au score (1-0, 28e) grâce à Peter Odemwingie. Alors qu'il avait enfin retrouvé de l'assise, il se laissa piéger par Émile Mpenza (1-1, 38e). À cet instant, les Nordistes pouvaient pester. Mais, sur l'ensemble du match, il n'y avait pas de scandale. Lille avait cru à la qualification pendant dix minutes en première période. Il eut droit à dix fois moins en seconde. Car Nicolas Fauvergue avait à peine eu le temps de marquer (2-1, 47e) que le LOSC encaissa la réplique dès l'engagement via Mpenza, (2-2, 48e). Lille n'a pas perdu, mais c'est tout comme. ■

DE MARTIGNAC / L'ÉQUIPE

Bart Goor (à g.) bouscule Mathieu Debuchy, mais l'arbitre n'accordera pas le penalty.

BORDEAUX - GALATASARAY (TUR) : 3-1
INTER MILAN (ITA) - SPORTING PORTUGAL (POR) : 1-0

C1-1RE PHASE, 5e journée

GROUPE B

Inter Milan (ITA) - Sporting Portugal (POR) : 1-0
Spartak Moscou (RUS) - Bayern Munich (ALL) : 2-2

		Pts	J	G	N	P	diff
1	Bayern Mun.	11	5	3	2	0	+7
2	Inter Milan	9	5	3	0	2	0
3	Sporting Por.	5	5	1	2	2	-1
4	Spartak Mos.	2	5	0	2	3	-6

GROUPE C

Bordeaux - Galatasaray (TUR) : 3-1
Liverpool (ANG) - PSV Eindhoven (HOL) : 2-0

		Pts	J	G	N	P	diff
1	Liverpool	13	5	4	1	0	+7
2	PSV Eindho.	10	5	3	1	1	+2
3	Bordeaux	4	5	1	1	3	-3
4	Galatasaray	1	5	0	1	4	-6

GROUPE E

Real Madrid (ESP) - Lyon : 2-2
Steaua Bucarest (ROU) - Dynamo Kiev (UKR) : 1-1

		Pts	J	G	N	P	diff
1	Lyon	13	5	4	1	0	+9
2	Real Madrid	10	5	3	1	1	+6
3	Steaua Buc.	4	5	1	1	3	-4
4	Dynamo Kiev	1	5	0	1	4	-11

GROUPE H

Lille - Anderlecht (BEL) : 2-2
AEK Athènes (GRE) - AC Milan (ITA) : 1-0

		Pts	J	G	N	P	diff
1	AC Milan	10	5	3	1	1	+6
2	AEK Athènes	7	5	2	1	2	-3
3	Lille	6	5	1	3	1	+1
4	Anderlecht	3	5	0	3	2	-4

Le grand réveil de Bordeaux

L'ÉQUIPE DU 23 NOVEMBRE. Brillants vainqueurs de Galatasaray, les Girondins sont qualifiés pour les 16es de finale de la C3. De notre envoyé spécial à Bordeaux, Régis TESTELIN

CELA FAISAIT UN moment qu'on l'attendait, celui-là. Un match propre, plein d'éclats et de promesses. Bien sûr, il aurait pu venir plus tôt, ce match de référence, mais il n'est jamais trop tard pour envoyer un message fort et montrer, enfin, qu'il y a une équipe à Bordeaux. « On a prouvé qu'on était capables de faire de bonnes choses. C'est une étape dans une longue saison », a expliqué Ulrich Ramé.
Si la qualification pour la Coupe de l'UEFA mérite le respect, elle laisse aussi bien des regrets, car si Bordeaux avait abordé ses quatre matches précédents comme celui-là, ce n'est pas la troisième place du groupe qu'il aurait disputée, mais l'une de celles du dessus. Tout ne fut pas parfait dans le jeu girondin, mais il y avait un enthousiasme de juniors et une attitude résolument offensive. Calculé ou pas, le risque finit par payer, et les Bordelais ouvrirent logiquement le score grâce Alonso (1-0, 22e). Pour l'esprit, l'avantage était mérité, mais il fallut attendre le break de Laslandes pour envisager sereinement la C3 (2-0, 47e). Dès lors, les Bordelais jouèrent pour le plaisir. Faubert fut récompensé de ses efforts par le troisième but (3-0, 50e). Le but d'Inamoto (3-1, 73e) ne changea rien à l'affaire, qui était entendue depuis longtemps. ■

BRETAGNON / FLASH PRESS

Bordeaux et Julien Faubert, auteur du troisième but (50e), surclassent le Galatasaray de Cihan Haspolatli (à g.)

L'Inter qualifiée

L'ÉQUIPE DU 23 NOVEMBRE. En remportant son troisième succès d'affilée, le leader de la Serie A décroche son billet pour les huitièmes de finale. De notre envoyé spécial à Milan, Jérôme LE FAUCONNIER

EN DOMINANT LE Sporting Portugal, les Milanais sont toujours en course pour l'énorme défi qu'ils se sont fixé : remporter la Ligue des champions et s'adjuger le titre de champion d'Italie, qui les fuit (sur le terrain) depuis 1989. Ils seront en huitièmes de finale de la C1, c'est désormais acquis. « L'équipe a joué d'une manière extraordinaire en enchaînant un troisième succès consécutif », s'enthousiasmait Roberto Mancini.
La prestation des Milanais ne fut pourtant pas convaincante sur tous les points. Ils ne furent jamais à l'abri d'un retour des Portugais, menaçants jusqu'au bout. Ce huitième succès de rang (toutes compétitions confondues) mit du temps à se dessiner. Autant l'entame alerte pouvait laisser présager une grande soirée, autant on peut compter sur les doigts d'une main les occasions franches en première mi-temps.
On commençait à s'ennuyer ferme lorsque Stankovic, sur une belle ouverture, trouva Crespo dans l'espace. L'Argentin prit de vitesse Tello et Veloso et s'en alla battre Ricardo à bout portant (1-0, 36e). Pour le Sporting, l'affaire se compliquait forcément. Plutôt adroits balle au pied, les Portugais s'offrirent tout de même quelques situations intéressantes. Mais à l'image de son duo français Dacourt-Vieira, l'Inter géra et assura sa qualification. ■

Hernan Crespo (à g.), félicité par Patrick Vieira, donne la victoire à l'Inter (36e).

LUZZANI / LIVERANI / FLASH PRESS

LIGUE DES CHAMPIONS
Phase de poules, 6e journée
FC BARCELONE (ESP) - WERDER BRÊME (ALL) : 2-0

Ronaldinho sauve le Barça

L'ÉQUIPE DU 6 DÉCEMBRE.
Le Brésilien, étincelant, a propulsé Barcelone en huitièmes de finale.
De notre correspondant à Barcelone (ESP), Frédéric TRAÏNI

PRÉVOST / L'ÉQUIPE

Ronaldinho (à g.), bourreau de Clemens Fritz.

LE GRAND RONALDINHO est de retour. Auteur d'un match parfait contre le Werder Brême, le Brésilien a retrouvé son efficacité, redonnant du sens à ses grigris, ceux qui plaisent tant à ses fans. Démonstration avec une « espaldinha » (contrôle orienté du dos) réalisée d'entrée (4e) sous le nez du pauvre Clemens Fritz, chahuté toute la soirée.
Fioriture inutile, mais qui était suivie neuf minutes plus tard d'une action au réalisme saisissant. Ronaldinho obtenait un coup franc opportun à l'entrée de la surface. On attendait une frappe enveloppée. Mais « R10 », en vieux renard, tapait au ras du sol, sous le mur, profitant du saut de deux défenseurs médusés (1-0, 13e). Le soixante-treizième but barcelonais du Brésilien (dont 51 en Liga) ! Galvanisé, il multipliait les appels de balle, réclamant tous les ballons, bras levé sur les corners adverses. Et, cinq minutes plus tard, il servait d'une transversale millimétrée Ludovic Giuly qui offrait le ballon à Gudjonhsen (2-0, 18e). « Sur le deuxième but, il m'a vu, sans même me regarder », s'extasiait le Français.
Les Catalans, longtemps en difficulté dans cette phase de poules, sont sauvés, Ronaldinho omniprésent. En attaque, mais aussi en défense. Visiblement, son plan de remise en forme l'a sacrément ragaillardi. « J'ai beaucoup travaillé pour revenir au top », confiait-il avant le match. Il y est. « Avec lui, le football, c'est facile », concluait Ludovic Giuly. ■

LES BLEUES RÊVENT D'EUROPE

L'INDÉSIRABLE MARION JONES

L'ÉQUIPE

LILLE A TOUT D'UN GRAND

LE TOP 30

QUI EST LE SPORTIF PRÉFÉRÉ DES FRANÇAIS ? JOUEZ AVANT LE 14 DÉCEMBRE SUR RMCINFO.FR ET LEQUIPE.FR

LIGUE DES CHAMPIONS
Phase de poules, 6e et dernière journée (suite)

AC MILAN (ITA) - LILLE : 0-2

Lille, une belle première

L'ÉQUIPE DU 8 DÉCEMBRE. En s'imposant à Milan, le LOSC a arraché son billet pour les huitièmes de finale et a basculé dans une nouvelle dimension.

De nos envoyés spéciaux à Milan (ITA), Régis DUPONT et Stéphane KOHLER

LAHALLE / L'ÉQUIPE

Abdulkader Keita se joue des défenseurs milanais Jankulovski (n°18) et Kakha Kaladze (au sol) pour tromper Zeljko Kalac (0-2, 67e).

LE LOSC EST LE premier club français à avoir gagné sur le terrain de l'AC Milan. Et, même si les Italiens n'ont pas aligné leur meilleure équipe ni affiché une motivation exceptionnelle, l'exploit est fondateur. « C'est notre meilleur match, le plus complet et le plus abouti », note Mathieu Bodmer. Malgré l'enjeu, les Nordistes ont dominé les débats d'entrée. « Chaque fois qu'on entreprenait quelque chose, ça marchait », relève Nicolas Plestan.

Il y avait les ingrédients classiques du menu ch'ti : pressing, projection rapide vers l'avant. Mais aussi une maîtrise plus qu'intéressante, notamment au milieu, où le triangle Cabaye-Makoun-Bodmer évoluait un ton au-dessus. Le premier but lillois est à cet égard un modèle : une succession de passes finit par décaler Bodmer, dont la frappe surpuissante est repoussée par Kalac. Et Odemwingie surgit pour marquer (0-1, 7e). Le deuxième est un contre mené à une vitesse folle. Comme le premier, il a mis en lumière l'influence de Bodmer dans les zones décisives. Cette fois, l'ancien Caennais offre le ballon à Abdulkader Keita (0-2, 67e).

Si Lille s'est qualifié pour les huitièmes de finale (grâce également au nul concédé à Anderlecht par son rival, l'AEK Athènes, 2-2), c'est d'abord parce qu'il a mûri. En 2005-06, le LOSC avait marqué un seul but en six rencontres.

LES DOGUES N'ONT PLUS LE TRAC

Cette fois, le total a grimpé jusqu'à huit. Cette équipe est désormais conquérante, quelles que soient les circonstances. Michel Seydoux, le président : «Lors de la causerie de Claude *(Puel)* à Milan, j'ai ressenti une concentration extrême : tout le monde allait marcher ensemble. »

Impressionnants de calme et de sérénité à San Siro, les Dogues n'ont plus le trac. « Ces derniers temps, on a joué avec beaucoup de relâchement », explique Grégory Tafforeau. « Les mots du coach à la mi-temps, c'était : "marquer le deuxième but", pas "tenir le 1-0", note Mathieu Chalmé. C'est la maturité. Maintenant, on sait gérer. » La solidité collective met désormais en valeur les talents individuels : « On parle toujours de Lille comme d'un groupe, mais, joueur par joueur, il y a aussi de la qualité dans cette équipe », plaide Nicolas Plestan. Quelques minutes après avoir battu les Milanais, les Lillois, peut-être pas encore conscients de la portée de leur exploit, semblaient aussi calmes que s'ils avaient battu un mal classé de L1. Le LOSC ne va pas bouleverser son quotidien à cause d'un huitième de finale : « C'est notre état d'esprit, dit Yohan Cabaye. On sait tout ce qu'on a fait pour arriver là. » « Un huitième n'est pas une fin en soi », assure Plestan. « Nous ne sommes pas là pour voyager ou visiter de nouveaux stades », rappelle Cabaye. En attendant, retour au pain quotidien de la L1. On ne mange pas tous les jours des Milanais *al dente*. ■

« C'est historique »

Jean II MAKOUN (Lille) :
« C'est un très grand bonheur, nous sommes la première équipe française à gagner contre l'AC Milan à San Siro, on va essayer de savourer cette performance. C'est historique, mais c'est une victoire méritée. On a cru à la qualification jusqu'au bout, on avait de temps en temps une oreille à Anderlecht *(Anderlecht-AEK Athènes, 2-2)*, mais on devait d'abord rester concentrés sur nous-mêmes. L'an passé, nous avons manqué la qualification pour un seul but. On peut aller encore plus loin si on continue à jouer de cette manière. » – R. D. et S. K.

PSV EINDHOVEN (HOL) - BORDEAUX : 1-3
MANCHESTER UNITED (ANG) - BENFICA (POR) : 3-1

C1-1RE PHASE, 6e journée

GROUPE A

Chelsea (ANG) - Levski Sofia (BUL) : 2-0
FC Barcelone (ESP) - Werder Brême (ALL) : 2-0

	Pts	J	G	N	P	diff
1 Chelsea	13	6	4	1	1	+6
2 FC Barcelone	11	6	3	2	1	+8
3 Werder Brême	10	6	3	1	2	+2
4 Levski Sofia	0	6	0	0	6	-16

GROUPE C

PSV Eindhoven (HOL) - Bordeaux : 1-3
Galatasaray (TUR) - Liverpool (ANG) : 3-2

	Pts	J	G	N	P	diff
1 Liverpool	13	6	4	1	1	+6
2 PSV Eindhoven	10	6	3	1	2	0
3 Bordeaux	7	6	2	1	3	-1
4 Galatasaray	4	6	1	1	4	-5

GROUPE F

Manchester United (ANG) - Benfica (POR) : 3-1
FC Copenhague (DAN) - Celtic Glasgow (ECO) : 3-1

	Pts	J	G	N	P	diff
1 Man. United	12	6	4	0	2	+5
2 Celtic Glasgow	9	6	3	0	3	-1
3 Benfica	7	6	2	1	3	-1
4 FC Copenhague	7	6	2	1	3	-3

GROUPE H

AC Milan (ITA) - Lille : 0-2
Anderlecht (BEL) - AEK Athènes (GRE) : 2-2

	Pts	J	G	N	P	diff
1 AC Milan	10	6	3	1	2	+4
2 Lille	9	6	2	3	1	+3
3 AEK Athènes	8	6	2	2	2	-3
4 Anderlecht	4	6	0	4	2	-4

Bordeaux avec regrets

L'ÉQUIPE DU 6 DÉCEMBRE. Les Girondins ont quitté la Ligue des champions sur un second succès d'affilée.

De notre envoyé spécial à Eindhoven (HOL), Bernard LIONS

C'ÉTAIT LA Saint-Nicolas aux Pays-Bas. Sauf à Eindhoven, où ce fut la Saint-Girondin. Quinze jours après avoir arraché sa qualification pour les 16es de finale de la Coupe de l'UEFA devant Galatasaray (3-1), Bordeaux a quitté la C1 sur un second et joli succès. «C'est bien de terminer sur une bonne note», notait Ricardo.

Certes, ce match comptait pour du gouda. Mais en plus d'infliger une cinquantième défaite au PSV dans cette compétition, Bordeaux y a ajouté la manière. On retiendra le fond et la forme en attendant d'assister avec appétit au parcours des Bordelais dans une C3 plus taillée à leur mesure, où ils seront tête de série.

Passer à autre chose, le PSV a dû y penser dès la pause, tellement sa première mi-temps s'est avérée catastrophique. Une entame sanctionnée d'emblée par le but de Julien Faubert, lancé par Jean-Claude Darcheville (0-1, 7e). Le Brésilien Alex a ensuite raté son dribble, offrant une balle de contre à Stéphane Dalmat qui l'a transformée en but, d'un lob en feuille morte des 25 mètres digne d'Alain Giresse (0-2, 25e). Enfin, Darcheville lui-même était récompensé de ses efforts (0-3, 37e).

Après s'être révélé maître dans l'art du contre en première période, Bordeaux s'est appliqué à continuer à plier, pour mieux se déplier, en seconde. Sous les yeux de Bruno Martini, l'un des adjoints espions de Domenech, Ramé a également tout repoussé, parfois comme il a pu. Tout, sauf le coup franc d'Alex (1-3, 87e)... Bordeaux peut nourrir des regrets. ■

TON NIESSING / PRO SHOTS / FLASH PRESS

Stéphane Dalmat (au 1er plan) lobe Heurelho Gomes de 25 mètres (0-2, 25e) sous les yeux d'Alex, le défenseur du PSV (à g.).

Manchester s'est vengé

L'ÉQUIPE DU 7 DÉCEMBRE. Sortis au premier tour de la compétition en 2005-06 après une défaite contre Benfica, les Red Devils n'ont pas laissé le même scénario se répéter. De notre envoyé spécial à Manchester (ANG), Jean-christophe BASSIGNAC

NELSON A BIEN failli faire très mal aux Anglais. En ouvrant le score d'une frappe splendide du droit, de l'extérieur de la surface (0-1, 28e), le latéral de Benfica avait commencé à faire revivre à Manchester United le cauchemar de son élimination au premier tour la saison précédente, après une défaite face au club portugais (1-2). Mais, cette fois, les Red Devils, à qui il ne manquait qu'un point pour se qualifier (comme un an plus tôt), n'ont pas pris l'affaire à la légère. Ils ont même gardé une petite marge et ont fini par se régaler de leur vengeance. « On a mal commencé, mais l'ouverture du score par Benfica a mis les joueurs en colère. De toute façon, on ne sait pas attendre», soulignait Alex Ferguson.

Après avoir passé toute la première mi-temps à dominer de façon désordonnée, les Anglais ont remis un peu d'ordre dans leur jeu. Surtout, ils ont joué avec leur tête. Au propre comme au figuré. Et Vidic, de la tête sur coup franc (1-1, 45e + 1), offrait l'égalisation. Au retour des vestiaires, c'est Cristiano Ronaldo qui tua quasiment le match en trouvant la tête de Giggs, seul devant Quim (2-1, 61e). Saha paracheva le travail, de la tête lui aussi, sur un corner de Fletcher (3-1, 76e). «C'était une sorte de remake, mais nous avons eu assez d'énergie, cette fois, pour revenir dans la partie», expliquait le Français. Manchester a évité un nouveau coup de Trafalgar et passe en huitièmes, comme les trois autres clubs anglais engagés. «J'espère que l'un de nous gagnera la compétition. Je pense que ce sera le cas», a annoncé Ferguson. ■

Ryan Giggs (à g.), auteur du deuxième but (61e), est félicité par Wayne Rooney.

PICS UNITED / PRESSE SPORTS

LIGUE DES CHAMPIONS
Phase de poules, 6e et dernière journée (suite)

FEL / L'ÉQUIPE

MANCHESTER UNITED (ANG) - BENFICA (POR) : 3-1

Le défenseur serbe de Manchester United, Nemanja Vidic (à dr.), offre l'égalisation aux Red Devils (45e+1) d'un coup de tête rageur. Le Français Louis Saha était prêt à le suppléer. Le gardien de but de Benfica, Quim, est battu sous le regard de l'attaquant Nuno Gomes (à terre à dr.). Les Anglais, dont la qualification n'était pas assurée avant la rencontre, s'imposent (3-1) et décrochent la première place du groupe F.

C1-1RE PHASE, 6e journée

GROUPE A

	Pts	J	G	N	P	diff
1 Chelsea	13	6	4	1	1	+6
2 FC Barcelone	11	6	3	2	1	+8
3 Werder Brême	10	6	3	1	2	+2
4 Levski Sofia	0	6	0	0	6	-16

GROUPE B

	Pts	J	G	N	P	diff
1 Bayern Mun.	12	6	3	3	0	+7
2 Inter Milan	10	6	3	1	2	0
3 Spartak Mos.	5	6	1	2	3	-4
4 Sporting Port.	5	6	1	2	3	-3

GROUPE C

	Pts	J	G	N	P	diff
1 Liverpool	13	6	4	1	1	+6
2 PSV Eindhov.	10	6	3	1	2	0
3 Bordeaux	7	6	2	1	3	-1
4 Galatasaray	4	6	1	1	4	-5

GROUPE D

	Pts	J	G	N	P	diff
1 Valence CF	13	6	4	1	1	+6
2 AS Rome	10	6	3	1	2	+4
3 Chakh. Donetsk	6	6	1	3	2	-5
4 Olympiakos	3	6	0	3	3	-5

GROUPE E

	Pts	J	G	N	P	diff
1 Lyon	14	6	4	2	0	+9
2 Real Madrid	11	6	3	2	1	+6
3 Steaua Buca.	5	6	1	2	3	-4
4 Dynamo Kiev	2	6	0	2	4	-11

GROUPE F

	Pts	J	G	N	P	diff
1 Manchester U.	12	6	4	0	2	+5
2 Celtic Glasgow	9	6	3	0	3	-1
3 Benfica	7	6	2	1	3	-1
4 FC Copenhague	7	6	2	1	3	-3

GROUPE G

	Pts	J	G	N	P	diff
1 Arsenal	11	6	3	2	1	+4
2 FC Porto	11	6	3	2	1	+5
3 CSKA Moscou	8	6	2	2	2	-1
4 Hambourg	3	6	1	0	5	-8

GROUPE H

	Pts	J	G	N	P	diff
1 AC Milan	10	6	3	1	2	+4
2 Lille	9	6	2	3	1	+3
3 AEK Athènes	8	6	2	2	2	-3
4 Anderlecht	4	6	0	4	2	-4

AIG

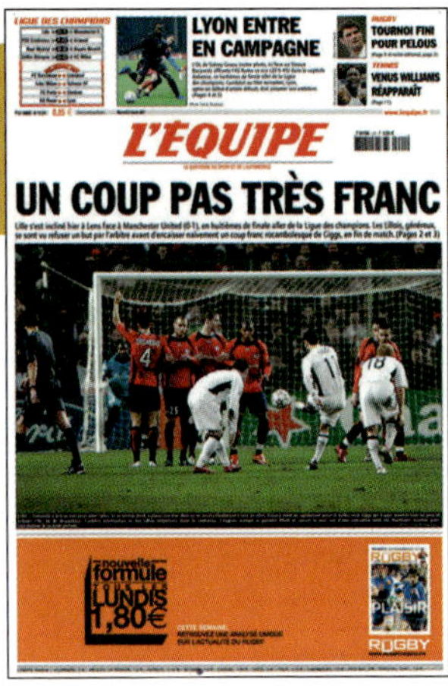
LYON ENTRE EN CAMPAGNE

TOURNOI FINI POUR PELOUS

VENUS WILLIAMS RÉAPPARAÎT

L'ÉQUIPE

UN COUP PAS TRÈS FRANC

LIGUE DES CHAMPIONS
Huitièmes de finale aller

LILLE - MANCHESTER UNITED (ANG) : 0-1

Lille, un final qui fait mal

L'ÉQUIPE DU 21 FÉVRIER. Le LOSC s'est incliné en fin de match sur un coup de pied arrêté vite joué par Giggs. Le succès de Manchester n'est pas scandaleux, mais l'issue est cruelle.

De notre envoyé spécial à Lens, Régis DUPONT (avec Stéphane KOHLER)

LE PETIT POUCET des huitièmes de finale de la Ligue des champions s'est transformé en Calimero. Le LOSC, qui réalisait une formidable seconde période, a été fauché en plein élan, rattrapé par la roublardise d'un grand d'Europe. Il a suffi d'un coup franc vite expédié par Giggs dans le petit filet opposé pour que la rencontre bascule (0-1, 83e).

Quand le Gallois a frappé, Tony Sylva était encore scotché à son premier poteau, occupé à placer son mur. Le gardien sénégalais attendait le signal de l'arbitre. Il n'est jamais venu. L'homme en noir s'était seulement éloigné du ballon quand Giggs lui a demandé s'il pouvait frapper. Une seconde plus tard, le stade Bollaert était plongé dans l'hébétude et la colère.

SEYDOU : « UNE INJUSTICE »

Au premier arrêt de jeu qui a suivi, les Lillois ont logiquement posé une réserve technique. « On a le sentiment d'être volés, on aimerait que les règles soient les mêmes pour tout le monde », s'emportait Mathieu Bodmer. « Nous sommes victimes d'une injustice. Si on avait marqué le même but que Manchester, jamais il n'aurait été accordé. J'en appelle à Michel Platini *(nouvellement élu président de l'UEFA, lire p. 178)*, qui dit défendre le beau jeu et les petites équipes. On a développé du beau jeu et on est une petite équipe… », avançait pour sa part le président du LOSC, Michel Seydoux.

Difficile à digérer pour les Lillois. D'autant que l'arbitre néerlandais, M. Braamhaar, avait, auparavant, refusé un but à Peter Odemwingie pour une poussette du Nigérian dans le dos de Vidic (62e).

Frustrant pour le LOSC qui s'était élancé dans la rencontre la plus prestigieuse de son histoire avec une implication extrême. Bien que dominé, il a même réussi à se créer quelques situations dangereuses. Puis le match a dérapé. « Ce qui s'est passé après le but est incroyable, protestait Alex Ferguson. Je n'ai jamais vu ça dans le foot. C'est honteux ! » De leur côté, les Lillois oscillaient entre amertume et esprit de revanche : « On n'est pas Manchester, on n'est que Lille », fulminait Nicolas Plestan. « On ira chez eux avec un sentiment de revanche encore plus fort », concluait Nicolas Fauvergue. ■

Peter Odemwingie croit ouvrir le score pour Lille (62e) sous les yeux de Patrice Evra (à g.). Mais le but sera refusé pour une poussette sur Nemanja Vidic (qui s'effondre).

DE MARTIGNAC / L'ÉQUIPE

La tribune de la polémique

L'Angleterre s'est indignée du sort réservé aux supporters de Manchester à Félix-Bollaert lors de Lille-MU. Les dirigeants anglais, la presse et même le ministre des Sports britannique, Richard Caborn, réclament des comptes à la police française, jugée trop sévère, et pressent l'UEFA de réagir. Des incidents entre fans de MU et forces de l'ordre se sont déclarés à la 16e minute de jeu, dans la tribune des visiteurs. Il semblerait que sa capacité de 4 000 places ait été dépassée. Des supporters, apparemment écrasés contre les grilles, ont voulu passer par-dessus. Les CRS sont alors intervenus en utilisant du gaz lacrymogène. Le bilan ? « Des arrestations de gens en état d'ébriété, et quelques supporters anglais blessés », selon la police. Mais le sentiment général outre-Manche est qu'une catastrophe a été évitée de peu. R. D. et S. K.

Le LOSC sera condamné à 60 000 euros d'amende par l'UEFA pour « manquement aux impératifs de sécurité », et MU à 9 000 euros pour le comportement de ses supporters.

L'ŒIL DE Joël Quiniou

L'arbitre a manqué de clairvoyance

DEUX DÉCISIONS discutables ont marqué cette rencontre. D'abord ce coup franc de la 83e minute en faveur des Anglais. Giggs s'approche de l'arbitre pour demander s'il peut le jouer immédiatement. C'est une pratique courante dans le Championnat anglais. La circulaire de la loi 13 précise que « l'équipe qui bénéficie d'un coup franc peut jouer rapidement », mais l'arbitre se devra de « donner non moins rapidement le signal d'exécution », qui n'est pas forcément un coup de sifflet. On peut regretter le manque de clairvoyance de l'arbitre. On aurait préféré un signal clair ne prêtant à aucune discussion.

Une autre décision litigieuse a été prise : à la 62e minute, Odemwingie marque de la tête. L'arbitre refuse le but, estimant que le Lillois a poussé Vidic. La faute est réelle. Si on peut comprendre le désarroi du LOSC, on ne peut pour autant considérer que l'infraction est inexistante. ■

Houllier : « Un vrai match de Ligue des champions ! »

L'ÉQUIPE DU 22 FÉVRIER. L'entraîneur lyonnais a apprécié le 0-0 obtenu à Rome et aborde le match retour avec confiance.

De notre envoyé spécial à Rome (ITA), Claude CHEVALLY

« Ce 0-0 rapporté du Stade olympique de Rome est-il un bon résultat ?

– J'aurais préféré que cela se termine sur le score de 1-1. Mais 0-0, cela me semble juste, non ?

– Êtes-vous satisfait du comportement de votre équipe ?

– J'ai d'abord envie de rendre hommage aux deux équipes, qui ont disputé un match typique de Ligue des champions, très engagé, très musclé, avec beaucoup de rythme. Dans ces conditions, c'est un bon résultat, d'autant qu'on a quand même tiré seize fois au but, avec un ballon sur le poteau en début de rencontre *(coup franc de Juninho dévié par Taddei, 8e)* !

– Estimez-vous que l'OL a disputé son meilleur match depuis janvier ?

– Oui. J'ai notamment beaucoup apprécié le comportement de mon milieu de terrain. On a été solides et costauds. N'oublions pas qu'on jouait à l'extérieur. Et le gardien romain a sûrement été plus sollicité que Grégory Coupet sur l'ensemble du match.

– L'arbitre a distribué onze cartons jaunes. Était-ce une rencontre tendue ?

– Au niveau des cartons, Rome a gagné *(8-3)* ! Pourtant, je n'ai pas trouvé ce match particulièrement violent. Il faut dire qu'il y a eu trois avertissements pour simulation côté italien.

– Avez-vous été surpris par le jeu de l'AS Rome ?

– Figurez-vous que je suis un admirateur de son entraîneur *(Luciano Spalletti)*. J'aime bien sa philosophie, la manière dont il fait jouer son équipe. Il y a un contenu dans le jeu de cette équipe romaine.

– Ce 0-0 ne sera-t-il pas difficile à gérer à Gerland ?

– Ce que je peux dire, c'est que j'ai confiance : 0-0, c'est quand même mieux que 0-2, non ? » ■

DE MARTIGNAC / L'ÉQUIPE

Florent Malouda échappe au tacle de Matteo Ferrari, mais l'OL ne trouvera pas la faille. L'AS Rome non plus.

LIGUE DES CHAMPIONS 8ES DE FINALE ALLER	
AS Rome (ITA) - Lyon :	0-0
Real Madrid (ESP) - Bayern Munich (ALL) :	3-2
FC Porto (POR) - Chelsea (ANG) :	1-1
Inter Milan (ITA) - Valence CF (ESP) :	2-2
PSV Eindhoven (HOL) - Arsenal (ANG) :	1-0
Lille - Manchester United (ANG) :	0-1
FC Barcelone (ESP) - Liverpool (ANG) :	1-2
Celtic Glasgow (ECO) - Milan AC (ITA) :	0-0

Barcelone piégé

L'ÉQUIPE DU 22 FÉVRIER. Liverpool, qui a inscrit deux buts au Camp Nou, a fait déjouer le Barça. Les dés semblent jetés. De notre envoyé spécial à Barcelone (ESP), Guy ROGER

LE BARÇA DE Frank Rijkaard, invaincu en Coupes d'Europe depuis le 22 avril 2003, soit dix-sept matches (douze succès, cinq nuls), ne dépassera pas la « Dream Team » de Cruyff, dix-sept matches elle aussi entre 1988 et 1993. Le Barça, à moins d'un improbable retournement de situation à Anfield, a d'ores et déjà perdu son titre. La victoire de Liverpool est d'une logique implacable.

« Non, le match ne s'est pas déroulé exactement comme je l'aurais voulu, car nous avons encaissé un but », confiait sans rire Rafael Benitez, l'entraîneur des Reds. Ses joueurs ont livré un match modèle dans l'art de faire déjouer l'adversaire, de le cuisiner à petit feu. Sans doute trop vite en confiance après le but de Deco (1-0, 14e), les Catalans sont passés à la broche.

Un coup franc rapidement joué par Xabi Alonso parvenait jusqu'à Bellamy qui trompait Valdes d'un coup de tête (1-1, 43e). Barcelone était cuit. Les Reds avaient pris l'ascendant. Restait à porter l'estocade. Riise s'en chargeait (1-2, 74e). Jeu, set et sans doute match. Benitez pouvait ironiser : « Le Barça est-il capable de nous remonter ? Je dirais simplement que le Barça est capable de gagner le Championnat espagnol. » ■

MANTEY / L'ÉQUIPE

Les Reds de Jamie Carragher musèlent le Barça de Ronaldinho.

Beckham relance le Real

L'ÉQUIPE DU 21 FÉVRIER. Grâce notamment à deux passes décisives de l'Anglais, le club madrilène a battu le Bayern. Ouf… De notre envoyé spécial à Madrid (ESP), Guy ROGER

OUBLIÉS, LES mouchoirs blancs réclamant la démission de Fabio Capello ; oubliée, la peur d'un nouvel échec à domicile. Le Real a retrouvé de la vigueur en même temps que le chemin des filets. Trois buts en première période ont chassé les doutes et la grisaille. Mais la porte des quarts de finale de la C1 est encore loin d'être ouverte.

Car si les Madrilènes ont enfin haussé leur niveau de jeu, s'ils ont retrouvé un Raùl buteur (1-0, 10e ; 2-1, 28e) et un David Beckham exceptionnel dans ses passes et sur chaque coup de pied arrêté (passes décisives sur le second but de Raul et sur le 3-1, signé Van Nistelrooy, 34e), leur défense a quand même craqué deux fois (Lucio, 1-1, 23e ; Van Bommel, 3-2, 88e). Et deux buts encaissés à domicile, c'est très lourd. On peut même dire que le Bayern a fait une bonne opération. Les Madrilènes se consoleront en se disant que leur victoire constitue une délivrance face à leurs tourments du moment. Capello, sur la sellette avant la rencontre, a-t-il pour autant sauvé sa tête ? Pas sûr. Il semble que le crédit du coach italien, malgré la belle prestation de ses joueurs, soit épuisé. ■

David Beckham (n° 23) devance le Munichois Bastian Schweinsteiger.

MANTEY / L'ÉQUIPE

CHELSEA PASSE, LE BARÇA ET L'INTER AU TAPIS !

LILLE, IL FAUT UN EXPLOIT

L'ÉQUIPE

L'IMMENSE DÉCEPTION

LIGUE DES CHAMPIONS
Huitièmes de finale retour

LYON - AS ROME (ITA) : 0-2 (aller : 0-0)

Une gifle monumentale

L'Équipe du 7 mars. Lyon n'a pas réellement existé face à l'intelligence et à l'efficacité de la Roma (0-2). Pour la première fois depuis quatre ans, l'OL est sorti en huitièmes de finale.

De notre envoyé spécial à Lyon, Vincent DULUC (avec Sébastien TARRAGO)

DE MARTIGNAC / L'ÉQUIPE

Francisco Totti inscrit, de la tête, le premier but romain (23e) laissant (de g. à dr.) Grégory Coupet, Éric Abidal et Cris pantois.

LYON N'EST DONC que le roi de France. Alors qu'il semblait s'approcher, les saisons précédentes, de son grand rêve d'une couronne européenne, l'OL en a rarement semblé aussi loin. Face à l'AS Rome, le très probable sextuple champion de France a fait naufrage. Les Lyonnais ont été battus tactiquement avant de lâcher mentalement, offrant le spectacle rare de leur résignation et de leurs emportements. « On a été inefficaces sur le plan offensif et notre jeu collectif n'a pas été à la hauteur », concédait Gérard Houllier.

Pendant que le FC Barcelone perdait son titre continental et que l'Inter Milan vivait la même souffrance d'une élimination européenne malgré une suprématie nationale absolue, Lyon peut constater qu'il n'est pas le seul favori à se diriger vers la porte de sortie. Mais, après trois présences consécutives en quarts de finale, l'échec du club lyonnais met à mal une logique de progrès et une stratégie de conquête. « Maintenant, ce sera dur de gagner la C1, regrettait un Juninho très amer. J'ai eu de très grands moments ici. »

Il est évident que Lyon, battu à Gerland un soir d'Europe pour la première fois depuis le 30 octobre 2002 face à l'Ajax (0-2), n'a pas joué ce match tout seul. Car l'AS Rome est une sacrée équipe, qui aura choisi le thème et le tempo de chacune des deux manches. Cette fois, l'affaire est infiniment moins injuste qu'à Eindhoven deux saisons plus tôt (1-1, 1-1, 3-5 aux t.a.b.) et moins cruelle qu'à Milan (0-0, 1-3) en 2006. Tout est très simple, en fait : « Rome a simplement été plus fort », résumait Houllier. Trop fort pour cet OL-là. La formidable variété et l'intelligence des courses des Italiens méritaient récompense.

Mais l'OL a été grandement coupable sur chacun des deux buts romains. Au début de l'action qui a amené le premier, Govou n'a pu suivre la montée de Tonetto et Totti s'est trouvé seul aux six mètres pour marquer de la tête (0-1, 23e).

Dans l'action du suivant, Juninho choisit de jouer un coup franc avec Malouda, qui perdit le ballon. Au lieu de courir se replacer pour éviter le contre romain, Cris resta en zone offensive pour presser dans une situation perdue d'avance. À l'issue du contre, en punition, à deux contre deux, Mancini enrhuma Réveillère d'un sextuple passement de jambes et conclut d'un tir splendide en pleine lucarne (0-2, 44e).

LE VILAIN GESTE DE FRED

Le pire était que Lyon s'en sortait bien. Cela aurait pu être pire car De Rossi se vit refuser un but pour une esquisse de faute de Totti au duel avec Alou Diarra (6e) et Perrotta n'était pas hors jeu alors qu'il filait au but (33e). L'OL ne risquait pas de se plaindre de l'arbitrage cette fois, d'autant que Fred, auteur d'un coup de coude sur Chivu (80e), n'aurait même pas dû finir le match. Un an plus tôt, le grand débat portait sur l'avant-centre qui manquait, peut-être, à Lyon. Cette fois, il manquait beaucoup plus que cela. ■

« La Roma nous a été supérieure »

Jean-Michel AULAS (président de Lyon) : « C'est évidemment une déception importante. Nous nous étions préparés pour au moins dépasser les quarts et nous nous arrêtons dès les huitièmes. Il faut reconnaître que la Roma nous a été supérieure et s'incliner devant cela. Vu l'évolution de la rencontre, il n'y a pas d'énormes regrets à avoir. Mais la fin de saison s'annonce encore très riche, avec la perspective de réaliser le doublé Championnat-Coupe de la Ligue. »

Didier BRAUN

Le défenseur romain Cristian Chivu K.-O., victime d'un coup de coude de Fred (80e).

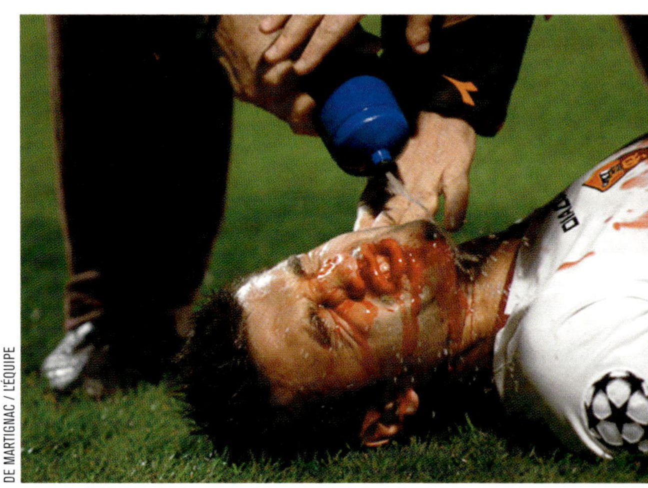

DE MARTIGNAC / L'ÉQUIPE

MANCHESTER UNITED (ANG) - LILLE : 1-0 (aller : 1-0)

Le printemps sera long

L'ÉQUIPE DU 8 MARS. Lille a été logiquement éliminé par Manchester United, malgré un match assez abouti. Il n'y a plus de club français en C1.

De notre envoyé spécial à Manchester (ANG), Stéphane KOHLER (avec Damien DEGORRE)

POUR LA PREMIÈRE FOIS depuis 2003, il n'y aura aucun club français en quarts de finale de la Ligue des champions. Et comme pour Lyon, surclassé par la Roma (0-0, 0-2), difficile de contester l'élimination de Lille, vaillant mais peinant dans le dernier geste, du moins au vu de ce match retour disputé dans un esprit pacifié et moins détestable que les polémiques ayant pollué la première manche.

Le but controversé sur coup franc de Giggs, à l'aller, a certes joué un rôle dans cet affrontement en deux rounds, mais cette fois, nul n'a trouvé à redire sur la régularité de la victoire de Manchester. À court de créativité et d'impact offensif (un seul tir cadré, contre... deux pour MU) malgré les efforts indéniables d'une équipe privée de Bodmer et Cabaye, ses deux meilleurs inspirateurs, le LOSC a donc manqué de rigueur dans les deux surfaces, tout en livrant une partie très correcte.

RÉPARTITION PAR PAYS DES CLUBS QUALIFIÉS POUR LES QUARTS DE LA C1 (DEPUIS LA SAISON 1997-98)

1.	Espagne :	19 participations
2.	Angleterre :	18 participations
3.	Italie :	16 participations
4.	Allemagne :	11 participations
5.	France :	5 participations
6.	Pays-Bas et Portugal :	3 participations
8.	Grèce et Ukraine :	2 participations
10.	Turquie :	1 participation

MOUNIC / L'ÉQUIPE

Ludovic Obraniak (à g.) et le LOSC résistent au Manchester United de Gary Neville. Ce ne sera pas suffisant.

« On pouvait difficilement espérer mieux qu'un match nul », concédait Mathieu Chalmé. « On a fait un match solide, mais on a manqué un peu d'étincelles », expliquait pour sa part Claude Puel. Elles ne vinrent jamais.

LARSSON, LE BONHEUR ÉTAIT DANS LE PRÊT

Même si Odemwingie a frappé un montant (47e), comme O'Shea avant lui (15e). Au final, la classe de Scholes, Cristiano Ronaldo et Larsson a fait la décision, comme sur le mouvement d'école entraînant le but de MU. Le Portugais débordait côté gauche et trouvait le Suédois seul dans la surface. Larsson eut tout le temps d'ajuster sa tête gagnante (1-0, 72e).

Un formidable cadeau d'adieu avant de quitter MU pour retourner à Helsingborg après un fructueux prêt de trois mois, salué d'une émouvante ovation. Ce fut le dernier frisson d'un match loin d'atteindre des sommets d'intensité technique, mais au verdict d'une logique implacable. Le réalisme était anglais, les regrets, même minces, seront lillois. ■

La France éjectée du grand huit

L'ÉQUIPE DU 8 MARS. Lyon et Lille éliminés, le football français est écarté des quarts de finale de la Ligue des champions. Pour la sixième fois en dix saisons... Par Éric CHAMPEL

LE TIRAGE AU SORT du tableau final de la C1 se déroulera à Athènes sans Lyon ni Lille. La reprise d'une fâcheuse habitude. Depuis l'instauration de la Ligue des champions en 1992-93 et le succès de l'OM en finale face à l'AC Milan (1-0), la géopolitique du foot européen fait la part belle aux clubs italiens, espagnols et anglais. Jusqu'en 1997-98, la France a régulièrement qualifié une équipe pour les quarts de finale.

Mais lors des dix dernières saisons, les clubs français ont été absents des quarts six fois sur dix ! Seule heureuse parenthèse, l'exercice 2003-04 où Monaco, futur finaliste, et Lyon étaient présents en quarts.

Ancien entraîneur de Nantes et de la Real Sociedad, Raynald Denoueix ne s'étonne pas de cette évolution : « Les clubs anglais, notamment, sont passés dans une autre dimension économique. Les costauds le deviennent encore plus. »

Au classement des clubs les plus riches, établi en février 2007 par le cabinet d'audit Deloitte et Touche, Lyon figure au 11e rang (127,7 millions d'euros de chiffre d'affaires) et Lille n'est même pas classé.

Question budget, la logique a donc été respectée. Mais la toute-puissance économique n'explique pas tout. Des seize équipes qualifiées pour ces huitièmes, Lille et Lyon étaient – avec Chelsea – les seules à n'avoir jamais disputé une finale de C1 alors que dix d'entre elles l'ont déjà gagnée au moins une fois.

« Lyon est trop seul en L1 et aurait besoin d'être confronté à une autre forme d'émulation, commente Élie Baup, l'entraîneur de Toulouse. La performance sportive se nourrit de la contradiction et de la lutte... » ■

Paul Scholes (à g.) prend le dessus sur Abdulkader Keita. L'Angleterre aura trois représentants en quarts, la France aucun.

MOUNIC / L'ÉQUIPE

LIVERPOOL (ANG) - FC BARCELONE (ESP) : 0-1 (aller : 2-1)
BAYERN MUNICH (ALL) - REAL MADRID (ESP) : 2-1 (aller : 2-3)
VALENCE CF (ESP) - INTER MILAN (ITA) : 0-0 (aller : 2-2)

Barcelone, champion déchu

L'ÉQUIPE DU 8 MARS. Éliminés par Liverpool, les Catalans doivent désormais remporter la Liga ou la Coupe pour sauver leur saison.

De notre correspondant à Barcelone, Frédéric TRAÏNI

UNE SEULE ET MÊME question dans la majorité des médias espagnols après l'élimination du Barça par Liverpool (1-2, 1-0). Le succès, trop court, à Anfield (1-0, but de Gudjohnsen, 75e) n'a pas apaisé la déception : que va devenir la nouvelle « Dream Team » qui devait rafler sept trophées, comme l'avait promis son président, Joan Laporta ?
Le Barça n'a gagné pour l'heure qu'une seule compétition (la Supercoupe d'Espagne), laissant échapper la C1, la Supercoupe d'Europe, la Coupe du monde des clubs et… la Coupe de Catalogne. « Ne parlons pas d'échec, analysait Txiki Begiristain, secrétaire technique du club. Si nous gagnons le Championnat et la Coupe, ce sera une grande saison. » À condition, également, de maintenir la paix dans les vestiaires. Or ça ne semble plus être le cas. Exemples ? Edmilson : « En tant que professionnels, nous devons dire à nos amis et à nos épouses que nous avons besoin de repos et de moins sortir. » Réponse de Deco : « Dans un club comme dans une entreprise, les joueurs ne sont pas mariés ensemble et pas même obligés d'être amis. » Des déclarations publiques inhabituelles, conclues mi-février par le coup de gueule de Samuel Eto'o, évoquant l'existence de clans et s'en prenant vivement à Ronaldinho et à Rijkaard. « La rivalité entre Eto'o et Ronaldinho est positive. Elle est la clé de notre succès et rend notre équipe plus forte », a expliqué Joan Laporta. Problème, le Barça a perdu. ■

MOUNIC / L'ÉQUIPE

Lionel Messi (au centre) et le Barça butent sur la défense des Reds et Jamie Carragher (à dr.).

BOUTROUX / L'ÉQUIPE

Le défenseur du Bayern, Lucio, buteur (66e), évite le tacle de Guti.

Le Bayern est de retour

L'ÉQUIPE DU 8 MARS. Au terme d'une superbe empoignade, les Bavarois ont écarté le Real Madrid.

De notre envoyé spécial à Munich (ALL), Jean-Marc BUTTERLIN

LE REAL S'EST CASSÉ le nez sur le mur des huitièmes pour la troisième fois de suite. La faute à un Bayern dont le premier but, inscrit après dix secondes de jeu, a propulsé Roy Makaay dans l'histoire de la compétition (1-0, 1re). L'envie munichoise de se rappeler au souvenir du monde aura donc été la plus forte.
« Le Bayern a été meilleur », résumait Franz Beckenbauer, le président du club allemand. Les Bavarois ont surtout bien maîtrisé les périodes importantes de la rencontre, inscrivant leur deuxième but, une tête de Lucio sur un corner de Sagnol (2-0, 66e), à un moment où ils auraient pu se contenter de fermer le jeu. Et lorsque le Real réduisit le score, sur un penalty généreux transformé par Van Nistelrooy (2-1, 83e), les Allemands résistèrent avec courage. Le Bayern est un beau quart-finaliste. ■

C1 - 1/8ES DE FINALE RETOUR
(entre parenthèses, le score du match aller)

Lyon - AS ROME (ITA) : 0-2 (0-0)
BAYERN MUNICH (ALL) - Real Madrid (ESP) : 2-1 (2-3)
CHELSEA (ANG) - FC Porto (POR) : 2-1 (1-1)
VALENCE CF (ESP) - Inter Milan (ITA) : 0-0 (2-2)
Arsenal (ANG) - PSV EINDHOVEN (HOL) : 1-1 (0-1)
MANCHESTER UNITED (ANG) - Lille : 1-0 (1-0)
LIVERPOOL (ANG) - FC Barcelone (ESP) : 0-1 (2-1)
AC MILAN (ITA) - Celtic Glasgow (ECO) : 1-0 a.p. (0-0)

L'Inter tombe de haut

L'ÉQUIPE DU 7 MARS. Le leader invaincu de la Serie A a été éliminé, sans perdre, à l'issue d'un match conclu par une bagarre générale.

De notre envoyé spécial à Valence (ESP), Bernard LIONS

ON CROYAIT LES pelouses de la Ligue des champions à l'abri d'un tel déferlement de haine. Il n'en est rien. Valencians et Intéristes ont offert un bien triste spectacle au coup de sifflet final. Une vive altercation dans le rond central a tourné à la bagarre générale. Ces échauffourées de plusieurs minutes se sont prolongées jusque dans les vestiaires.
On en oublierait presque qu'il y a eu un match avant cela. Il n'a pas connu de vainqueur. Virtuellement éliminé au coup d'envoi, l'Inter a couru après ce but qui aurait changé son destin. « Interminator », son surnom en Italie, reste sur 34 matches sans défaite. Il poursuit donc sa série. Maigre consolation. « C'est une déception, car on pouvait aller loin dans cette compétition », concédait Olivier Dacourt. Valence peut, pour sa part, continuer à rêver. Mais, pas plus que l'Inter, il n'est sorti grandi de cette soirée. ■

L'Espagnol David Navarro, sorti du banc pour asséner un coup de poing à l'Intériste Burdisso, écopera de six mois de suspension. Cinq autres joueurs impliqués dans la bagarre seront également suspendus : Burdisso (six matches), Maicon (trois), Cordoba et Cruz (deux chacun) côté italien, ainsi que Marchena (deux) côté espagnol.

PICS UNITE / PRESSE SPORTS

LIGUE DES CHAMPIONS
Quarts de finale aller

PSV EINDHOVEN (HOL) - LIVERPOOL (ANG) : 0-3
AC MILAN (ITA) - BAYERN MUNICH (ALL) : 2-2

Marqué au fer rouge

L'ÉQUIPE DU 4 AVRIL. Liverpool a fait forte impression en surclassant le PSV Eindhoven chez lui dans un match totalement maîtrisé.

De notre envoyé spécial à Eindhoven (HOL), Thierry MARCHAND

UN AN PLUS TÔT, Ronald Koeman, alors à Benfica, avait créé la sensation. Son équipe avait sèchement sorti Liverpool, alors tenant du titre, en huitièmes de finale de la Ligue des champions (1-0, 2-0). Sans jouer les oracles, on voit mal comment le technicien néerlandais pourrait bisser son exploit avec le PSV Eindhoven. Cette équipe d'une fébrilité maladive reste sur un bilan d'une victoire en sept matches toutes compétitions confondues et n'a tout simplement pas existé face à un Liverpool à la limite du despotisme.

Après avoir sorti le Barça (2-1, 0-1) au tour précédent, les Anglais ont fait passer un message au moins aussi fort sur la pelouse du Philips Stadion. « La clé de nos succès, en ce moment, c'est que nous concrétisons nos occasions de but, a souligné Rafael Benitez, l'entraîneur des Reds. On n'est plus la même équipe qu'en septembre, quand on était venus faire match nul (0-0) ici. À l'époque, on manquait de confiance et on encaissait beaucoup de buts. Maintenant, on va partout pour marquer et gagner. » Démonstration de Steven Gerrard qui, d'un coup de tête imparable au ras du poteau, plaçait Liverpool sur orbite (0-1, 27e).

LA FRAPPE MONUMENTALE DE RIISE

Liverpool continuait à faire tourner le ballon. Incapable d'écarter le jeu et de donner un tempo plus élevé à la rencontre, le PSV en était réduit à quelques essais aussi lointains qu'imprécis (aucun tir cadré à la pause). Les Néerlandais n'avaient même pas eu le temps de se remettre en place que Riise, d'une frappe monumentale du gauche à 30 mètres, trouva la lucarne de Gomes (0-2, 49e) pour un but synonyme d'assurance tous risques. Enhardi, Liverpool se permit alors d'oser des choses invraisemblables, tel ce lob de 45 mètres signé Xabi Alonso (60e).

Et lorsque Peter Crouch, de la tête, paracheva l'ouvrage sur un nouveau centre parfait de Finnan (0-3, 62e), on se dit que plus rien ne pourrait arriver à cette équipe-là. « On savait ce qu'il fallait faire », lâchait Benitez. Ronald Koeman était plus explicite : « Il n'est pas réaliste de penser qu'on va pouvoir inverser le résultat à Anfield. Ou alors, je n'appartiens plus à cette planète. » ■

WIREIMAGE / ICON SPORT

Le milieu norvégien John Arne Riise, d'une énorme frappe du gauche de 30 mètres, permet aux Reds de creuser l'écart (0-2, 49e).

Le Bayern ne lâche rien

L'ÉQUIPE DU 4 AVRIL. En égalisant à la dernière seconde, les Allemands ont pris une petite option sur la qualification. **De notre envoyé spécial à Milan (ITA), Hervé PENOT**

INCROYABLE BAYERN MUNICH ! Le champion d'Allemagne n'est pas près d'oublier ce voyage à Milan et ce finish extravagant qui le place sur les rails d'une nouvelle demi-finale de C1. Alors que le sort de ce match semblait scellé depuis un penalty offert aux Milanais par l'arbitre pour une faute imaginaire de Lucio sur Kaka (2-1, 84e), le Bayern arracha l'égalisation grâce à Van Buyten (2-2, 90e + 3). C'était déjà l'ancien de l'OM, défenseur central belge à la carrure de bûcheron, qui avait inscrit le premier but de son équipe d'une frappe du gauche aux six mètres (1-1, 78e). Les Italiens pourront d'ailleurs regretter la gestion d'une rencontre qu'ils avaient parfaitement en main après le premier but de Pirlo (1-0, 40e). L'incroyable final livre un verdict somme toute équitable. En voulant jouer le contre à tout prix, les équipiers de Paolo Maldini se contentèrent d'une maigre avance, suffisante à leurs yeux. C'était sans compter sur Daniel Van Buyten. « Pour le retour, il faudra peut-être que je l'aligne en attaque », plaisantait l'entraîneur allemand, Ottmar Hitzfeld. ■

« Ça fait vraiment plaisir... »

Daniel VAN BUYTEN (Bayern Munich) : « Des matches comme cela font du bien au moral, pour moi et pour l'équipe. Rien n'est fait avant le match retour car Milan est une très bonne équipe, peut-être encore meilleure à l'extérieur. Sur un plan personnel, marquer deux buts contre un tel adversaire, dans une telle compétition, ça fait vraiment plaisir... L'équipe avait pris quatre buts en 2006. Cette fois, on avait une autre mentalité. Ça s'est vu sur le terrain. » - H. P.

Un petit pas pour la Roma

L'Équipe du 5 avril. Le tombeur de Lyon a pris une légère option sur Manchester, réduit à dix dès la 34e minute.

De notre envoyé spécial à Rome (ITA), Bernard LIONS (avec Régis DUPONT)

PAPON / L'ÉQUIPE

Le gardien romain Alexander Doni arrache le ballon à la convoitise de Ryan Giggs.

LE FOOTBALL ITALIEN a décidément bien changé. L'époque où ses équipes savaient tenir un résultat grâce à leur catenaccio s'avère révolue. L'AS Rome a joué et a gagné. Ce petit but d'avance suffira-t-il aux Giallorossi ? Pas sûr. Car Manchester United a su inscrire ce but à l'extérieur si important.
Les Anglais ont eu d'autant plus de mérite qu'ils ont joué à dix pendant une heure. « Je pense que, dans un tel match, l'arbitre n'aurait pas dû donner le deuxième carton jaune à Scholes, expliquait Alex Ferguson, car cela nous a mis dans une situation difficile. »
Plus que l'homme en noir, ce sont surtout les Romains qui posèrent problème aux Mancuniens. Les coéquipiers de Totti ont en effet placé vingt-six tirs dans cette rencontre, dont neuf en première période. Soit autant que MU en quatre-vingt-dix minutes : « Nous n'avons pas eu une réussite extraordinaire », regrettait l'entraîneur romain, Luciano Spalletti. Cette rencontre connut deux tournants. Le premier survint à la 34e minute. Déjà averti huit minutes plus tôt, Scholes crocheta Totti. Le deuxième jaune se transformait en rouge. Second coup de théâtre juste avant la pause : Taddei vit sa reprise du gauche détournée par Brown dans son propre but (1-0, 44e). Cela eut le don de mettre en colère les 6 000 supporters anglais *(voir ci-contre)*.
Le calme revint lorsque le magicien Cristiano Ronaldo décala Solskjaer qui centra pour Rooney (60e, 1-1). Mais l'embellie de MU fut de courte durée puisque Vucinic, qui venait de remplacer l'ex-Nantais Wilhelmsson, redonna l'avantage aux Romains (66e, 2-1). « La Roma est le meilleur adversaire que nous avons rencontré cette saison en C1 », concédait Ferguson. « Maintenant, c'est du 50-50 », concluait Spalletti. ■

Violents heurts entre supporters

L'Équipe du 6 avril. De graves incidents ont éclaté autour de la rencontre et fait dix-huit blessés.

De notre envoyé spécial à Rome, Régis DUPONT (avec Michel BOREL)

Dix-huit blessés (dix-sept Anglais, un Italien) : si le quart de finale de C1 entre l'AS Rome et Manchester United a été remarquable sur le terrain, il a été lamentable hors du stade et dans les tribunes. Les supporters, dont certains bien éméchés, se sont d'abord affrontés deux heures avant le match. Dans l'enceinte, la situation a été à peu près maîtrisée jusqu'à l'ouverture du score par Taddei (44e). Des supporters anglais ont alors jeté divers projectiles vers les fans de Rome. La police est intervenue, de façon musclée. « Les policiers ont frappé sans discernement nos supporters », s'est insurgé MU. « L'action des forces de l'ordre m'a semblé correcte », a rétorqué le préfet de Rome. Deux mois après la mort d'un policier en marge du match Catane-Palerme *(lire en page 180)*, la prise de conscience paraît donc incomplète. Ces incidents posent aussi la question du comportement des supporters anglais. Au tour précédent, contre Lille, ils avaient provoqué des incidents comparables, quoique moins graves. « C'est décidément compliqué dès que l'on rencontre Manchester, a ironisé Xavier Thuilot, directeur général du LOSC. Je pense que la meilleure organisation ne peut faire face à la faune qui gravite autour de ce club, un groupuscule de supporters violents et alcoolisés qui ne cherchent que les incidents. »

PAPON / L'ÉQUIPE

FÈVRE / L'ÉQUIPE

Emiliano Moretti (à g.) doit user de son bras pour tenter d'arrêter Didier Drogba.

C1 - 1/4 DE FINALE ALLER

PSV Eindhoven (HOL) - Liverpool (ANG) :	0-3
AC Milan (ITA) - Bayern Munich (ALL) :	2-2
Chelsea (ANG) - Valence CF (ESP) :	1-1
AS Rome (ITA) - Manchester United (ANG) :	2-1

Drogba maintient le suspense

L'Équipe du 5 avril. L'Ivoirien a arraché l'égalisation, mais Valence a obtenu un bon nul à Stamford Bridge. De notre envoyé spécial à Londres (ANG), Jean-Michel ROUET

LES LONDONIENS ne méritaient pas mieux. Valence a, une fois de plus, démontré toute la solidité qui en fit trois fois un finaliste européen depuis 2000 et un vainqueur de la Coupe UEFA (2004).
Chelsea n'a pas perdu car le flair de Didier Drogba a répondu au but somptueux de David Silva : un coup de canon, de vingt-cinq mètres en biais, côté gauche, pleine lucarne opposée (0-1, 30e). Muet depuis six matches, le numéro 11 des Blues a maintenu le suspense en trompant la vigilance du roc Ayala pour lober Cañizares de la tête sur un long ballon d'Ashley Cole (1-1, 53e).
Le but de l'espoir, qui permet à José Mourinho de conclure : « Si on ne se qualifie pas, j'irai voir un spectacle de catch avec mes enfants le jour de la demi-finale… » ■

LE BAYERN POUR UNE PREMIÈRE
DES BLEUS SUR LE MARCHÉ
HOULLIER RÉPOND À DIARRA
L'EQUIPE
L'EUROPE PARLE ANGLAIS
CHEZ ASAFA POWELL EN JAMAÏQUE
PSYCHODRAME À TOULON
COACHES SOUS SURVEILLANCE
question de sport?
Athlétisme : faut-il préférer la confrontation au chrono ?
L'EQUIPE TV

LIGUE DES CHAMPIONS
Quarts de finale retour

VALENCE CF (ESP) - CHELSEA (ANG) : 1-2 (aller : 1-1)
LIVERPOOL (ANG) - PSV EINDHOVEN (HOL) : 1-0 (aller : 3-0)

Chelsea prend rendez-vous

L'ÉQUIPE DU 11 AVRIL. Les Blues, menés au score, ont réagi pour se hisser en demi-finales.

De notre envoyé spécial à Valence (ESP), Stéphane KOHLER (avec Jean-Michel ROUET)

C'EST TRISTE mais c'est ainsi : José Mourinho devra patienter pour emmener ses enfants voir du catch à Londres. C'était à son programme en cas d'élimination à Valence, mais son équipe, grâce à une superbe deuxième mi-temps, a su effacer son handicap de l'aller (1-1).

Tendu, haché par les fautes, le match mit du temps à s'ébrouer. Mais à la demi-heure de jeu, les Espagnols haussèrent brutalement le rythme. Villa lança parfaitement Morientes, dont la frappe soudaine du gauche heurta le montant droit du but de Cech (30e). Puis, de l'autre côté, Joaquin expédia un long centre enveloppé au second poteau jusqu'à Morientes, encore, dont la volée taclée trompa Cech pour le plus grand bonheur de Mestalla (1-0, 32e). Dès la reprise, Mourinho sortit le jeune Français Lassana Diarra, peu à l'aise, replaçant Essien latéral droit. Paradoxalement, le Ghanéen fut vite décisif en adressant un long centre vers Drogba. Ayala contra l'ex-Marseillais, mais le ballon atterrit dans les pieds de Chevtchenko, qui inscrivit son 56e but en C1 (1-1, 52e). Chelsea avait fait son retard et ce but lui redonnait de l'assurance.

ESSIEN FRAPPE UN GRAND COUP

Valence laissait trop d'espaces et multipliait les loupés techniques. Le match peinait à atteindre un haut degré d'intensité, jusqu'à un final à fort suspense. Servi par un coup franc de Lampard, Ballack plaça une tête puissante sauvée d'un arrêt réflexe remarquable par Cañizares. Mais la prolongation attendue n'allait pas avoir lieu.

Essien, omniprésent, sollicita le une-deux avec Chevtchenko et plaça une étonnante frappe entre le poteau gauche et Cañizares, piégeant le gardien espagnol (1-2, 90e + 1). Assez logiquement, Chelsea tenait son billet pour le dernier carré. « Il est très dur de se faire éliminer chez soi, dans le temps additionnel, concédait « Quique » Sanchez Flores, l'entraîneur espagnol. Je ne sais pas si le meilleur s'est qualifié, mais il faut reconnaître que Chelsea nous a été supérieur physiquement en deuxième mi-temps. »

Mestalla se vida bien vite, sauf le quart de virage rempli des 2 500 supporters de Chelsea, chantant la gloire des Blues, de Mourinho et de la bière locale si bon marché. ■

FRANCOTTE / L'ÉQUIPE

Andreï Chevtchenko (à g.) et Michaël Essien (à dr.) peuvent se congratuler. Chacun des deux a offert un but à l'autre.

Liverpool, comme prévu

L'ÉQUIPE DU 11 AVRIL. Les Reds ont confirmé leur succès de l'aller pour se hisser en demi-finales, où ils retrouveront Chelsea.

De notre envoyé spécial à Liverpool (ANG), Thierry MARCHAND

IL EST DES COÏNCIDENCES qui font de l'histoire une éternelle répétition. En 2005, dans sa marche triomphale vers Istanbul, Liverpool avait sorti Chelsea en demi-finales de la C1 (0-0, 1-0). Les deux clubs se retrouveront en 2007 sur le chemin d'Athènes et du domaine des dieux. Liverpool a en effet rejoint Manchester United et Chelsea pour compléter le triplé anglais et faire de la C1, une « Cup » déguisée.

Malgré trois buts de handicap, le PSV était venu, tel un moribond, quêter un peu de confiance. Donc pour ne pas perdre. Il fallut toutes les gorges, profondes et chaudes, d'Anfield pour donner au spectacle la dimension émotionnelle que le jeu lui refusait.

La seconde période aurait pu ressembler à sa cousine si le jeune défenseur néerlandais Marcellis, qui disputait son premier match de C1, n'avait eu l'idée de se faire expulser pour un vilain tacle sur son compatriote Zenden (64e). Trois minutes plus tard, Peter Crouch, à bout portant, convertissait une remise de Fowler pour inscrire son sixième but de la saison en Ligue des champions (1-0, 67e). Le Kop pouvait continuer à chanter. ■

Le ballet aérien de Peter Crouch (à g.) et d'Heurelho Gomes (à dr.).

WIREIMAGE / ICON SPORT

MARTIN / L'ÉQUIPE

La charnière défensive de l'AS Rome, **Philippe Mexès** (au centre) et **Christian Chivu** (à dr.), n'y peut rien. **Ronaldo** (à g.) va marquer.

Dans un autre monde

L'ÉQUIPE DU 11 AVRIL. Une formidable équipe de Manchester a fait passer à la Roma la pire soirée européenne de son histoire. Le coup de tonnerre résonne dans toute l'Europe.

De notre envoyé spécial à Manchester (ANG), Régis DUPONT

LA PUISSANCE OFFENSIVE de Manchester n'est pas une légende. MU était confronté à la défense qui était jusque-là considérée comme la meilleure d'Europe. Il l'a massacrée. L'AS Rome, arrière-garde la plus imperméable d'Italie, n'avait concédé que cinq buts depuis le début de cette C1. Elle en a pris sept à Old Trafford, magnifique cimetière de ses ambitions.

Contre Lyon, les Romains avaient impressionné au tour précédent (0-0, 2-0). Cette fois, Rome a grandement failli. Elle a vécu un naufrage personnifié par son gardien Doni, passif de bout en bout. « Il reste difficile d'expliquer ce qui est arrivé. On n'a pas su répondre à leur enthousiasme, et notre inexpérience a coûté cher sur leurs contre-attaques », avançait Luciano Spalletti, l'entraîneur italien. En même temps, qui aurait résisté à ce MU-là ? Privés de trois de leurs quatre titulaires en défense (Gary Neville, Vidic et Évra), délestés de leur métronome habituel (Scholes) et de leur meilleur buteur dans cette compétition (Saha, 4 buts), les Mancuniens ont donné les clés à Cristiano Ronaldo. C'est le type de risque qu'on se permet plus facilement lorsqu'on possède un joueur de cette classe. L'ailier de MU a encore été à la hauteur de son immense talent, et sa responsabilité dans la qualification de son équipe est considérable.

ÉVRA, PREMIER BUT EN C1

La perle de Madère aurait dit un jour qu'il trouvait le fait de signer chez les Reds Devils aussi excitant que d'avoir rendez-vous avec Angelina Jolie. Mais le jour n'est peut-être plus très loin où Brad Pitt délaissera sa Lara Croft en pleine nuit pour admirer sur grand écran les exploits du génial ailier. Le Portugais est l'étoile d'une formidable équipe.

Il débuta son festival par un décalage pour Carrick plein champ. Le milieu défensif déposa le cuir dans le petit filet de Doni, déjà à la pêche (1-0, 11e). Puis Manchester déroula deux actions collec- ▸

Cristiano Ronaldo superstar

C. RONALDO (note : 9/10) : D'un passement de jambes, il a effacé Mancini, autre spécialiste de l'exercice, et adressé sa cinquième passe décisive dans cette épreuve. Puis, il a, enfin, inscrit ses deux premiers buts de la saison en C1 (44e et 49e). Un ange a encore survolé le Théâtre des rêves.

Bernard LIONS

Du jamais-vu depuis 43 ans

Pour trouver la trace d'une performance comparable ou supérieure à celle de Manchester United contre la Roma, à partir des quarts de finale de la C1, il faut remonter au début de l'histoire de cette compétition.

Six buts d'écart : 1964, Real Madrid (ESP) - FC Zurich (SUI), 6-0 (demi-finales retour) ; 1962, Benfica (POR) - Nuremberg (ALL), 6-0 (quarts de finale retour) ; 1959, Real Madrid (ESP) - Austria Vienne (AUT), 7-1 (quarts de finale retour).

Sept buts inscrits : 1960, Real Madrid (ESP) - Eintracht Francfort (ALL), 7-3 (finale) ; 1956, AC Milan (ITA) - Rapid Vienne (AUT), 7-2 (quarts de finale retour).

Le Real Madrid conserve le record, à la fois de l'écart et du nombre de buts inscrits, avec un 8-0 infligé au FC Séville (ESP) en 1958 (quarts de finale aller).

tives d'une précision chirurgicale (Smith, 2-0, 17e ; Rooney, 3-0, 19e). Les Romains avaient perdu tous repères. MU faisait tout deux fois plus vite qu'eux, et quand Cristiano Ronaldo fixa Chivu avant d'ajuster Doni (4-0, 44e), ils ne firent même plus semblant d'y croire vaguement. Leurs épaules étaient voûtées et leurs nez pointés vers leurs chaussures lorsque la mi-temps intervint. Cristiano Ronaldo leur signifia presque dès leur retour que, de toute façon, cette soirée était la sienne (5-0, 49e).

Et les coéquipiers de Mexès pouvaient être effrayés en se disant que la correction allait se prolonger. Heureusement pour eux, Manchester relâcha légèrement l'accélérateur. Il lui remit, pour l'exemple, deux trempes via Carrick, auteur d'une frappe somptueuse (6-0, 60e), et Évra, bien que blessé, entré comme latéral droit

MARTIN / L'ÉQUIPE

Deux buts pour Cristiano Ronaldo (à g.), qui se joue de Christian Panucci.

et auteur de son premier but en C1 (7-1, 81e). L'addition s'arrêta à 7-1, De Rossi, ayant entre-temps redonné, de volée, une miette de fierté aux siens (6-1, 68e). Comme quoi il ne faut jamais désespérer du football. « C'était un match d'une qualité exceptionnelle, un jour spécial. Cela n'arrive pas souvent de voir autant de qualité, des buts aussi splendides », s'enthousiasmait Alex Ferguson. La soirée avait commencé par des affrontements devant le mégastore d'Old Trafford. Elle s'est révélée l'une des plus enivrantes de l'histoire. Et franchement, voir jouer Cristiano Ronaldo, c'est presque aussi excitant que de rêver d'Angelina. ■

Les Anglais ont tout pour eux

L'ÉQUIPE DU 12 AVRIL. Avec trois demi-finalistes en Ligue des champions, la Premier League écrase le reste de l'Europe. C'est tout sauf un hasard. De notre envoyé spécial à Valence, Jean-Michel ROUET

FÈVRE / L'ÉQUIPE

Didier Drogba, Ashley Cole et Frank Lampard (de g. à dr.) sont heureux. Ils sont en demi-finales avec Chelsea.

« JE SUIS FIER D'EXERCER mon métier dans un pays qui a trois demi-finalistes en C1 », lâchait José Mourinho après la qualification de Chelsea. La Premier League domine l'Europe. Un phénomène temporaire ? Tout laisse penser le contraire.

LA PUISSANCE ÉCONOMIQUE

Un à un, les grands clubs anglais passent dans les mains de très grandes fortunes étrangères, et le montant des droits télé va exploser en 2007-08 (1,250 milliard d'euros par an, plus du double de la L1). Mais la manne télévisuelle ne représente que 40 % des budgets des clubs, qui tirent le reste de leurs ressources du merchandising, du sponsoring et des recettes aux guichets, avec les billets les plus chers d'Europe et une moyenne de 34 044 spectateurs.

DES STARS ET DES GROS EFFECTIFS

Qui dit argent, dit grands joueurs et salaires très élevés. Une vingtaine de stars émarge à 600 000 euros mensuels ou plus (770 000 euros pour Chevtchenko et Ballack, recrutés par Chelsea à l'été 2006). Les meilleurs clubs ont à peu près tous deux équipes interchangeables.

DE GRANDS ENTRAÎNEURS

Alex Ferguson et Rafael Benitez ont déjà remporté la C1 avec leur club actuel et José Mourinho a été champion d'Europe avec Porto (2004) avant de rejoindre Chelsea. L'Angleterre n'est plus sourde. Dans la foulée d'Arsène Wenger ou de Gérard Houllier, elle s'est ouverte aux méthodes continentales. Et, outre-Manche, on ne vire pas l'entraîneur après trois défaites : Ferguson est en poste depuis vingt ans, Wenger depuis dix. ■

Milan défiera l'Angleterre

L'ÉQUIPE DU 12 AVRIL. Les Italiens ont fait la différence en première mi-temps, résistant ensuite à la trop faible pression du Bayern.
De notre envoyé spécial à Munich (ALL), Jean-Marc BUTTERLIN (avec Alexis MENUGE)

EN S'IMPOSANT À MUNICH, l'AC Milan aura finalement empêché que les demi-finales de la C1 ne se transforment en une affaire exclusivement anglo-saxonne. Le champion d'Europe 2003 sera donc une nouvelle fois au rendez-vous des quatre derniers, comme en 2006. Le Bayern, lui, s'arrête en quarts. Une habitude qui dit sans doute quelque chose de sa place dans la hiérarchie continentale.

L'idée que les Allemands avaient abordé leur affaire par le bon bout ne résista pas à l'épreuve du temps. Sur la première frappe lombarde digne de ce nom, Kahn se rendit déjà. Servi par Kaka, Seedorf trouvait la faille à l'entrée de la surface (0-1, 27e). C'était un prêté pour un rendu, puisque le Néerlandais envoyait Inzaghi au but d'une magnifique talonnade (0-2, 31e).

Milan ne chercha pas à enfoncer le clou plus profondément. Le Bayern semblait, pour sa part, convaincu de la supériorité milanaise. « Milan a montré sa classe, c'est une grande équipe », concédait Ottmar Hitzfeld, le coach du Bayern. « Dès le début, nous étions convaincus de passer », concluait Clarence Seedorf. ■

C1 - 1/4 DE FINALE RETOUR (entre parenthèses, le résultat du match aller)
MANCHESTER UNITED (ANG) - AS Rome (ITA) : 7-1 (1-2)
Bayern Munich (ALL) - AC MILAN (ITA) : 0-2 (2-2)
Valence CF (ESP) - CHELSEA (ANG) : 1-2 (1-1)
LIVERPOOL (ANG) - PSV Eindhoven (HOL) : 1-0 (3-0)

BOUTROUX / L'ÉQUIPE

Roy Makaay est pris en étau entre Paolo Maldini (à g.) et Alessandro Nesta (à dr.).

BASSO DANS LA NASSE
L'ÉQUIPE
EN ÉTAT DE GRÂCE
faites confiance au dernier

LIGUE DES CHAMPIONS
Demi-finales aller

MANCHESTER UNITED (ANG) - AC MILAN (ITA) : 3-2

MU au bout du plaisir

L'ÉQUIPE DU 25 AVRIL. L'AC Milan a cru réussir le coup parfait mais Manchester United a pris le dessus dans le temps additionnel, au terme d'un affrontement magnifique.

De notre envoyé spécial à Manchester (ANG), Hervé PENOT

LAHALLE / L'ÉQUIPE

Les deux sont à genoux. Wayne Rooney parce qu'il a marqué d'une frappe instinctive, Dida (à g.) parce qu'il a encaissé son 3e but de la soirée.

ET RYAN GIGGS, merveilleux capitaine, s'engagea dans un ultime sprint, un dernier effort au bout d'un match formidable. Une passe vers Rooney et la frappe à ras de terre du rouquin teigneux délivra le peuple d'Old Trafford (3-2, 90e + 1). Un final comme un symbole de ce duel magnifique, indécis, si longtemps incertain. Manchester a arraché juste après la fin du temps réglementaire un succès précieux, et mérité, même s'il n'offre aucune certitude avant le retour à Milan.

Que les Red Devils furent grands, dans leur volonté permanente de pousser encore et toujours, de ne pas se laisser abattre par l'avantage pris par l'AC Milan en première période. Confiants, les Anglais préféraient s'en remettre à leur force offensive. En Europe, peu d'équipes possèdent un tel éventail de talents : Cristiano Ronaldo bien entendu, mais également Giggs, Rooney ou Scholes.

Les Italiens ne doivent cependant pas non plus être trop déçus de ce premier acte. On attendait leur réaction face à la vitesse adverse, ils s'en sont souvent bien accommodés. L'une des forces de cette maison milanaise est qu'elle ne s'affole jamais quand tant d'autres formations sombrent ▸

Rooney répond à Kaka

ROONEY (note : 8,5/10) : seul face à Nesta et Maldini, il s'attendait à une soirée compliquée et ce fut d'abord le cas. Par la suite, il « décrocha » pour offrir d'autres solutions avec une certaine conviction et marqua le but de l'espoir en battant de près Dida (59e). Avant de plonger Old Trafford dans la folie collective en inscrivant le but de la victoire dans le temps additionnel.

KAKA (8,5) : il a éclaboussé de sa classe la première période, pendant laquelle il a réussi un doublé en un quart d'heure. Il aurait même dû marquer un troisième but par la suite. Autant dire que le meilleur buteur de cette Ligue des champions (neuf buts) a gagné son duel de géants avec Cristiano Ronaldo.

Jérôme LE FAUCONNIER et Bernard LIONS

sous la furia locale. « Nous avions la rencontre bien en main et je regrette donc qu'on ait perdu bêtement un ballon en toute fin de match », regrettait toutefois Carlo Ancelotti, l'entraîneur de Milan.

MANCHESTER N'ABDIQUE JAMAIS

La faiblesse de la défense de Manchester, amputée de trois titulaires et avec un Évra revenant de blessure, aurait pu cependant être rédhibitoire. Kaka profita des approximations anglaises en plantant deux buts dès la première mi-temps. Sur le premier, le Brésilien, oublié par Carrick, s'enfonça plein axe et effaça Heinze pour marquer d'un tir croisé du gauche (1-1, 22e). Sur le second, il profita d'un tampon incroyable d'Évra sur Heinze pour sceller son face-à-face avec Van der Sar de manière clinique (1-2, 37e).

Manchester avait pourtant entamé la rencontre comme prévu, à toute vitesse. Cela marcha d'entrée sur un corner repris par Cristiano Ronaldo (1-0, 5e). Par la suite, la mise en place tactique italienne déstabilisa souvent le milieu anglais.

Mais MU n'abdique jamais. Les leaders du Championnat anglais appuyèrent encore et toujours, ne changèrent rien à leur plan de jeu. Même si Kaka eut la possibilité d'ajouter un troisième but (58e), les vagues rouges se mirent à déferler sur la défense milanaise. Et Rooney profita d'une lumineuse louche de Scholes pour tromper Dida (2-2, 59e). Manchester voulait sa victoire, cette frappe d'instinct de Rooney la lui donna (3-2, 90e + 1). Le « Théâtre des rêves » pouvait gronder. ■

« Un retour impressionnant »

L'ÉQUIPE DU 25 AVRIL. Alex Ferguson, l'entraîneur de Manchester United, a été épaté par le comportement de son équipe.

De notre envoyé spécial à Manchester, Bernard LIONS

« Avez-vous passé une bonne soirée ?

– Oui, ce fut encore un grand match au cours duquel Manchester United a démontré toute sa qualité. L'AC Milan a vraiment bien joué durant la première mi-temps. On a commis deux erreurs défensives qui ont permis aux Italiens de marquer. Mais nous sommes parvenus à revenir dans ce match. Cela prouve que mon équipe a du caractère.

– Est-ce ce qu'il explique votre impressionnant retour au score ?

– C'est vrai qu'il est impressionnant. Quand on se retrouve menés face à une telle équipe, ce n'est vraiment pas évident. On y est pourtant parvenus, en mettant du rythme dans ce match. Notre deuxième but a tout changé. »

LAHALLE / L'ÉQUIPE

Ni le grand, ni le petit n'y peuvent rien. Didier Drogba (à g.) expédie le ballon de la tête en direction du but malgré l'intervention de Jamie Carragher et de Peter Crouch.

Chelsea passe la tête

L'ÉQUIPE DU 26 AVRIL. Pour la première fois, Chelsea a battu Liverpool en C1. Voilà les Blues favoris avant le match retour.

De notre envoyé spécial à Londres (ANG), Jean-Michel ROUET (avec Stéphane KOHLER)

IL N'Y A PAS BIEN LOIN entre Istanbul, où Liverpool a été champion d'Europe en 2005, et Athènes, où il rêve de le redevenir en 2007. Mais, après leur échec à Londres, les Reds voient Le Pirée à la jumelle, et l'image est très floue. Bien sûr, ils miseront sur la magie d'Anfield, d'où ils ne sont jamais sortis éliminés d'une demi-finale européenne… Mais, pour l'instant, c'est José Mourinho qui a le sourire. « Je suis très heureux du match de mes joueurs, même si ce succès aurait pu être plus large, glissait l'entraîneur de Chelsea. Ce résultat nous donne une chance d'aller en finale. » Et comme, depuis deux ans, les Blues marquent systématiquement à l'extérieur en C1… Chelsea a dicté son style, sa volonté, son organisation, sa force collective et la loi de ses individualités. Il aura donc fallu attendre cinq matches et 389 minutes pour que l'équipe de Mourinho marque enfin un but au Liverpool de Benitez en C1 ! Mais quand Joe Cole coupa au premier poteau, du gauche, un centre de Drogba (1-0, 29e), c'était le minimum que méritaient les siens, dominateurs dans tous les secteurs du jeu.

Rafael Benitez enrageait sur son banc. Il y avait de quoi. Liverpool faisait à peu près tout au ralenti ou à l'envers. On ne sait pas en quelle langue l'entraîneur espagnol s'adressa à la pause aux sept nationalités représentées dans son onze de départ, mais on imagine que le ton employé le fit comprendre. En tous les cas, le message sembla porter. Liverpool sortit enfin de sa torpeur et on vit pourquoi Petr Cech est un grand gardien. « Au vu de notre deuxième période, je suis confiant, assurait Benitez. Il faudra marquer deux fois, mais on l'a déjà fait contre eux. » ■

C1 - DEMI-FINALES ALLER	
Manchester United (ANG) - AC Milan (ITA) :	3-2
Chelsea (ANG) - Liverpool (ANG) :	1-0

FOOTBALL
À MILAN, M.U. VEUT REJOINDRE LIVERPOOL
BARTHEZ NE MANQUE PAS À NANTES
RUGBY
AGEN CHANGE SES ENTRAÎNEURS
L'ÉQUIPE
ROUGES DE PLAISIR
DISCOVERY CHANNEL LAISSE PARTIR BASSO
DERNIÈRES CHANCES POUR AREVA
DIARI-TURGAF, LE DUEL FRATRICIDE
POWELL TRAHI PAR SON GENOU
CETTE SEMAINE, RETROUVEZ UNE ANALYSE UNIQUE SUR L'ACTUALITÉ DU RUGBY
RUGBY

LIGUE DES CHAMPIONS
Demi-finales retour

LIVERPOOL (ANG) - CHELSEA (ANG) : 1-0, 4-1 aux t.a.b. (aller : 0-1)

La magie rouge

L'ÉQUIPE DU 2 MAI. Comme en 2005, Liverpool a éliminé Chelsea en demi-finales de la C1, mais il a fallu cette fois attendre la séance des tirs au but.

De notre envoyé spécial à Liverpool (ANG), Jean-Michel ROUET (avec Stéphane KOHLER)

FEVRE / L'ÉQUIPE

« Pepe » Reina a choisi le bon côté. Il arrête le ballon frappé par Geremi Njitap au cours de la séance de tirs au but. Il en fera autant avec celui d'Arjen Robben. Liverpool est en finale.

IL N'Y A PROBABLEMENT qu'à Anfield qu'il est possible de vivre pareilles soirées envoûtantes, sauf bien sûr si l'on est supporter de Chelsea. Quand tout un peuple vous pousse, quand la magie rouge s'opère à ce point, il est impossible de se faire éliminer, même dans un exercice à pile ou face comme les tirs au but. Les Reds n'ont raté aucune de leurs tentatives et « Pepe » Reina, leur gardien espagnol, a fait le reste en s'opposant aux tirs de Robben et Geremi.

Deux ans après leur duel déjà très serré (0-0, 1-0), Liverpool a encore éliminé Chelsea en demi-finales de la C1 après deux heures d'un boucan d'enfer et d'un terrible bras de fer. Le club anglais le plus titré au plan continental visera sa sixième couronne à Athènes. Comme en 2005, il n'a peut-être pas une équipe extraordinaire, mais celle-ci a une âme fantastique et un phénomène d'entraîneur.

Après avoir quasiment perdu son titre de champion d'Angleterre au profit de Manchester United, Chelsea a loupé son deuxième grand objectif de la saison. « On était la meilleure équipe sur le terrain, de loin, mais Liverpool est en finale », lâchait José Mourinho avant d'ajouter tout de même : « Nous avons deux titres de Premiership et eux aucun depuis trois ans. » « José Mourinho a apporté des choses au football anglais, mais parfois, il nous fait bien rire, lui répondait le capitaine des Reds, Steven Gerrard. Le petit club a quand même atteint deux fois la finale de la Ligue des champions en trois ans ! »

UNE PARTIE D'ÉCHECS

Il a fallu dix-huit minutes de plus qu'en 2005 aux Reds pour surprendre Chelsea. Un coup franc côté gauche de Gerrard fut en effet coupé au premier poteau par Daniel Agger, étrangement seul. La frappe du gauche du jeune défenseur danois ne laissa aucune chance à Cech (1-0, 22e). Il fallait bien un coup de pied arrêté pour débloquer un match muselé à souhait, durant lequel les tacles ont volé bas.

Liverpool tenait le ballon, mais sa domination ne se traduisait que par une occasion, un seul tir cadré et… un but. À la reprise, Liverpool se créait plusieurs possibilités, dont une tête de Kuyt sur la transversale du but de Cech (59e), tandis que les rares offensives de Chelsea reposaient, une fois encore, sur les larges épaules de Drogba. Rien ne pouvait plus empêcher la prolongation.

Chelsea s'accrocha alors péniblement aux branches : Kuyt reprit victorieusement un tir de Xabi Alonso relâché par Cech, mais le but fut refusé pour un hors-jeu limite (101e). Kuyt échoua encore face à Cech (119e). Le Tchèque aurait pu être l'homme du soir, mais ce fut donc son confrère « Pepe » Reina, roi des tirs au but. ■

Le malaise Chevtchenko

L'ÉQUIPE DU 2 MAI. L'attaquant ukrainien était absent de la feuille de match face à Liverpool. Blessé ? Vexé ? Le mystère demeure.

Deux versions s'opposaient pour justifier l'absence d'Andreï Chevtchenko sur la feuille de match. L'officielle expliquait qu'il souffrait des adducteurs et que Mourinho n'avait pas souhaité prendre de risque. Selon d'autres sources, le plus gros transfert de l'histoire des Blues (45 millions d'euros) aurait appris qu'il allait être sur le banc à Anfield, Salomon Kalou lui étant préféré. Il aurait alors prétexté cette blessure pour éviter cette nouvelle humiliation. Le Ballon d'Or 2004 peine à s'imposer à Chelsea et Mourinho s'est lassé de la persistante méforme d'un joueur embauché par Roman Abramovitch, dont il est l'ami, contre son propre avis. Le malaise Chevtchenko est loin d'être terminé.

J.-M. R.

AC MILAN (ITA) - MANCHESTER UNITED (ANG) : 3-0 (aller : 2-3)

Le Milan est un rapace

L'Équipe du 3 mai. Le club italien a broyé Manchester United dans une rencontre à sens unique. Milan tient sont billet pour Athènes et pour la finale de ses rêves contre Liverpool. De notre envoyé spécial à Milan (ITA), Hervé PENOT

C'ÉTAIT CERTAINEMENT la finale de leurs rêves, celle que les Italiens ont rejouée des dizaines de fois dans des nuits agitées. L'AC Milan va donc retrouver Liverpool en finale de la Ligue des champions, deux ans après le cauchemar d'Istanbul (3-3, 2-3 aux t.a.b.). En Italie, personne ne parle de revanche. Mais peut-on totalement oublier un tel dénouement, une telle soirée d'horreur sportive? Le club lombard, stupéfiant de régularité en C1 (troisième finale en cinq ans, cinq participations consécutives aux quarts de finale), a en tout cas l'occasion de rayer l'un des moments les plus douloureux de son histoire, et Paolo Maldini, son défenseur emblématique, blessé au genou gauche et forfait contre MU, celle d'effacer cette nuit de détresse.

« En finale contre Liverpool, c'est un match unique. J'espère simplement que l'issue sera différente », expliquait Kaka. « Je suis très, très heureux. Cette finale, c'était un rêve qui semblait impossible à réaliser », ajoutait son entraîneur, Carlo Ancelotti.

L'AC Milan, monstre de puissance et de maîtrise technique, a étouffé, broyé, laminé les Red Devils. Pour tout dire, ce Manchester United, leader de la Premier League, souvent proclamé meilleur Championnat du monde, n'a pas existé dans un San Siro en ébullition. Où étaient Cristiano Ronaldo, Rooney, Giggs et les autres? Submergés, incapables de développer un jeu d'équipe tant la toile tissée par Carlo Ancelotti les empêcha d'esquisser le moindre mouvement cohérent.

GATTUSO : « ON A JOUÉ À L'ANGLAISE, ON VOULAIT CETTE FINALE »

En face, il y avait un duo terrifiant : Kaka-Seedorf. Il fit basculer la rencontre à lui seul au terme d'une première mi-temps proprement phénoménale. À la suite d'une longue ouverture, Seedorf, dans la surface, remit de la tête vers Kaka, placé dans l'axe aux 18 mètres, dont la reprise croisée du gauche battait Van der Sar (1-0, 11e). Épisode 2 : une mauvaise relance de la tête de Vidic échoua, à l'entrée de la surface, dans les pieds de Seedorf, qui contrôlait, résistait au tacle du Serbe et marquait d'une puissante frappe de l'intérieur du droit (2-0, 30e). Que le football semble simple dans ces moments-là, quand le talent se met au service du collectif ! Manchester se noya inexorablement, incapable de récupérer au milieu, submergé par la finesse du style local. Les Anglais étaient incapables de répondre, courant derrière le ballon comme dans un « toro ». Gattuso, icône démoniaque, n'oublia jamais d'exciter la foule pour cette mise à mort peu annoncée. Gilardino, entré à la place d'Inzaghi, vint sceller la formidable démonstration (3-0, 78e).

« On a joué à l'anglaise, on a été très agressifs car on voulait cette finale », concédait Gennaro Gattuso, tandis qu'Alex Ferguson se voulait beau joueur : « Nous avons pris des buts que nous n'aurions jamais dû encaisser, mais il faut reconnaître que le Milan a réussi une performance fantastique. » Les Rossoneri auront enfin l'occasion de venger Istanbul et la soirée qui hante leurs nuits depuis deux ans. ■

C1 - DEMI-FINALES RETOUR
(entre parenthèses, le résultat du match aller)

LIVERPOOL (ANG) - Chelsea (ANG) : 1-0, 4-1 aux t.a.b. (0-1)

AC MILAN (ITA) - Manchester United (ANG) : 3-0 (2-3)

Onzième finale de C1 pour Milan

L'AC Milan disputera à Athènes sa onzième finale de C1. Sur les dix précédentes, les Italiens en ont gagné six (1963, 69, 89, 90, 94 et 2003) et donc perdu quatre (1958, 93, 95 et 2005). Par ailleurs, l'AC Milan a remporté deux Coupes des Coupes (C2, 1968 et 73), perdant une troisième finale (1974), et n'a jamais atteint la finale de la Coupe de l'UEFA (C3). Le club lombard disputera donc sa quatorzième finale européenne, face aux Reds, qui en seront à leur onzième (cinq C1 gagnées sur six finales, trois C3 remportées en trois finales, et une finale de C2 perdue).

Kaka tourne un regard illuminé vers les cieux. Il vient de redonner l'avantage à l'AC Milan en marquant le premier but de la rencontre. Clarence Seedorf et Alberto Gilardino n'auront plus qu'à enfoncer le clou pour assurer la qualification.

LAHALLE / L'ÉQUIPE

LIGUE DES CHAMPIONS
Finale

AC MILAN (ITA) - LIVERPOOL (ANG) : 2-1

Froid comme la vengeance

L'ÉQUIPE DU 24 MAI. Un doublé de Filippo Inzaghi a offert sa revanche à l'AC Milan (2-1), qui remporte sa septième C1. Paolo Maldini est sacré pour la cinquième fois.

De notre envoyé spécial à Athènes (GRE), Vincent DULUC

LE TRIOMPHE DE L'AC Milan (2-1) à Athènes ne rejoindra pas la légende qui avait enveloppé son plus noir cauchemar au soir de la finale perdue d'Istanbul en 2005 face au même Liverpool (3-3, 2-3 aux t.a.b.). Mais le sacre est total pour le grand club milanais et pour le football italien, qui aura remporté les deux plus grandes compétitions de la planète, la Coupe du monde et la Ligue des champions, à moins de onze mois de distance. On pourra toujours avancer que Milan n'aurait pas dû disputer l'épreuve (*), mais c'est bien sur le terrain que les Milanais ont conquis l'Europe pour la septième fois. Liverpool a dû se contenter d'être le finaliste le plus entreprenant, mais il lui a manqué bien trop de folie face à la logique imparable du Milan : trois tirs cadrés, deux buts. Plus simplement, Liverpool aurait dû sortir de son cadre, des consignes de Benitez, et bien avant d'être mené 0-2.

Par la pauvreté de ses intentions et la faiblesse de sa valeur technique, cette finale a considérablement déçu. Sûrement parce que l'on en attendait trop, à la lumière éternelle de la légende d'Istanbul. La deuxième fois, donc, c'est moins bien. Le grand rendez-vous a erré loin de la légende et près de l'ennui. Il n'a décollé qu'en son crépuscule. Lorsque Kuyt a réduit le score (2-1, 89e), ▸

(*) Initialement rétrogradé de la 2e à la 11e place de la Serie A 2005-06 à la suite du scandale des matches truqués du Calcio, l'AC Milan a retrouvé sa place en C1 grâce à un allègement de sa sanction en appel.

Dick Kuyt (à dr.) semble dépassé par la fougue du toujours jeune Paolo Maldini. Le Néerlandais ne trouvera l'ouverture qu'à la 89e. Trop tard pour Liverpool.

LAHALLE / L'ÉQUIPE

l'ombre d'un doute a plané à Athènes mais, à court de fraîcheur et d'idées, Liverpool n'a plus été capable de se faire trois passes pour seulement s'approcher. Le sacre est magnifique pour Paolo Maldini, dont la classe, l'élégance et la fidélité sont récompensées par une cinquième victoire.

INZAGHI FAIT LA DIFFÉRENCE

Mais l'homme de la finale est un buteur qui sort toujours de la nuit et d'une position de hors-jeu : le doublé de Pippo Inzaghi ressemble à un destin. La finale a basculé parce qu'il a marqué du bras sans le faire exprès (1-0, 45e). En déviant au point de penalty un coup franc de Pirlo, il a offert à son équipe un avantage que rien dans son jeu ne pouvait réellement lui laisser espérer. Car l'AC Milan, jusque-là, n'avait pas maîtrisé grand-chose. Les Anglais, eux, avaient multiplié les aveux d'impuissance.

La seconde période reprit sur le même rythme. Puis Liverpool sut mettre un peu plus d'intensité dans son jeu, et il y eut quelques minutes durant lesquelles l'immense Paolo Maldini sembla plus près de la Carte Vermeil que du Ballon d'Or. Mais les Lombards ont su régler l'essentiel des problèmes, avant de se mettre définitivement à l'abri. Kaka envoya Inzaghi à la rencontre de Reina pour le doublé (2-0, 82e). Le but de Kuyt, après un corner et une double déviation au premier poteau (2-1, 89e), aurait pu être un premier pas vers une légende recommencée. Mais il n'aura servi qu'à atténuer la peine des supporters des Reds, et à rappeler que le vent avait tourné.

Car le sentiment qui émerge de cette finale poussive est que la meilleure équipe a gagné. Sa revanche a été moins éclatante que son cauchemar ? Vu de Milan, franchement, c'est à voir. ■

Filippo Inzaghi, en battant Jose Reina, le gardien des Reds, réalise le doublé et assure la victoire.

LAHALLE / L'ÉQUIPE

Le jour de gloire de Filippo Inzaghi

L'ÉQUIPE DU 24 MAI. Écarté de la finale d'Istanbul, « Super Pippo » a fait basculer celle d'Athènes et incarné la revanche milanaise sur Liverpool. De notre envoyé spécial à Athènes (GRE), Jean-Michel ROUET

Le Milan voulait sa revanche. Il l'a eue et il ne pouvait y avoir de plus beau symbole que le doublé de Filippo Inzaghi pour la lui offrir. En 2005, c'est des tribunes du stade Atatürk que « Super Pippo », pas même inscrit sur la feuille de match, avait assisté au cauchemar d'Istanbul. Et dire qu'à Athènes, Ancelotti a hésité jusqu'au dernier moment entre lui et Alberto Gilardino... À quoi tient un destin ?

Voilà Inzaghi à nouveau champion d'Europe, comme en 2003 avec l'AC Milan, déjà. À la 44e minute, il ne s'était pas procuré la moindre occasion. Mais, avec lui, on a affaire à un chasseur planqué, toujours susceptible de trouver la plus improbable ouverture. Ce fut précisément le cas lorsqu'il prolongea du bras le coup franc de Pirlo. Un but valable, pas le but du siècle, évidemment, mais celui qui fit basculer cette finale. Et voilà Inzaghi le meilleur buteur italien de l'histoire des Coupes d'Europe (58 réalisations toutes compétitions confondues, avec Parme, la Juve et l'AC Milan), avec à Athènes ses 40e et 41e buts en C1, les premiers en finale.

Car il ne s'est pas contenté du coup de main donné à son équipe, il a fini par « tuer » Liverpool à la 82e minute, en s'extirpant du marquage, à la limite du hors-jeu, pour s'en aller dribbler le gardien adverse. Incroyable mais vrai, il fut à Athènes le joueur qui toucha le moins de ballons (21 au total) et il a autant marqué lors de cette rencontre que durant toute la saison en Serie A (20 matches, 2 buts).

Au coup de sifflet final, il tomba dans les bras de Silvio Berlusconi, son président, qui lui avait téléphoné personnellement avant le match pour lui assurer qu'il serait « l'homme de la finale ».

MOUNIC / L'ÉQUIPE

Comme une habitude. Paolo Maldini tient pour la cinquième fois la coupe des champions. Mais celle-ci a un goût de revanche d'Istanbul.

Benitez : « Un but idiot »

L'ÉQUIPE DU 24 MAI. Rafael Benitez, l'entraîneur de Liverpool, regrette surtout l'ouverture du score milanaise.
De notre envoyé spécial à Athènes (GRE), Hervé PENOT

« Quel est votre sentiment après cette défaite en finale ?

– Je dois d'abord féliciter Milan. C'est une très bonne équipe. Et merci à nos supporters, au staff, aux joueurs : ils ont travaillé très dur. Sur ce match, nous aurions pu marquer en première mi-temps et nous encaissons finalement un but idiot et chanceux. Le problème, c'était ensuite de jouer la deuxième mi-temps avec des idées différentes.

– Est-ce difficile d'accepter un tel résultat ?

– C'est le jeu. En football, on doit profiter de ses temps forts, surtout contre une équipe du niveau de Milan. Ce ne fut pas le cas. Nous avons réussi un bon boulot mais nous n'avons pas pu aller au bout des choses. Les Italiens ont la qualité, l'expérience et vous ne devez pas faire d'erreurs. C'est comme ça. Une erreur, et elle vous tue. »

Le tableau final

Quarts de finale

	Aller	Retour
AS Rome (ITA)	2	1
MANCHESTER U. (ANG)	1	7
AC MILAN (ITA)	2	2
Bayern Munich (ALL)	2	0
CHELSEA (ANG)	1	2
Valence CF (ESP)	1	1
PSV Eindhoven (HOL)	0	0
LIVERPOOL (ANG)	3	1

Demi-finales

	Aller	Retour
Manchester U.	3	0
AC MILAN	2	3
Chelsea	1	0
LIVERPOOL	0	1*

*1-4 aux t.a.b.

Finale – À Athènes (GRE)

AC MILAN	2
Liverpool	1

LIGUE DES CHAMPIONS 2006-07

LES BRÈVES

REINA, COMME PAPA.

LAHALLE / L'ÉQUIPE

En atteignant la finale de la C1, le gardien espagnol de Liverpool, «Pepe» Reina, imite son père, Miguel, qui avait disputé et perdu celle de 1974 avec l'Atletico Madrid (1-1, puis 0-4 contre le Bayern). Sans plus de succès.

MALHEUR AU TENANT.

Éliminé en 8es, le FC Barcelone entretient une inquiétante tradition pour les champions d'Europe : Porto en 2004-05 et Liverpool en 2005-06 étaient tombés au même stade. L'AC Milan brisera-t-il la série ? Il en est, lui, à cinq participations consécutives aux quarts.

LYON, DÉFENSE DE FER.

DE MARTIGNAC / L'ÉQUIPE

Malgré sa défaite 0-2 contre la Roma, l'OL est, avec Arsenal, la défense la plus imperméable de la C1 2006-07 : 5 buts encaissés en 8 rencontres, soit 0,63 en moyenne par match.

ATOUBA N'A PAS SUPPORTÉ.

Il n'a pas su se retenir face aux insultes de ses propres supporters. Pour avoir adressé un doigt d'honneur au public lors de Hambourg-CSKA Moscou (3-2) en poules, le défenseur camerounais de l'équipe allemande, Timothée Atouba, est suspendu deux matches par son club.

PREMIÈRE BULGARE.

En éliminant le Chievo Vérone (2-0, 2-2) au tour préliminaire, le Levski Sofia devient le premier club bulgare à participer à la phase de poules de la C1. Mais l'expérience sera douloureuse : 6 matches, 6 défaites.

LE BARÇA A TOUT PERDU.

MOUNIC / L'ÉQUIPE

Le FC Barcelone, qui visait cinq trophées en 2006-07, n'en obtiendra aucun. Avant de se voir dépouillé en 8es de son titre de champion d'Europe, il s'incline en août 2006 en Supercoupe d'Europe contre le FC Séville (0-3), avant de tomber en finale du Championnat du monde des clubs, en décembre, face aux Brésiliens de l'Internacional Porto Alegre, vainqueurs de la Copa Libertadores (0-1).

GILARDINO ROMPT LA MALÉDICTION.

Après 13 matches sans but en C1, l'attaquant milanais Alberto Gilardino trouve enfin la faille à la 88e minute contre Anderlecht (4-1). Il marquera encore contre Manchester (3-0) en demies. Insuffisant pour être titularisé en finale.

LE DESSIN de Bernard Chenez

L'ÉQUIPE DU 11 AVRIL. Lyon, Lille et les autres clubs français en sont réduits au rang de spectateurs du festival de buts des quarts de finale de la C1 et du 7-1 de Manchester United contre l'AS Rome.

LE BUTEUR

Kaka (AC Milan)

LAHALLE / L'ÉQUIPE

Avec 10 buts, dont un triplé contre Anderlecht en poules et trois lors des demi-finales contre Manchester United, le Brésilien de l'AC Milan finit meilleur réalisateur de la Ligue des champions 2006-07.

Le détail de ses buts

Phase de poules, 1re journée, AC Milan-AEK Athènes (3-0) : **1 but** (76e s.p.) ; 3e journée, Anderlecht-AC Milan (0-1) : **1 but** (58e) ; AC Milan-Anderlecht (4-1) : **3 buts** (6e s.p., 23e, 56e) ; **8es de finale retour,** AC Milan-Celtic Glasgow (1-0 a.p.) : **1 but** (92e) ; **quarts de finale aller,** AC Milan-Bayern Munich (2-2) : **1 but** (84e s.p.) ; **demi-finales aller,** Manchester United-AC Milan : **2 buts** (22e, 37e) ; **demi-finales retour,** AC Milan-Manchester United (3-0) : **1 but** (11e).

Classement des buteurs

1. Kaka (AC Milan), 10 buts ; 2. Drogba (Chelsea), Crouch (Liverpool), Van Nistelrooy (Real Madrid), Morientes (Valence CF), 6 buts ; 6. Raul (Real Madrid), 5 buts ; 7. C. Pizarro (Bayern Munich), Saha (Manchester United), F. Inzaghi (AC Milan), Totti (AS Rome), Dica (Steaua Bucarest), Villa (Valence CF), 4 buts, etc.

LA PHRASE

« Je sais le travail que j'ai fait à Porto, je sais que j'y ai écrit l'histoire. Et les sifflets n'effaceront jamais l'histoire. »

FABLET / L'ÉQUIPE

José Mourinho, l'entraîneur de Chelsea, ne craint pas l'hostilité de certains supporters du FC Porto au moment de rencontrer (en 8es de finale) le club qu'il a mené en 2004 au titre de champion d'Europe.

LAHALLE / L'ÉQUIPE

« Rien qu'au niveau du rythme, c'est différent de la Ligue 1, alors, par rapport à la L2, je ne vous raconte pas. »

Le Lillois **Ludovic Obraniak** fait ses débuts en Ligue des champions face à Manchester United en 8es (0-1, 0-1), lui qui évoluait encore à Metz, en L2, quelques semaines plus tôt, avant d'être transféré au mercato.

« Je n'ai joué qu'au Milan. Je suis né à Milan. Mon père a vécu une histoire importante avec cette équipe. Pour moi, Milan, c'est le football. »

FEVRE / L'ÉQUIPE

Paolo Maldini, vingt-trois saisons à l'AC Milan, dit son amour pour son club, quelques jours avant la finale contre Liverpool.

LES BRÈVES

LA CHINE S'ÉVEILLE.

LABLATINIÈRE / L'ÉQUIPE

Entré en jeu pour le PSV Eindhoven à la 65e minute du 8e de finale aller contre Arsenal (1-0), Sun Xiang, défenseur de 25 ans, est le premier Chinois à participer à la Ligue des champions.

L'INTER VOIT ROUGE.

L'Inter Milan commence bien mal sa saison de C1 : deux défaites lors des deux premières journées de poules (Sporting, 0-1, et Bayern, 0-2) et trois cartons rouges pour Vieira, Ibrahimovic et Grosso.

LA SOIRÉE D'ALEX.

LABLATINIÈRE / L'ÉQUIPE

En 8es retour contre Arsenal (1-0 à l'aller), Alex, le Brésilien du PSV, commence par marquer contre son camp, avant d'inscrire de la tête, à la 83e, le but qui qualifie le club néerlandais (1-1).

LA DYNASTIE MIKHAÏLOV.

Le gardien Nikolaï Mikhaïlov, 20 ans, qui effectue ses débuts en Ligue des champions avec le Levski Sofia contre le Werder Brême (0-3) en poules, a de qui tenir : il est le fils de Borislav Mikhaïlov, ancien portier de Mulhouse et de la sélection bulgare, demi-finaliste de la Coupe du monde 1994. Son grand-père Bisser, gardien également, fut lui aussi international. Et les trois générations ont disputé la C1.

ON A VOLÉ LA COUPE DE L'OM.

PICHON / L'ÉQUIPE

Le plus beau trophée marseillais a disparu. Dans la nuit du 6 au 7 mars, la réplique de la coupe des champions 1993 est dérobée dans le salon d'honneur du Stade-Vélodrome.

LA BOULETTE DE L'AJAX.

Le quadruple champion d'Europe ne verra pas la C1 cette fois. L'Ajax Amsterdam tombe au tour préliminaire contre le FC Copenhague (2-1, 0-2), victime d'un dernier but contre son camp de son défenseur belge Vermaelen.

ARSENAL, L'INTERNATIONALE.

Lors de la 1re journée de poules, onze nationalités différentes sont représentées dans l'équipe d'Arsenal alignée à Hambourg (2-1).

HENRY ET MAKELELE BATTENT ZIDANE.

Avec 109 matches disputés en Coupes d'Europe, ils détiennent conjointement le nouveau record pour un joueur français : Thierry Henry (Arsenal) et Claude Makelele (Chelsea) ont dépassé les 108 de Zidane.

HANGST / WITTERS / PRESSE SPORTS

L'IMAGE

Lucio, le défenseur brésilien du Bayern Munich, fête dignement son but décisif à la 66e minute du 8e de finale retour contre le Real Madrid (2-1, 2-3 à l'aller), le 7 mars, sous les yeux de ses partenaires Sagnol, Van Buyten et Salihamidzic (de g. à dr.). Un ballon sous le maillot, un pouce dans la bouche et un énorme clin d'œil à son épouse, Dione, enceinte de leur troisième enfant.

L'HISTOIRE

Bellamy, un swing de dingue

L'ÉQUIPE DU 3 AVRIL. L'attaquant gallois de Liverpool a encore justifié sa réputation de «bad boy» en agressant son partenaire Riise lors de la préparation du choc contre le Barça. Par Thierry MARCHAND

UNE TUNIQUE DE grand buteur, mais une étoffe de petite frappe. Craig Bellamy, l'attaquant de Liverpool, n'est pas le moine que sa parure de joueur pourrait laisser entrevoir. Décisif lors du huitième de finale aller de la C1 contre Barcelone (2-1) au Camp Nou (1 but, 1 passe décisive), le Gallois (27 ans), traîne depuis toujours la réputation d'un mauvais garçon, buveur autant que buteur, dont les coups de tête ne répondent pas toujours aux centres de ses partenaires. Un peu à la manière d'un Dennis Rodman, l'ancien basketteur NBA, dont il a épousé le style de vie, tatouages inclus.

MANTEY / L'ÉQUIPE

Passé par Norwich, Coventry, Newcastle, le Celtic et Blackburn, Bellamy, le mal nommé, compte à son palmarès, entre autres, des condamnations pour état d'ébriété avancé et agression sur des femmes, sans parler d'une virée destructrice à l'hôtel Ritz de Londres à la veille du Noël 2004. C'était du temps de Newcastle, où il se distingua en jetant une chaise à la figure du préparateur physique et en traitant son entraîneur, l'Écossais Graeme Souness, de «menteur» puis de «manager de m… dans un club de m…».

Licencié par les Magpies en janvier 2005, l'homme ne s'est pas vraiment assagi depuis. Lors d'une mise au vert au Portugal avant la confrontation à Barcelone, en février dernier, il anima une soirée arrosée en attaquant à coup de club de golf John Arne Riise, son partenaire, à qui il offrit quelques jours après la balle du deuxième but victorieux au Camp Nou. Quarante-cinq minutes plus tôt, il avait salué son but égalisateur en mimant le swing d'un golfeur. L'incident, sanctionné d'une amende de 120 000 euros, lui vaut aujourd'hui le surnom de «Nutter with the Putter» (le dingue avec un putter). «Je l'aime beaucoup à partir de 15 heures les samedis après-midi *(l'heure du coup d'envoi des matches en Angleterre)*, dit de lui sir Bobby Robson, qui le fit venir à Newcastle. Il a un caractère bouillant et j'ai eu moi aussi quelques petits accrochages avec lui. Mais c'est ce qui en fait un joueur spécial.» Et un élément qui s'est affirmé comme un pion majeur de l'attaque des Reds au côté de Peter Crouch.

LE CHIFFRE

100

Ils sont quatre à avoir rejoint Raul (Real Madrid) en 2006-07 dans le cercle fermé des joueurs ayant disputé 100 matches de Ligue des champions : Roberto Carlos (Real Madrid), Paolo Maldini (AC Milan), David Beckham (Real Madrid) et Oliver Kahn (Bayern Munich).

Le doublé de Séville

Le club andalou conserve son titre dans une épreuve écrasée par l'Espagne.

COUPE D'EUROPE de Deuxième Division, la C3 ? Il s'en trouve, en Espagne notamment, pour penser le contraire. Évidemment, le casting de la Coupe de l'UEFA n'a pas le prestige de celui de la Ligue des champions, sa phase de poules à cinq équipes avec confrontations en aller simple reste curieuse, elle rapporte peu aux clubs et demeure peu considérée médiatiquement ; mais la « petite » Coupe d'Europe fait tout de même des efforts, en 2006-07, pour arriver aux chevilles de la grande.

Elle fait même « plus fort », tristement, que la C1 en matière d'incidents. Les hooligans de Feyenoord se signalent lamentablement à Nancy et, surtout, c'est à l'issue d'un match de Coupe de l'UEFA qu'un supporter parisien est tué par la balle d'un policier. Mais il y a aussi un peu de sport dans cette C3. Et en particulier des prouesses de la part des clubs espagnols, qui se retrouvent à trois dans le dernier carré (FC Séville, Espanyol Barcelone et Osasuna) pour se consoler un peu des déboires de leurs compatriotes en Ligue des champions.

Le Werder Brême, dernier des « reversés » de la C1, tombant en demies face à l'Espanyol, la finale est 100 % ibérique. Elle sourit, comme en 2006, au FC Séville, qui fait un beau vainqueur avec son incroyable gardien, Palop, buteur miraculeux en 8es contre le Chakhtior Donetsk avant de repousser trois tirs au but en finale. L'équipe de Julien Escudé et Frédéric Kanouté rejoint le Real Madrid, le premier à réussir un tel doublé en Coupe de l'UEFA, en 1985 et 86.

Quant aux clubs français, à l'image de leurs camarades de C1, ils alternent jolis coups (exploit de Nancy contre Schalke 04, succès de Lens sur Osasuna, victoire inespérée du PSG à Athènes contre l'AEK) et grosses gamelles, la plus mémorable étant la « cagade » de l'OM, sorti au 1er tour par le modeste club tchèque de Mlada Boleslav. Surtout, ils se font rares en altitude. Seuls Lens et le PSG parviennent en 8es, pour y finir leur parcours sans jamais faire illusion. Et Paris se retrouve, l'espace d'une journée, le dernier club hexagonal en lice dans une Coupe d'Europe au moment où il occupe la 19e place de la Ligue 1… ■

FABLET / L'ÉQUIPE

MANTEY / L'ÉQUIPE

Nancy (**André Luiz Silva**, à dr.) triomphe de Schalke 04.

BOUTROUX / L'ÉQUIPE

Lens (**Jemaa**, à g., et **Aruna**) et Paris, les derniers Français, chutent en 8es.

ARGUEYROLLES / L'ÉQUIPE

Osasuna (**Josetko**, à dr.), Séville et Espanyol, une triplette ibérique en demi-finales.

Le grand bonhomme de cette Coupe de l'UEFA 2006-07, c'est lui. Lorsque Andres Palop détourne le tir au but de Marc Torrejon, son troisième arrêt de la séance, il assomme définitivement l'Espanyol Barcelone pour donner le trophée au FC Séville. Son club lui doit décidément beaucoup : il a sauvé sa tête en 8es à Donetsk grâce à un… but de la tête de Palop dans le temps additionnel.

ATHLÉTISME
LES 200 COUPS DE SPEARMON
AUTOMOBILE
RENAULT SORT SA FUTURE TWINGO
QUELLE FIN DE SAISON POUR LOEB ?
RUGBY
BIARRITZ DOIT SE RÉVEILLER
L'ÉQUIPE
L'OM GÂCHE LA SOIRÉE
Des cinq clubs français engagés au premier tour de la Coupe de l'UEFA, seul Marseille a échoué en s'effondrant chez les Tchèques de Mlada Boleslav (2-4, 1-0 à l'aller). Auxerre, Lens, Nancy (qui a sorti Schalke 04) et le PSG poursuivent l'aventure. (Pages 2 à 4)
SPÉCIAL FOOT
BORDEAUX : QU'ARRIVE-T-IL À MICOUD ?
ESCUDÉ CHEZ LES BLEUS
L 2 : REIMS SE REMET À RÊVER

COUPE DE L'UEFA
1er tour retour

NANCY - SCHALKE 04 (ALL) : 3-1 (aller : 0-1)
MLADA BOLESLAV (RTC) - MARSEILLE : 4-2 (aller : 0-1)

Nancy est grand

L'ÉQUIPE DU 29 SEPTEMBRE. L'ASNL a signé le premier exploit européen de son histoire contre le coleader de la Bundesliga. **De notre correspondant permanent à Nancy, Lionel DANGOUMAU**

CETTE ÉQUIPE DE NANCY est stupéfiante. Semaine après semaine, elle grandit à une vitesse étonnante, repoussant toujours ses limites. Dans la droite ligne de sa montée en L1, en mai 2005, puis de sa victoire en Coupe de la Ligue, en avril 2006, elle a signé le premier exploit européen de l'histoire du club (*). Les joueurs de Pablo Correa ont assommé le coleader du Championnat d'Allemagne, vainqueur de la Coupe de l'UEFA en 1997 et demi-finaliste en 2006, un club au budget cinq fois supérieur à celui de l'ASNL. « Je suis comblé, savourait Jacques Rousselot, le président nancéien. C'est super pour le club. » Dans un stade Marcel-Picot emballé, les Nancéiens s'offraient un tour d'honneur : « On est entrés dans l'histoire », rigolait le défenseur Pape Diakhaté.

Le souffle de l'aventure, Nancy l'a insufflé très vite. Un corner de Gavanon transperçait une défense allemande amorphe pour trouver André Luiz Silva qui ouvrait le score (1-0, 18e). Dans la foulée, Zerka servait Curbelo qui offrait le break à son équipe d'une puissante frappe sous la barre (2-0, 25e). Logiquement, Nancy géra alors ses efforts et subit davantage.

DIAKHATÉ : « L'APPÉTIT VIENT EN MANGEANT »

M. Iturralde Gonzalez refusa un but aux Allemands pour une faute peu évidente de Bordon (45e + 1). Premier tournant du match. Et puis Asamoah, qui posait beaucoup de problèmes à la défense lorraine depuis son entrée en jeu, dut sortir après un tacle violent de Diakhaté (64e), qui n'écopait que d'un carton jaune. Second tournant. Sur un ballon de récupération, André Luiz lançait en profondeur Issiar Dia, qui s'en allait battre Rost (3-0, 70e).

Hors de portée, Nancy recula encore davantage et encaissa un but sans conséquence de Bordon (3-1, 78e). « Maintenant, on va viser la finale… plaisantait Frédéric Biancalani. Non, il faut rester calmes et lucides, mais on a prouvé que Nancy n'est pas une petite équipe. » « Le plus dur reste à faire, ajoutait Pape Diakhaté. Mais l'appétit vient en mangeant. ». ■

(*) Pour sa seule participation jusque-là, Nancy avait été éliminé au deuxième tour de la Coupe des Coupes en 1978-79.

MANTEY / L'ÉQUIPE

Sébastien Puygrenier (à dr.) et **André Luiz Silva** (au centre), buteur et passeur, emmènent la joyeuse vague nancéienne.

Inadmissible !

L'ÉQUIPE DU 29 SEPTEMBRE. Marseille est sorti de la Coupe de l'UEFA après un match pathétique. **De notre envoyé spécial à Mlada Boleslav (RTC), Hervé PENOT.**

LA PORTE DE LA COUPE de l'UEFA s'est refermée à Mlada Boleslav (4-2), petit bled de République tchèque à une encablure de Prague, contre une formation sans grands moyens, ni grands joueurs, sauf par la taille… L'OM est sorti de manière pitoyable. « L'équipe s'est vue trop belle, s'insurgeait Albert Émon. On ne mérite pas d'aller plus loin. » Marseille, vainqueur à l'aller (1-0), a mené deux fois avant de craquer à la dernière seconde du temps additionnel. Comment l'équipe a-t-elle pu laisser échapper cette qualification ?

Quand Maoulida reprit victorieusement une offrande de Niang (0-1, 14e), un bonheur simple se dessinait. L'égalisation de Pecka de la tête (1-1, 34e) aurait dû servir de piqûre de rappel pour la défense, dramatiquement passive. On croyait ensuite le match bien engagé lorsque Taiwo expédia un missile sur coup franc (1-2, 56e), mais il n'ajoutera qu'à la déception finale. Cesar accrocha d'abord Kysela dans la surface, ce qui provoqua un penalty (2-2, 62e), puis oublia de sauter dans son duel avec Holub (3-2, 82e). La délivrance locale vint de Sedlacek sur un ultime rush (4-2, 90e + 2). L'Europe échappe à l'OM. Reste la France, un territoire peut-être plus à sa portée… ■

Le Tchèque Jan Rajnoch (à dr.) conservera le ballon malgré les efforts de Mamadou Niang.

FÈVRE / L'ÉQUIPE

C3 - 1ER TOUR RETOUR, (entre parenthèses, le score du match aller)	
AUXERRE - Dinamo Zagreb (CRO) :	3-1 (2-1)
LENS - Ethnikos Achnas (CHY) :	3-1 (0-0)
MLADA BOLESLAV (RTC) - Marseille :	4-2 (0-1)
NANCY - Schalke 04 (ALL) :	3-1 (0-1)
PARIS-SG - Derry City (ILN) :	2-0 (0-0)

COUPE DE L'UEFA
Phase de poules, 2e journée
LENS - OSASUNA (ESP) : 3-1

BOUTROUX / L'ÉQUIPE

Daniel Cousin, sifflé par le public à son entrée sur le terrain, réussit le penalty du 2-1 sous les vivats.

Bien joué, Lens !

L'ÉQUIPE DU 3 NOVEMBRE. Des buts, du jeu et de l'obstination : le Racing a réussi ses débuts en Coupe de l'UEFA.
De notre envoyé spécial à Lens, Jean-Luc GATELLIER.

LONGUE À SE DESSINER, la victoire du RC Lens sur Osasuna n'en est pas moins méritée. Les Artésiens étaient bien les plus forts. Ils ont assumé leurs responsabilités en prenant les risques.
C'était une belle soirée, idéale pour apprécier la qualité de passe de Carrière, rarement titulaire, mais qui fait tellement bien jouer les autres… Pour se souvenir que Gillet, auteur d'un gros match, est un défenseur parfois décisif. Pour constater que l'on n'arrête pas facilement Razak Boukari, 19 ans, qui a finalement été récompensé par un but (3-1, 88e). Pour se réjouir que Cousin soit de retour. Et apprécier une fois de plus le sens du but d'Aruna, qui permit à Lens de bien démarrer lorsque l'Ivoirien s'infiltra entre deux défenseurs espagnols pour ouvrir le score (1-0, 14e). Face à lui, le Racing a trouvé une équipe dans ses petits souliers, dont l'entraîneur stigmatisait la mentalité friable : « Je suis inquiet car c'est de pire en pire », confiait Ziganda, l'âme en peine.

LA BELLE RENTRÉE DE COUSIN

Les Lensois durent cependant cravacher pour reprendre le dessus après l'égalisation heureuse d'Osasuna. Delporte, un ancien Sang et Or, avait trouvé Valdo, seul face à Itandje (1-1, 51e). Mais Lens, exempt lors de la 1re journée, devait absolument débuter cette phase de poules par un succès.
Les Nordistes accélérèrent nettement et furent récompensés. Javier Flano déséquilibra Cousin dans la surface. L'ex-Manceau s'empara du ballon pour réussir le penalty (2-1, 74e). Bollaert, qui l'avait sifflé lors de son entrée en jeu dix minutes plus tôt, fit corps avec son attaquant au moment du tir décisif. Cousin fut aussi à la conclusion de la soirée. Une course de buffle, un service idéal pour Boukari qui porta le coup de grâce (3-1, 88e). Bien joué, Lens ! ■

C3 - 1RE PHASE, 1re journée	
Maccabi Haïfa (ISR) - Auxerre :	3-1
Rapid Bucarest - Paris-SG :	0-0
Lens et Nancy exempts.	

C3 - 1RE PHASE, 2e journée	
Lens - Osasuna (ESP) :	3-1
Nancy - Wisla Cracovie (POL) :	2-1
Auxerre et Paris-SG exempts.	

COUPE DE L'UEFA
Phase de poules, 3e journée
PARIS-SG - HAPOËL TEL-AVIV (ISR) : 2-4

Dramatique PSG

L'ÉQUIPE DU 24 NOVEMBRE. Le Paris-SG s'est effondré contre l'Hapoël Tel-Aviv au cours d'une soirée marquée par la mort d'un supporter. **Par Jérôme TOUBOUL**

LA MORT DRAMATIQUE d'un supporter parisien, victime d'une balle tirée par un policier au cours d'échauffourées à proximité du Parc des Princes *(lire page 174)*, relègue bien évidemment au second plan le résultat de ce Paris-Hapoël Tel-Aviv. Mais le bilan sportif n'est pas plus glorieux.
Le PSG ne ressemble plus à rien. Quatorzième en L1, et dernier du groupe G en Coupe de l'UEFA… Contre l'Hapoël Tel-Aviv, équipe israélienne valeureuse mais limitée, le PSG se retrouva plongé dans le noir en sept minutes. Le Nigérian Toama trompa une première fois Landreau d'un tir croisé (0-1, 3e) avant de récidiver sur un centre-tir que l'ancien gardien nantais bafouilla (0-2, 7e)… Il aurait fallu George Lucas sur le banc du PSG pour imaginer le scénario qui suivit : le PSG allait rétablir l'équilibre, bien aidé par le déchet technique de l'Hapoël. Frau marqua le premier, après une énorme erreur de Paes (1-2, 14e). Puis Pauleta égalisa de la tête sur un centre de Cissé (2-2, 25e).
Il faut vraiment que le PSG soit malade pour s'être noyé au moment où son adversaire s'enlisait. Sur un corner, Badir scora d'une semelle (44e, 2-3). Puis, après un mauvais dégagement d'Armand, Barda accabla encore un peu plus un PSG en chute libre (2-4, 57e). C'était une heure avant que ne survienne une tragédie d'une tout autre ampleur. ■

C3 - 1RE PHASE, 3e journée	
Auxerre - Glasgow Rangers (ECO) :	2-2
Odense (DAN) - Lens :	1-1
FC Bâle (SUI) - Nancy :	2-2
Paris-SG - Hapoël Tel-Aviv (ISR) :	2-4

MOUNIC / L'ÉQUIPE

Guy Lacombe (à g.) et son adjoint Éric Blahic (à dr.), désespérés par la prestation parisienne.

DERBY BASQUE, LE RETOUR
SAFIN CONTRE L'ARGENTINE
ET MIMOUN A RECOURU MELBOURNE...
L'ÉQUIPE
NANCY SOUS LE CHOC
QUAND L'ASM S'ÉVEILLE

COUPE DE L'UEFA
Phase de poules, 4e journée
NANCY - FEYENOORD (HOL) : 3-0

MAO / L'ÉQUIPE

Une victoire gâchée

L'ÉQUIPE DU 1ER DÉCEMBRE. Les Nancéiens, larges vainqueurs de Feyenoord, sont en 16es de finale. Mais des supporters néerlandais ont provoqué de graves incidents et le match a été interrompu trente minutes. **De notre correspondant permanent, Lionel DANGOUMAU**

SI, DANS LES TRIBUNES, les hooligans néerlandais ont fait parler d'eux, provoquant de sérieux incidents qui ont entraîné l'arrêt de la rencontre pendant une demi-heure *(lire p. 175)*, Feyenoord n'a jamais vraiment existé sur la pelouse du stade Marcel-Picot. Les Néerlandais ont pris une leçon tactique et technique. Ils ont aussi été dépassés par l'engagement et la volonté des Lorrains, entrés dans ce match, décisif pour leur qualification, presque comme dans une finale.

Trois buts ont donc récompensé une domination sans partage car Feyenoord n'a été dangereux qu'une fois, lorsque Charisteas frôla la barre d'une belle frappe lointaine (3e). Mais les hommes d'Erwin Koeman étaient vite démunis, désorientés par la fougue nancéienne. Restait à concrétiser cette domination. Bérenguer frappait à l'entrée de la surface et Puygrenier déviait le ballon dans le but (1-0, 23e).

L'ASNL ne se contenta toutefois pas de cet avantage et continua à pousser. Peu avant la pause, Chrétien frappait un corner qui rebondissait sur le défenseur néerlandais Bahia (2-0, 42e). En deuxième mi-temps, sans se créer beaucoup d'occasions, Nancy maintenait la tête de Feyenoord sous l'eau et Zerka obtenait un penalty après un ceinturage de Saïdi. L'international marocain se chargeait de le transformer (3-0, 66e).

UNE FIN DE MATCH SURRÉALISTE

Nancy était à l'abri et se dirigeait tranquillement vers la fin de la rencontre. Mais la violence de certains supporters de Feyenoord et les gaz lacrymogènes lancés par les CRS obligeaient l'arbitre à suspendre le match. Une demi-heure plus tard, la rencontre reprenait devant un stade quasiment vide. Les hommes de Koeman obtenaient un penalty. Sorin arrêtait la frappe de Van Hooijdonk. La réussite n'était décidément pas du côté des Néerlandais.

L'ASNL était qualifiée pour les seizièmes de finale, mais les hooligans de Feyenoord avaient relégué le foot au second plan. « Je suis dépité, s'emportait Jacques Rousselot, le président de Nancy. Des soirées comme ça sont à oublier. Le comportement des supporters hollandais a été en dessous de tout. » ■

Le match a été interrompu à cause des gaz lacrymogènes. Mais, ne sachant pas combien de temps durera la suspension, les joueurs de Nancy et de Feyenoord n'ont pas regagné leurs vestiaires. Certains sont obligés d'essuyer leurs larmes.

C3 - 1RE PHASE, 4e journée	
Partizan Belgrade (SER) - Auxerre :	1-4
Lens - Parme (ITA) :	1-2
Nancy - Feyenoord (HOL) :	3-0
Mlada Boleslav (RTC) - Paris-SG :	0-0

COUPE DE L'UEFA
Phase de poules, 5e journée
AUXERRE - LIVOURNE (ITA) : 0-1

Auxerre privé de printemps

L'ÉQUIPE DU 15 DÉCEMBRE.
Les Bourguignons ont manqué leur centième match européen et laissent la qualification à Livourne.
De notre envoyé spécial à Auxerre, Franck LE DORZE

ET LE BROUILLARD S'EST LEVÉ ! Au moins suffisamment pour permettre à Auxerre de disputer son centième match de Coupe d'Europe. Et de connaître une élimination dans ce qui constituait une petite finale de ce groupe A. C'est donc Livourne, pour sa première participation, qui disputera les seizièmes de finale de cette Coupe de l'UEFA. Après la belle victoire auxerroise à Belgrade contre le Partizan lors de la journée précédente (4-1), compensant la défaite inaugurale sur le terrain du Maccabi Haïfa (1-3), un nul suffisait pourtant aux Bourguignons pour se qualifier, mais ils sont tombés face au sixième du Calcio, finalement plus mature.

La bonne entame de l'AJA fit long feu devant le faux rythme imposé par les Italiens. Néanmoins, Auxerre aurait pu, dû même, prendre l'avantage dans le premier quart d'heure par Pedretti (7e) ou Akalé (13e), ou après la pause avec Cheyrou (49e) et Jelen (54e). Un manque d'adresse que connaît rarement un certain Lucarelli... Contré in extremis dans la surface par Kaboul (58e), l'Italien concrétisait aussitôt de la tête le corner de Passoni (0-1, 59e). Auxerre ne se procura plus d'occasions dans une rencontre longtemps incertaine en raison des conditions climatiques. Ce qui est certain, c'est que l'AJA, seul club français éliminé dans cette phase de poules, ne connaîtra pas de printemps européen en 2007.■

Fabio Galante et David Balleri se congratulent après le but de Cristiano Lucarelli. Oumar Kalabane (à dr.) est dans le brouillard.

BOUTROUX / L'ÉQUIPE

COUPE DE L'UEFA
Phase de poules, 5e et dernière journée (suite)
PARIS-SG - PANATHINAÏKOS (GRE) : 4-0

Une bouffée d'oxygène

L'ÉQUIPE DU 16 DÉCEMBRE. En écrasant une équipe grecque déjà qualifiée, le PSG se hisse en seizièmes, s'offrant une lueur dans un avenir toujours trouble.

Par Jérôme TOUBOUL

COUPE DE L'UEFA PHASE DE POULES
Classement final

GROUPE A

	Pts	J	G	N	P	diff
1 Glas. Rangers	10	4	3	1	0	+4
2 Macc. Haïfa	7	4	2	11	4	+1
3 Livourne	5	4	1	2	1	0
4 Auxerre	4	4	1	1	2	0
5 Par. Belgrade	1	4	0	1	3	-5

GROUPE B

	Pts	J	G	N	P	diff
1 Tottenham	12	4	4	0	0	+7
2 Din. Bucarest	7	4	2	1	1	0
3 Leverkusen	4	4	1	1	2	-1
4 Besiktas	3	4	1	0	3	-3
5 FC Bruges	2	4	0	2	2	-3

GROUPE C

	Pts	J	G	N	P	diff
1 AZ Alkmaar	10	4	3	1	0	+7
2 FC Séville	7	4	2	1	1	+5
3 Braga	6	4	2	0	2	+1
4 Slovan Liberec	5	4	1	2	1	-1
5 Grasshopper	0	4	0	0	4	-12

GROUPE D

	Pts	J	G	N	P	diff
1 Parme	9	4	3	0	1	0
2 Osasuna	7	4	2	1	1	+3
3 Lens	4	4	1	1	2	0
4 Odense	4	4	1	1	2	-1
5 Heerenveen	4	4	1	1	2	-2

GROUPE E

	Pts	J	G	N	P	diff
1 Blackburn	10	4	3	1	0	+5
2 Nancy	7	4	2	1	1	+3
3 Feyenoord	5	4	1	2	1	-1
4 Wisla Cracovie	3	4	1	0	3	-2
5 FC Bâle	2	4	0	2	2	-5

GROUPE F

	Pts	J	G	N	P	diff
1 Esp. Barcelone	12	4	4	0	0	+9
2 Ajax	7	4	2	1	1	+4
3 Zulte-Waregem	6	4	2	0	2	-2
4 Sparta Prague	4	4	1	1	2	-3
5 Austria Vienne	0	4	0	0	4	-8

GROUPE G

	Pts	J	G	N	P	diff
1 Panathinaïkos	7	4	2	1	1	-1
2 Paris-SG	5	4	1	2	1	+2
3 Hap. Tel-Aviv	5	4	1	2	1	0
4 Rap. Bucarest	4	4	0	4	0	0
5 M. Boleslav	3	4	0	3	1	-1

GROUPE H

	Pts	J	G	N	P	diff
1 Newcastle	10	4	3	1	0	+3
2 Celta Vigo	5	4	1	2	1	0
3 Fenerbahçe	4	4	1	1	2	+1
4 Palerme	4	4	1	1	2	-3
5 Eintr. Francfort	3	4	0	3	1	-1

PAPON / L'ÉQUIPE

Pierre Ebede a beau décoller, il ne se trouve pas sur la trajectoire. Bonaventure Kalou vérifie du regard que le ballon se dirige vers le fond du filet.

C'EST UNE VICTOIRE et une qualification qui ne feront jamais oublier la soirée dramatique du 23 novembre, au cours de laquelle un supporter parisien avait trouvé la mort. Le souvenir de Julien Quemener a encore flotté dans les virages du Parc des Princes, à l'occasion du premier match du PSG à Paris depuis sa défaite en C3 face à l'Hapoël Tel-Aviv (2-4). Mais le jeu a repris quelques bribes de pouvoir au fil d'une soirée qui a étiré la plus large victoire parisienne de la saison.

Première conséquence de ce 4-0 face au Panathinaïkos : le PSG est qualifié pour les seizièmes de finale de la Coupe de l'UEFA, comme Nancy, Lens (qui passe grâce au goal-average, à un but près) et Bordeaux (3e de sa poule en C1). Deuxième conséquence : Guy Lacombe voit diminuer quelque peu la pression qui pesait sur son maintien en place, même si cette victoire épouse les contours d'un répit. Paris est monté d'un cran, tournant le dos aux problèmes de finition qui ont assombri sa première moitié de saison. Perceptible depuis quelque temps, la meilleure entente entre Bonaventure Kalou et Pedro Pauleta (un doublé chacun) a pris une dimension concrète.

KALOU, PREMIER DOUBLÉ DE LA SAISON

Ce très net succès peut, en partie, s'expliquer par le relâchement progressif qui sembla gagner une équipe grecque déjà qualifiée avant le match. Mais la densité de la performance des Parisiens n'est pas à négliger. La façon dont le PSG ouvrit le score fut un résumé de ce qu'était devenu le match : une erreur grecque – un ballon en retrait Tziolis – suivie d'un une-deux entre Pauleta et Kalou au bout duquel la frappe du gauche du Portugais fit mouche (1-0, 29e). Juste après la pause, le PSG épaissit son avantage d'une façon définitive en huit minutes.

Il fit le break sur un tir croisé de Pauleta (2-0, 46e). Avant d'enfoncer le clou depuis le côté gauche, d'où partirent un centre d'Hellebuyck pour la tête de Kalou (3-0, 52e), puis un second de Cristian Rodriguez, qui permit à Kalou d'inscrire son premier doublé de la saison (4-0, 54e).

Depuis le début de la deuxième mi-temps, le virage Auteuil s'était remis à chanter. En face, le kop de Boulogne observa l'écrasant succès du PSG dans le silence. Paris s'est remis à gagner, mais le malaise né du drame de la porte de Saint-Cloud semble encore loin d'être dissipé.■

C3 - 1RE PHASE, 5e journée

Auxerre - Livourne (ITA) :	0-1
Heerenveen (HOL) - Lens :	1-0
Blackburn (ANG) - Nancy :	1-0
Paris-SG - Panathinaïkos (GRE) :	4-0

Kalou à son aise

KALOU (note : 8/10) : **Il donne un but et en marque deux. Il y a longtemps que l'attaquant ivoirien ne s'était senti aussi à l'aise au Parc. Il a énormément provoqué, fait preuve d'une belle technique et fut le plus dangereux. Dommage qu'il ait encore manqué de précision sur certains derniers gestes.**

Damien DEGORRE

MAURESMO A EU CHAUD
PAU N'Y ARRIVE PAS
RUGBY
LA FRANCE EN MOUVEMENT
VITTOZ : TITRE EN JEU
ISINBAEVA : « MA VIE A CHANGÉ »
L'ÉQUIPE
PARIS ENCHAÎNE
UEFA : BORDEAUX ET NANCY ÉLIMINÉS
LYON EST DÉJÀ MOBILISÉ
BARCELONE : RIJKAARD PEUT S'INQUIÉTER
LES BONS COMPTES DE LA LIGUE 1
L'ÉQUIPE

COUPE DE L'UEFA
16es de finale retour
PARIS-SG - AEK ATHÈNES (GRE) : 2-0 (aller : 2-0)
PANATHINAÏKOS (GRE) - LENS : 0-0 (aller : 1-3)
OSASUNA (ESP) - BORDEAUX : 1-0 (aller : 0-0)
NANCY - CHAKHTIOR DONETSK (UKR) : 0-1 (aller : 1-1)

Paris garde le rythme

L'ÉQUIPE DU 23 FÉVRIER. En confirmant au Parc son succès de l'aller à Athènes, le PSG a remporté sa quatrième victoire d'affilée toutes compétitions confondues.
Par Guillaume DUFY (avec Damien DEGORRE)

COUPE DE L'UEFA 16ES DE FINALE RETOUR
(entre parenthèses, le score du match aller)

NEWCASTLE (ANG) - Zulte-Waregem (BEL) : 1-0 (3-1)
AZ ALKMAAR (HOL) - Fenerbahçe (TUR) : 2-2 (3-3)
MACCABI HAÏFA (ISR) - CSKA Moscou (RUS) : 1-0 (0-0)
ESPANYOL BARCELONE (ESP) - Livourne (ITA) : 2-0 (2-1)
GLASGOW RANGERS (ECO) - Hapoël Tel-Aviv (ISR) : 4-0 (1-2)
OSASUNA (ESP) - Bordeaux : 1-0 a.p. (0-0)
Parme (ITA) - BRAGA (POR) : 0-1 (0-1)
TOTTENHAM (ANG) - Feyenoord (HOL) : Feyenoord exclu*
FC SÉVILLE (ESP) - Steaua Bucarest (ROU) : 1-0 (2-0)
Nancy - CHAKHTIOR DONETSK (UKR) : 0-1 (1-1)
Panathinaïkos (GRE) - LENS : 0-0 (1-3)
Blackburn (ANG) - LEVERKUSEN (ALL) : 0-0 (2-3)
PARIS-SG - AEK Athènes (GRE) : 2-0 (2-0)
Dinamo Bucarest (ROU) - BENFICA (POR) : 1-2 (0-1)
CELTA VIGO (ESP) - Spartak Moscou (RUS) : 2-1 (1-1)
Ajax Amsterdam (HOL) - WERDER BRÊME (ALL) : 3-1 (0-3)

(*) À la suite des incidents causés à Nancy par les supporters de Feyenoord *(lire p. 175)*.

LE PARIS-SG rencontrera Benfica en huitièmes de finale de la Coupe de l'UEFA. Déjà quasiment qualifiés avant le coup d'envoi grâce à leur net succès au match aller à Athènes (2-0, buts de Sammy Traoré et Bernard Mendy), les hommes de Paul Le Guen n'ont pas fait de bêtises au Parc face à une équipe athénienne très limitée.
« Il fallait faire le job, et on l'a bien fait », notait Édouard Cissé. Quatre victoires consécutives, toutes compétitions confondues : cela faisait une éternité que le Paris-SG ne s'était pas offert une telle série. La dernière fois, c'était en février 2004, une autre époque. Il avait terminé deuxième du Championnat… Il était fort et serein.

ENCORE UN BUT DE MENDY

Aujourd'hui, Paris cherche à le redevenir. Contre l'AEK Athènes, il fut simplement serein, comme au match aller. L'équipe-type, de retour, a fait aussi bien que les réservistes alignés en Grèce. Les Parisiens ne se sont procuré qu'une véritable occasion en première période, celle du but de Pierre-Alain Frau, subtilement décalé par Luyindula (1-0, 42e).
Le PSG n'a pas été plus efficace après le repos et la sortie de Pauleta. Il a juste semblé plus fluide, plus posé. Paris attendit le temps additionnel pour doubler la marque. Bernard Mendy supplia ses partenaires de le laisser frapper le penalty obtenu par Diané… Déjà buteur au match aller, le défenseur ne trembla pas et se réconcilia avec un Parc qui ne l'a pas épargné cette saison (2-0, 90e + 2).
« Ce fut un match difficile à aborder contre une équipe qui a peut-être eu plus souvent le ballon que nous, analysait Paul Le Guen. Mais on l'a bien maîtrisée. On va maintenant rencontrer Benfica, un grand club européen, et on jouera dans un grand stade avec une belle ambiance. » ■

BOUTROUX / L'ÉQUIPE

Peguy Luyindula (à g.), qui lui a fait la passe décisive, et Édouard Cissé félicitent Pierre-Alain Frau (à dr.) pour son but.

C'est fini pour Bordeaux et Nancy

L'ÉQUIPE DU 23 FÉVRIER. Girondins et Lorrains ont cédé au match retour face à Osasuna et au Chakhtior Donetsk.
Par Bernard LIONS et Lionel DANGOUMAU

NANCY, ATTRACTION de l'automne en C3, et Bordeaux, reversé de la Ligue des champions, ne verront pas les huitièmes de finale de la Coupe de l'UEFA. Les Girondins ont été battus par Osasuna, le onzième de la Liga, à vingt et une secondes de la fin de la prolongation sur un but de l'Iranien Nekounam (1-0, 120e). Bordeaux, décevant, n'est jamais parvenu à concrétiser, s'exposant à ce coup du sort qui désolait Ricardo : « On ne pouvait pas choisir un pire scénario que celui-ci. »
L'ASNL, elle, avait mis un maximum de chances de son côté après le nul arraché en Ukraine (1-1, un but de Fortuné contre un de Srna). Les Lorrains ne furent pas très loin de rééditer chez eux la même performance, heureuse, mais Pablo Correa le reconnaissait sans peine : « La meilleure équipe est passée. » Un tir de Fernandinho entre les jambes de Grégorini (0-1, 71e) finit par faire la décision. Mircea Lucescu, l'entraîneur de Donetsk, pouvait se fendre d'un hommage à son adversaire : « Dommage que Nancy quitte cette compétition. Il ne le méritait pas vraiment… » ■

Lens sans trembler

L'ÉQUIPE DU 23 FÉVRIER. Les Nordistes ont parfaitement maîtrisé leur sujet grec après leur victoire 3-1 à l'aller. De notre envoyé spécial à Athènes (GRE), Jean-Luc GATELLIER

LE RC LENS A VÉCU sans trembler sur l'écart creusé contre le Panathinaïkos à l'aller (3-1, deux buts de Jemaa et un d'Aruna, contre un but de Salpigidis). L'équipe sang et or s'est forgé, au fil des mois, un caractère qui l'aide à traverser un match dans une atmosphère si électrique.
Les Lensois ont maîtrisé leur sujet avec minutie, sans jamais s'affoler. Défensivement, le bloc a été solide. Le capitaine Seydou Keita est un vrai guide. À ses côtés, Sidi Keita a démontré de nets progrès dans le jeu et il a fait preuve d'un sang-froid exemplaire. Derrière, l'équipe a bien serré la garde autour d'un axe Hilton-Coulibaly intraitable, face à des Grecs très maladroits dans la construction. « Hormis le premier quart d'heure, nous avons bien géré la situation, estimait Francis Gillot. Par rapport à 2006, face à l'Udinese *(0-3, 1-0, en 16es)*, on sent plus de sécurité, de confiance et d'expérience dans l'équipe. Comme quoi les déceptions ont servi à quelque chose. » ■

COUPE DE L'UEFA
8es de finale retour

LEVERKUSEN (ALL) - LENS : 3-0 (aller : 1-2)
BENFICA (POR) - PARIS-SG : 3-1 (aller : 1-2)

DE MARTIGNAC / L'ÉQUIPE

Le naufrage est collectif. Mais le gardien Charles Itandje, battu à trois reprises à Leverkusen, semble porter tout le malheur lensois sur ses épaules tandis que ses partenaires s'éloignent tête basse.

Une leçon à retenir pour Lens

L'ÉQUIPE DU 15 MARS. Lourdement battu à Leverkusen et sorti de la C3, le RCL a encore beaucoup à apprendre, lui qui est candidat à la Ligue des champions. Jean-Marc BUTTERLIN (avec Jean-Luc GATELLIER)

LE RC LENS, qui entend passer de la petite Coupe d'Europe à la grande à la fin de cette saison 2006-07, aura à méditer sur son voyage à Leverkusen. Sa brutale sortie de la Coupe de l'UEFA a souligné les exigences du haut niveau. Il n'y a, en effet, pas grand-chose à redire à la qualification pour les quarts d'un Bayer Leverkusen largement supérieur dans le domaine de la constance, du physique ou du mental.
Les Nordistes, partis avec leur but d'avance du match aller (2-1, buts de Monterrubio et Cousin contre une réussite de Haggui), ont fait bonne figure jusqu'au premier but allemand, mais celui-ci agit comme un énorme coup d'assommoir. Ensuite, les hommes de Francis Gillot se comportèrent comme des boxeurs sonnés, brinquebalés aux quatre coins du ring, avant de recevoir deux coups pour le compte.
Lens ne se releva donc pas, une première fois, de la grosse occasion manquée par Monterrubio (23e), lancé par Carrière dans le dos de la défense du Bayer. Adler (dont le nom signifie « aigle ») déploya ses ailes pour repousser la frappe du gaucher. « À 1-0, les choses auraient été différentes », regretta Gillot. L'apathie ayant permis à Voronine – avec lequel Liverpool, son prochain club, ne fera pas une mauvaise affaire – d'ajuster Itandje à l'entrée de la surface (1-0, 36e) fut un premier signe inquiétant.

LES DÉFERLANTES DU BAYER

Beaucoup d'autres suivirent. Face à un Bayer joueur, qui attaqua sans répit, Lens multiplia les errances. Sa défense céda sur le centre de l'inusable Bernd Schneider, que Barbarez poussa dans le but après une première tête de Voronine sur le poteau (2-0, 56e). Elle laissa Juan, le meilleur joueur sur le terrain, sans surveillance sur le corner de Voronine (3-0, 70e). « Nous n'avons pas l'effectif pour courir après tous les lièvres à la fois. On a manqué de puissance et de maturité », estimait Francis Gillot, tandis que Yohan Demont lâchait : « On n'a pas été très bons et on a eu ce que l'on méritait. Il n'y a pas eu assez d'envie pour espérer s'en sortir face à un adversaire plein de réalisme. » ■

COUPE DE L'UEFA
8ES DE FINALE RETOUR
(entre parenthèses, le score du match aller)

LEVERKUSEN (ALL) - Lens :	3-0 (1-2)
BENFICA (POR) - Paris-SG :	3-1 (1-2)
OSASUNA (ESP) - Glasgow Rangers (ECO) :	1-0 (1-1)
ESPANYOL BARCELONE (ESP) - Maccabi Haïfa (ISR) :	4-0 (0-0)
AZ ALKMAAR (HOL) - Newcastle (ANG) :	2-0 (2-4)
WERDER BRÊME (ALL) - Celta Vigo (ESP) :	2-0 (1-0)
TOTTENHAM (ANG) - Braga (POR) :	3-2 (3-2)
Chakhtior Donetsk (UKR) - FC SÉVILLE (ESP) :	2-3 a.p. (2-2)

Le rêve est passé

L'ÉQUIPE DU 16 MARS.
Trop naïf défensivement, le PSG quitte la Coupe de l'UEFA au terme d'un match courageux à Lisbonne.
De notre envoyé spécial à Lisbonne (POR), Guillaume DUFY (avec Régis DUPONT)

IL N'Y A PLUS DE CLUB FRANÇAIS en Coupes d'Europe. Après Lille, Lyon et Lens, le Paris-SG est tombé, contre Benfica, vainqueur à l'arraché (3-1) sur un penalty de Simao à deux minutes de la fin du temps réglementaire. Une nouvelle et cruelle désillusion pour le PSG, vainqueur à l'aller (2-1, buts de Frau et Pauleta pour Paris, de Simao pour Benfica) et auteur d'un retour plus que correct, mais plombé par d'incroyables erreurs défensives.
Traoré manqua d'abord complètement son contrôle, permettant à Nuno Gomes de décaler Simao (1-0, 12e). Puis ce fut le pauvre Mabiala qui laissa échapper le ballon. Petit le recueillit et plaça un somptueux lob (2-0, 27e). Mais Pauleta doucha l'ambiance en coupant un centre parfait de Rothen (2-1, 32e). Un but assez logique car les joueurs de Paul Le Guen produisaient un jeu plutôt intéressant, posé, réfléchi et aéré.
Les Portugais se montrèrent alors incapables de remettre un peu de folie dans la partie. Il fallut une nouvelle erreur parisienne pour les relancer. Mulumbu commit une faute stupide dans la surface sur Leo. Simao ne trembla pas sur le penalty et offrit la qualification à Benfica (3-1, 88e). « Rien ne nous est épargné, fulminait Paul Le Guen. Nous aurions pu obtenir deux penalties, on ne nous en a pas accordé un seul. Benfica pouvait en obtenir un et l'a eu. On ne peut pas lutter contre tout non plus. » ■

BOUTROUX / L'ÉQUIPE

L'entrée en jeu à la 70e minute de Bonaventure Kalou (à g., aux prises avec le Lisboète Joao Coimbra) ne suffira pas à qualifier le PSG.

Palop, ce héros

L'ÉQUIPE DU 16 MARS. Le gardien du FC Séville a sauvé son club en égalisant dans le temps additionnel.

INSUBMERSIBLE FC SÉVILLE ! Julien Escudé, Frédéric Kanouté et leurs partenaires peuvent toujours rêver à un extraordinaire triplé Liga-Coupe du Roi-Coupe de l'UEFA. Mais c'est un miracle si le tenant de la C3 n'a pas perdu son trophée sur la pelouse du Chakhtior Donetsk. Malmené par le tombeur de Nancy, Séville n'a dû son salut qu'à un exploit réalisé par son gardien, Andres Palop, alors que le temps réglementaire était déjà écoulé. À ce moment-là, le club andalou, tenu en échec (2-2) chez lui à l'aller, était virtuellement éliminé, Matuzalem (1-0, 49e) et Elano (2-1, 83e) ayant répliqué au but de Marseca (1-1, 53e).
Quatrième minute du temps additionnel, un dernier corner sévillan. Palop montait apporter le surnombre dans la surface de réparation... et se trouvait à point nommé pour propulser de la tête le ballon de Daniel Alves dans le but ukrainien (2-2, 90e + 4) ! « Les défenseurs de Donetsk marquaient tous mes coéquipiers, j'étais tout seul, raconta le héros de la soirée. J'ai esquissé quelques feintes, comme j'avais vu mes collègues faire à l'entraînement, et le ballon est arrivé pile sur moi. En le voyant, je me suis dit : "C'est un cadeau du ciel." » Une demi-heure plus tard, grâce à un but de l'ancien Monégasque Chevanton (3-2, 105e), Séville était en quarts de finale. ■

MARCAMÉDIA / FLASH PRESS

Julien Escudé (à g.) n'en revient pas. C'est Andres Palop, le gardien de but sévillan, qui a marqué sur corner après avoir traversé tout le terrain.

L'Espagne en force

L'ÉQUIPE DU 13 AVRIL. Trois clubs ibériques (le FC Séville, Osasuna et l'Espanyol) se sont qualifiés pour le dernier carré. **Par Vincent GARCIA**

BERG / PICTURE ALLIANCE / FLASH PRESS

Juanfran (au centre), le milieu d'Osasuna, se défait de Marko Babic (à g.) et de Gonzalo Castro. Terminus pour Leverkusen.

COUPE DE L'UEFA 1/4 DE FINALE RETOUR (entre parenthèses, le score du match aller)

OSASUNA (ESP) - Leverkusen (ALL) : 1-0 (3-0)
Tottenham (ANG) - FC SÉVILLE (ESP) : 2-2 (1-2)
Benfica (POR) - ESPANYOL BARCELONE (ESP) : 0-0 (2-3)
WERDER BRÊME (ALL) - AZ Alkmaar (HOL) : 4-1 (0-0)

COMME L'ANGLETERRE en C1, l'Espagne a placé trois clubs en demi-finales de la Coupe de l'UEFA. Grâce à deux buts dans les dix premières minutes dont un superbe de Kanouté, le FC Séville, tenant du titre, s'est qualifié devant Tottenham (2-2, 2-1 à l'aller). Il rencontrera Osasuna en demi-finales. Le club de Pampelune, vainqueur 3-0 à l'aller en Allemagne, a fini le travail sur son terrain (1-0) face aux Allemands de Leverkusen. Enfin, l'Espanyol Barcelone, vainqueur à l'aller de Benfica, le tombeur du PSG (3-2), a souffert, mais est parvenu à conserver son avance à Lisbonne (0-0).
En demi-finales, les Catalans seront opposés au Werder Brême, seul rescapé des clubs reversés de la Ligue des champions. Le club allemand a surclassé les Néerlandais d'AZ Alkmaar (4-1, 0-0 à l'aller). Miroslav Klose, qui n'avait pas marqué en Coupes d'Europe depuis l'automne 2005, a réalisé un doublé. Mais l'affaire ne fut pas si aisée : à 2-1 pour le Werder, Alkmaar s'est vu refuser un but de Donk pour une faute peu évidente. ■

Klose a vu rouge

L'ÉQUIPE DU 4 MAI. Le Werder Brême, réduit à dix après l'expulsion de Klose, n'a pu empêcher l'Espanyol Barcelone de rejoindre le FC Séville en finale.

On s'en doutait un peu après la claque reçue par le Werder Brême contre l'Espanyol lors de l'aller à Barcelone (0-3) : la finale de la Coupe de l'UEFA 2007 sera cent pour cent espagnole. Les Allemands, habitués des retournements de situation improbables, n'ont rien pu faire face aux Catalans (1-2). Après un début de match de folie et un but de Hugo Almeida (1-0, 4e) laissant croire à l'exploit, Klose écopait d'un second carton jaune pour une grossière mais anecdotique simulation. À dix contre onze au bout de vingt minutes, le Werder subissait la loi des Barcelonais, qui pliaient l'affaire avec deux buts de Coro (1-1, 50e) et Lacruz (1-2, 60e) pour s'offrir la deuxième finale de C3 de leur histoire après celle perdue en 1988 contre Leverkusen (3-0, 0-3, 2-3 aux t.a.b.).
Dans l'autre demi-finale, entre le FC Séville, 2e de la Liga, et Osasuna, 14e, la logique a été respectée, même si le duel fut indécis jusqu'au bout. Le FC Séville, battu à l'aller (0-1), a refait son retard grâce à l'ancien Rennais Luis Fabiano (1-0, 37e) et à Renato (2-0, 53e). Le tenant du titre peut espérer rejoindre le Real Madrid, seule équipe à avoir remporté deux fois d'affilée la Coupe de l'UEFA (1985 et 86). Mais ce sera sans Julien Escudé, à nouveau averti. -V.G. ■

RECINE / ACTION IMAGES / FLASH PRESS

Miroslav Klose est expulsé à la 19e.

COUPE DE L'UEFA DEMI-FINALES RETOUR (entre parenthèses, le score du match aller)

FC SÉVILLE (ESP) - Osasuna (ESP) : 2-0 (0-1)
Werder Brême (ALL) - ESPANYOL BARCELONE (ESP) : 1-2 (0-3)

Séville garde son bien

L'ÉQUIPE DU 17 MAI. Les coéquipiers de Kanouté, tenants de l'épreuve, ont dû lutter jusqu'aux tirs au but pour conserver la Coupe de l'UEFA.

De notre envoyé spécial à Glasgow (ECO), Guy ROGER

FABLET / L'ÉQUIPE

Adriano Correia, le milieu brésilien du FC Séville, célèbre l'ouverture du score pour son club. Servi par une immense passe à la main de son gardien, Andres Palop, il a résisté à toute la défense de l'Espanyol pour placer le ballon au fond du filet. Mais le sacre sévillan est encore loin.

SÉVILLE SE HISSE lentement mais sûrement sur le toit de l'Europe, à côté des plus grands. Déjà vainqueur de la même finale en 2006, il a récidivé aux dépens de l'Espanyol Barcelone, valeureux vaincu aux tirs au but, lors desquels l'époustouflant Palop a bloqué trois tentatives. Le FC Séville trace sa voie comme un transatlantique. En laissant derrière lui un profond sillage.

L'Espanyol Barcelone, comme en 1988, est reparti avec la breloque au lieu du trophée. Ivan de La Peña, éternel en dépit des kilos et de ses 31 ans, est resté longtemps immobile après la rencontre, statue de sel sous les projecteurs. Pour quel péché ? « L'équipe a tout donné, lâchait l'attaquant catalan Luis Garcia. On a joué à dix, encaissé un but en prolongation, et on est tout de même revenus au score. » Mais en vain.

Au but du Sévillan Adriano (1-0, 18e), après une passe de quarterback de plus de quarante mètres de son gardien, Palop, répliqua vite celui de Riera (1-1, 28e). Et il fallut deux énormes interventions du même Palop devant Tamudo (57e), puis devant Riera, dont il déviait le tir sur la transversale (58e), pour sauver Séville après la pause.

Mais Moises commettait une deuxième grossière faute qui lui valait son second carton jaune (68e). L'Espanyol, à dix, résista jusqu'à la prolongation, se remit du coup de poignard de Kanouté (2-1, 105e) et égalisa par Jonatas (2-2, 115e).

PALOP STOPPE TROIS TIRS AU BUT

Mais les tirs au but n'allaient pas plus lui sourire qu'en 1988. Palop, qui s'entraînait jadis à lancer des melons dans les champs de son père pour travailler ses relances à la main, détournait les frappes de Luis Garcia, Jonatas et Torrejon et offrait la Coupe à l'Andalousie. « J'ai vécu une compétition parfaite, jubilait le faiseur de miracles. J'emporterai les souvenirs de cette campagne jusque dans mes vieux jours. » ■

Ils l'ont refait

Ils sont onze joueurs sévillans à avoir remporté les deux C3 consécutives du club : Palop, Daniel Alves, Javi Navarro, Puerta, Marti, Jesus Navas, Renato, Maresca, Adriano, Luis Fabiano et Kanouté. Ce dernier, international malien mais qui possède la nationalité française, devient donc le premier Français double vainqueur de l'épreuve. Julien Escudé, sacré en 2006, était suspendu pour la finale de 2007.

Le tableau final

Quarts de finale — Aller : 5 avril ; retour : 12 avril.

	Aller	Retour
ESPANYOL BARCELONE (ESP)	3	0
Benfica Lisbonne (POR)	2	0
AZ Alkmaar (HOL)	0	1
WERDER BRÊME (ALL)	0	4
Bayer Leverkusen (ALL)	0	0
OSASUNA PAMPELUNE (ESP)	3	1
FC SÉVILLE (ESP)	2	2
Tottenham (ANG)	1	2

Demi-finales — Aller : 26 avril ; Retour : 3 mai.

	Aller	Retour
ESP. BARCELONE	3	2
Werder Brême	0	1
Osasuna	1	0
FC SÉVILLE	0	2

Finale — À Glasgow (ECO)

Esp. Barcelone	2
FC SÉVILLE	2 (1-3 aux t.a.b.)

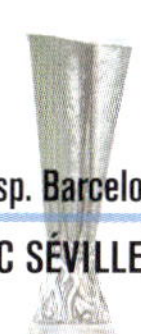

LES BRÈVES

PANDIANI PICHICHI.

FABLET / L'ÉQUIPE

L'Uruguayen de l'Espanyol Walter Pandiani finit meilleur réalisateur de la compétition avec 11 buts, un joli total qui place « El Rifle » en quatrième position dans l'histoire de la C3, à quatre unités du record de Jürgen Klinsmann (Bayern 1995-96).

VALVERDE EST MAUDIT.

Joueur, il figurait dans l'équipe de l'Espanyol renversée par Leverkusen en finale retour de la C3 1987-88 (3-0, 0-3, 1-3 aux t.a.b.). Dix-neuf ans plus tard, Ernesto Valverde, devenu entraîneur du club, s'incline à nouveau aux tirs au but.

UHRIN ACCABLE L'OM.

FÈVRE / L'ÉQUIPE

Un nom incarne les malheurs marseillais en Coupes d'Europe : Dusan Uhrin, entraîneur de Mlada Boleslav. Et fils de Dusan Uhrin père, qui dirigeait le Sparta Prague, tombeur surprise de l'OM en C1 en 1991-92…

« SUPER SIB » ET SON POTE.

Le Français Antoine Sibierski, 32 ans, cartonne dans cette C3 avec Newcastle : 4 buts en 9 matches, le dernier contre Zulte-Waregem (3-1) et son copain des années lilloises, Frédéric Dindeleux. Plus malheureux, ce dernier marque contre son camp face aux Anglais.

AUXERRE IN EXTREMIS.

FRANCOTTE / L'ÉQUIPE

Si Auxerre dispute cette C3, sa cinquième participation européenne en cinq ans, c'est grâce au désistement de l'Italie lors de la Coupe Intertoto 2006. Sixième de la L1 2005-06, l'AJA est repêchée. Elle atteindra la phase de poules.

AMELIA COMME PALOP.

Avant le Sévillan Andres Palop, un autre gardien avait déjà marqué dans cette C3 2006-07. D'une tête victorieuse sur coup franc (88e), l'Italien Marco Amelia avait permis à Livourne de décrocher le nul à Belgrade face au Partizan (1-1).

ZULTE-WAREGEM, LE PETIT POUCET.

Personne n'aurait misé 1 franc belge sur Zulte-Waregem, qui évoluait encore en D3 en 2002. Mais cette équipe semi-professionnelle entraînée par un inspecteur de la police de Gand sort le Lokomotiv Moscou au 1er tour (1-2, 2-0) et poursuit sa route jusqu'en 16es.

L'Europe à deux vitesses

Alors que Liga et Bundesliga restent longtemps indécises, Manchester et l'Inter écrasent leurs Championnats.

LES CINQ GRANDS Championnats européens (Allemagne, Angleterre, Espagne, France et Italie) connaissent en cette saison 2006-07 deux scénarios rigoureusement opposés : un suspense haletant en Bundesliga et en Liga (tout comme au Portugal et aux Pays-Bas, d'ailleurs), qui ne désignent leurs vainqueurs qu'à la toute dernière journée ; tandis qu'en Angleterre et en Italie, à l'image de la Ligue 1 française, une équipe domine outrageusement la compétition.

Il est vrai que l'Inter Milan a été bien aidé par les sanctions consécutives au scandale des matches truqués du Calcio. En plus d'affaiblir, voire de reléguer ses rivaux, elles lui permettent de se renforcer en pillant les forces vives de la Juve, Vieira et Ibrahimovic notamment. La Roma s'accroche un peu, mais personne ne survivra à la série record de dix-sept victoires des Intéristes, sacrés avec 22 points d'avance.

Manchester United, lui, ne doit rien à personne. Réorganisée autour du merveilleux Cristiano Ronaldo, l'équipe d'Alex Ferguson prend la tête du Championnat dès le 1er octobre pour ne plus la lâcher, creusant un écart décisif entre Noël et Nouvel An. Malgré l'honorable parcours de Chelsea, double champion en titre, les Red Devils sont couronnés à la lyonnaise, sans jouer, lors de la 37e journée.

Il faudra attendre bien plus longtemps pour connaître les lauréats en Allemagne et en Espagne. Stuttgart crée la surprise en Bundesliga, en remportant un sprint final à trois auquel le Bayern n'a même pas pu se mêler. L'issue est tout aussi étonnante en Liga espagnole, avec le sacre d'un Real Madrid en crise toute la saison. L'équipe de Capello, entraîneur décrié mais pas encore viré, devance le Barça à la différence de buts particulière.

Drôle d'Europe, décidément. Le contraste avec la Ligue dite des champions est total : l'AC Milan, champion d'Europe, se classe 4e de la Serie A à 36 points de son voisin intériste ; Liverpool, finaliste, est 3e en Angleterre, 21 points derrière Manchester. ■

MOUNIC / L'ÉQUIPE

HANGTS / WITTERS / PRESSE SPORTS

Stuttgart (**Fernando Meira**, au centre) arrache son 5e titre en Bundesliga.

LAHALLE / L'ÉQUIPE

Manchester United (**Ferdinand**, à g.) dépossède Chelsea (**Chevtchenko**).

CALAIS / L'ÉQUIPE

Le triomphe annoncé de l'Inter Milan (**Figo**, à g., et **Dacourt**).

22 octobre 2006, 7e journée de la Liga. Ruud Van Nistelrooy s'élève au-dessus de la mêlée (de g. à dr., Fabio Cannavaro, Carles Puyol, Eidur Gudjohnsen, Sergio Ramos, Ivan Helguera et Lilian Thuram). Il marquera le second but de la victoire du Real sur Barcelone (2-0). Un succès qui s'avérera décisif puisque, 31 journées plus tard, les Madrilènes seront sacrés champions d'Espagne aux dépens des Catalans, à la différence de buts particulière.

ALLEMAGNE

Stuttgart au sprint

L'Équipe du 20 mai.

Le VfB a aligné huit victoires pour coiffer Schalke et enlever le titre.

Par Alexis MENUGE

DEVANT 56 000 SUPPORTERS en fusion dans son Gottlieb-Daimler-Stadion, Stuttgart a empoché face à Energie Cottbus (2-1) sa huitième victoire d'affilée en Bundesliga, une première dans l'histoire du club qui lui assure un cinquième titre de champion d'Allemagne (après 1950, 52, 84 et 92). Quelques semaines plus tôt, peu de gens croyaient à cette consécration sur les bords du Neckar. Mais Stuttgart a su profiter de la saison noire du Bayern Munich (4e, pas même qualifié pour la C1), auquel il succède au palmarès, ainsi que de l'inconstance chronique du Werder Brême (3e) et surtout de la nervosité de Schalke 04, vice-champion pour la troisième fois en six ans.

Le club du Bade-Wurtemberg s'est emparé de la tête du Championnat lors de l'avant-dernière journée tandis que Schalke, leader depuis février, craquait lors du derby de la Ruhr à Dortmund (0-2, dont un but de l'ex-Rennais Frei, 2e meilleur réalisateur de la Bundesliga). À défaut de réussir sa saison, le Borussia (9e) est parvenu à gâcher celle de son vieux rival…

« J'ai beaucoup de mal à croire que nous sommes champions, expliqua le milieu de Stuttgart Sami Khedira, 20 ans, auteur du but de la victoire décisive. C'est ma première saison en Bundesliga et décrocher immédiatement ce titre, c'est incroyable. » Pendant ce temps, ses coéquipiers lui versaient un magnum de champagne sur le crâne.

C'est le champion du monde (1990) Guido Buchwald, l'un des principaux acteurs du dernier titre du club, en 1992, qui remettait le prestigieux saladier d'argent au capitaine du VfB, Fernando Meira, submergé par une vague de confettis. Même le défenseur français Mathieu Delpierre, d'habitude discret et timide, se lâchait, dansant et chantant longuement avec les fans. En début de soirée, les joueurs ont défilé dans les rues de Stuttgart jusqu'à la Marktplatz, devant la mairie. Un an plus tôt, l'équipe d'Allemagne y fêtait sa troisième place à la Coupe du monde. Là, 70 000 supporters acclamaient leurs nouveaux héros. ■

PICS UNITED / PRESSE SPORTS

Battu (0-1) le 17 mars par Schalke 04 (26e journée), le VfB Stuttgart de Mathieu Delpierre va bientôt enchaîner les succès et profiter de la baisse de forme du club de Gelsenkirchen.

EnBW
T

ANGLETERRE

Manchester puissance 16

L'Équipe du 7 mai.
Dominateur toute la saison, Manchester United fête son seizième titre, le neuvième de l'ère Ferguson. Jean-Michel Rouet

IL Y A D'ÉTRANGES MANIÈRES d'assister à son propre sacre : à l'hôtel, comme les Lyonnais, sur un green de golf ou devant un barbecue, comme les joueurs de Manchester United, voire en regardant des courses de chevaux à la télévision avec son petit-fils, comme sir Alex Ferguson. L'ironie de la situation n'échappe à personne : avec le match nul d'Arsenal (1-1) contre Chelsea, lors de la 37e journée, Arsène Wenger a offert à son vieil « ami » Ferguson son neuvième titre de champion, le premier depuis 2003 et le seizième de l'histoire des Red Devils. MU décroche le titre avec une impressionnante moyenne de 2,44 points par match, et seulement quatre défaites en 36 matches. « La Ligue des champions est un objectif, mais le Championnat restera toujours notre priorité, c'est pourquoi je vis un moment fantastique, avouait Ferguson. Mon équipe a souvent développé un football à couper le souffle. Toute l'Angleterre sait que notre titre est mérité. »
Toute l'Angleterre fête même le retour au premier plan du club naguère le plus détesté du pays, simplement parce qu'il s'exerce aux dépens du club (Chelsea) haï partout en dehors de Fulham Road. Ferguson peut jubiler en outre d'avoir enfin pris le meilleur sur José Mourinho dans la compétition qui « récompense toujours le plus fort ».
À l'été 2006, MU perdit pourtant deux de ses icônes, Roy Keane (devenu manager de Sunderland) et Ruud Van Nistelrooy (Real Madrid). La performance est de ne pas les avoir remplacés poste pour poste et que l'équipe soit devenue plus forte. Avec en figure de proue Cristiano Ronaldo, élu meilleur joueur de Premier League par ses pairs et par la presse. Le jeune Portugais, dont la « mauvaise éducation » avait été stigmatisée par Mourinho, savoure lui aussi la réponse donnée sur le terrain : « C'est mon premier titre de champion et l'obtenir aux dépens de Chelsea renforce le plaisir. » ■

PICS UNITED / PRESSE SPORTS

Les Red Devils ont survolé la saison. Nemanja Vidic, Gary Neville, Rio Ferdinand et Wayne Rooney (de g. à dr.) terminent avec seulement cinq défaites au compteur.

ROONEY
8

ESPAGNE

Un Real renversant

L'ÉQUIPE DU 18 JUIN.

Le club madrilène a remporté un titre inespéré après un sprint final dévastateur.

Par Joël DOMENIGHETTI et Mickaël CARON

C'ÉTAIT INESPÉRÉ au regard d'une saison empirique et houleuse, avec un vestiaire dévasté et un jeu considéré par les socios comme médiocre. Mais le miracle, déjà amorcé lors de la 37e journée, lorsque le Barça avait concédé le nul à domicile face à son voisin de l'Espanyol (2-2), a bien eu lieu. Il s'est confirmé au dernier acte, contre Majorque, dans un stade Santiago-Bernabeu qui a fêté le trentième titre du Real dans une immense ferveur.

Le club madrilène a conjuré le sort, chassé ses vieux démons de Tenerife (1992, 93) quand, à deux reprises, il avait laissé échapper le titre qui lui était promis lors de la toute dernière journée. Ce trentième titre, acquis en fin de match (3-1) alors que Majorque avait mené jusqu'à la 68e minute, est une pure folie, tant la formation de Capello a été chahutée, en interne, et tant, une fois encore, elle a fait montre d'un caractère hallucinant. C'est aussi et surtout le premier titre du Real depuis 2003. Une éternité pour un club de ce standing.

L'équipe de Fabio Capello a fini la saison en trombe, en remportant sept de ses huit derniers matches et en renversant souvent des situations désespérées, à l'image de la rencontre contre Majorque. Finalement, les Merengue devancent à la différence de buts particulière le FC Barcelone, large vainqueur à Tarragone lors de la 38e journée (5-1), grâce aux résultats favorables dans les confrontations directes (2-0 à Madrid et 3-3 à Barcelone).

Après un début de saison raté, qui aurait pensé que le Real serait capable de remporter ce titre, le second de Capello, dix ans après ? Le club madrilène, longtemps à la traîne derrière le Barça et le FC Séville, a réalisé une dernière ligne droite impressionnante pour coiffer sur le poteau ses deux rivaux. Le capitaine Raùl pourra festoyer sur la célèbre fontaine de Cibeles, comme la tradition l'exige à l'occasion de tous les titres récents du Real Madrid. ■

PICS UNITED / PRESSE SPORTS

Le Real Madrid décroche, au bout du suspense, son trentième titre national. Un succès au finish, aux dépens du Barça, qui vaut bien une passe de tauromachie du capitaine Raùl.

RGAMOS EQUIPO, APOYEMOS A LOS JUGADORES HASTA EL FINAL
LFP
171
LFP
10
LFP
18

ITALIE

Un vrai titre pour l'Inter

L'ÉQUIPE DU 23 AVRIL.
Sacrée sur tapis vert en 2006, l'Inter Milan a remporté son 15e Scudetto sur le terrain.
Par Stéphane KOHLER et Yoann RIOU

AVANT MÊME que ne soit consommée la défaite à Bergame (1-2) de la Roma, leur dauphin, les joueurs de l'Inter, tout juste victorieux à Sienne (2-1), ont commencé à s'embrasser, à sauter, à chanter. L'Inter était officiellement titrée, à cinq journées de la fin du Championnat. Pendant qu'une supportrice se jetait sur l'entraîneur, Roberto Mancini, et le gratifiait d'un long baiser sur la joue, la place du Dôme, à Milan, était envahie par des milliers de tifosi.

Depuis le Scudetto 1989, l'Inter voyait la Juventus, l'AC Milan ou les clubs romains lui brûler la politesse malgré les dizaines de millions d'euros investis par le président Massimo Moratti. À la fin de la saison 2005-06, le scandale Moggi et ses répercussions avaient permis à l'Inter de récupérer le titre alors qu'elle ne s'était classée que 3e.

En 2006-07, les sanctions contre la Juventus, l'AC Milan, la Fiorentina et la Lazio ont bien sûr rendu service aux Nerazzurri. Mais comment remettre en cause le parcours impressionnant d'une équipe qui a obtenu 26 victoires en 33 matches, restant invaincue jusqu'à la 32e journée ? Transfiguré par la Coupe du monde, Materazzi a réussi la meilleure saison de sa carrière. Vieira a tenu son rang, malgré les blessures. Dacourt, Maicon, Cambiasso, Zanetti et Stankovic ont donné le tempo. Ibrahimovic a fait parler son génie, bien assisté par Crespo, Cruz et, plus rarement, Adriano.

L'Inter 2006-07 est-elle la plus forte équipe de l'histoire du club ? « Sans aucun doute », assure Giuseppe Bergomi, champion 1989. Lothar Matthäus, son ancien coéquipier, n'est pas d'accord : « L'Inter n'a pas eu de concurrents crédibles. Nous, nous avions été obligés de sortir une saison magique. » L'adjectif n'est pas loin de coller avec celle de ses successeurs : leur série de 17 succès consécutifs (du 25 octobre au 25 février) est sans équivalent dans les Championnats européens majeurs. ■

ROSI / GRAZIA NERI / PRESSE SPORTS

Le Français Olivier Dacourt et le Suédois Zlatan Ibrahimovic jubilent. L'« Internazionale » vient de décrocher, sans coup férir, un quinzième Scudetto.

INTER
1908
RELLI

Comme une libération

L'ÉQUIPE DU 20 MAI. Après un nouveau succès à Arezzo (5-1), la Juventus a assuré sa remontée en Serie A. Avec une émotion intense. **De notre envoyé spécial à Arezzo (ITA), Yoann RIOU**

AVAIT-IL DÉJÀ PARLÉ avec autant d'émotion dans la voix ? « Cette accession en Serie A est plus importante qu'un Scudetto, assurait Gianluigi Buffon, plus d'une heure après la victoire de la Juve à Arezzo (5-1). Cette journée, historique pour la Juve, restera à jamais gravée dans ma vie de sportif, mais aussi d'homme. »
Reléguée en juin 2006 à la suite du scandale des matches truqués, la Juve caracolait en tête de la Serie B, depuis de longs mois. Au coup de sifflet final, la joie de l'équipe fut mesurée. Aucun tour d'honneur. En moins d'un quart d'heure, tout le monde était rentré au vestiaire.
« Oui, mais ensuite, entre nous, on a vécu un grand moment de partage, lâchait Pavel Nedved, 34 ans. Je sens, comme mes coéquipiers, que j'ai un poids en moins dans mon corps, dans ma tête. Il n'y a que nous, joueurs, qui savons combien nous avons souffert, cette saison en Serie B. Je suis lessivé. » Giorgio Chiellini, auteur d'un doublé face à Arezzo, était, lui, très remonté : « Ce retour en Serie A, c'est notre revanche contre tout le monde. Tant de gens étaient contents de nos malheurs. »

J.-C. BLANC : « LA MAISON DE LA JUVE, C'EST LA SERIE A »

Jean-Claude Blanc, directeur général de la Juve, parvenait difficilement à cacher son émotion. « Le chemin le plus beau dans la vie est celui qui te ramène chez toi, a déclaré le Français. Et la maison de la Juve, c'est la Serie A. Nous ne sommes qu'au début de l'aventure. Prochain objectif, retrouver l'Europe. À l'été 2006, la Juve était à sauver. Aujourd'hui, elle se porte bien. Je n'ai pas de doutes concernant le futur. Je vous le répète : Didier *(Deschamps)* restera notre entraîneur. »
Deschamps est apparu en conférence de presse la chemise trempée par le champagne. Une fois de plus, il lui fut demandé s'il allait rester au club et où en étaient ses problèmes avec Alessio Secco, le directeur sportif : « Est-ce que je vous ai déjà dit que j'allais partir ? Non, lançait-il. Ou alors c'est un autre Didier Deschamps que vous avez entendu… » Le président, Giovanni Cobolli Gigli, concluait : « Laissez-nous, s'il vous plaît, savourer complètement ce présent heureux. N'oubliez pas qu'il y a un an, la Juve était en enfer. » ■

MARTIN / L'ÉQUIPE

Didier Deschamps et David Trezeguet (de dos) jubilent : comme Marcelo Zalayeta (à g.), ils peuvent dire « basta » à la Serie B.

Deschamps, c'est déjà fini

L'ÉQUIPE DU 28 MAI. L'entraîneur français a démissionné une semaine après la remontée de la Juventus. Il dit ne pas avoir obtenu les réponses qu'il attendait de ses dirigeants.
Par Olivier MARGOT

« Dans quel état d'esprit êtes-vous après cette rupture avec la Juventus, qui paraît incroyable ?
– Je n'étais pas venu à la Juve pour faire une seule saison. Difficile de ne pas être déçu, surtout après ce que j'ai accompli cette année.
– Mais pourquoi ce divorce ?
– Ce n'est pas venu comme ça, du jour au lendemain. Mais je n'ai pas envie d'entrer dans les détails. Disons que toutes les conditions n'étaient pas réunies. Nous avions des résultats mais, moi, je savais les difficultés rencontrées, je cernais les problèmes, je les vivais. Le projet n° 1 était de remonter dès cette année. C'est fait. J'ai voulu savoir comment j'allais fonctionner dans le projet n° 2, portant sur le plus long terme. J'ai donc posé des questions et on m'a donné des réponses.
– Comment les joueurs ont-ils réagi ?
– Ils ne savaient pas trop à quoi s'en tenir. Ils savaient qu'il y avait un problème. Mais ils doivent être très surpris. J'aurai l'occasion de les appeler.
– Quels sentiments dominent aujourd'hui ?
– La fierté d'avoir rendu ce que je pouvais à ce club qui m'a tout donné. Et la satisfaction d'avoir offert du bonheur aux supporters. Je ne pars pas sur un échec. Je pars sur une grande victoire, même si le mérite revient d'abord et toujours aux joueurs. »

ITALIE - SERIE B
Classement final

		Pts	J	G	N	P	diff
1	Juventus	85	42	28	10	4	+53
2	Naples	79	42	21	16	5	+23
3	Genoa	78	42	23	9	10	+24
4	Piacenza	68	42	20	8	14	+7
5	Rimini	67	42	17	16	9	+17
6	Brescia	67	42	19	10	13	+8
7	Bologne	65	42	18	11	13	+9
8	Mantoue	64	42	15	19	8	+11
9	Lecce	58	42	17	7	18	+3
10	Albinoleffe	53	42	11	20	11	-2
11	Vicenza	50	42	12	14	16	-1
12	Trévise	50	42	11	17	14	-3
13	Bari	50	42	12	14	16	-6
14	Frosinone	50	42	12	14	16	-10
15	Modène	49	42	12	13	17	-8
16	Cesena	49	42	12	13	17	-15
17	Triestina	48	42	11	16	15	-11
18	H. Vérone	48	42	12	12	18	-12
19	Spezia	46	42	11	13	18	-11
20	Arezzo	45	42	12	15	15	-4
21	Crotone	32	42	7	11	24	-31
22	Pescara	24	42	5	10	27	-41

La Juventus a été pénalisée de 9 points, Arezzo de 6, la Triestina et Pescara de 1.

RENCONTRE AVEC DIEGO

LES ALL BLACKS FACE AU DÉFI SPRINGBOK

MAURESMO, CLÉMENT : BONUS AVANT WIMBLEDON

COUPE DE L'AMERICA : KIWIS CONTRE ALINGHI

L'ÉQUIPE

« J'AI CHOISI BARCELONE »

Thierry Henry, après huit saisons à Arsenal, va s'engager pour quatre ans en faveur du FC Barcelone, un transfert estimé à 24 millions d'euros.

MAZDA MX-5 19 990 €

« Je n'oublierai jamais »

L'ÉQUIPE DU 23 JUIN. Thierry Henry explique les raisons qui l'ont conduit à quitter Arsenal et à s'engager pour quatre ans en faveur de Barcelone. Un transfert estimé à 24 M€.

Par Joël DOMENIGHETTI

« **POURQUOI avoir choisi le FC Barcelone ?**
– J'ai toujours dit que si je m'en allais je n'irais qu'à Barcelone. J'ai choisi ce club pour le football qu'il pratique, son histoire, son stade, ses joueurs. Pour Frank Rijkaard *(l'entraîneur)*, pour lequel j'ai le plus grand respect.

– Vous avez pourtant maintes fois répété que vous ne joueriez plus pour un autre club qu'Arsenal.

– C'est vrai, je n'ai jamais pensé que cela serait possible. Mais j'ai également répété que le départ de David Dein *(l'ex-vice-président)* avait déstabilisé le club. Le fait qu'Arsène Wenger ne prolonge pas son contrat était un autre élément très important. Ce sont deux personnes que j'avais exigées à mes côtés lorsque j'ai prolongé à l'été 2006. Ce n'est pas le club qui a voulu me vendre, j'étais prêt à m'en aller.

« EN 1993-94, JE COURAIS APRÈS LES AUTOGRAPHES DE ROMARIO ET STOÏCHKOV »

– Qu'allez-vous expliquer aux supporters ?

– Je n'entrerai pas dans les détails. J'ai vécu huit années extraordinaires. De la tristesse, d'immenses joies. Malheureusement, maintenant, c'est fini. Pour moi, Arsenal restera le plus grand club d'Angleterre. Merci au coach, à tous les gens du club qui m'ont aidé à devenir ce que je suis. Je n'oublierai jamais.

LIEWIG / L'ÉQUIPE

Thierry Henry, le mythique maillot blaugrana sur les épaules, est accueilli comme une rock star au Camp Nou.

– N'avez-vous pas été tenté par les appels du pied de l'AC Milan ?

– J'ai énormément de respect pour l'AC Milan et M. Ancelotti. Mais le Barça, c'est le Barça ! En 1993-94, j'étais un jeune du centre de formation monégasque. Je courais après les autographes de Romario et Stoïchkov, et pour récupérer leur maillot alors qu'ils venaient de battre l'AS Monaco (0-1) en Ligue des champions. Et là, je vais porter ce maillot…

– Vous êtes les nouveaux Galactiques ?

– Je vais juste essayer d'apporter ce que je sais faire. Au cours des premiers mois, je vais apprendre, écouter les gars qui sont en place. Heureusement, il y a « Tutu » *(Lilian Thuram)*, avec qui j'ai grandi à Monaco. Et « Sam » *(Eto'o)*, que j'admire beaucoup, ainsi que « Ronnie » *(Ronaldinho)*, avec lequel j'entretiens aussi des liens particuliers. Je n'arrive pas avec mes gros sabots. Je viens pour apprendre, avec humilité. » ■

Ribéry : « Je pars la tête haute »

L'ÉQUIPE DU 8 JUIN. Le milieu des Bleus estime que l'OM et lui sont quittes. Il a progressé, et le club récolte 25 M€ de son transfert au Bayern. De notre envoyé spécial à Munich (ALL), Dominique ROUSSEAU

GROMIK / L'ÉQUIPE

« **POUR QUELLES raisons avez-vous décidé de quitter l'OM pour le Bayern Munich ?**

– C'est un cran au-dessus, une autre dimension. Je vais encore progresser, évoluer. Le Bayern est un club de grande expérience, très sérieux, très structuré, qui sait toujours où il va et qui a remporté de nombreux titres. Évidemment, en 2007-08, il n'y aura que le Championnat et la Coupe de l'UEFA, mais ça va être du haut niveau.

– Les supporters marseillais ne comprennent pas que vous partiez dans un club qui ne disputera pas la Ligue des champions, à la différence de l'OM.

– Il faut aussi se souvenir qu'à l'été 2006 je voulais partir. Finalement je suis resté et j'en étais très content. Je pense avoir fait une bonne saison, compte tenu de mes deux blessures et de la fatigue accumulée pendant la Coupe du monde. Je pars la tête haute, serein, fier de ce que j'ai fait à l'OM. » ■

Abidal l'accompagne

L'ÉQUIPE DU 28 JUIN. Le défenseur de l'OL a signé pour quatre ans à Barcelone.

Par Damien DEGORRE

Éric Abidal sera le troisième Bleu du Barça après Lilian Thuram et Thierry Henry. Lyon et Barcelone sont tombés d'accord sur un transfert de 14 millions d'euros. Lille, son précédent club, devrait quant à lui percevoir près de 3 M€, soit 50 % de la plus-value réalisée par l'OL. Le vœu d'Abidal est donc exaucé.

FOOT DER

LES BRÈVES

FERNANDEZ, POMPIER GRILLÉ.

MOUNIC / L'ÉQUIPE

Appelé à la rescousse en décembre pour sauver le Betis Séville de la relégation, Luis Fernandez est destitué à une journée de la fin de la Liga, après une piteuse défaite à domicile contre Osasuna (0-5). Le club remportera son dernier match (2-0 à Santander) et sauvera sa peau.

BECKHAM À HOLLYWOOD.

David Beckham annonce dès le mois de janvier qu'il quittera le Real Madrid en fin de saison pour les États-Unis, où l'attend un contrat mirifique au Los Angeles Galaxy : 193 millions d'euros sur cinq ans ! Son entraîneur, Fabio Capello, n'apprécie pas et l'écarte du groupe durant un mois.

PIRES, LA TUILE.

À peine arrivé à Villarreal, Robert Pires est victime d'une rupture des ligaments du genou. Il n'effectuera son retour qu'en mars, sept mois plus tard.

RONALDO REVIENT À MILAN.

BOZZANI / PICS UNITED / PRESSE SPORTS

En disgrâce au Real Madrid, Ronaldo revient à Milan. Pas à l'Inter, où il a joué cinq ans, mais à l'AC Milan. Auteur de 7 buts en 14 matches de Serie A, il ne sera en revanche pas du sacre européen, ayant déjà joué en C1 avec les Merengue plus tôt dans la saison.

AUBAMEYANG CRÈVE L'ÉCRAN.

Un jeune attaquant français de 19 ans est le héros du trophée Berlusconi, prestigieux match amical annuel entre l'AC Milan et la Juventus. À la 87e, Willy Aubameyang marque le but de la victoire milanaise (3-2).

HÉCATOMBE AU BAYERN.

PAPON / L'ÉQUIPE

Pas de chance pour les Français du Bayern Munich : saison presque blanche pour Valérien Ismaël (double fracture de la jambe et rechute) et trois mois d'absence pour Willy Sagnol (torsion du genou). Lukas Podolski (talon puis cheville, quatre mois en tout) et Bastian Schweinsteiger (infection due à une tique, plusieurs semaines) s'ajoutent à la liste d'une saison noire pour le club bavarois, seulement 4e de la Bundesliga et qui a limogé son entraîneur, Felix Magath, en cours de saison.

LA GALÈRE D'ETO'O.

Sévèrement touché au genou fin septembre en C1, le Camerounais Samuel Eto'o, star du Barça, reste quatre mois sur le flanc.

LE DESSIN de Bernard Chenez

L'ÉQUIPE DU 3 OCTOBRE. Arrivé du Japon le 1er octobre 1996, Arsène Wenger, 56 ans, fête ses dix années à la tête des Gunners d'Arsenal. Avec trois Championnats (1998, 2002, 04) et quatre Cups (1998, 2002, 03, 05), l'Alsacien détient un palmarès remarquable… en Angleterre, car il a toujours échoué à conquérir une Coupe d'Europe.

LE BUTEUR

Rogério Ceni

(Sao Paulo FC)

LIMA / AFP

En réussissant le doublé pour le Sao Paulo FC contre Cruzeiro (2-2), en août 2006, le Brésilien Rogério Ceni bat un record mythique, celui du plus grand nombre de buts marqués par un gardien, que détenait la superstar paraguayenne Jose Luis Chilavert (62 buts). Avant de recevoir un certificat officiel attestant de sa performance, il rend hommage à son entraîneur, Muricy Ramalho : « Il est le premier coach au Brésil à avoir autorisé un gardien à tirer les coups francs. On l'avait traité de fou. Sans son courage, ce record n'existerait pas. »
Champion du Brésil 2006, le portier (34 ans) portera en juin 2007 son total à 72 unités : 44 coups francs et 28 penalties, tous inscrits pour le club pauliste, où il évolue depuis 1990 et où il a promis de finir sa carrière avant, peut-être, d'en devenir le président.

LES PHRASES

« Il paraît que l'on peut devenir millionnaire avec le foot. C'est possible, à condition d'être milliardaire au départ. »

KINNAIRD / GETTY IMAGES / AFP

L'homme d'affaires serbo-américain **Milan Mandaric,** ancien président de l'OGC Nice (1996-98), devient en février le nouveau propriétaire du club anglais de Leicester City. Sans trop d'illusion sur la rentabilité de son acquisition.

MIGUELEZ / PRESSE SPORTS

« Ceux qui, en France ou en Angleterre, voient mes buts doivent se dire que j'ai un frère jumeau très fort. »

Le Franco-Malien **Frédéric Kanouté,** longtemps en course pour la couronne de meilleur buteur de la Liga (il finira 3e avec 21 buts), réalise avec le FC Séville la plus belle saison de sa carrière.

« Il ne fallait pas rêver ; on n'allait pas rester invaincus jusqu'à notre mort. »

MOUNIC / L'ÉQUIPE

Ivan Cordoba, le défenseur colombien de l'Inter Milan, se montre philosophe après la défaite contre l'AS Rome (1-3) mettant fin à une invincibilité qui durait depuis 33 matches en Serie A.

LES BRÈVES

LE DOUBLÉ POUR DROGBA.

FÈVRE / L'ÉQUIPE

À l'issue d'une folle finale (3 cartons rouges lors des… 12 minutes de temps additionnel), Chelsea enlève la Coupe de la Ligue anglaise contre Arsenal (2-1) grâce à un doublé de Drogba. Les Blues y ajouteront la Cup, après une victoire sur Manchester United, 1-0 a.p., but de… Drogba.

ROMARIO DANS LE MILLE ?

En transformant un penalty pour Vasco de Gama contre Recife (3-0), Romario, 41 ans, rejoint Pelé, le seul avant lui à avoir atteint les 1 000 buts. Un total calculé par le joueur lui-même et très contestable, puisqu'il inclut des buts marqués en exhibition et dans des catégories de jeunes.

CECH TOUCHÉ À LA TÊTE.

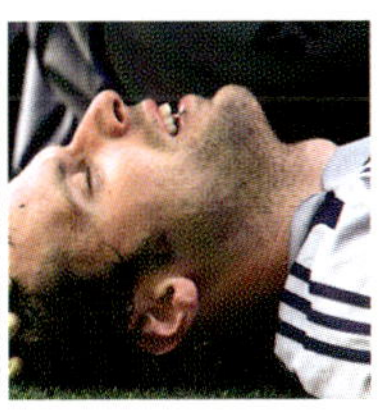

PICS UNITED / PRESSE SPORTS

Violemment percuté par un joueur de Reading, Petr Cech, le gardien de Chelsea, sera opéré d'une fracture du crâne. Il ne reviendra que trois mois plus tard. Lors du même Reading-Chelsea (0-1), son remplaçant, Carlo Cudicini, à son tour touché à la tête, n'avait pas non plus terminé le match !

CRISTIANO RONALDO EST LE MEILLEUR.

Élu meilleur joueur de Premier League, Cristiano Ronaldo est aussi désigné meilleur jeune du Championnat anglais. Avant lui, seul Andy Gray (Aston Villa) avait réalisé ce doublé, en 1977.

L'UNICEF SUR LE MAILLOT DU BARÇA

FORSTER / GETTY IMAGES / AFP

Pour la première fois en 107 ans d'histoire, le FC Barcelone accepte que figure un logo sur le mythique maillot blaugrana. Celui d'un partenaire un peu particulier : l'Unicef, le fonds d'aide à l'enfance des Nations Unies.

SCHUSTER CHASSE CAPELLO.

Le titre de champion n'aura pas réussi à sauver Fabio Capello. L'entraîneur du Real est remplacé en fin de saison par l'Allemand Bernd Schuster, ancienne vedette du club (et du Barça) et ex-entraîneur de Getafe.

ALLER-RETOUR À L'ITALIENNE.

En début de saison, le Torino limoge son entraîneur, Gianni De Biasi. Cagliari fait de même en décembre avec Marco Giampaolo. Quelques mois plus tard, leurs successeurs sont écartés à leur tour, et les deux techniciens reviennent aux affaires…

ALFA / PANORAMIC

L'IMAGE

Marco Materazzi a encore frappé. Ou, selon le point de vue, s'est encore fait frapper. **Gennaro Delvecchio**, le milieu de la Sampdoria, craque dès la 7e minute du match contre l'Inter Milan (0-2), lorsque l'Intériste tatoué vient lui reprocher d'avoir collé de trop près le gardien Julio César. Excédé, Delvecchio se relève brusquement et lui assène un coup de tête au sternum, synonyme de carton rouge. Comme un air de famille avec une fameuse finale de Coupe du monde…

L'HISTOIRE

Messi entre au musée

L'ÉQUIPE DU 20 AVRIL. Auteur d'un but à la Maradona en Coupe du Roi, le petit Argentin du FC Barcelone se fait doucement une place dans le gotha du football. **Par Guy ROGER**

LES MOUCHOIRS BLANCS volaient encore dans le Camp Nou, célébrant le chef-d'œuvre de Lionel Messi, 19 ans, auteur du deuxième des cinq buts de Barcelone contre Getafe (5-2, en demi-finales aller de la Coupe du Roi), à la demi-heure de jeu. Une course de soixante mètres en treize secondes, un petit pont et cinq dribbles, puis un tir du droit, pour un but qui a ébloui son partenaire Deco : « C'est le but parfait, le plus beau que j'aie vu de toute ma vie. Il a la pureté du diamant. »
Bernd Schuster, l'entraîneur adverse, mettait plutôt le but sur le compte de la négligence de ses joueurs. « Un tacle aurait dû le freiner. Un but comme ça, ça ne doit pas exister. » Mais son commentaire rageur n'a pas résisté à la tornade de superlatifs sur le prodige argentin, arrivé à l'âge de 13 ans au centre de formation du club catalan, autant pour soigner une crise de croissance aiguë que pour son talent balle au pied.
Plus tard, Schuster avoua tout de même avoir « pensé à Maradona ». Leo Messi n'était pas né quand, le 24 juin 1986, à Mexico, Diego Maradona, 25 ans, mi-dieu mi-démon, avait inscrit, à la 55e minute, un but d'anthologie (son deuxième du match après la célèbre « main de Dieu ») qui avait terrassé l'Angleterre en quarts de finale de la Coupe du monde (2-1) au bout d'une course de soixante-deux mètres, après avoir effacé quatre joueurs anglais et le gardien Peter Shilton.
Interrogé, devant une foule de micros, à propos de son glorieux aîné, Messi a répondu : « Tout ce que je désire, c'est qu'il sorte vite de l'hôpital. Si ce but pouvait lui faire du bien au moral, ce serait fantastique, presque comme en marquer un deuxième. »

Messi sera laissé au repos lors de la demi-finale retour, trois semaines plus tard, et Schuster prendra une éclatante revanche : 4-0 pour Getafe, un score qui éliminera le Barça ! Getafe s'inclinera en finale contre le FC Séville (0-1).

LE CHIFFRE

1500 EUROS

Le salaire mensuel de Christian Vieri, l'ancien buteur vedette de l'Inter, qui s'est engagé à l'Atalanta Bergame pour une rémunération au « minimum syndical ». Mais avec une prime de 100 000 euros par but marqué ! Longtemps blessé, il n'en inscrira cependant que deux dans la saison.

Solides au poste

Surmontant leur déception du Mondial 2006, les Bleus n'ont pas bradé leurs chances de qualification pour l'Euro 2008.

ORPHELINS DE Zinédine Zidane et d'une seconde victoire en Coupe du monde, les hommes de Raymond Domenech auraient eu de bonnes raisons d'accuser le coup. Mais, depuis 1998, les Bleus ont un mental d'acier.

Le destin a en somme été clément avec eux. Au moment du tirage au sort, la présence de l'Italie dans leur groupe qualificatif à l'Euro 2008 ressemblait à une malédiction. En ce 6 septembre 2006, c'est devenu une bénédiction. L'occasion de tordre le cou à un passé récent et de passer à autre chose. Sidney Govou, alors relégué en CFA à Lyon, en fait son jour de gloire. Il inscrit deux des trois buts d'une lumineuse victoire (3-1). Quatre jours après une entame sans histoire en Géorgie (3-0), la route de l'Euro semble ouverte.

C'est compter sans un petit péché d'orgueil qui transforme en défaite (0-1) un match que les Bleus, largement dominateurs, auraient dû remporter nettement en Écosse. Du coup, l'automne et l'hiver sont peints en gris. Après un pataquès à propos du jeune Franco-Argentin Gonzalo Higuain, que Domenech essaye de ferrer, sans succès, à l'occasion d'un match amical, médiocre au demeurant (1-0, but de Henry) contre la Grèce, 2007 commence par une défaite à Saint-Denis contre l'Argentine (0-1). David Trezeguet, argentin d'origine, était heureux de jouer ce match. Son incapacité à se fondre dans le collectif et son inefficacité lui coûtent sa place chez les Bleus, en dépit de la blessure de Thierry Henry.

Nicolas Anelka *from* Bolton prend le relais. Il inscrit l'unique but d'un match traquenard en Lituanie (1-0). Puis l'extraordinaire second but du match aller contre l'Ukraine (2-0). Quatre jours plus tard, c'est Samir Nasri, 19 ans, qui marque le but du succès sur la Géorgie (1-0).

Deux mois et demi plus tôt, le jeune Marseillais avait offert le but de la victoire en amical sur l'Autriche (1-0) au tout aussi jeune Lyonnais Karim Benzema. En 2007, les Bleus de Lilian Thuram (35 ans) n'ont pas simplement tissé un lien avec le passé. Ils ont aussi préparé l'avenir, ce qui n'est pas moins important. ■

NATAF / L'ÉQUIPE

DE MARTIGNAC / L'ÉQUIPE

Henry et les Bleus en échec en Écosse.

MONS / L'ÉQUIPE

Anelka assomme l'Ukraine.

LABLATINIÈRE / L'ÉQUIPE

Nasri, la jeunesse au pouvoir.

Deux mois après, les finalistes de la Coupe du monde se retrouvent au Stade de France. Cette fois, la réussite sourit à Thierry Henry, muet à Berlin. Fabio Cannavaro (à dr.), l'intraitable défenseur italien, dévie malencontreusement la frappe du Français hors de portée de son gardien, Gianluigi Buffon (à g.). 2-0 après 18 minutes, les Bleus sont sur la voie d'un succès précieux (3-1) dans l'optique de l'Euro 2008.

ÉQUIPE DE FRANCE
Match amical
BOSNIE-HERZÉGOVINE - FRANCE : 1-2

Gallas, buteur d'août

L'ÉQUIPE DU 17 AOÛT. Comme face à la Côte d'Ivoire en 2005, le défenseur de Chelsea a marqué lors du match amical de reprise.

De notre envoyé spécial à Sarajevo (BOS), Sébastien TARRAGO

FEVRE / L'ÉQUIPE

Heureux, William Gallas, comme Franck Ribéry (à g.) et Patrick Vieira.

DANS L'UNIVERS DE L'ÉQUIPE de France, William Gallas a longtemps vécu à l'ombre des copains. Titulaire dans l'axe auprès de Marcel Desailly pour sa première sélection, en 2002 face à la Slovaquie (5-0), puis trimballé jusqu'en 2006 sur les côtés, le défenseur a pris l'habitude de répéter : « De toute façon, pour qu'on parle de toi, il faut marquer. » Il a marqué, à Sarajevo, un premier but (41e) qui a fait énormément de bien aux Bleus, alors menés au score (et qui s'imposeront 2-1 grâce à un but de Faubert, 90e+1).

Sous l'ère Domenech, Gallas a souvent été l'homme qui se créait une occasion par match. Il les a souvent ratées. Mais en deux matches amicaux du mois d'août, le jour ou la veille de son anniversaire (il fête ses 29 ans au lendemain de ce Bosnie-France), il s'est offert les douceurs qu'il attendait. Pour sa vingt-huitième bougie, il avait inscrit son premier but en bleu, face à la Côte d'Ivoire (3-0). Cette fois, sur une remise d'Henry consécutive à un coup franc de Sagnol, il a marqué pour la deuxième fois en 48 sélections. « Je me suis fait un petit cadeau, dit-il à la mi-temps. Il va falloir fêter ça. » ■

À Sarajevo, Bosnie-Herzégovine - France : 1-2 (1-1)

Temps estival. Pelouse correcte. 30 000 spectateurs environ. Arbitre : M. Wack (ALL).

REMPLACEMENTS. 6e : Konjic par SPAHIC **(note : 4)** ; 46e : Salihamidzic par VLADAVIC **(note : 5)** ; 60e : Barbarez par MUSLIMOVIC ; 65e : Grujic par GRLIC ; 74e : Bartolovic par HRGOVIC ; 80e : Bajramovic par TRIVUNOVIC ; 85e : Misimovic par JOLIC. Entraîneur : B. Sliskovic.

REMPLACEMENTS. 53e : F. Malouda par WILTORD ; 60e : Boumsong par GIVET ; 70e : Ribéry par FAUBERT. Entraîneur : R. Domenech.

LES BUTS. 1-0 : BARBAREZ (16e, passe de Grujic) ; **1-1 : GALLAS** (41e, passe d'Henry) ; **1-2 : FAUBERT** (90e + 1, passe d'Henry).
AVERTISSEMENTS. Bosnie-Herzégovine : Spahic (34e) ; France : Vieira (86e).

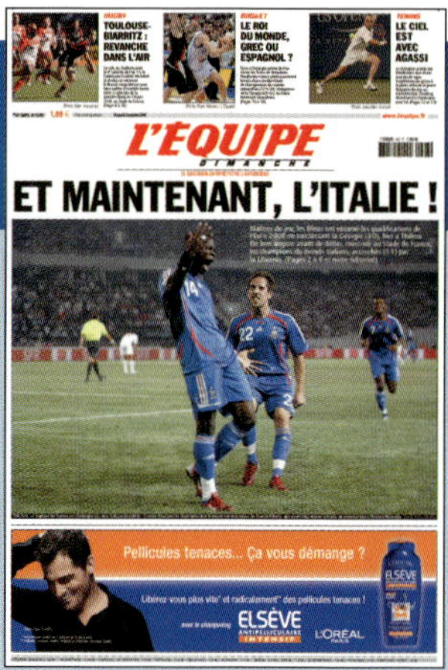
RUGBY
TOULOUSE-BIARRITZ : REVANCHE DANS L'AIR
BASKET
LE ROI DU MONDE, GREC OU ESPAGNOL ?
TENNIS
LE CIEL EST AVEC AGASSI
L'ÉQUIPE DIMANCHE
ET MAINTENANT, L'ITALIE !
Pellicules tenaces... Ça vous démange ?
ELSÈVE
L'ORÉAL

ÉQUIPE DE FRANCE
Euro 2008 (qualifications, groupe B)
GÉORGIE - FRANCE : 0-3

Ils n'ont pas changé

L'ÉQUIPE DU 3 SEPTEMBRE. Les Bleus ont gagné en Géorgie (3-0), avec les mêmes vertus qu'au Mondial 2006.

De notre envoyé spécial à Tbilissi (GEO), Vincent DULUC

L'ÉQUIPE DE FRANCE née en Allemagne n'est pas morte sur les plages de l'été qui ont accueilli sa gloire. Elle est restée la même, armée pour les conquêtes, douée pour les combats, dessinant quelque chose comme un territoire, à Tbilissi (3-0), à l'instant d'estoquer joyeusement une équipe qui lui aurait peut-être filé la migraine un ou deux ans plus tôt.

De la première à la dernière minute, elle a déroulé sa force et son savoir-faire pour remporter sa première victoire à l'extérieur dans ce groupe B. La compacité de son bloc, sa capacité à se projeter rapidement en attaque, ont confirmé que changer de méthode n'était ni l'intention ni l'intérêt des vice-champions du monde.

D'ailleurs, les Bleus n'ont pas traîné ; ils ont marqué sur leur première action collective rapide, avec Malouda au départ, Vieira au relais, Ribéry à la passe et de nouveau Malouda à l'arrivée (0-1, 7e).

DES BLEUS CONCILIANTS

Ce premier match de l'équipe de France aura seulement duré un gros quart d'heure. Le temps que Ribéry remonte 30 mètres à toute allure pour décaler Saha, dont la frappe, à l'entrée de la surface, trompa Tchantouria, qui avait les gants glissants, sans doute (0-2, 16e).

Dans ces matches-là, qu'est-ce qu'une équipe menant 2-0 en voyage peut bien se promettre à la mi-temps ? De marquer le troisième le plus tôt possible. Il vint une grosse minute après la reprise, et les Bleus n'y furent presque pour rien, puisque le centre de Sagnol, repris par le pied gauche du Géorgien Assatiani, loba Tchantouria (0-3, 47e). La France, il faut être honnête, fut ensuite conciliante. Entre son avance au score, la chaleur et la préparation du match contre l'Italie, elle n'avait que de bonnes raisons d'en rester là. ■

DE MARTIGNAC / L'ÉQUIPE

Florent Malouda (à g.) inscrit le premier but des Bleus sous les yeux de Louis Saha, auteur du deuxième.

À Tbilissi, Géorgie - France : 0-3 (0-2)

Temps tropical. Pelouse en mauvais état. 55 000 spectateurs environ. Arbitre : M. Wegereef (HOL).

REMPLACEMENTS. 38e : Aladachvili par KANDELAKI **(note : 5)** ; 46e : Iachvili par KVIRKVELIA **(note : 5)** ; 82e : Moujiri par MENTECHACHVILI. Entraîneur : K. Toppmöller (ALL).

REMPLACEMENTS. 58e : Makelele par MAVUBA ; 69e : Ribéry par GOVOU ; 86e : Saha par WILTORD. Entraîneur : R. Domenech.

LES BUTS. 0-1 : MALOUDA (7e, passe de Ribéry) ; **0-2 : SAHA** (16e, passe de Ribéry) ; **0-3 : ASSATIANI** (47e, c.s.c.).
AVERTISSEMENTS. Géorgie : Kobiachvili (11e), Kankava (45e + 1), Gogoua (52e), Demetradze (81e).

EURO 2008
(qualifications, groupe B)

Îles Féroé - Géorgie :	0-6
Géorgie - France :	0-3
Italie - Lituanie :	1-1
Écosse - Îles Féroé :	6-0

		Pts	J	G	N	P	diff
1	Écosse	3	1	1	0	0	+ 6
2	Géorgie	3	2	1	0	1	+ 3
3	France	3	1	1	0	0	+ 3
4	Italie	1	1	0	1	0	0
5	Lituanie	1	1	0	1	0	0
6	Ukraine	0	0	0	0	0	0
7	Îles Féroé	0	2	0	0	2	-12

Le ciel était tout bleu

L'ÉQUIPE DU 7 SEPTEMBRE. Les Bleus ont joliment battu les champions du monde italiens, grâce à un beau doublé de Sidney Govou. Par Vincent DULUC

JEFFROY / FLASH PRESS

Sidney Govou, tête contre tête avec Fabio Cannavaro, inscrit le troisième but des Bleus, son deuxième de la soirée. Il restera sonné de longues minutes.

CE N'EST PAS une revanche, mais c'est une victoire magnifique. Dans un Stade de France enfiévré, les Bleus ont assez nettement poussé les champions du monde à mettre un genou à terre, dans un match qui n'a jamais donné l'impression de pouvoir leur échapper. L'Italie, qui a certes remporté la dernière Coupe du monde, n'a plus battu la France depuis 1978. Mais, au-delà de cette statistique, les Italiens se retrouvent surtout avec un seul point après deux journées d'éliminatoires, à cinq longueurs des Français.

Toutes ces histoires superposées ont donné du sel à cette soirée chaude et vibrante, qui a longtemps vécu sur le charme fou du début de partie, dans la clarté de l'été indien, avec l'incroyable but de Govou après 69 secondes de jeu. Quitte à se voir reprocher de ne marquer que de beaux buts depuis le début de sa carrière, et donc ne pas en marquer assez, le Lyonnais perpétua sa légende en reprenant de volée, dans une position excentrée, un centre de la gauche signé Gallas (1-0, 2e).

Les Bleus virevoltaient, faisaient d'énormes différences athlétiques et techniques sur les côtés. Dans la position axiale vaguement ▸

Govou : «J'ai joué comme j'aime»

L'ÉQUIPE DU 7 SEPTEMBRE. Le Lyonnais, double buteur, a apprécié sa soirée. Et la confiance de Raymond Domenech.
Par Sébastien TARRAGO

«C'est vraiment un match incroyable pour vous, non ?

– C'est surtout toute l'équipe de France qui a fait un gros match. Après, c'est clair, je mets deux buts et je suis évidemment très heureux.

– Saviez-vous depuis longtemps que vous alliez jouer ?

– Je le savais depuis deux jours. Je n'avais pas encore joué avec Lyon cette saison, mais le coach m'a demandé si je me sentais bien. Pour moi, c'était bon, même si, physiquement, je n'étais pas en mesure de jouer tout le match. À Lyon, ils le savaient aussi. Je ne jouais pas, mais il y avait des circonstances pour l'expliquer *il était en instance de transfert, finalement avorté).*

– Racontez-nous vos deux buts.

– Sur le premier, il y a un centre de Will *(Gallas)* et je tente la reprise de volée. Le deuxième, c'est simple, je ne m'en souviens pas. Je me rappelle le centre de Willy *(Sagnol)*, mais je n'ai même pas vu le ballon entrer. J'ai pris ce coup sur la tête et j'ai eu un petit trou…

– Deux semaines avant ce match, vous marquiez deux buts en CFA. Cette fois, vous inscrivez encore un doublé, mais contre les champions du monde…

– *(Il sourit.)* C'est le foot. J'ai joué comme j'aime, sans me poser de questions. C'est une grosse marque de confiance de la part du coach, en tout cas.»

EURO 2008
(qualifications, groupe B)

France - Italie :	3-1
Ukraine - Géorgie :	3-2
Lituanie - Écosse :	1-2

		Pts	J	G	N	P	diff
1	Écosse	6	2	2	0	0	+7
2	France	6	2	2	0	0	+3
3	Géorgie	3	3	1	0	2	+3
4	Ukraine	3	1	1	0	0	+1
5	Lituanie	1	2	0	1	1	-1
6	Italie	1	2	0	1	1	-2
7	Îles Féroé	0	2	0	0	2	-12

L'ÉDITO L'ÉQUIPE DU 7 SEPTEMBRE

Bravo et merci

LE GRAND POINT d'interrogation concernant cette rencontre résidait dans la façon dont allait se tenir le public parisien, tant les conversations sur les plages durant l'été pouvaient parfois laisser craindre que le fiel dégouline des travées du Stade de France. Au final, ce fut une soirée extraordinaire. D'abord, parce que l'on respecta, comme il se doit, l'hymne italien, mais aussi parce que la mémoire de Giacinto Facchetti, l'immense capitaine de la Squadra Azzurra des années 1970, décédé deux jours plus tôt, fut, elle, honorée par de longs, émouvants et vibrants applaudissements à la manière dont, en Italie, on accompagne avec respect les défunts lors de leur dernier voyage.

Mais surtout, c'est aux vingt-deux principaux acteurs que l'on dut ce moment de grande félicité où l'esprit de seigneurs le disputa à un jeu toujours enjoué et empli d'inspiration. Nous avons bel et bien été à des années-lumière de l'étouffante et cadenassée finale disputée au Stade olympique de la capitale allemande. Et au-delà de la victoire des Bleus, le score (3-1) et la tenue, exemplaire, de ces footballeurs français et italiens en ont dit plus long que toutes les analyses qui pourront désormais être faites. Fabio Cannavaro avait expliqué qu'il fallait vite solder le «contentieux du 9 juillet», sous peine que cela plombe l'ambiance pour le demi-siècle à venir. C'est fait. Avec talent et élégance.

« zidanienne » qui lui était assignée, Ribéry étalait ses qualités et ses défauts, la vivacité de ses dribbles et ses difficultés à garder sa spontanéité quand il se trouve dos au jeu. Il oubliait ainsi Govou mais, dans la continuité de l'action, Buffon était à des kilomètres du meilleur gardien du monde au moment de repousser une frappe de Malouda, et Henry venait reprendre du droit un ballon dévié par Cannavaro entre Buffon et son poteau (2-0, 18e).

À 2-0, il n'y avait presque plus de match. À 2-1, après un coup de tête victorieux de Gilardino (20e), cela redevenait un France-Italie de toujours, sur un tempo plus lent qui s'accordait aux jambes plus incertaines des Italiens. La *Nazionale* n'était pas en mesure de jouer plus vite, de donner plus d'intensité à ses approches.

MAKELELE HÉROS DU TROISIÈME BUT

Il suffisait d'attendre que se poursuive le grand jour de Sidney Govou, et de constater que la nuit n'est pas près de tomber sur le talent de Claude Makelele. Le joueur de Chelsea fut le véritable héros du but de la 55e minute, récupérant le ballon dans son camp, l'arrachant du feu des crampons italiens, se sortant de l'étau par une feinte, relançant l'action vers la gauche, partant à toute allure la soutenir pour offrir un relais à Abidal et renverser le jeu vers Sagnol. Il restait à venir le centre du Munichois et la tête de Govou, crâne contre crâne avec Cannavaro, pour tromper à nouveau Buffon et laisser les deux joueurs au sol pour un bon moment (3-1, 55e).

Cinquante-neuf jours après Italie-France (1-1, 5-3 aux t.a.b.) en finale de la Coupe du monde, ce France-Italie (3-1) n'a rien effacé. Il a juste écrit une page nouvelle. Et elle était très, très belle. ■

LAHALLE / L'ÉQUIPE

Sidney Govou ouvre le score, à la grande joie de son coéquipier Florent Malouda (à g.).

Au Stade de France, France - Italie : 3-1 (2-1)

Temps chaud. Pelouse correcte. 78 831 spectateurs. Arbitre : M. Fandel (ALL).

REMPLACEMENTS. 75e : Govou par WILTORD ; 88e : Ribéry par SAHA. Entraîneur : R. Domenech.

REMPLACEMENTS. 54e : Semioli par DI MICHELE ; 73e : Cassano par INZAGHI ; 87e : Gilardino par DE ROSSI. Entraîneur : R. Donadoni.

LES BUTS. 1-0 : GOVOU (2e, passe de Gallas) ; **2-0 : HENRY** (18e) ; **2-1 : GILARDINO** (20e, passe de Pirlo) ; **3-1 : GOVOU** (55e, passe de Sagnol).
AVERTISSEMENTS. France : Henry (37e) ; **Italie** : Cannavaro (21e), Perrotta (44e), Gilardino (65e).

Gallas était hors jeu

L'ÉQUIPE DU 7 SEPTEMBRE. Le premier but des Bleus est entaché d'une position illicite du défenseur français au départ de l'action. Par Jérôme LE FAUCONNIER

GALLAS ÉTAIT-IL HORS JEU SUR LE PREMIER BUT FRANÇAIS ?
Au départ de l'action, Gallas, servi côté gauche par Makelele, se trouvait effectivement en position illicite, mais l'arbitre assistant était trop loin pour le signaler. Du coup, le défenseur des Bleus a pu prendre tout son temps pour trouver Govou au second poteau.

À QUAND REMONTAIT LE DERNIER BUT DE GOVOU EN BLEU ?
Si le Lyonnais a inscrit ses quatrième et cinquième buts en 24 sélections, il n'avait plus marqué depuis le 18 février 2004 et un match amical en Belgique (2-0).

COMBIEN DE JOUEURS PRÉSENTS SUR LA PELOUSE L'ÉTAIENT LORS DE LA FINALE DE BERLIN ?
Ils étaient seize : neuf côté français (Coupet, Sagnol, Thuram, Gallas, Abidal, Makelele, Vieira, Henry, Ribéry) et sept côté italien (Buffon, Zambrotta, Cannavaro, Grosso, Pirlo, Gattuso, Perrotta).

DEPUIS QUAND LA FRANCE N'AVAIT-ELLE PAS OUVERT LE SCORE AUSSI RAPIDEMENT ?
Il n'a fallu que soixante-neuf secondes de jeu à Sidney Govou pour marquer. Pour trouver plus rapide, il faut remonter au 13 février 2002, lorsque Vieira avait ouvert le score dès la première minute face à la Roumanie en amical (2-1). Pour l'anecdote, rappelons que Bernard Lacombe, lors de la Coupe du monde 1978, avait inscrit le premier des Bleus, déjà face à l'Italie (1-2), au bout de trente secondes… ■

RUGBY
CLERMONT, VOLCAN EN ACTIVITÉ

ESCRIME
UN DOUBLÉ EN OR POUR FINIR

CYCLISME
PARIS-TOURS FÊTE SA CENTIÈME

TENNIS
GOLOVIN EN FINALE À STUTTGART

L'ÉQUIPE DIMANCHE

TOMBÉS DANS LE PIÈGE

L'ITALIE EST ENFIN LÀ

LES BLEUETS MAL PARTIS

COUP DE FROID

UN RICARD UN VRAI!

ÉQUIPE DE FRANCE
Euro 2008 (qualifications, groupe B)

ÉCOSSE - FRANCE : 1-0
FRANCE - ÎLES FÉROÉ : 5-0

« Ce n'est pas un drame »

L'ÉQUIPE DU 8 OCTOBRE. **Thierry Henry** estime qu'il n'y a pas lieu de s'alarmer après la défaite française en Écosse. Et souligne le niveau particulièrement relevé du groupe des Bleus.

De notre envoyé spécial à Glasgow (ECO), Jérôme TOUBOUL

« QUEL SENTIMENT vous inspire cette défaite subie en Écosse ?

– Je me demande encore comment on a perdu ce match. On a tout essayé face à cette équipe écossaise. Mais on a pris le but *(inscrit par Caldwell, reprenant du gauche, aux six mètres, un corner frappé de la droite par Hartley, 1-0, 67e)* au moment où on était en train d'effectuer un travail de sape. Leur système, avec trois défenseurs dans l'axe, a été efficace. Je pense même que les Écossais ont fait ce qu'ils voulaient, ils ont d'abord défendu avant d'essayer de marquer sur corner. Mais ce n'est pas vraiment un drame de perdre à Glasgow.

– De quoi a manqué l'équipe de France pour s'imposer ?

– Si tu n'es pas prêt pour un combat, si tu n'es pas prêt à accélérer, à briser les lignes adverses, un match peut toujours devenir difficile.

« NOTRE GROUPE EST LE PLUS DIFFICILE »

– La qualification sera-t-elle désormais plus compliquée à envisager ?

– Mais, depuis le début, je dis que notre groupe est le plus difficile. On bat l'Italie. L'Écosse nous bat. Alors, on peut vraiment dire qu'il n'y a pas de favori dans ce groupe. En France, vous dites toujours que les Championnats d'Angleterre et d'Écosse sont faciles. Mais quand l'adversaire marque avant toi, je peux garantir qu'il faut se lever de bonne heure pour égaliser, même si, en face, tu n'as pas des joueurs comme Nesta ou Cannavaro. Si tu ne marques pas avant eux, c'est un autre match…

– Considérez-vous que cette défaite constitue un coup d'arrêt ?

– Non. Disons que la situation nécessite un petit réveil, même si on ne s'est pas fait balader par nos adversaires. Perdre ne fait pas toujours de mal, sauf si tu ne te crées aucune occasion. Maintenant, à nous de redresser la barre. » ■

Thierry Henry voit sa reprise frôler le but du portier écossais **Graig Gordon.**

EURO 2008
(qualifications, groupe B)

Écosse - France :	1-0
Italie - Ukraine :	2-0
Îles Féroé - Lituanie :	0-1
France - Îles Féroé :	5-0
Ukraine - Écosse :	2-0
Géorgie - Italie :	1-3

		Pts	J	G	N	P	diff
1	Écosse	9	4	3	0	1	+ 6
2	France	9	4	3	0	1	+ 9
3	Italie	7	4	2	1	1	+ 2
4	Ukraine	6	3	2	0	1	+ 1
5	Lituanie	4	3	1	1	1	0
6	Géorgie	3	4	1	0	3	0
7	Îles Féroé	0	4	0	0	4	-18

À Glasgow, Écosse - France : 1-0 (0-0)

Temps frais et légèrement pluvieux. Pelouse en bon état. 50 446 spectateurs. Arbitre : M. Busacca (SUI).

REMPLACEMENTS. 58e : McCullogh par TEALE ; 72e : McFadden par O'CONNOR. Entraîneur : W. Smith.

REMPLACEMENTS. 62e : Trezeguet par SAHA ; 74e : Ribéry par WILTORD. Entraîneur : R. Domenech.

LE BUT. 1-0 : CALDWELL (67e, passe de Hartley).

AVERTISSEMENTS. Écosse : McFadden (29e), McCullogh (33e), Dailly (71e).

La preuve par quatre

L'ÉQUIPE DU 12 OCTOBRE. Saha, Henry, Anelka et Trezeguet ont tous marqué contre les îles Féroé. **De notre envoyé spécial à Sochaux, Jean-Marc BUTTERLIN**

EN FAISANT « TOURNER » ses quatre attaquants, Raymond Domenech a permis à chacun de marquer, comme si les critiques reçues après le pluvieux passage à Hampden Park (0-1 contre l'Écosse) avaient pour de bon fouetté l'orgueil toujours exacerbé des buteurs. Commençons par le début et le presque record de Louis Saha, qui ne mit que 36 secondes à débloquer le compteur (1-0, 1re). Henry enfonçait le clou (2-0, 22e) et se plaçait à trois buts du record en bleu de Platini (41 unités). Mais il ne parvint pas à pousser plus loin et, tout comme Saha, s'en alla à l'heure de jeu. Anelka et Trezeguet se virent alors offrir une chance de se faire un peu de pub. Ils ne se gênèrent pas. L'attaquant de Bolton frappa le premier (3-0, 76e) et c'était là son huitième but en 32 sélections, un tout juste tous les quatre matches. À titre de comparaison, Saha avait inscrit son quatrième en 17 sélections, Henry son 38e en 90 sélections.

C'est le soir, pourtant, que Trezeguet, meurtri par les remarques ayant accompagné ses errances écossaises, choisit pour s'installer en tête de la compagnie (4-0, 77e et 5-0, 84e). Il se payait ses 33e et 34e buts en 68 sélections. ■

À Sochaux, France - Îles Féroé : 5-0 (2-0)

Temps doux. Pelouse en bon état. 19 314 spectateurs. Arbitre : M. Curpodean (ROU).

REMPLACEMENTS. 61e : Henry par ANELKA et Saha par TREZEGUET ; 78e : Sagnol par CLERC. Entraîneur : R. Domenech.

REMPLACEMENTS. 46e : P. Hansen par NIELSEN **(note : 4)** ; 88e : Borg par FREDERIKSBERG. Entraîneur : J. M. Olsen.

LES BUTS. 1-0 : SAHA (1re, passe d'Henry) ; **2-0 : HENRY** (22e, passe de Sagnol) ; **3-0 : ANELKA** (76e, passe de Trezeguet) ; **4-0 : TREZEGUET** (77e, passe de Sagnol) ; **5-0 : TREZEGUET** (84e).

AVERTISSEMENT. Îles Féroé : Djurhuus (18e).

BOUTROUX / L'ÉQUIPE

Youri Djorkaeff, entouré de **Bernard Diomède, Lilian Thuram, Robert Pires** et **Laurent Blanc** (de g. à dr.), un certain 12 juillet 1998.

Djorkaeff : « J'en ai profité »

L'ÉQUIPE DU 31 OCTOBRE. Après une ultime aventure américaine, Youri Djorkaeff prend sa retraite, heureux d'avoir joué jusqu'à 38 ans et de se lancer dans une nouvelle vie.

De notre envoyé spécial à New York (USA), Érik BIELDERMAN

« **QUELLES IMAGES vous reviennent spontanément au moment de refermer le livre de votre vie de footballeur ?**

– *(Long silence.)* Grenoble. Parce que je pars de très loin. Et je vois défiler tout ce qui a suivi. Oui, Grenoble. Pas la Coupe du monde. Bien sûr, elle est ancrée dans ma mémoire mais, ce qui vient, c'est mon arrivée au centre de formation. Il n'était même pas fini. J'ai dû aller vivre à l'hôtel. Grenoble, c'est l'insouciance de mes 15 ans. De mes 20 ans.

– Quels sont les matches qui sont gravés dans votre mémoire ?

– J'en ai disputé tellement… Il va en rester deux ou trois seulement. Avec l'équipe de France. Des moments de plénitude collective. Je pense à Angleterre-France à Wembley, avec les deux buts d'Anelka *(2-0)*, à la finale de la Coupe du monde 1998 *(contre le Brésil, 3-0)*, bien sûr. Je pourrais ajouter les France-Italie *(finale, 2-1, but en or)* et France-Espagne *(quarts de finale, 2-1)* de l'Euro 2000.

– Et de manière plus égocentrique, quel moment de grâce revient ?

– *(Très long silence.)* Mes buts importants… un but avec l'Inter Milan… non, mon but contre l'Espagne (44e) en quarts de finale de l'Euro 2000. Un pur geste de footballeur. Contrôle. Frappe.

« J'ÉTAIS TRISTE POUR ZINÉDINE »

– Comment avez-vous digéré les phases délicates de votre carrière ? On pense notamment à votre expérience malheureuse à Kaiserslautern et à la Coupe du monde 2002…

– On digère par l'oubli. Mais par l'oubli intelligent. Il n'est pas question de tourner une page sans l'avoir lue, analysée et comprise. Les moments de galère que j'ai vécus m'ont forgé le caractère.

– Avez-vous l'impression d'avoir manqué votre rendez-vous avec l'Olympique Lyonnais, le club de votre cœur, au sein duquel vous n'avez jamais joué ?

– Non. Je suis né à Lyon et avec l'OL, je me suis toujours placé du point de vue du supporter. Donc, ça ne peut pas être raté. Je suis proche d'eux, c'est mon équipe. Mais jamais je ne me suis dit : m… ! je n'y joue pas.

– Participez-vous au consensus mou d'une France qui a compris, pardonné, voire justifié le coup de tête donné par Zidane à Materazzi ?

– L'avis de l'opinion publique ne m'intéresse pas. Ce qui domine chez moi, c'est la tristesse. Oui, j'étais triste pour Zinédine. Que les gens pardonnent ou pas, ce n'est pas mon affaire.

– Désormais, comment imaginez-vous votre nouvelle vie ?

– Mon éventail est large. Mais le foot m'intéresse. J'ai envie d'apporter mon expérience, mais pas en contact avec le terrain. Un rôle de manager général pourrait me correspondre : organiser, structurer un club… Il y a à prendre de tous les endroits par où je suis passé : Monaco, Paris, l'Inter, Bolton, New York… » ■

Il en reste huit

Au 1er juillet 2007, quatorze champions du monde 1998 ont pris leur retraite sportive : Didier Deschamps, Laurent Blanc, Bernard Lama, Lionel Charbonnier, Alain Boghossian, Stéphane Guivarc'h, Emmanuel Petit, Christophe Dugarry, Frank Lebœuf, Christian Karembeu, Bixente Lizarazu, Marcel Desailly, Zinédine Zidane et Youri Djorkaeff.

Quatre sont toujours en activité mais ne jouent plus en équipe de France : Fabien Barthez (sans club après son départ de Nantes), Vincent Candela (Messine/ITA), Bernard Diomède (sans club), Robert Pires (Villarreal/ESP).

Quatre évoluent toujours en équipe de France : Patrick Vieira (Inter Milan/ITA), Thierry Henry (FC Barcelone/ESP), David Trezeguet (Juventus/ITA) et Lilian Thuram (FC Barcelone/ESP).

RUGBY
CARTER : « UNE VRAIE BATAILLE »
BASKET
LE MANS FAIT FORT EN TURQUIE
TENNIS
MAURESMO SE RELANCE AU MASTERS
L'ÉQUIPE
RUGBY
adidas
L'IMBROGLIO HIGUAIN
LYON VEUT SE REFAIRE CONTRE VALENCIENNES
UN MATCH À HUIS CLOS POUR L'OM
LE GUEN DANS LA TOURMENTE
LA SAISON S'OUVRE EN FINLANDE
MANAUDOU, TRAVAILLEUSE DE FORCE
WWW.LATOURNEEIMPOSSIBLE.COM

Higuain, Bleu virtuel

L'ÉQUIPE DU 10 NOVEMBRE. Convoqué par Raymond Domenech, l'attaquant français de River Plate ne portera peut-être jamais le maillot de l'équipe de France.

Par Régis TESTELIN (avec Marc CHEVRIER et Alexandre JUILLARD)

GONZALO HIGUAIN, ce jeune joueur français de 18 ans né en Bretagne (son père était alors joueur de Brest), vivant en Argentine depuis son enfance, parlant espagnol et non français, portera-t-il un jour le maillot des Bleus ? On l'a cru, pendant quelques heures, lorsque le visage de l'attaquant de River Plate est apparu parmi les vingt-quatre joueurs retenus par Raymond Domenech pour affronter la Grèce. « Il a fait savoir au monde entier qu'il était sélectionnable en équipe de France », expliqua alors le sélectionneur.

Quelques heures plus tard, le joueur annonçait qu'il s'exprimerait le lundi suivant, lors d'une conférence de presse donnée en Argentine. Tout porte donc à croire que Higuain va dire non à Raymond Domenech.

POURQUOI DOMENECH L'A-T-IL CONVOQUÉ ?

« Pipita » Higuain est titulaire d'un passeport français et n'a pas la nationalité argentine. Titulaire à River Plate, il semble promis à un bel avenir. Pour rejoindre la sélection argentine, il lui faudrait engager un processus de naturalisation qui ne poserait pas de problème. Pour Domenech comme pour Alfio Basile, le sélectionneur argentin, l'objectif est donc de doubler l'autre.

« C'est bizarre, a commenté le sélectionneur, mais les règlements de la FIFA disent qu'une sélection en match amical n'a aucune incidence sur l'avenir. » Rien n'empêcherait donc Higuain de jouer avec l'équipe de France contre la Grèce, puis avec les Albiceleste en février 2007 au Stade de France, cette fois contre les Bleus. Mais son inclination profonde serait de s'engager avec l'Argentine.

DOMENECH S'ATTENDAIT-IL À UN REFUS ?

« Êtes-vous sûr que Higuain va répondre favorablement à cette convocation ? » En conférence de presse, le sélectionneur a masqué son scepticisme. « Je ne m'occupe pas de ça, on l'a convoqué, répondit-il. La décision lui appartient. » La réponse devrait être négative, et sans doute Raymond Domenech l'envisage-t-il ainsi depuis belle lurette. ■

MAHÉ /PRESSE SPORTS

Les prouesses de Gonzalo Higuain sous le maillot du club argentin de River Plate suscitent beaucoup d'intérêt en Europe.

Transféré au Real Madrid en décembre, Higuain optera deux mois plus tard pour la nationalité argentine. « Si la France est bien mon pays de naissance et si je lui conserve tout mon respect, mon cœur est argentin », expliquera-t-il. Cela ne lui fera pas pour autant perdre son précieux passeport français, synonyme de statut de joueur communautaire.

Au Stade de France, France - Grèce : 1-0 (1-0)

Temps doux. Pelouse en bon état. 63 680 spectateurs. Arbitre : M. Wack (ALL), puis M. Wezel (ALL).

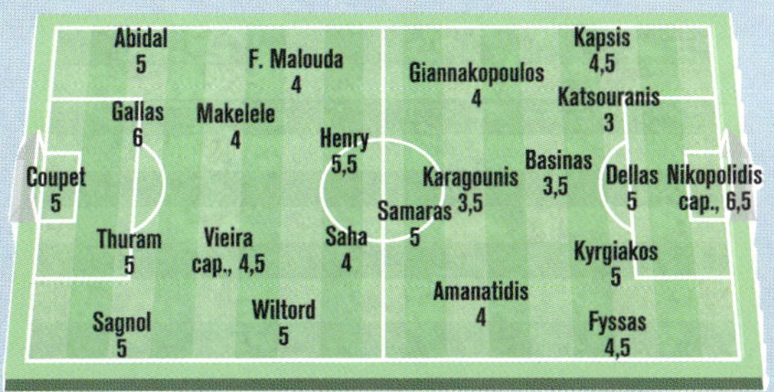

REMPLACEMENTS. 46e : Saha par ANELKA **(note : 5,5)**, Sagnol par CLERC **(note : 5)**, Abidal par EVRA **(note : 5)**, Makelele par A. DIARRA **(note : 6)**. Entraîneur : R. Domenech.

REMPLACEMENTS. 46e : Giannakopoulos par GEKAS **(note : 4)** et Amanatidis par LIBEROPOULOS **(note : 4)** ; 62e : Fyssas par LAGOS ; 66e : Dellas par GOUMAS ; 77e : Karagounis par KAFES ; 86e : Basinas par TZIAKIS. Entraîneur : O. Rehhagel (ALL).

LE BUT. 1-0 : HENRY (26e, passe de Sagnol). **AUCUN AVERTISSEMENT.**

Henry se rapproche de Platini

L'ÉQUIPE DU 16 NOVEMBRE. L'attaquant d'Arsenal n'est plus qu'à deux buts du record de son aîné. Par Jérôme TOUBOUL

QUEL EST LE NOMBRE DE BUTS INSCRITS PAR HENRY EN BLEU ?

Trente-neuf depuis sa tête victorieuse à la 26e minute du match contre la Grèce (1-0). Encore deux buts et l'avant-centre d'Arsenal égalera le record de buts en bleu détenu par Michel Platini, dont la carrière internationale – et la carrière tout court – s'était achevée en 1987, après 72 sélections. L'ancien meneur de jeu de la Juventus devance toutefois largement Henry à la moyenne de buts par sélection (0,57 contre 0,43). Troisième meilleur buteur de tous les temps chez les Bleus, David Trezeguet présente quant à lui un ratio intermédiaire (0,5 but par match), avec ses 34 réalisations en 68 apparitions internationales. ■

ÉQUIPE DE FRANCE
Match amical

LUTTIAU / L'ÉQUIPE

FRANCE – GRÈCE : 1-0

Pour célébrer la centième sélection du capitaine Patrick Vieira et conclure l'année sereinement, les troupes de Raymond Domenech dominent la Grèce, championne d'Europe 2004. Mais le véritable événement de la soirée est le 39e but international de Thierry Henry, qui se rapproche à grands pas du record mythique de Michel Platini (41 buts). L'attaquant d'Arsenal, bien servi par un centre enroulé du droit de Willy Sagnol, reprend le ballon au second poteau, après un rebond, et d'une tête plongeante bat Antonios Nikopolidis, le gardien et capitaine grec. Kostas Katsouranis (à dr.) ne peut que constater les dégâts. Les Bleus remportent leur douzième victoire de l'année 2006 (17 matches, 12 victoires, 3 nuls, 2 défaites). C'est aussi, depuis le mois de janvier, leur neuvième match sans encaisser le moindre but.

RUGBY
MICHALAK SUR LE DÉPART
PROLONGATIONS
DANS L'ENFER DE CROKE PARK
BIATHLON
L'ARGENT, C'EST MAL PAYÉ
TENNIS
COUPE DAVIS : GASQUET OUVRE
PARIS : GOLOVIN DÉFIE HENIN
L'ÉQUIPE
UNE MAUVAISE PASSE
SPÉCIAL FOOT
ANELKA : « J'AI BEAUCOUP À PROUVER »
THIRIEZ : « PAS DE BAISSE DES DROITS »
ATHLÉTISME
RAQUIL, PÉPIN : ENCORE FÂCHÉS
BASKET
AS : NANCY ET LE MANS PASSENT
AUTOMOBILE
SUÈDE : LA C4 DÉCOUVRE LA NEIGE

Deuxième jour de l'avant dernière semaine de février.

ÉQUIPE DE FRANCE
Match amical

FRANCE - ARGENTINE : 0-1

Une vraie soirée d'hiver

L'ÉQUIPE DU 8 FÉVRIER. L'équipe de France a perdu un match amical sans envergure, au Stade de France, face à l'Argentine (0-1). **Par Vincent DULUC**

IL N'Y A RIEN de nouveau dans le monde merveilleux des matches amicaux. Il y a parfois assez peu à voir et ils tiennent rarement leurs promesses. Mais, puisque l'essentiel reste de ne pas les perdre et de se préparer, on dira que l'équipe de France n'a pas beaucoup avancé au Stade de France, au bout d'une défaite glaciale face à l'Argentine (0-1). Le prestige de l'adversaire lui épargnera les grands cris et les indignations, mais elle n'a pas montré grand-chose d'intéressant avant son déplacement capital en Lituanie, en éliminatoires de l'Euro 2008.

Par-delà le froid qui a engourdi les bonnes intentions et étouffé un Stade de France réduit aux murmures, c'est avant tout un problème de jeu qui a rendu les Bleus à l'impuissance. Les Français avaient envie de jouer et l'Argentine avait très envie de les en empêcher.

L'ALLURE D'UN TANGO ALANGUI

D'une manière générale, et constante, les Bleus ont été beaucoup trop faibles techniquement, dans le jeu vers l'avant, pour sortir l'Argentine de sa logique de conservation du ballon et de gain de temps. Ce sont les Sud-Américains qui ont choisi l'allure de ce match amical, et cette allure était celle d'un tango alangui.

Par-dessus le marché, il a fallu courir après le score, pour prix d'une magnifique action argentine. Il a suffi d'une talonnade de Saviola pour prendre la défense française à revers, et, si Coupet accomplit un premier miracle devant Crespo, Saviola devança Sagnol pour marquer (0-1, 15e).

Le match n'aurait pas dû être terminé, quand même. Mais, malgré une bonne entame, le duo lyonnais Clerc-Govou, à droite, n'a pas pu exercer une pression durable. Et, lorsque Anelka a fini par remplacer Trezeguet, à la 72e minute, le tempo de la rencontre avait chuté depuis bien longtemps.

Les Bleus ont eu pour principal mérite de ne pas vraiment renoncer, mais ils n'ont jamais semblé capables de mettre la défense argentine hors de position. ■

MARTIN / L'ÉQUIPE

David Trezeguet, encerclé par Jonás Gutierrez, Nicolas Burdisso et Gabriel Heinze (de g. à dr.). Élevé en Argentine, le Turinois vit une soirée spéciale.

Au Stade de France, France - Argentine : 0-1 (0-1)

Temps froid. Pelouse en bon état. 79 862 spectateurs. Arbitre : M. Skomina (SLV).

REMPLACEMENTS. 46e : Sagnol par CLERC **(note : 5)** et Malouda par GOVOU **(note : 4,5)** ; 72e : Trezeguet par ANELKA ; 88e : Makelele par D. CISSÉ. Entraîneur : R. Domenech.

REMPLACEMENTS. 78e : Lucho Gonzalez par J. GUTIERREZ et Crespo par D. MILITO ; 83e : Saviola par AGÜERO. Entraîneur : A. Basile.

LE BUT. 0-1 : SAVIOLA (15e). **AVERTISSEMENTS. France** : Sagnol (43e), Anelka (90e) ; **Argentine** : Ayala (20e), Heinze (43e), G. Milito (90e).

Deux qui n'ont pas fait la paire

L'ÉQUIPE DU 8 FÉVRIER. En 72 minutes, Henry et Trezeguet ne se sont fait aucune passe. **Par Jean-Marc BUTTERLIN**

Le passage à Paris de l'Argentine devait forcément offrir à David Trezeguet une place de titulaire au côté de Thierry Henry. Ensemble, les deux hommes ont vécu 72 minutes de plus l'un auprès de l'autre, pour ce qui a été le 42e match international durant lequel ils se sont côtoyés. Mais ce match de février n'a rien appris de plus, rien de réjouissant en tout cas, sur l'avenir de leur entente. Lorsque l'attaquant de la Juventus laissa sa place à Nicolas Anelka, on en était encore à attendre le début d'une relation entre les deux hommes. Plus d'une heure de jeu avait filé sans que l'un réussisse une passe vers l'autre, si l'on excepte le coup d'envoi qui permit à Henry de glisser la balle à Trezeguet. Celle-là, il ne fallait pas arriver en retard au stade pour la noter.

« Ça m'a beaucoup touché »

David TREZEGUET (France) : « Pour moi, c'était une soirée exceptionnelle ; ça m'a beaucoup touché de jouer contre l'Argentine *(le pays de ses parents, où il a grandi)*. Le match a été difficile face à une très bonne équipe, qui a réussi à marquer sur sa seule occasion. Sur le plan offensif, on n'a pas trouvé la bonne solution, on a peut-être cherché les mauvaises. Il faut faire plus que ça pour gagner un match. »
J.-M. B.

UN GRAND FREIRE À SAN REMO
DITES CINQUANTE, C'EST BRYANT
MANAUDOU : NE PAS RATER LE DÉBUT
TOP 14 : CLERMONT FOND SUR PARIS
MIAMI : GASQUET SORT GROSJEAN
L'ÉQUIPE DIMANCHE
UN ÉCLAIR DANS LA NUIT
RTL en direct de L'Équipe

ÉQUIPE DE FRANCE

Euro 2008 (qualifications, groupe B)

LITUANIE - FRANCE : 0-1

Anelka sent le neuf

L'ÉQUIPE DU 25 MARS. L'avant-centre de Bolton a inscrit le seul but du match.

De notre envoyé spécial à Kaunas (LIT), Jérôme TOUBOUL

ET SI C'ÉTAIT LE BUT qui lui a si souvent manqué en équipe de France ? Ce but capital, lourd, indispensable, qui étoffe la dimension d'un joueur, qui change les regards posés sur lui ?

Longtemps balisée par les polémiques, trempée dans l'acide, la trajectoire en bleu de Nicolas Anelka a peut-être basculé à la 74e minute de ce Lituanie-France (0-1). En ouvrant le score à cet instant, l'attaquant de Bolton a troqué ses habits de star controversée contre ceux d'un attaquant décisif.

À la 74e minute, donc, Anelka se situait dans l'axe gauche, à environ trente-cinq mètres du but balte. « Le ballon arrive dans mes pieds et je vois l'espace ouvert devant moi, raconta-t-il. Je pousse la balle, personne ne m'attaque. Alors, je me décide à frapper. Je n'ai pas bien vu la suite, mais j'ai vu qu'elle était entrée. Donc, ça va ! »

DOMENECH A APPRÉCIÉ

Le but de l'ancien Parisien, en forme d'action individuelle, ne découle pas du passage des Bleus en 4-4-2, dix minutes auparavant. Plutôt de la détermination qu'il afficha dès les premiers instants, seul en pointe d'un système offensif privé de Franck Ribéry et de Thierry Henry, blessés. « J'avais plus de pression parce qu'il y avait des absents, admit-il. Mais j'ai l'habitude de jouer les gros matches. Et c'était un gros match. » Il a trouvé la Lituanie « plus forte qu'imaginé » et la pelouse « catastrophique ». « L'état du terrain a accentué le combat. Mais on était prêts physiquement », a-t-il ajouté.

Sur la route très concurrentielle qui mène à l'Euro 2008, des statistiques épaissies ne seront pas de trop pour en finir avec un statut bleu longtemps incertain. « Je suis content de le voir jouer et de le voir sourire, glissa Raymond Domenech. C'est le Nicolas que j'aime bien. Cet Anelka-là est un vrai candidat permanent à cette équipe de France. » ■

LAHALLE / L'ÉQUIPE

Nicolas Anelka délivre l'équipe de France (74e) et marque des points précieux pour s'installer à la pointe de l'attaque des Bleus.

À Kaunas, Lituanie - France : 0-1 (0-0)

Temps froid. Pelouse médiocre. 8 000 spectateurs environ. Arbitre : M. Webb (ANG).

REMPLACEMENTS. 76e : Savenas par KALONAS ; 82e : Morinas par BENIUSIS ; 86e : Poskus par RADZINEVICIUS. Entraîneur : A. Liubinskas.

REMPLACEMENTS. 62e : Govou par D. CISSÉ ; 90e : Malouda par DIABY. Entraîneur : R. Domenech.

LE BUT. 0-1 : ANELKA (74e).

AVERTISSEMENTS. Lituanie : Klimavicius (30e) ; **France** : L. Diarra (79e).

EURO 2008
(qualifications, groupe B)

Lituanie - France :	0-1
Écosse - Géorgie :	2-1
Îles Féroé - Ukraine :	0-2

		Pts	J	G	N	P	diff
1	Écosse	12	5	4	0	1	+7
2	France	12	5	4	0	1	+10
3	Ukraine	9	4	3	0	1	+3
4	Italie	7	4	2	1	1	+2
5	Lituanie	4	4	1	1	2	-1
6	Géorgie	3	5	1	0	4	-1
7	Îles Féroé	0	5	0	0	5	-20

ÉQUIPE DE FRANCE

Match amical

FRANCE - AUTRICHE : 1-0

Ils ont de l'avenir

L'ÉQUIPE DU 29 MARS. Benzema (19 ans), le buteur, Diaby (20 ans), Lassana Diarra (22 ans) et Nasri (19 ans) ont affiché de belles promesses contre l'Autriche.

Par Jérôme TOUBOUL

MONS / L'ÉQUIPE

Karim Benzema (à g.), buteur, et Samir Nasri, passeur : les benjamins des Bleus (19 ans chacun) prennent leur envol.

L. DIARRA (note : 7/10) : quel match plein de caractère ! Le néo-Bleu a été épatant par son impact et son assurance dans les duels. Son activité a été décisive. Ce n'est pas un hasard si les idées de l'Autriche se sont souvent arrêtées au milieu. Il a le souci de jouer simple et juste. Que demande le peuple bleu ?

DIABY (5,5) : son gabarit a sensiblement gêné les relances autrichiennes et il fut l'un des plus constants dans l'effort. Techniquement, il peut encore monter d'un cran.

NASRI (6,5) : son offrande sur coup franc à Benzema couronna la qualité de ses coups de pied arrêtés. Ses choix judicieux de passes et de changements de rythme ont contribué à mettre l'adversaire sous pression. Deux tirs audacieux mais hors cadre et une efficacité inégale dans les duels. Sérieux dans les replis.

BENZEMA (6,5) : buteur pour son baptême en bleu (1-0, 53e), il n'a pas regretté d'avoir remplacé Djibril Cissé à la pause. Sa qualité de dribbles fit des différences, plus que ses centres. Après l'entrée de Piquionne (78e), il a fini le match, sobrement, en meneur de jeu. ■

Au Stade de France, France - Autriche : 1-0 (0-0)

Temps doux. Pelouse en bon état. 68 403 spectateurs. Arbitre : M. Briakos (GRE).

REMPLACEMENTS. 46e : D. Cissé par BENZEMA **(note : 6,5)**, Thuram par GALLAS **(note : 5,5)** et Mexès par ABIDAL **(note : 5)** ; 71e : Nasri par MALOUDA ; 78e : Diaby par PIQUIONNE. Entraîneur : R. Domenech.

REMPLACEMENTS. 60e : Ibertsberger par STANDFEST ; 69e : Kuljic par GERCALIU ; 83e : Linz par HAAS et Leitgeb par ATAN ; 90e + 1 : Prager par SARIYAR. Entraîneur : J. Hickersberger.

LE BUT. 1-0 : BENZEMA (53e, passe de Nasri). **AUCUN AVERTISSEMENT.**

RUGBY
CLERMONT, ENCORE UNE FINALE
TENNIS
BARTOLI, INCROYABLE MAIS VRAI
BASKET
ROANNE CHANTE VICTOIRE
L'ÉQUIPE DIMANCHE
Pilotez comme le diable avec SEAT.
L'HORIZON EST BLEU
MISSION ACCOMPLIE
UN RICARD UN VRAI!

ÉQUIPE DE FRANCE
Euro 2008 (qualifications, groupe B)

FRANCE - UKRAINE : 2-0

Une victoire qui sent bon

L'ÉQUIPE DU 3 JUIN. Grâce à une remarquable seconde période et à deux buts signés Ribéry et Anelka, les Bleus ont estoqué l'Ukraine (2-0) et pris la tête du groupe B.

Par Vincent DULUC

MÊME AU BOUT du bout de la saison, les Bleus ont des vertus qui résistent à l'appel de la plage, comme si leur goût de l'aventure était plus fort que leur envie de vacances. Et puis, c'est peut-être le mois de juin qui charrie les effluves et les souvenirs d'un été allemand, mais la victoire de l'équipe de France face à l'Ukraine (2-0) avait des airs de Coupe du monde.

Parce qu'il y avait autant de drapeaux qu'un 14 juillet, parce que le fond de l'air était bleu, parce que l'équipe de France a étalé la même organisation qu'un an plus tôt, et parce que Ribéry a donné le signal de la victoire en marquant exactement le même but que face à l'Espagne (3-1), le 27 juin 2006 à Hanovre, en huitièmes de finale du Mondial.

Ce que les Bleus ont montré est en soi une promesse. Ils ont su survivre aux doutes et aux approximations d'une première période fermée de l'intérieur, étouffée par la large part de marquage individuel dans l'animation défensive ukrainienne. Mais si l'Ukraine n'avait fait que défendre, l'équipe de France aurait pu continuer à ne faire qu'attaquer. Or, elle ne l'a pas pu, parce que les hommes d'Oleg Blokhine, laissant planer la menace d'une contre-attaque, l'ont constamment rappelée à l'équilibre.

On imaginait la France confrontée aux mêmes questions en seconde période mais, à son retour du vestiaire, elle trouva des réponses éclatantes au fil d'un quart d'heure remarquable d'intensité. Les latéraux positionnés plus haut, l'espace ▸

MARTIN / L'ÉQUIPE

Au bout d'un enchaînement magnifique, Nicolas Anelka (à dr.) trompe Olexandr Chovkovsky (2-0).

Anelka : «Je n'avais jamais marqué au Stade de France»

Nicolas ANELKA (équipe de France) : «Mon but *(son 10e en Bleu)* a été celui de la délivrance. Il me fait plaisir car je suis parisien, or mon père m'avait rappelé il y a quelques jours que je n'avais encore jamais marqué au Stade de France. Vu le nombre de défenseurs autour de moi, c'était trop dur de passer, alors j'ai tenté le coup du sombrero. Bien sûr, l'ovation du public m'a fait plaisir, mais je sais aussi que ça va très vite…»

Jean-Luc GATELLIER

Franck RIBÉRY (équipe de France) : «C'est vrai que mon but ressemble un peu à celui inscrit contre l'Espagne *(3-1)* en Coupe du monde, mais je n'y ai pas pensé à ce moment-là. Je me suis simplement dit que cela allait nous libérer. Je suis très content pour Nicolas Anelka, qui est l'un des meilleurs attaquants du monde. Mais là, il n'y a qu'une chose qui compte : la victoire, car avec un nul ou une défaite, on aurait eu la tête dans les baskets.»

Régis TESTELIN

Samir NASRI (équipe de France) : «Les Ukrainiens nous ont rendu la première mi-temps difficile en raison de leur pressing, mais on a su faire face. Petit à petit, la fatigue s'est installée dans leur camp et des espaces se sont ouverts en deuxième mi-temps. Franck *(Ribéry)* et Nico *(Anelka)* ont su en profiter. Pour ma part, je ne suis pas tout à fait content de ma prestation, mais je suis un éternel insatisfait.»

Jean-Marc BUTTERLIN

EURO 2008
(qualifications, groupe B)

France - Ukraine :	2-0
Îles Féroé - Italie :	1-2
Lituanie - Géorgie :	1-0
France - Géorgie :	1-0
Lituanie - Italie :	0-2
Îles Féroé - Écosse :	0-2

		Pts	J	G	N	P	diff
1	France	18	7	6	0	1	+13
2	Italie	16	7	5	1	1	+7
3	Écosse	15	7	5	0	2	+7
4	Ukraine	12	6	4	0	2	+2
5	Lituanie	7	7	2	1	4	-3
6	Géorgie	6	8	2	0	6	-1
7	Îles Féroé	0	8	0	0	8	-25

Au Stade de France, France - Ukraine : 2-0 (0-0)

Temps doux. Pelouse correcte. 80 051 spectateurs. Arbitre : M. Medina Cantalejo (ESP).

REMPLACEMENTS. 76e : Anelka par D. CISSÉ ; 81e : Nasri par L. DIARRA. Entraîneur : R. Domenech.

REMPLACEMENTS. 65e : Kalinitchenko par ROTAN ; 72e : Voronine par VOROBEÏ ; 78e : Yezersky par LEVTCHENKO. Entraîneur : O. Blokhine.

LES BUTS. 1-0 : RIBÉRY (57e, passe de Makelele) ; **2-0 : ANELKA** (71e, passe de Malouda).
AVERTISSEMENTS. France : Gallas (77e) ; **Ukraine :** Timochtchouk (85e).

FRANCE - GÉORGIE : 1-0

entre les lignes plus faible, le mouvement général plus généreux, les Bleus se créèrent en dix minutes toutes les occasions qui n'étaient pas venues plus tôt. Clerc fut tout près de marquer de la tête sur un coup franc de Nasri (48e), Anelka trouva le petit filet sur un ballon du même Nasri (49e), un très bon Chovkovsky se coucha sur une frappe d'Anelka (53e), si bien que l'arrivée du but sembla presque naturelle. Il y eut deux appels dans le dos de la défense ukrainienne, Clerc à droite et Ribéry dans l'axe ; lancé par Makelele, le milieu marseillais s'en alla marquer un but déterminant (1-0, 57e) venu embellir une soirée personnelle jusqu'alors quelconque.

UN GÉNIAL COUP DU SOMBRERO

Les Bleus surent ensuite contrôler le jeu sans perdre le ballon et rester en place sans reculer. Et il ne se passa absolument rien dans la région de Coupet, protégé par un Thuram des grands soirs, écartant au loin les attaquants ukrainiens et la question de l'âge du capitaine.

Pour ne pas risquer d'avoir peur, il fallait se mettre à l'abri et plier l'affaire. Mission remplie par Anelka, dont l'enchaînement amorti de la poitrine, sombrero et volée du gauche restera dans les mémoires (2-0, 71e). Le printemps des Bleus est également celui du joueur de Bolton. En l'absence d'Henry, il a confirmé le basculement de la hiérarchie des attaquants : son but en Lituanie (1-0) et celui inscrit contre l'Ukraine le placent désormais nettement devant tous les autres, de Trezeguet à Djibril Cissé. ■

FABLET / L'ÉQUIPE

Samir Nasri (à g.) laisse sur place Mate Gvinianidze (nº 17) et Java Kankava et continue son ascension en Bleu.

Nasri s'en souviendra

L'ÉQUIPE DU 7 JUIN. Le meneur marseillais, 19 ans, a inscrit contre la Géorgie (1-0) un premier but chez les Bleus qui vaut de l'or. **De notre envoyé spécial à Auxerre, Jean-Marc BUTTERLIN (avec Sébastien TARRAGO)**

« JE NE SUIS pas près d'oublier cette soirée. Il y a la victoire et, sur le plan personnel, il y a ce but. Ça restera gravé dans ma mémoire. » À vingt jours de ses 20 ans, Samir Nasri s'est offert son premier but chez les Bleus (*). Les chiffres sont assez ronds pour qu'il se souvienne à jamais de la date du 6 juin 2007. La minute de son but, la 33e, a ses rondeurs aussi. La manière a été belle. Le Marseillais était juste à la bonne place, au cœur de la surface, pour reprendre du droit, sans contrôle, un ballon centré par Ribéry et dévié par Gviniandze (1-0, 33e).

On l'attendait un peu à ce carrefour de sa vie en bleu. Le reste n'est pas nouveau, la qualité de sa passe, son sens de l'élimination et son goût pour le dévouement car il ne rechigne à aucun travail de récupération. Deviendra-t-il maintenant un homme aux buts décisifs, comme le fut un autre enfant de la cité phocéenne que nous ne citerons pas, juste histoire de passer au large d'une comparaison qui le fatigue un peu ?

« Nasri, Nasri ! » a scandé le public. Mais lui préférait, après coup, se réfugier dans le collectif : « Le plus important, c'est évidemment l'équipe de France et cette victoire. Moi, je ne suis jamais complètement satisfait ; ce que j'ai fait, c'est bien, mais je peux faire encore plus. Après, c'est sûr, c'est beaucoup, beaucoup de bonheur. Mais voilà, c'était mon boulot, j'occupais un poste où je devais être décisif, je l'ai été, tant mieux. » ■

(*) Nasri est le 317e buteur des Bleus depuis le premier match de l'équipe de France, en 1904.

Domenech : « On est derrière les autres »

L'ÉQUIPE DU 7 JUIN. Le sélectionneur estime que l'Ukraine et l'Italie restent mieux placées que les Bleus pour la qualification.

De notre envoyé spécial à Auxerre, Jean-Marc BUTTERLIN

« LES BLEUS ONT-ils mérité leurs vacances, après ce succès contre la Géorgie ?

– On est contents que ça finisse et, en plus, que ça finisse comme ça. On a atteint notre objectif. On peut souffler tranquillement jusqu'au mois d'août où, comme prévu, les Italiens seront encore là.

– Vos rivaux se sont imposés également. Déçu ou surpris ?

– Je ne suis ni déçu ni surpris. Encore une fois, ça se jouera au bout, on verra lequel lâchera le premier des points. On reste dans la même situation. On n'a pas encore récupéré les points de la défaite en Écosse. Il y a toujours quatre équipes au coude à coude. On est dans la course, mais derrière les autres, même si, pour le moment, on est en tête du groupe. Le classement ne reflète pas la réalité des scores. L'équipe qui reste la mieux placée, c'est l'Ukraine, qui n'a pas perdu chez elle contre les équipes concurrentes directes. Après, c'est l'Italie, qui n'a perdu que deux points à domicile, contre la Lituanie. Pour le moment, on n'est pas qualifiés. Tant que les autres ne perdront pas de points à droite ou à gauche, on sera dans l'obligation de réussir un exploit, en Italie ou en Ukraine.

– Vous parlez toujours de la lutte des quatre. Mais quel "petit" peut créer une surprise ?

– Je ne sais pas. J'espère que ce ne sera pas contre nous. Parfois, je me réveille la nuit après avoir rêvé que les Îles Féroé battent l'Italie, le dernier jour à San Siro, au moment où nous allons en Ukraine. » ■

À Auxerre, France - Géorgie : 1-0 (1-0)

Temps chaud. Pelouse en bon état. 15 000 spectateurs environ. Arbitre : M. Cortez Batista (POR).

REMPLACEMENTS. 65e : Malouda par D. CISSÉ ; 90e + 3 : Anelka par BENZEMA ; 90e + 4 : Ribéry par GOVOU. Entraîneur : R. Domenech.

REMPLACEMENTS. 12e : Saluqvadze par MOUJIRI **(note : 4,5)** ; 62e : Eliava par MARTSVALADZE ; 90e : Kankava par TCHACHANIACHVILI. Entraîneur : K. Toppmöller (ALL)

LE BUT. 1-0 : NASRI (33e, passe de Ribéry).

AVERTISSEMENTS. Géorgie : Khizanichvili (25e), Kankava (55e).

LES BRÈVES

THURAM REMPILE.

MARTIN / L'ÉQUIPE

Après un été de réflexion à la suite de la Coupe du monde 2006, Lilian Thuram décide, à 34 ans, de poursuivre sa carrière en Bleu. « L'amour des gens a été le plus déterminant », explique le recordman français des sélections.

JACQUET S'EN VA.

Le 31 décembre, Aimé Jacquet quitte son poste de directeur technique national (DTN) occupé depuis 1998. Il est remplacé par son adjoint, Jean-Pierre Morlans, nommé pour un intérim de six mois.

FESTIVAL DHORASOO.

MATUSSIÈRE / L'ÉQUIPE

Il avait passé le Mondial en Allemagne avec sa mini-caméra au poing. Désormais en retraite internationale, Vikash Dhorasoo sort son film *Substitute,* qui remporte le Prix du film français au Festival de Belfort 2006.

LE CANULAR BARTHEZ.

Fabien Barthez n'est pas revenu en équipe de France depuis la finale de la Coupe du monde 2006. Après avoir annoncé sa retraite, il en sort pour rejoindre Nantes, mais sa saison se termine en queue de poisson : un départ mouvementé du FCNA avant l'annonce de sa signature en faveur d'un club mexicain. « Un canular », rectifie son agent.

LA FIN DES ESPOIRS.

LABLATINIERE / L'ÉQUIPE

Après avoir concédé le nul à l'aller (1-1), les Bleuets s'inclinent en Israël (1-0) en barrages retour du Championnat d'Europe Espoirs. Ils n'iront donc pas aux Pays-Bas en juin 2007 (où les Néerlandais seront sacrés chez eux), ni aux JO de Pékin en 2008…

LES INVITÉS DE CACHAN.

Émus par le sort des mal logés qui avaient pris possession du gymnase de Cachan (Val-de-Marne), avant d'en être expulsés, Lilian Thuram et Patrick Vieira invitent 70 d'entre eux à assister à France-Italie au Stade de France. Au grand dam de plusieurs hommes politiques de droite, qui dénoncent « l'instrumentalisation » de l'équipe de France.

UN ARBITRE CLAQUÉ.

L'arbitre allemand Frank-Xaver Wack, victime d'un claquage, doit céder sa place à l'un de ses assistants à la mi-temps de France-Grèce. Pareille aventure était déjà arrivée aux Bleus en… 1905 lors de France-Suisse (1-0).

LE DESSIN de Bernard Chenez

L'ÉQUIPE DU 29 AOÛT. Bien qu'ayant annoncé sa retraite après le Mondial, Claude Makelele est convoqué par Raymond Domenech, véritable « oncle Sam », pour préparer les matches éliminatoires de l'Euro 2008 face à la Géorgie et l'Italie. Au grand dam de José Mourinho, le coach de Chelsea *(lire ci-dessous)*…

LE BUTEUR

Thierry Henry

LAHALLE / L'ÉQUIPE

Malgré les blessures qui l'ont empêché de participer aux quatre derniers matches de la saison des Bleus, Thierry Henry s'est encore rapproché du fameux record de Michel Platini (41 buts). Avec désormais 39 réalisations, le futur attaquant du FC Barcelone menace même très sérieusement le nouveau président de l'UEFA.

Le détail de ses buts en 2006-07

Euro 2008, éliminatoires. France-Italie (3-1) : **1 but** (18e) ; France-Îles Féroé (5-0) : **1 but** (22e). **Match amical.** France-Grèce (1-0) : **1 but** (26e).

Les meilleurs buteurs de l'histoire de l'équipe de France

1. Platini, 41 buts ; 2. Henry, 39 (dont 3 en 2006-07) ; **3.** Trezeguet, **34** (2 en 2006-07) ; **4.** Zidane, **31** ; **5.** Fontaine, Papin, **30** ; **7.** Y. Djorkaeff, **28** ; **8.** Wiltord, **26** ; **9.** Vincent, **22** ; **10.** J. Nicolas, **21**… Anelka, **10** (3 en 2006-07) ; D. Cissé, **9** ; Vieira, **6** ; Govou, **5** (2 en 2006-07) ; Saha, **4** (1 en 2006-07) ; Malouda, **3** (1 en 2006-07) ; Gallas, **2** (1 en 2006-07) ; Thuram, **2** ; Ribéry, **2** (1 en 2006-07) ; Boumsong, **1** ; Faubert, **1** (en 2006-07) ; Benzema, **1** (en 2006-07) ; Nasri, **1** (en 2006-07).

L'HISTOIRE

Makelele, victime d'un « esclavagiste » ?

L'ÉQUIPE DES 29 ET 30 AOÛT. Le joueur de Chelsea avait annoncé sa retraite internationale. Mais Raymond Domenech le convoque quand même pour affronter la Géorgie et l'Italie.

Par Jérôme LE FAUCONNIER et Régis TESTELIN (avec Vincent DULUC)

UN AN APRÈS SON premier retour chez les Bleus, avec Zidane et Thuram, le deuxième rappel de Claude Makelele, 33 ans, fait couler beaucoup d'encre. Raymond Domenech l'aurait convoqué sans lui demander son avis, afin de tenter de qualifier la France à l'Euro 2008. Et ses éventuels états d'âme, comme ceux de Chelsea, son club, ne sauraient être, pour Domenech, un obstacle.

Le sélectionneur aurait donc décidé de passer en force en s'appuyant sur la loi, laquelle interdit à un joueur de refuser une sélection sous peine d'une suspension à purger avec son club. Ce qui a eu le don d'irriter José Mourinho. « Claude Makelele n'est pas un joueur de foot, c'est un esclave. Il n'a aucune liberté, il n'a pas le droit de choisir. C'est un déni des droits de l'homme », s'est emporté le manager de Chelsea.

Mais Mourinho ne dit pas tout. En 2004, Chelsea aurait accepté de prolonger le contrat de Makelele jusqu'en 2009, et d'augmenter son salaire, à condition qu'il ne joue plus en équipe de France. Le joueur s'était retiré de la sélection peu après. Un an plus tard, il avait pourtant fait son retour, avec l'accord « gracieux » de Chelsea. Une fois, ça va, deux fois, c'est trop, déplorent les dirigeants du club londonien.

Face aux attaques de Mourinho, Domenech a, dans un sourire, cette réponse à prendre au moins du deuxième degré : « Je n'ai pas de rapport de forces avec les esclaves. Il est un esclave, je suis un esclavagiste, je le fouette et il y va. » Mais le patron des Bleus cherche surtout à se placer sur le terrain du perpétuel débat entre les clubs et les sélections : « C'est la lutte permanente des sélections pour obtenir le prêt des joueurs. Au milieu de tout ça, "Keke" subit. Moi, j'ai le fouet, et Chelsea a d'autres arguments… »

Makelele, lui, garde le silence. Difficile de savoir s'il n'a effectivement aucune envie de rejouer en équipe de France ou s'il ne sait pas comment s'y prendre pour continuer avec les Bleus sans s'attirer les foudres de son employeur.

MARTIN / L'ÉQUIPE

L'IMAGE

Le 2 juin, les Bleus battent l'Ukraine en match qualificatif à l'Euro 2008 (2-0). Pour l'occasion, 70 000 drapeaux tricolores avaient été distribués aux spectateurs du Stade de France. Un 14 juillet avant l'heure…

LES PHRASES

« Higuain aurait pu jouer dans le film de Dhorasoo, dans le rôle de l'Arlésienne »

MAHÉ / PRESSE SPORTS

Raymond Domenech conclut, le 2 février, l'épisode Gonzalo Higuain. Après quelques insistants appels du pied aux Bleus, l'attaquant franco-argentin avait fini par décliner la sélection. Et le sélectionneur en profite pour tacler Vikash Dhorasoo au passage.

MOUNIC / L'ÉQUIPE

« On est la meilleure équipe au monde. Je n'ai pas peur de le dire et on le prouvera à chaque match. »

Le défenseur des Bleus **William Gallas** a confiance avant d'affronter l'Écosse chez elle. Blessé, il ne pourra finalement pas tenir sa place à Glasgow. Et la France… s'inclinera (0-1).

« Je serai au Stade de France pour le match des Bleus face à l'Autriche… J'ai déjà acheté mes places. »

MONTIGNY / L'ÉQUIPE

Steve Savidan, alors meilleur buteur de Ligue 1, répond avec humour, au début du mois de mars, aux questions sur son éventuelle convocation en équipe de France.

LE CHIFFRE

100

Patrick Vieira franchit le cap des 100 sélections à l'occasion de France-Grèce (1-0) au Stade de France. Il est le cinquième « centenaire » des Bleus après Lilian Thuram (130 sélections, série en cours), Marcel Desailly (116), Zinédine Zidane (108) et Didier Deschamps (103).

LES BRÈVES

SAGA ANGLOMA.

PPG / ICON SPORT

Pour sa première participation à la Gold Cup, Coupe des nations de la zone CONCACAF, la Guadeloupe fait très fort. Les partenaires de Jocelyn Angloma, 41 ans, se hissent en demi-finales. Ils s'inclinent finalement face au Mexique (0-1). Les États-Unis, pays hôte, enlèveront le trophée.

L'EURO 2012 EN UKRAINE ET EN POLOGNE.

À la surprise générale, la Pologne et l'Ukraine obtiennent l'organisation de l'Euro 2012. Avec huit voix sur douze, elles devancent l'Italie, pourtant favorite. Un choix politique pour l'UEFA, qui souhaite désigner des pays moins « installés ».

LE RECORD ALLEMAND.

En s'imposant 13-0 à Saint-Marin, le 6 septembre, l'Allemagne bat le record du plus gros score en qualifications d'un Euro. Le précédent datait de 1983 (Espagne-Malte, 12-1).

« BECKS » IS BACK.

Évincé de l'équipe d'Angleterre depuis le Mondial 2006, David Beckham effectue, à 32 ans, son retour le 1er juin, face au Brésil (1-1). Une belle revanche pour le Spice Boy.

MONTÉNÉGRO, PREMIÈRE.

Indépendant depuis le 6 mai 2006, le Monténégro (600 000 habitants), fête le premier match de l'histoire de sa sélection nationale, le 24 mars en amical contre la Hongrie à Podgorica (2-1).

ADIEU CHAMPIONS

GIACINTO FACCHETTI (ITALIE, 1942-2006)

L'ÉQUIPE

Immense défenseur de l'Inter Milan (1958-78) avant d'en devenir le vice-président (2001-04) puis le président (en 2004), Giacinto Facchetti est mort à 64 ans. Double champion d'Europe (1964, 65), 94 fois international, il fut 70 fois le capitaine de l'Italie, un record.

FERENC PUSKAS (HONGRIE, 1927-2006)

Le « Major galopant » est mort à 79 ans. Ferenc Puskas, ancien joueur du Honved Budapest et du Real Madrid, fut trois fois champion d'Europe (1959, 60, 66) et finaliste de la Coupe du monde en 1954. Il a inscrit 83 buts en 84 sélections avec la Hongrie (record mondial).

L'ÉQUIPE

Le foot meurtri par la violence

La saison 2006-07 a une nouvelle fois été marquée par des drames dans les stades et en dehors.

UN POLICIER ASSASSINÉ en Italie en marge du derby sicilien opposant Catane à Palerme ; un supporter du PSG tué par un gardien de la paix en civil qui tentait de protéger un fan de l'Hapoël Tel-Aviv après un match de Coupe de l'UEFA au Parc des Princes ; à Nice, un pompier grièvement blessé à la main par un pétard jeté depuis la tribune des ultras marseillais ; des hooligans néerlandais de Feyenoord déchaînés un soir de C3 à Nancy…

Dans et aux abords des stades européens, la saison aura été marquée par une énième vague de violences. Comment l'arrêter ? Est-ce devenu une fatalité ?

À peine élu à la présidence de l'Union européenne de football association (UEFA), Michel Platini doit apporter des réponses. Après avoir lancé un appel aux politiques, il rencontre les responsables de la police des principaux pays européens afin d'encourager un « partage des savoir-faire et des informations » et d'aboutir à une coopération policière concrète et efficace.

En attendant, tous les week-ends, les matches se disputent dans des stades aux allures de camps retranchés. Des soirées polluées par la crainte de voir le football basculer dans le sordide fait divers.

Après le drame de Catane, l'Italie se décide à réagir. Le gouvernement transalpin promulgue un nouveau décret antiviolence. « Nous devons trouver une solution une bonne fois pour toutes », lance Romano Prodi, le chef du gouvernement italien. Conséquence ? Des matches à huis clos dans les stades ne répondant pas aux normes de sécurité exigées.

Le Stade-Vélodrome sonne également creux au soir de la 21e journée de L1 (le 24 janvier) lors de la rencontre Marseille-Auxerre, sanctionnant les incidents survenus à Nice trois mois plus tôt. Le Paris-SG condamne pour sa part la partie basse de la tribune Boulogne pendant deux mois… Suffisant ? Sans doute pas aux yeux de Michel Platini, qui prône « la tolérance zéro ». ■

LIVERANI / FLASH PRESS

DE MARTIGNAC / L'ÉQUIPE

Platini, un champion à la tête de l'UEFA.

L'ÉQUIPE

Un **supporter** tué après un match du PSG.

DE MARTIGNAC / L'ÉQUIPE

Cannavaro, Ballon d'Or 2006.

Le 11 février à Florence, dans un stade Artemio-Franchi désert, les joueurs de l'Udinese (à g.) et de la Fiorentina observent une minute de silence à la mémoire de Filippo Raciti, le policier sicilien tué neuf jours plus tôt dans des affrontements entre supporters et forces de l'ordre à Catane. Le Calcio reprend après un week-end de deuil, mais quatre des dix rencontres de cette 23e journée de Serie A se jouent à huis clos (six sur onze en Serie B), plusieurs stades étant jugés non conformes aux normes de sécurité.

VIOLENCES
Incidents à Nice

Un pompier grièvement blessé

L'ÉQUIPE DU 31 OCTOBRE. Lors du match Nice-OM, un pompier a été sévèrement touché à la main.

Par Dominique ROUSSEAU et Janine GIANARIA

FLASH PRESS

Anthony Roko, pompier volontaire de 20 ans, est évacué sur une civière avant le match.

DÉJÀ SANCTIONNÉ financièrement à cinq reprises pour le comportement de ses supporters en cette saison 2006-07, l'OM risque gros après la grave blessure dont a été victime un pompier volontaire niçois de 20 ans avant Nice-Marseille (2-1). La victime, Anthony Roko, a subi une première intervention réussie de huit heures. Les chirurgiens lui ont greffé l'index et le majeur de la main droite, que l'explosion lui avait sectionnés, et réparé le pouce. Les supporters marseillais sont des habitués de l'utilisation – pourtant interdite par la Ligue – de fumigènes et autres pétards. En quatre ans, le club provençal a été sanctionné à vingt-cinq reprises à cause de leur comportement.

À l'occasion du dernier Marseille-Lyon (1-4), l'OM a également été puni d'une amende de 15 000 euros pour « lancer d'objets ». Rémy Vercoutre, le gardien lyonnais, avait été atteint par un projectile. En 2005-06, le match Nice-OM (0-1) avait déjà dû être interrompu pour lancer d'objets, de même qu'OM - Paris-SG (1-0). ■

L'OM écopera d'un match à huis clos. Un supporter marseillais de 21 ans, reconnu coupable d'avoir jeté un pétard sur la pelouse, sera condamné le 8 décembre 2006 par le tribunal correctionnel de Nice à un an de prison, dont six mois ferme.

*61e ANNÉE - N° 19 141 1,80 € France métropolitaine Samedi 25 novembre 2006 www.lequipe.fr

AUJOURD'HUI LE MAGAZINE SPÉCIAL NEIGE AVEC DÉNÉRIAZ ET LE GUIDE DES STATIONS

L'ÉQUIPE

LE QUOTIDIEN DU SPORT ET DE L'AUTOMOBILE

Il faut parfois abuser des bonnes choses. TPS star

QUAND LE FOOTBALL TUE

La mort d'un supporter du Paris-SG, tué par un policier jeudi soir aux abords du Parc des Princes après la défaite face aux Israéliens de l'Hapoël Tel-Aviv (2-4), rappelle tragiquement que le football français n'a pas su éradiquer la violence et le racisme présents dans les tribunes de quelques clubs. Impardonnable. (Pages 2 à 6)

TOLÉRANCE ZÉRO

« LE foot n'est pas guéri », titrait *L'Équipe* le 8 novembre, alors que l'Europe tout entière subissait une nouvelle vague de violence. Depuis le drame de la porte de Saint-Cloud, jeudi soir, à l'issue de la rencontre Paris-SG - Hapoël Tel-Aviv, nous savons qu'il est même très gravement malade, bien plus que ses propres dirigeants le croient ou tentent de le faire croire. La question n'est pas tant celle du remède – il en existe de très efficaces, on le sait – que celle de la responsabilité des praticiens.
Un homme est mort. Un autre est grièvement blessé. Un troisième a été agressé parce qu'il était noir et policier. Un quatrième a failli être molesté parce qu'il était supporter d'un club israélien. Comment en est-on arrivé là ? Quelles sont les erreurs, les manquements, les complicités – y compris passives –, les lâchetés qui ont provoqué ce désastre ? Quelles sont les mauvaises raisons qu'on invoquera pour expliquer l'inexplicable ? On pourra toujours accuser la fatalité ou le football. On se trompera de coupable.
Ce n'est pas seulement le football qui a tué, jeudi soir, c'est la haine.
Et le football, aujourd'hui, véhicule la haine. Alors, le football doit répondre à la haine. Il ne doit plus la tolérer.
Il doit la combattre, vraiment, de toutes ses forces, enfin. Les clubs ne doivent plus accepter d'être pris en otages par une minorité de pseudo-passionnés qui viennent au stade régler leurs comptes avec la société. Et la société ne doit plus permettre que le stade et ses abords servent d'exutoire aux frustrations qu'elle provoque.
On proposera sans doute des états généraux, des missions d'étude, des rapports et, pour finir, puisque la période s'y prête, de magnifiques discours. On n'aura pas avancé d'un pouce. Après des années sombres, l'Angleterre est parvenue à juguler, sur son sol, un phénomène dont elle a fini par comprendre qu'il était une forme nouvelle de délinquance. Elle a, pour cela, appliqué un principe très simple : la tolérance zéro.
Et, pour le mettre en œuvre, un moyen très efficace : la volonté.

MICHEL DALLONI

The crème de la crème of football*.
THE F.A. PREMIER LEAGUE
BOLTON / ARSENAL Aujourd'hui dès 18h
MANCHESTER UNITED / CHELSEA Demain dès 16h45
*La crème de la crème du football.
Et retrouvez toute l'actualité du football 24h/24 sur Infosport
En direct et en exclusivité sur TPS star

L'ÉQUIPE samedi : ALLEMAGNE, 2 € ; ANTILLES, LA RÉUNION, 1,3 € ; AUTRICHE, 2 € ; BELGIQUE, 3 € ; ESPAGNE, 3,75 € ; GRÈCE, 1,95 € ; ITALIE, 3,65 € ; LUXEMBOURG, 3 € ; PAYS-BAS, 2 € ; PORTUGAL CONT., 1,8 €.

L'ÉDITO **L'ÉQUIPE DU 25 NOVEMBRE.**

Tolérance zéro

LE FOOTBALL EST TRÈS gravement malade. Bien plus que ses propres dirigeants le croient ou tentent de le faire croire. Un homme est mort. Un autre est grièvement blessé. Un troisième a été agressé parce qu'il était noir et policier. Un quatrième a failli être molesté parce qu'il était supporter d'un club israélien. Comment en est-on arrivé là ? On pourra toujours accuser la fatalité ou le football. On se trompera de coupable.

Ce n'est pas seulement le football qui a tué, c'est la haine. Et le football, aujourd'hui véhicule la haine. Alors, le football doit répondre à la haine. Il ne doit plus la tolérer. Il doit la combattre, vraiment, de toutes ses forces, enfin. Les clubs ne doivent plus accepter d'être pris en otages par une minorité de pseudo-passionnés qui viennent au stade régler leurs comptes avec la société. Et la société ne doit plus permettre que le stade et ses abords servent d'exutoire aux frustrations qu'elle provoque.

Après des années sombres, l'Angleterre est parvenue à juguler, sur son sol, un phénomène dont elle a fini par comprendre qu'il était une forme nouvelle de délinquance. Elle a, pour cela, appliqué un principe très simple : la tolérance zéro. Et, pour le mettre en œuvre, un moyen très efficace : la volonté.

Michel DALLONI

VIOLENCES
Mort d'un supporter à Paris

L'état d'urgence

L'ÉQUIPE DU 25 NOVEMBRE. La mort d'un supporter du PSG incitera-t-elle le monde du football à lutter efficacement contre le racisme et la violence ? **Par Régis TESTELIN**

CETTE FOIS, UN HOMME est mort. À l'issue du match de Coupe de l'UEFA PSG-Hapoël Tel-Aviv, un jeune supporter du PSG, Julien Quemener (25 ans), a été mortellement touché par la balle d'un policier qui tentait de protéger un fan du club israélien, pris à partie par un groupe de supporters parisiens.

Ce drame devrait marquer le énième point de départ d'une véritable prise de conscience des décideurs : les politiciens, longtemps attentistes, le club, si ambigu dans la condamnation très feutrée de ses supporters, la Ligue de football professionnel, toujours rétive à dénaturer le produit, mais aussi les pouvoirs publics, dont on ne comprend toujours pas pourquoi ils n'ont pas classé cette rencontre à haut risque.

La réunion de sécurité d'avant-match avait pourtant évoqué le risque de voir une quarantaine de jeunes extrémistes de droite s'en prendre à des supporters israéliens isolés. Cela ne s'est pas passé autrement. Pourquoi le club parisien continue-t-il d'accueillir ce genre de clients, alors que de nombreuses associations déplorent régulièrement les insultes, les intimidations et les agressions à caractère raciste en marge des matches du Paris-SG ? Mais ce drame n'est pas seulement celui de l'incompétence présumée, de la montée du racisme ou de la violence urbaine. Il appartient désormais clairement au monde du football et à ses acteurs, inévitablement responsables. Frédéric Thiriez, le patron de la Ligue, s'est dit « bouleversé », estimant qu'il fallait « trouver les moyens que cela ne se reproduise plus jamais ». Il parlait déjà de la même manière il y a quelques années, même si, reconnaissons-le, les moyens ont augmenté, malheureusement sans résultat.

DES MESURES RADICALES ATTENDUES

En 2004, notamment, année qui a vu naître le pointage au commissariat, pendant les matches, des supporters interdits de stade, ou le contrat local de sécurité (CLS), destiné à améliorer la coordination des moyens de sécurité autour du Parc des Princes, mais dont l'efficacité reste discutée.

Aujourd'hui, les associations antiracistes doutent clairement de la réelle détermination du Paris-saint-Germain à vouloir se débarrasser de ses extrémistes. Les dirigeants parisiens seraient-ils menottés par leurs supporters ? Désormais, peut-être agiront-ils en prenant des mesures radicales et impopulaires. ■

La partie basse de la tribune Boulogne, qui accueille certains des groupes de supporters parisiens les plus violents, restera fermée du 28 novembre au 27 janvier 2007.

Le scénario du drame

PAPON / L'ÉQUIPE

La tragique échauffourée se produira à la sortie du match de Coupe de l'UEFA PSG - Hapoël Tel-Aviv, au Parc des Princes.

Jeudi 23 novembre, 22 h 40. Le match de Coupe de l'UEFA PSG-Hapoël Tel-Aviv (2-4) vient de s'achever au Parc des Princes. Yanniv Hazout, un Français de 23 ans de confession juive venu soutenir le club israélien, est poursuivi par un groupe de fans du PSG. Il se met à courir en direction de la place de la Porte-de-Saint-Cloud, (Paris, XVIe). Antoine Granomort, un gardien de la paix en civil de 32 ans, d'origine antillaise, s'interpose. Il fait clairement savoir qu'il est policier. Au lieu de calmer les esprits, cette déclaration attise la fureur. Le policier sort son arme de service. Acculé, il est déséquilibré et perd ses lunettes. À terre, il presse sur la détente une seule fois. La balle traverse le thorax et le poumon de Mounir Douchaer, 26 ans, appartenant au kop de Boulogne, pour ressortir par l'omoplate et se ficher dans le cœur de Julien Quemener, 25 ans, membre des Boulogne Boys. Mounir Douchaer est grièvement blessé. Le décès de Julien Quemener est constaté à 23 h 30.

VIOLENCES
Incidents à Nancy

MAO / L'ÉQUIPE

Les supporters du Feyenoord Rotterdam s'en sont pris au public nancéien avant de lancer des projectiles sur la pelouse.

Irrespirable !

L'ÉQUIPE DU 1ER DÉCEMBRE. Le match Nancy-Feyenoord, en C3, a été interrompu en raison d'incidents provoqués par des supporters néerlandais.
De notre correspondant permanent à Nancy, Lionel DANGOUMAU

LA VICTOIRE DE L'ASNL sur Feyenoord (3-0) a été ternie par de graves incidents. Dans l'après-midi, déjà, des supporters du club de Rotterdam s'étaient opposés à la police, dans le centre de Nancy. Dans le stade, les premiers heurts suivirent le premier but nancéien (22e) : les hooligans néerlandais tentèrent alors de forcer le Plexiglas qui les séparait des supporters nancéiens. Débordés, les stadiers devaient reculer, provoquant un mouvement de panique jusqu'à l'intervention tardive des CRS.

Le calme était alors revenu. Pas pour très longtemps. À l'heure de jeu, les incidents reprirent. Des sièges arrachés volèrent en direction de la pelouse. Les CRS firent alors usage de bombes lacrymogènes. Mais ces gaz ne tardèrent pas à se propager, rendant l'air irrespirable. L'arbitre prit alors l'initiative d'arrêter la rencontre. Plus d'une demi-heure plus tard, elle reprit devant des tribunes aux trois quarts vides. Surréaliste ou pathétique, à vrai dire on hésite sur le terme approprié pour qualifier l'ambiance de cette fin de match. Le président du club néerlandais, lui, était en pleurs à la fin de la rencontre. ■

Le Feyenoord Rotterdam sera exclu des compétitions européennes pour la saison 2006-07.

FOOTBALL
SUPPORTERS : LES MESURES SARKOZY PASSÉES AU CRIBLE
RUGBY
MENACE VERTE SUR LES BLEUS
McCAW, PAROLES DE CHEF
L'ÉQUIPE
CANNAVARO, OR CONCOURS
AUJOURD'HUI
51e BALLON D'OR
Football
CANNAVARO

BALLON D'OR FRANCE FOOTBALL 2006

« Je suis le premier surpris »

L'ÉQUIPE DU 28 NOVEMBRE. Fabio Cannavaro, qui succède à Ronaldinho au palmarès du Ballon d'Or, dit sa joie d'être récompensé pour ses qualités de défenseur.

Par Céline RUISSEL

« CINQ MOIS APRÈS avoir remporté la Coupe du monde, vous recevez le Ballon d'Or. Vous attendiez-vous à vivre une telle année ?

– Non. La Coupe du monde, j'y ai toujours cru. J'en rêvais depuis que j'ai commencé à jouer au foot. Le Ballon d'Or, en revanche, je ne l'avais jamais espéré. Je suis le premier surpris.

– Selon vous, à quoi devez-vous cette récompense ?

– D'abord, à la très bonne saison 2005-06 que j'ai accomplie avec la Juventus. J'ai joué quasiment tous les matches, j'ai marqué quatre buts, tous décisifs. Et, dans la foulée, j'ai réalisé une excellente Coupe du monde, au cours de laquelle tout le monde a reconnu que j'avais été un défenseur parfait. J'ai atteint un très haut niveau et certaines de mes interventions m'ont surpris moi-même.

– En Espagne, en France et même en Italie, l'attribution de ce Ballon d'Or suscite des critiques…

– Le foot italien a traversé une grave crise en 2005-06 et je n'ai cessé d'entendre des critiques. Elles ne m'intéressent pas. Si ce Ballon d'Or est discuté, ma satisfaction est encore plus grande. Je comprends la tristesse des Français, car Thierry Henry *(3e)* est un joueur aux qualités incroyables. Chaque année, il pense que ce sera la bonne et il ne le gagne jamais. Le titre mondial a fait la différence. Je suis désolé pour les Français mais, vous savez, je ne vote pas, moi…

« J'AURAIS VOTÉ BUFFON »

– Justement, pour qui auriez-vous voté ?

– Dans l'ordre, Buffon, Henry et Pirlo. Gigi *(Buffon)* est mon ami mais, surtout, un phénomène. Pour moi, il est hors catégorie et il mérite, lui aussi, cette récompense.

– Comment expliquez-vous que de grands défenseurs italiens comme Paolo Maldini et Franco Baresi ne l'aient jamais obtenu ?

– Eux et bien d'autres l'auraient mérité. Quand je regarde la liste de mes prédécesseurs, j'ai des frissons. Être récompensé en tant que défenseur me donne encore plus de fierté. Les défenseurs sont aussi de grands joueurs. » ■

MAO / L'ÉQUIPE

Fabio Cannavaro : « Si ce Ballon d'Or est discuté, ma satisfaction est encore plus grande. »

Un choix contesté

L'ÉQUIPE DU 28 NOVEMBRE. La désignation de Cannavaro, devant Buffon et Henry, n'a pas fini de faire débat.

Par Éric CHAMPEL (avec C.R.)

L'annonce du nom du lauréat du 51e Ballon d'Or de *France Football* a délié les langues de bois et replacé le débat sur le terrain plus éclairé du jeu. Rien que du jeu. À une très confortable majorité, il a choisi de couronner un défenseur central de métier, capitaine de l'équipe d'Italie championne du monde : Fabio Cannavaro (33 ans). Depuis sa création, en 1956, le Ballon d'Or a toujours été plus attiré par le clinquant des attaquants et des créateurs que par le côté obscur des joueurs de l'arrière. Et si les Allemands Franz Beckenbauer (1972, 76) et Matthias Sammer (1996) figurent au palmarès, il faut y voir une façon de récompenser deux milieux de terrain recyclés en liberos ayant marqué leur époque. Quelques « grands électeurs » n'ont d'ailleurs pas spontanément placé Cannavaro en tête. Ont-ils voulu manifester une forme de réticence à l'égard d'un joueur entendu comme témoin dans le scandale des matches truqués de la Juventus et dont le domicile a été perquisitionné au printemps 2006 ? Depuis qu'il est arrivé au Real, l'été suivant, le club madrilène possède la meilleure défense du pays (huit buts encaissés), mais la presse et les socios s'interrogent, au vu de ses prestations. Est-ce bien le vrai Cannavaro ? Peu importe. Le Ballon d'Or qui lui a été remis n'est pas une imitation.

CLASSEMENT

1. **Fabio Cannavaro** (ITA, Juventus Turin puis Real Madrid), **173** points
2. **Gianluigi Buffon** (ITA, Juventus Turin), **124**
3. **Thierry Henry** (FRA, Arsenal), **121**
4. **Ronaldinho** (BRE, FC Barcelone), **73**
5. **Zinédine Zidane** (Real Madrid puis arrêt), **71**
6. **Samuel Eto'o** (CAM, FC Barcelone), **67**
7. **Miroslav Klose** (ALL, Werder Brême), **29**
8. **Didier Drogba** (CIV, Chelsea), **25**
9. **Andrea Pirlo** (ITA, AC Milan), **17**
10. **Jens Lehmann** (ALL, Arsenal), **13**
11. **Deco** (POR, FC Barcelone) et **Kaka** (BRE, AC Milan), **11**
13. **Franck Ribéry** (FRA, Marseille), **9**
14. **Cristiano Ronaldo** (POR, Manchester United), **Gennaro Gattuso** (ITA, AC Milan) et **Patrick Vieira** (FRA, Juventus Turin puis Inter Milan), **5**
17. **Frank Lampard** (ANG, Chelsea), **Lukas Podolski** (ALL, FC Cologne puis Bayern Munich) et **Carles Puyol** (ESP, FC Barcelone), **3**
20. **Juninho** (BRE, Lyon), **Lionel Messi** (ARG, FC Barcelone), **John Terry** (ANG, Chelsea), **Luca Toni** (ITA, Fiorentina) et **Gianluca Zambrotta** (ITA, Juventus Turin puis FC Barcelone), **2**
25. **Philipp Lahm** (ALL, Bayern Munich) et **David Villa** (ESP, Valence CF), **1**

(classement établi à partir des votes des 52 journalistes membres du jury, un par nation affiliée à l'UEFA, qui désignent chacun leur top 5 de l'année)

JOUEUR DE L'ANNÉE FIFA 2006

Un sacre confirmé

Comme Ronaldinho en 2005, Fabio Cannavaro réalise le doublé, puisque les entraîneurs et capitaines des sélections nationales l'ont élu joueur de l'année. L'Italien recueille 498 points et devance Zinédine Zidane (454) et Ronaldinho (380). Thierry Henry se classe quatrième (317).

DES CADRES MAL ACCROCHÉS

L'ÉQUIPE

MARSEILLE L'EMBROUILLE

Demain, en direct, à partir de 14h00.

Conférence de presse de Raymond Domenech.

VENTE DE L'OM

Kachkar, une ombre passe

L'ÉQUIPE DU 23 MARS Le Canadien a été très présent à l'OM durant trois mois. Dans la peau d'un président d'opérette. **Par Hervé PENOT**

UNE OMBRE S'ÉLOIGNE, un mystère s'épaissit. Jack Kachkar, repreneur annoncé de l'OM, mis en vente par Robert Louis-Dreyfus, ne sera pas le patron du club phocéen. Le Canadien laisse, dans son sillage, une étrange impression. Celle d'un chef d'entreprise sous haute surveillance, d'un boss au passé trouble et aux ramifications incertaines, d'un nouveau riche tombé passionnément amoureux de l'OM durant l'été 2006, coup de foudre qui apparaît aujourd'hui très suspect…

Kachkar rêvait de s'offrir le club, de régner en maître sur le foot français, il se pavanait dans les tribunes du Vélodrome, sabrait le champagne avec ses troupes, dansait même sur la table du vestiaire au soir de la qualification de l'OM contre Lyon (2-1) en Coupe de France, le 31 janvier. Son plus grand bonheur de faux actionnaire. Avec le recul, l'image accentue l'ironie. Il ne sera pas l'homme providentiel attendu. « J'aime l'OM », clamait-il à longueur d'interviews, depuis son entrée médiatique fracassante à la Commanderie, le 18 janvier. Kachkar, 44 ans, était alors entouré d'une pléiade de seconds rôles, d'une tripotée de faire-valoir. C'était le temps des promesses qu'il allait, évidemment, tenir.

Ses deux avocats, toujours proches, ne pipaient mot, ses gardes du corps ouvraient grand le chemin du futur boss dans les allées du centre d'entraînement. Et lui, il offrait en retour un sourire dentifrice, il offrait surtout en pâture une « success story » à l'américaine, naissance à Damas, enfance au Liban, adolescence au Canada et études en Hongrie…

MOUNIC / L'ÉQUIPE

Jack Kachkar joue au patron du club marseillais lors du huitième de finale de la Coupe de France remporté par l'OM face à Lyon.

115 MILLIONS D'EUROS VIRTUELS

En une journée, sa première, le bluffeur avait rencontré tous les gens qui comptent dans le coin : passage dans le vestiaire avec remise de maillot de Franck Ribéry, star préférée de son fils, déjeuner avec les huiles du club (Pape Diouf, José Anigo, Albert Émon…) et petit détour par la mairie, histoire de rassurer Renaud Muselier, adjoint de Jean-Claude Gaudin. Cette mise en bouche augurait une prise de pouvoir définitive. Kachkar se montrait confiant, assistait, comme un nouveau patron, à tous les matches de l'OM, avant d'espacer ses venues. La raison ? Ses ressources commençaient à intriguer Robert Louis-Dreyfus et lui tardait tout simplement à trouver le financement. Bien sûr, Kachkar obtenait la caution d'une banque à hauteur de 115 millions et la société de marketing Sportfive s'annonçait prête à injecter 40 millions pour obtenir les droits commerciaux de l'OM ; mais ces mouvements ne suffisaient pas à rassurer RLD. Kachkar avait beau évoquer des actifs de 386 millions d'euros, des bruits alarmistes circulaient sur sa fortune et sur celle de sa femme, richissime Russe née Benkovitch.

Et l'ultimatum posé par un RLD de plus en plus suspicieux a expiré. Kachkar voit donc la porte se refermer sur ses ambitions. Il était inconnu au Canada, il est devenu un personnage du football français. Le temps d'un trimestre, le temps d'une passade avec l'OM, club vraiment pas comme les autres. Jack Kachkar, l'ovni, s'en va. Avec ses mystères. Et sa part d'ombre. ■

Chronologie d'une comédie

- **19 décembre 2006** : le nom de Jack Kachkar apparaît pour la première fois comme possible repreneur. On parle du Suédois Sven-Göran Eriksson pour succéder à Albert Émon comme entraîneur.
- **11 janvier 2007** : Robert Louis-Dreyfus : « Les seules discussions menées le sont avec Kachkar. »
- **16 janvier** : Kachkar présente une offre d'achat de 115 millions d'euros, soit 15 de plus qu'espéré.
- **18 janvier** : le Canadien rencontre les joueurs, les dirigeants et se rend à la mairie.
- **26 janvier** : Kachkar rencontre les responsables des clubs de supporters.
- **31 janvier** : il assiste, au Vélodrome, à la victoire de l'OM sur Lyon (2-1) en Coupe de France.
- **21 février** : *le Figaro* révèle qu'« une enquête sur la provenance des fonds de Kachkar aurait mis en évidence des zones d'ombre inquiétantes ».
- **26 février** : Kachkar demande à reporter de deux semaines la conclusion de la vente.
- **1er mars** : il annonce « un accord définitif de vente ».
- **23 mars** : le processus de vente de l'OM est juridiquement arrêté.
- **24 mars** : « Je reste très engagé dans le rachat de l'OM », annonce Kachkar.
- **30 mars** : RLD certifie avoir mis un terme définitif à la vente.
- **7 mai** : RLD dépose plainte contre X pour « faux, usage de faux et escroquerie ».

FOOTBALL
ALERTE À LYON, URGENCE AU PSG
RUGBY
PARIS - TOULOUSE, ENFIN UN VRAI SOMMET
HANDBALL
ALLEMAGNE - FRANCE, CHAUD LE CHOC
PATINAGE ARTISTIQUE
L'OR POUR DELOBEL ET SCHOENFELDER
LA VÉRITÉ SUR UNE TRAGÉDIE
1,80 €
L'ÉQUIPE
IVECO
MONSIEUR LE PRÉSIDENT
Immense

INSTITUTIONS
Platini président de l'UEFA

« Je suis un homme libre »

L'ÉQUIPE DU 27 JANVIER. Michel Platini, élu président de l'UEFA aux dépens de Lennart Johansson, le sortant, veut redonner ses valeurs au football.

De notre envoyé spécial à Dusseldorf (ALL), Jean-Marc BUTTERLIN

« QUE RESSENTEZ-VOUS après votre élection ?
– De l'émotion. Et beaucoup de satisfaction d'avoir mené une bataille qui a toujours été correcte. Je me suis surtout évertué à rester moi-même, à rester libre et clair. C'est une grande victoire contre un "establishment" qui a combattu pour Lennart *(Johansson)*.
– Où s'est faite la différence ?
– Ça s'est joué à pas grand-chose. Les gens ont pensé que je pouvais apporter beaucoup de choses dans le football, que je suis moins un politique et plus une personne qui considère que le jeu est important et qu'il est temps de redonner ses valeurs au football. Il y a la beauté des artistes, pas seulement la politique et la guerre. Le football doit rester le jeu que l'on aime, qu'aiment des millions de joueurs, des milliards de téléspectateurs.

« CE N'EST PAS UN VOTE GRANDS CONTRE PETITS »

– La prise de position de Sepp Blatter, le président de la FIFA, en votre faveur a-t-elle été décisive ?
– On se connaît depuis longtemps. Il ne va quand même pas dire que je suis son ennemi. Et je pense que son intervention m'a fait gagner des voix mais, aussi, qu'elle m'en a fait perdre. De toute façon, il ne faut pas être dupe, tout le monde connaissait notre sympathie réciproque.

DE MARTIGNAC / L'ÉQUIPE

La première allocution du nouveau président de l'UEFA, très ému.

– Vous avez dû vous battre contre des fédérations puissantes, comme l'Allemagne, qui s'était déclarée en faveur de Lennart Johansson…
– Si des petits pays ont voté pour moi, je suis convaincu que de grandes fédérations se sont également déterminées en ma faveur. Ce n'est pas un vote grands contre petits. Ce ne sera pas une Europe des 27 contre une Europe des 23. C'est l'Europe des 52. Un président est obligé de considérer toutes les associations. Ça ne change rien.
– Craignez-vous un certain isolement au sein du comité exécutif, d'être combattu de l'intérieur ?
– Je ne pense pas. On travaillera dans l'intérêt du football. J'ai autre chose à penser qu'à me battre contre les uns ou contre les autres.
– Quoi, par exemple ?
– Il est temps que toutes les familles du football se retrouvent autour de la table. Il y a des clubs, des joueurs, des employeurs et des associations nationales. Il n'est plus acceptable, par exemple, que des gens, parce qu'ils ne sont pas contents, aillent devant les tribunaux.
– Et si vous aviez été battu, comment auriez-vous réagi ?
– Sur mon agenda, après le 26 janvier, il n'y avait rien du tout. Je vais commencer à le remplir. Avant l'élection, j'avais expliqué que si je perdais, cela aurait été mon testament philosophique. C'était être président de l'UEFA ou être rien du tout et vivre une autre vie. » ■

L'ÉDITO **L'ÉQUIPE DU 27 JANVIER**

Une immense performance

MICHEL PLATINI est le sixième président de l'UEFA. Un champion immense a réussi une performance immense : s'imposer face au candidat sortant en venant à bout du système et de ses apparatchiks pour rendre souffle et humanité à une institution souvent réduite à la plus simple expression du profit. C'est en restant lui-même, ce qui est très fort, qu'il s'est imposé à la majorité absolue dès le premier tour de scrutin.

Cette victoire, c'est la victoire d'un message qui est celui de l'enthousiasme et du plaisir, où le jeu occupe toute la place, où il dicte ses conditions et ses objectifs sans ignorer le reste du monde. Le nouveau président de l'UEFA vit et connaît son sport, incarne la beauté du geste comme aucun de ses prédécesseurs. C'est un privilège important, une chance inouïe que Pelé ou Franz Beckenbauer, eux, n'ont jamais saisie. Cette victoire, enfin, c'est la victoire de la France. Après la terrible désillusion de 2005, lorsque Paris échoua dans la course aux JO d'été 2012, après la cruelle défaite des Bleus en finale de la Coupe du monde 2006, Michel Platini a rendu beaucoup d'allant au sport français. En une seule journée, il a montré qu'il était possible de s'imposer sans arrogance, de convaincre sans corrompre et d'être français sans échouer tout près du but. Il aura surtout démontré que la meilleure façon de rester un champion, c'est de ne jamais renoncer à l'être. À vous de jouer, Monsieur le Président.

Michel DALLONI

BOUTROUX / L'ÉQUIPE

Après cent jours de présidence, **Michel Platini** a pris ses marques en Suisse (où se trouve le siège de l'institution, à Nyon, sur les bords du lac Léman) et au sein de l'UEFA.

Les cent jours de Platini

L'ÉQUIPE DU 16 MAI. Le président de l'UEFA a pris ses fonctions le 31 janvier. Bilan de ses cent premiers jours de règne. Par Éric CHAMPEL et Richard PORRET

SA GARDE RAPPROCHÉE

Platini a choisi de « réorganiser l'administration, sans la braquer » en s'appuyant sur des gens de confiance connaissant bien les rouages de l'institution. Sa garde rapprochée se compose de William Gaillard, son conseiller principal, de Jean-Paul Turrian, en charge des relations avec les associations, et de David Taylor, appelé à assumer la fonction de secrétaire général avec Gianni Infantino pour adjoint.

SES PREMIÈRES DÉCISIONS

À peine élu, il a été confronté à une montée de violence généralisée dans toute l'Europe. Mort d'un policier à Catane, bagarre générale lors de Valence-Inter en huitièmes de finale retour de la C1, agression de l'entraîneur du FC Séville, incidents entre supporters à Lyon et à Sedan *(lire pages 120, 174 et 180)*... « Comment lutter ? Je ne sais pas. Si vous avez des solutions, donnez-les moi ! » D'abord maladroit dans sa communication, Platini a rencontré, à la mi-mars, José Manuel Barroso, le président de la Commission européenne, et lancé un appel aux politiques « pour qu'ils aident l'UEFA à lutter contre la violence ». Un couac depuis sa prise de fonction ? La désignation du binôme Ukraine-Pologne pour accueillir l'Euro 2012. Le cœur de Platini penchait davantage pour l'Italie. Mais, le 18 avril à Glasgow, son comité exécutif a pris une « décision politique »...

SES PROJETS

Le congrès extraordinaire de l'UEFA doit valider une modification des statuts lui permettant de devenir un vrai président exécutif. S'il est favorable à l'utilisation de la vidéo uniquement sur la ligne de but « et à condition de trouver une solution fiable », Platini souhaite augmenter le nombre d'arbitres assistants (deux) placés derrière les buts. Enfin, il présentera son « rééquilibrage » de la Ligue des champions au mois de septembre 2007 pour une mise en œuvre en 2012. En parallèle, il concocte un toilettage de la Coupe de l'UEFA (une phase de poules à douze groupes de quatre équipes). Mais, de l'avis général, Platini a déjà mené à bien sa réforme la plus importante. « Depuis qu'il est là, c'est comme si on avait ouvert les fenêtres », se réjouissent les employés de l'UEFA. Pour faire souffler un vent de fraîcheur... ■

Le 28 mai, Michel Platini jettera un pavé dans la mare en appelant à la dissolution du G14, le groupe informel rassemblant les dix-huit plus riches clubs européens.

« Le champion du romantisme social »

Théo ZWANZIGER (président de la Fédération allemande) : « C'est douloureux de partir de cette façon pour Lennart Johansson qui, durant quinze ans, s'est tant démené pour le football. A priori, je ne vois pas ce que Platini va changer fondamentalement dans le fonctionnement de l'UEFA. Cela reste la victoire des petites fédérations. On a bien vu qui a jubilé à l'annonce du résultat du scrutin. C'étaient les représentants de pays qui ne comptent même pas... cent habitants ! Maintenant, le champion du romantisme social doit se frotter à la réalité. Il prend ses fonctions dans un esprit de division. Mais nous lui souhaitons quand même bonne chance. »
J.-M. B.

Sepp BLATTER (président de la FIFA) : « C'est un peu le football aux footballeurs. Platini est président de l'UEFA, le Roumain Mircea Sandu entre au comité exécutif, Franz Beckenbauer nous rejoint au comité exécutif de la FIFA et le Monténégro, qui vient d'être admis comme membre de l'UEFA, est présidé par Dejan Savicevic *(tous trois sont d'anciens joueurs internationaux)*. C'est une tendance qui me réjouit et qui ne peut que faire du bien au football. »
R. Po.

La répartition des votes

Les fédérations qui auraient voté pour...

... Platini (27)

France, Angleterre, Arménie, Belgique, Bosnie-Herzégovine, Bulgarie, Chypre, Croatie, Danemark, Écosse, Eire, Estonie, Géorgie, Grèce, Irlande du Nord, Islande, Lituanie, Luxembourg, Moldavie, pays de Galles, Pologne, Roumanie, Russie, Saint-Marin, Slovaquie, Slovénie, Suisse.

... Johansson (12)

Suède, Allemagne, Autriche, Espagne, Finlande, Malte, Norvège, Pays-Bas, Portugal, Rép. tchèque, Turquie, Ukraine.

Les fédérations dont on ne connaît pas le vote (13)

Albanie, Andorre, Azerbaïdjan, Bélarus, Féroé, Hongrie, Israël, Italie, Kazakhstan, Lettonie, Liechtenstein, Macédoine, Serbie.

VIOLENCES
Mort d'un policier en Italie

L'Italie en plein chaos

L'ÉQUIPE DU 4 FÉVRIER. La mort d'un policier en marge du derby sicilien Catane-Palerme a plongé le pays dans la stupéfaction puis dans la colère. **De notre correspondant permanent à Turin (ITA), Yoann RIOU**

IPA / ICON SPORT

Le 2 février, avant et après le match opposant Catane à Palerme, de véritables scènes d'émeute ont lieu aux abords du stade Angelino-Massimino.

IL AVAIT 38 ANS, était marié et père de deux enfants. Filippo Raciti, qui n'aimait pas le foot, est mort le 2 février. Ce policier sicilien avait reçu en plein visage un cocktail Molotov lancé par un supporter ultra peu après la rencontre de Serie A Catane-Palerme. Depuis, l'Italie ne parle plus que de sa disparition et des scènes de guérilla urbaine qui se sont déroulées en marge du derby sicilien. Comme si le pays s'était arrêté de vivre.

« Le stade de Catane est devenu pire que Beyrouth ou Bagdad. » Ce constat avait été fait quelques semaines plus tôt par Michele Capomacchina, le chef de la police de la cité sicilienne. Or, ce vendredi 2 février, l'enceinte Angelino-Massimino était plus brûlante que jamais. 19 366 spectateurs déchaînés avaient trouvé place, on se demande encore comment, dans cet endroit improbable et hors d'âge. Le stade était surveillé par plus de 1 500 policiers, un record pour un match de foot à Catane.

Il est vrai que cette rencontre faisait craindre le pire aux carabiniers. Le 23 septembre, à l'occasion d'un autre choc sicilien entre Catane et Messine, de nombreux incidents avaient émaillé la rencontre, provoquant l'hospitalisation de trois policiers. Résultat, le stade Angelino-Massimino fut suspendu pour deux matches. De nombreux habitants de la ville, qui n'avaient sans doute pas oublié qu'en 2001 un tifoso de Catane avait tué un supporter de Messine, s'étaient rassemblés pour une marche afin de protester contre l'attitude des ultras du club.

UN POLICIER : « C'ÉTAIT LA GUERRE ! »

La rencontre Catane-Palerme fut interrompue pendant près de trente-cinq minutes en raison de fumigènes lancés sur le terrain. Entre invectives, provocations dans le stade et actes de guérilla aux abords de l'enceinte, l'atmosphère ne cessa de s'alourdir pour déboucher sur l'inacceptable, ce jet de cocktail Molotov qui toucha mortellement Filippo Raciti.

La folie des ultras de Catane provoqua l'hospitalisation de plus de cent personnes, dont une soixantaine de membres des forces de l'ordre. Des policiers qui, au fil des minutes, étaient devenus la principale cible des hordes de hooligans. « On a été victimes d'une embuscade, expliquait Salvatore Renda, 24 ans. On s'est fait rentrer dedans par des fans de Catane. C'était la guerre ! » Vingt-deux personnes, dont neuf mineurs, ont été interpellées.

L'annonce de la mort de Filippo Raciti provoqua un séisme en Italie. Chaînes de télé et radios se focalisèrent sur le drame. Dans la soirée, Luca Pancalli, commissaire extraordinaire de la Fédération transalpine de football, annonça qu'aucun match du week-end n'aurait lieu dans le pays. Que ce soit au niveau professionnel, amateur, ou chez les jeunes. La rencontre amicale que devait jouer la Squadra Azzurra le 7 février contre la Roumanie ne se disputera pas.

« Le Calcio ne reprendra pas avant que des mesures très fortes soient prises afin de lutter contre la violence dans les stades et aux abords des stades. Pas avant », annonça Pancalli, soutenu avec vigueur par Romano Prodi : « Maintenant, nous devons trouver une solution une bonne fois pour toutes », déclara le chef du gouvernement italien, tandis que Giorgio Napolitano, le président de la République, exprimait sa tristesse : « L'Italie est offensée. » ■

Le meurtrier présumé de Filipo Raciti, un jeune ultra de 17 ans, sera placé en détention le 16 février. Le Conseil des ministres promulguera un nouveau décret antiviolence : les matches se dérouleront à huis clos dans les stades non conformes en matière de sécurité. Quatre rencontres sur dix se disputeront à huis clos lors de la reprise des matches le 11 février (six sur onze en Serie B).

ACTION PRESS / ICON SPORT

Le lendemain du drame, devant le stade de Catane, les premières gerbes de fleurs sont déposées en hommage à Filippo Raciti, le policier de 38 ans assassiné.

LES BRÈVES

RIEN NE VA PLUS.

MANTEY / L'ÉQUIPE

Le 15 septembre, les dirigeants du site Internet Bwin.com sont interpellés au centre d'entraînement de l'AS Monaco à La Turbie, à la suite d'une plainte de la Française des Jeux et du PMU pour « tenue illicite de jeux de hasard ». Les douze clubs de L1 ayant pour sponsors des sociétés de paris en ligne sont poussés à en changer sous peine d'être accusés de complicité.

GRÈVE DU SIFFLET.

Le coup d'envoi des rencontres de la 17e journée de L1 et de la 19e journée de L2 subit un retard de dix minutes, conséquence d'une grève des arbitres qui réclament une meilleure rémunération.

L'OL PASSE À L'ACTION.

MANTEY / L'ÉQUIPE

L'Olympique Lyonnais lance son introduction en Bourse le 26 janvier. Vendu au prix de départ de 22,70 euros, le titre perd 13,75 % de sa valeur en deux mois ; mais le club lève 94,3 M€. L'OL est imité le 19 juin par le FC Istres (relégué en National). Une offre réservée cette fois uniquement « à des investisseurs qualifiés ».

DROGBA ROI D'AFRIQUE.

Ddier Drogba, l'attaquant ivoirien de Chelsea, est désigné Ballon d'Or africain 2006. Il devance le Camerounais Samuel Eto'o, lauréat les trois précédentes années.

SUSPENDU POUR INJURE RACISTE.

Nikola Mijailovic, le défenseur du Wisla Cracovie, est suspendu cinq matches pour avoir proféré des insultes racistes à l'encontre de l'attaquant sud-africain de Blackburn Benni McCarthy lors d'un match de C3.

SIMONET CONDAMNÉ.

PAPON / L'ÉQUIPE

L'ancien président de la FFF Claude Simonet est condamné en avril à six mois de prison avec sursis et 10 000 euros d'amende pour des manipulations comptables ayant permis à la Fédération de masquer l'essentiel de son déficit.

DABO DÉFIGURÉ.

Début mai, Ousmane Dabo, le milieu français de Manchester City, est agressé à l'entraînement par son coéquipier Joey Barton, qui le blesse au visage de plusieurs coups de poing. Barton sera suspendu par son club et placé sur la liste des transferts.

LE DESSIN d'Hugot

L'ÉQUIPE DU 4 MARS. L'incertitude sur les fonds de l'homme d'affaires canadien Jack Kachkar, annoncé depuis le mois de janvier comme le futur maître de l'OM, inquiète de plus en plus Robert Louis-Dreyfus, le propriétaire du club, qui va bientôt annuler la vente et mettre un terme à ce rocambolesque feuilleton *(lire p. 177)*.

RONDEAU / L'ÉQUIPE

L'IMAGE

Début décembre 2006, Zinédine Zidane est accueilli comme un chef d'État en Algérie, où il se rend enfin, vingt ans après son dernier séjour au pays de ses parents. « C'est une joie immense », confie-t-il, faisant abstraction de l'inévitable récupération politique de sa visite. Il se rend notamment au village d'origine de sa famille, en Kabylie, où, là encore, une foule énamourée se presse autour de lui.

LE FEUILLETON

L'effarante litanie des violences

25 octobre 2006, à Stuttgart (ALL). Le match de Coupe Kickers Stuttgart-Hertha Berlin est arrêté à la suite d'un jet de bouteille sur un arbitre assistant, blessé à la tête.
29 octobre, à Nice. Anthony Roko, un pompier volontaire, est grièvement blessé à la main droite par un pétard avant Nice-Marseille *(lire p. 174)*.
31 octobre, à Rome (ITA). Un supporter grec est blessé d'un coup de couteau lors d'une rixe avant la rencontre de Ligue des champions AS Rome-Olympiakos.
23 novembre, à Paris. Mort d'un supporter parisien, tué involontairement par un policier après le match de Coupe de l'UEFA PSG - Hapoël Tel-Aviv *(lire p. 174)*.
30 novembre, à Nancy. Les supporters de Feyenoord se déchaînent pendant un match de C3 *(lire p. 175)*.
2 février 2007, à Catane (ITA). Un policier est tué lors d'émeutes en marge du derby Catane-Palerme *(lire p. 180)*.
24 février, à La Courneuve. Deux joueurs et un entraîneur sont blessés par balle après un match de Ligue de Paris.
25 février, à Madrid (ESP). 17 blessés après le derby Atletico-Real Madrid.
28 février, à Séville (ESP). Pendant le derby Betis-FC Séville en quarts de finale de la Coupe d'Espagne, l'entraîneur du FC Séville, Juande Ramos, est touché à la tête par une bouteille et évacué sur une civière. Le match est arrêté (57e) et donné à rejouer.
3 mars, à Saint-Germain-en-Laye. Des supporters du PSG déclenchent des bagarres lors d'un match de CFA opposant la réserve du club parisien au Red Star. La rencontre est interrompue à la 7e minute.
3 mars, à Saint-Étienne. Le derby ASSE-Lyon est interrompu 20 minutes à la suite de jets de fumigènes entre supporters des deux équipes. Un Lyonnais de 25 ans sera condamné à deux mois de prison ferme.
3 mars, à Sedan. Des hooligans d'Utrecht (HOL) s'attaquent aux supporters du PSG : 6 blessés.
2 juin, à Copenhague (DAN). Un supporter danois se précipite sur l'arbitre allemand Herbert Fandel à la 89e minute de Danemark-Suède, qualificatif pour l'Euro 2008. Le match est donné gagnant aux Suédois sur le score de 3-0 et le Danemark écope d'un match à huis clos.

LE CHIFFRE

40

C'est le nombre de clubs que Jean-Michel Aulas espère voir rejoindre le G14, dont il prend la présidence le 16 mai. Le patron de l'OL souhaite surtout que le groupement informel des plus riches clubs du continent se transforme rapidement en une « fédération européenne de clubs européens ».

SAISON 2006-07

TROPHÉE DES CHAMPIONS 2006

LYON - Paris-SG 1-1 (5-4 aux t.a.b.)

LIGUE 1

Classement final

	Pts	J.	G.	N.	P.	p.	c.	diff.
1. Lyon	81	38	24	9	5	63	27	+36
2. Marseille	64	38	19	7	12	53	38	+15
3. Toulouse	58	38	16	8	14	44	43	+1
4. Rennes	57	38	14	15	9	38	30	+8
5. Lens	57	38	15	12	11	47	41	+6
6. Bordeaux	57	38	16	9	13	39	35	+4
7. Sochaux	57	38	15	12	11	46	48	-2
8. Auxerre	54	38	13	15	10	41	41	0
9. Monaco	51	38	13	12	13	45	38	+7
10. Lille	50	38	13	11	14	45	43	+2
11. Saint-Étienne	49	38	14	7	17	52	50	+2
12. Le Mans	49	38	11	16	11	45	46	-1
13. Nancy	49	38	13	10	15	37	44	-7
14. Lorient	49	38	12	13	13	33	40	-7
15. Paris-SG	48	38	12	12	14	42	42	0
16. Nice	43	38	9	16	13	34	40	-6
17. Valenciennes	43	38	11	10	17	36	48	-12
18. Troyes	39	38	9	12	17	39	54	-15
19. Sedan	35	38	7	14	17	46	58	-12
20. Nantes	34	38	7	14	17	29	48	-19

Ce classement prend en compte la décision de la commission de discipline concernant Nantes-Toulouse (37e journée, arrêté par l'arbitre à 0-0 à la 87e minute à la suite de l'envahissement du terrain) : le résultat reste à 0-0 mais Toulouse empoche 3 points et Nantes 0.

Govou, Juninho, Caçapa, Coupet et Houllier (Lyon)
MINIER / L'ÉQUIPE

Directement qualifiés pour la Ligue des champions
Lyon (champion) et Marseille.

Qualifié pour le 3e tour préliminaire de la C1
Toulouse.

Qualifiés pour la Coupe de l'UEFA
Rennes, Bordeaux (vainqueur de la Coupe de la Ligue) et Sochaux (vainqueur de la Coupe de France).

Qualifié pour la Coupe Intertoto
Lens.

Relégués en Ligue 2
Troyes, Sedan et Nantes.

Buteurs

1. **Pauleta** (Paris-SG) **15 buts**
2. Savidan (Valenciennes) 13 buts
4. Is. Bangoura, Grafite (Le Mans), Niang (Marseille), 12 buts
6. Aruna, Se. Keita (Lens), Fred (Lyon), Piquionne *(St-Étienne, 6, puis Monaco, 5)*, Elmander (Toulouse), 11 buts
11. Jelen (Auxerre), Juninho, Malouda (Lyon), Utaka (Rennes), B. Gomis (Saint-Étienne), 10 buts
16. Akalé (Auxerre), A. Keita (Lille), Gignac (Lorient), Briand, Utaka (Rennes), P. Feindouno, Ilan (Saint-Étienne), Job, Pujol (Sedan), Gigliotti (Troyes), 9 buts
26. Jussiê *(Lens, 6, puis Bordeaux, 2)*, Bodmer (Lille), D. Cissé, Pagis (Marseille), Koller (Monaco), B. Gavanon (Nancy), B. Koné (Nice), Alvaro Santos, Ziani (Sochaux), Emana (Toulouse) 8 buts
36. Darcheville (Bordeaux), Saïfi (Lorient), Menez (Monaco), Bellion (Nice) 7 buts
40. Puygrenier (Nancy), Ederson (Nice), Nivet (Troyes) 6 buts
43. Chamakh, Micoud, Wendel (Bordeaux), Romaric (Le Mans), Odemwingie (Lille), Benzema, Wiltord (Lyon), Ribéry (Marseille), Y. Touré (Monaco), Diané (Paris-SG), Marveaux (Rennes), Boutabout, Marin (Sedan), Grax *(Monaco, puis Sochaux, 5)*, Danic (Troyes), Roudet (Valenciennes) 5 buts

Passeurs

1. **B. Gavanon** (Nancy), **Ilan** (Saint-Étienne), **Y. Lachuer** (Troyes) **8 passes**
4. Juninho (Lyon), Niang (Marseille), Monterrubio *(Rennes, 4, puis Lens, 3)*, Piquionne *(Saint-Étienne, 6, puis Monaco, 1)*, etc. 7 passes

La moyenne des notes de *L'Équipe*

Gardiens
1. **Landreau** (Paris-SG), **6,08** ; 2. Janot (Saint-Étienne), 6,03 ; 3. Coupet (Lyon), 5,98 ; 4. Lloris (Nice), 5,96 ; 5. Y. Pelé (Le Mans), 5,88, etc.

Joueurs de champ
1. **Malouda** (Lyon), **6** ; 2. É. Didot (Rennes), 5,98 ; 3. Mavuba (Bordeaux), 5,91 ; 4. Belhadj (Sedan), Cris (Lyon), Cana (Marseille), 5,88 ; 7. Nasri (Marseille), Rothen (Paris-SG), 5,87 ; 9. Squillaci (Lyon), 5,84 ; 10. Basa (Le Mans), 5,82, etc…

Le meilleur par équipe
Auxerre : Be. Cheyrou, 5,71 ; **Bordeaux** : Mavuba, 5,91 ; **Le Mans** : Y. Pelé, 5,88 ; **Lens** : Carrière, 5,70 ; **Lille** : Makoun, 5,71 ; **Lorient** : Gignac, 5,71 ; **Lyon** : Malouda, 6 ; **Marseille** : Cana, 5,88 ; **Monaco** : Roma, 5,83 ; **Nancy** : Kim, 5,65 ; **Nantes** : Payet, 5,58 ; **Nice** : Lloris, 5,96 ; **Paris-SG** : Landreau, 6,08 ; **Rennes** : É. Didot, 5,98 ; **Saint-Étienne** : Janot, 6,03 ; **Sedan** : Belhadj, 5,88 ; **Sochaux** : Richert, 5,78 ; **Toulouse** : Douchez, 5,74 ; **Troyes** : Le Crom, 5,63 ; **Valenciennes** : Penneteau, 5,82.

L'équipe type de la Ligue 1 2006-07
(déterminée à la moyenne des notes de *L'Équipe*)

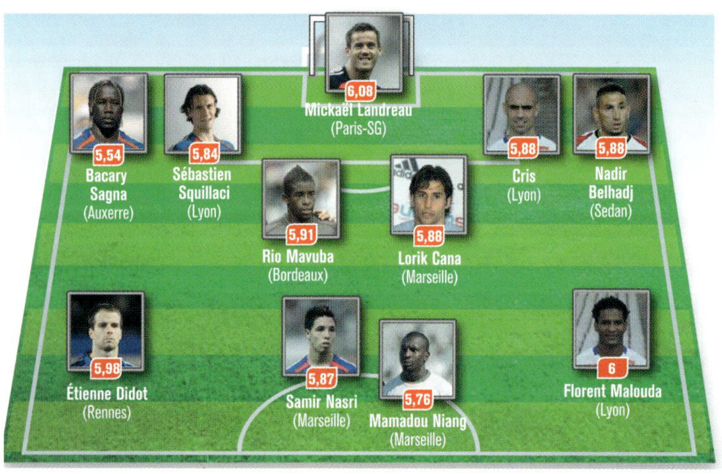

LIGUE 2

Classement final

	Pts	J.	G.	N.	P.	p.	c.	diff.
1. Metz	76	38	22	10	6	54	22	+32
2. Caen	71	38	19	14	5	65	40	+25
3. Strasbourg	70	38	19	13	6	47	33	+14
4. Amiens	69	38	21	6	11	57	42	+15
5. Grenoble	59	38	15	14	9	51	39	+12
6. Le Havre	56	38	15	11	12	52	38	+14
7. Châteauroux	54	38	15	9	14	42	44	-2
8. Dijon	54	38	14	12	12	44	47	-3
9. Bastia	53	38	14	11	13	52	49	+3
10. Gueugnon	48	38	13	9	16	47	52	-5
11. Reims	47	38	12	11	15	43	46	-3
12. AC Ajaccio	47	38	12	11	15	44	50	-6
13. Guingamp	46	38	11	13	14	45	44	+1
14. Brest	45	38	10	15	13	40	40	0
15. Montpellier	44	38	11	11	16	41	48	-7
16. Niort	44	38	10	14	14	36	44	-8
17. Libourne-St-Seurin	44	38	12	8	18	43	52	-9
18. Créteil	40	38	9	13	16	33	50	-17
19. Istres	35	38	8	11	19	35	63	-28
20. Tours	26	38	6	8	24	30	58	-28

Cardy (Metz), Strasser (Strasbourg) et B. Gueye (Metz)
BROCARD / PHOTOPQR / LE REPUBLICAIN LORRAIN

Promus en L1
Metz (champion), Caen et Strasbourg.

Relégués en National
Créteil, Istres et Tours.

Buteurs

1. **Lesage, K. Traoré** (Le Havre) **18 buts**
3. B. Gueye (Metz) 16 buts
4. Gouffran (Caen), Fauré (Reims) 15 buts

NATIONAL

Classement final

	Pts	J.	G.	N.	P.	p.	c.	diff.
1. Clermont	82	38	24	10	4	76	42	+34
2. Boulogne-sur-Mer	75	38	22	9	7	61	35	+26
3. Angers	71	38	20	11	7	53	29	+24
4. Laval	66	38	19	9	10	59	39	+20
5. Nîmes	62	38	17	11	10	51	43	+8
6. Paris FC	59	38	15	14	9	48	34	+14
7. Sète	57	38	16	9	13	46	46	0
8. Louhans-Cuiseaux	56	38	16	8	14	49	49	0
9. Beauvais	50	38	14	8	16	50	53	-3
10. Romorantin	48	38	12	12	14	48	60	-12
11. Entente SSG	43	38	10	13	15	43	46	-3
12. Cherbourg	42	38	10	12	16	40	49	-9
13. Cannes	42	38	11	12	15	43	52	-9
14. Martigues	42	38	9	15	14	24	35	-11
15. Vannes	42	38	13	6	19	42	55	-13
16. Pau	41	38	9	14	15	46	58	-12
17. Toulon	39	38	9	12	17	37	45	-8
18. Raon-l'Étape	38	38	8	14	16	40	47	-7
19. Châtellerault	35	38	8	14	16	35	46	-11
20. Yzeure	29	38	6	11	21	44	72	-28

Promus en L2
Clermont (champion), Boulogne-sur-Mer et Angers.

Relégués en CFA
Toulon, Raon-l'Étape, Châtellerault et Yzeure.

Promus en National
Calais, Rodez, Arles et Villemomble.

Meilleurs buteurs
1. **Thil** (Boulogne-sur-Mer), **31 buts** ; 2. Do Marcolino (Angers), **26 buts** ; 3. Alo'o Efoulou (Entente SSG), **23 buts.**

COUPE DE FRANCE

7e tour

Dijon (L2) - LOUHANS-CUISEAUX (N) :	0-0 (3-4 aux t.a.b.)
Endoume (CFA) - GRENOBLE (L2) :	0-1
Vesoul (CFA) - STRASBOURG (L2) :	1-3
CALAIS (CFA) - Le Havre (L2) :	2-1
AC AJACCIO (L2) - Mont-de-Marsan (CFA2) :	4-0
Fontenay-le-Comte (CFA2) - NIORT (L2) :	2-3
Tours (L2) - SAINT-LÔ (CFA2) :	0-0 (2-4 aux t.a.b.)
Brest (L2) - SABLES-D'OLONNE (CFA2) :	0-0 (4-5 aux t.a.b.)
CHAMBÉRY (DH) - Istres (L2) :	2-1
Chantilly (DH) - CAEN (L2) :	0-2
Évry (DH) - CHÂTEAUROUX (L2) :	0-4
Uzès (DH) - MONTPELLIER (L2) :	0-3
Etaples (DH) - AMIENS (L2) :	0-7
Orly (DH) - LIBOURNE-ST-SEURIN (L2) :	0-0 (5-6 aux t.a.b.)
Grande-Synthe (DH) - CRÉTEIL (L2) :	0-1
Ain-Sud Foot (DHR) - GUEUGNON (L2) :	1-5
Torcy (DHR) - METZ (L2) :	0-7
Chambéry F 73 (DHR) - BASTIA (L2) :	0-1
APM Metz (DHR) - REIMS (L2) :	1-4
Lannion (DSE) - GUINGAMP (L2) :	0-3
LAVAL (N) - Angers (N) :	1-0
BOIS-GUILLAUME (CFA) - Boulogne-sur-Mer (N) :	1-0
PARIS FC (N) - Saint-Quentin (CFA) :	1-0
VANNES (N) - Stade Bordelais (CFA) :	2-0 a.p.
Biguglia (DH) - CANNES (N) :	2-6
Rethel (DH) - ROMORANTIN (N) :	0-2
Poitiers (DH) - CHÂTELLERAULT (N) :	1-4
Toulouse Izards (PH) - NÎMES (N) :	0-7
Longuenesse (PH) - ENTENTE SSG (N) :	0-6
CLERMONT (N) - CS Le Moule (Guadeloupe) :	2-1 a.p.
MONTCEAU (CFA) - Jura-Sud (CFA) :	2-1
AGDE (CFA) - Saint-Priest (CFA) :	2-0
GFCO AJACCIO (CFA) - Rhône Vallées (CFA2) :	3-1
Plabennec (CFA) - LE POIRÉ-SUR-VIE (CFA2) :	2-3 a.p.
Blagnac (CFA2) - BAYONNE (CFA) :	0-1 a.p.
DUNKERQUE (CFA) - Évreux (CFA2) :	1-0
MOULINS (CFA) - Bourg-Péronnas (CFA2) :	1-0
ORLÉANS (CFA) - Thouars (CFA2) :	5-1
BESANÇON (CFA) - Bischheim (DH) :	2-0
PACY-SUR-EURE (CFA) - Ifs (DH) :	2-1
PONTIVY (CFA) - Flers (DH) :	1-0 a.p.

ALBI (CFA) - Narbonne (DH) : 1-0
ANGOULÊME (DH) - Luzenac (CFA) : 3-0
DRANCY (DH) - Compiègne (CFA) : 1-1 (4-3 aux t.a.b.)
CA Paris (DH) - QUEVILLY (CFA) : 1-1 (4-5 aux t.a.b.)
Avallon (PH) - MONTLUÇON (CFA) : 1-3
M. Charbonnières (PHR) - FRÉJUS (CFA) : 4-4 (2-4 aux t.a.b.)
ASP Thionville (D) - ÉPERNAY (CFA) : 2-5 a.p.
Villenave (DSR) - RODEZ (CFA) : 0-2
BRIVE (CFA) - AS Tefana (Polynésie) : 3-1
Tsingoni (Mayotte) - CONCARNEAU (CFA) : 0-5
CSC Cayenne (Guyane) - VILLEMOMBLE (CFA) : 1-4
Schiltigheim (CFA) - USS LE TAMPON (Réunion) : 0-7
Mayenne (CFA2) - CHANGÉ (CFA2) : 2-2 (3-4 aux t.a.b.)
Amiens AC (CFA2) - FEIGNIES (CFA2) : 1-2 a.p.
Saint-Pryvé-Saint-Hilaire (CFA2) - COGNAC (CFA2) : 1-2
HYÈRES (CFA2) - Cagnes (DH) : 4-0
LYON-LA DUCHÈRE (CFA2) - Ally Mauriac (DH) : 3-0
Imphy-Decize (CFA2)-MALESHERBES (DH) : 3-3 (3-5 aux t.a.b.)
Cesson (DH) - LA VITRÉENNE (CFA2) : 1-2
Vichy (DH) - VILLEFRANCHE-SUR-SAÔNE (CFA2) : 0-1
Ivry (CFA2) - ASPTT CHÂLONS (DH) : 0-1
La Ferté (DH) - AVRANCHES (CFA2) : 0-3
AMNÉVILLE (CFA2) - Chaumont (DH) : 1-0
Le Chesnay (DSR) - LAON (CFA2) : 1-2
Ancenis (DHR) - CHÂTEAUBRIANT (CFA2) : 2-3
St-André-de-Cubzac (DHR) - TOULOUSE-FONT. (CFA2) : 0-2
COLMAR (CFA2) - Lunéville (DHR) : 7-3
Saint-Brieuc (CFA2) - SAINT-MALO (DSE) : 0-1
CALONNE-LIÉVIN (PH) - Marck (CFA2) : 2-2 (6-5 aux t.a.b.)
Blériot Plage (Rég.) - CAMBRAI (CFA2) : 0-1
Mutzig (D) - JARVILLE (CFA2) : 0-1
JS Baco (Nlle-Calédonie) - CARQUEFOU (CFA2) : 1-4
Aiglon Lamentin (Martinique) - ARMENTIÈRES (CFA2) : 0-2
FORBACH (DH) - Morteau-Montlebon (DH) : 4-1
Quimper (DH) - PLOUVORN (DH) : 2-2 (4-5 aux t.a.b.)
SAUMUR (DH) - Rezé (DH) : 3-2
Misérieux-Trévoux (DHR) - RUMILLY (DH) : 1-2 a.p.
TEMPLEUVE (DH) - Croix (Int.) : 1-1 (6-5 aux t.a.b.)
Prémontré (PH) - GRAVELINES (DH) : 0-2
THAON (DH) - Kembs (D) : 6-0
Haroué-Benney (D) - FC THIONVILLE (DH) : 2-2 (4-5 aux t.a.b.)
COURNON (DH) - Amion-Saint-Paul (D) : 3-2
Fleury-Mérogis (DSR) - PALAISEAU (DSR) : 1-2
PLUVIGNER (DSR) - Port-Louis (DSR) : 4-1
Jonzieux (D) - PONT-DE-CHÉRUY (DHR) : 1-3 a.p.
Châteaugiron (D) - BRUZ (PH) : 0-3
OSTWALD (D) - Steinseltz (D) : 1-1 (3-1 aux t.a.b.)

N : National ; CFA : Championnat de France amateurs ; CFA2 : Championnat de France amateurs 2 ; DH : Division d'Honneur ; DSR : Division Supérieure Régionale ; DSE : Division Supérieure d'Élite ; DHR : Division d'Honneur Régionale ; PH : Promotion d'Honneur ; PHR : Promotion d'Honneur Régionale ; Int. : Interrégionale ; Rég. : Régionale ; D : District.

8e tour

GUINGAMP (L2) - Laval (N) : 2-1
Cannes (N) - BASTIA (L2) : 2-2 (5-6 aux t.a.b.)
METZ (L2) - Villemomble (CFA) : 1-1 (4-3 aux t.a.b.)
LIBOURNE-ST-SEURIN (L2) - Brive (CFA) : 2-0
Châteauroux (L2) - PONTIVY (CFA) : 0-0 (4-5 aux t.a.b.)
MONTPELLIER (L2) - Agde (CFA) : 2-1 a.p.
AC Ajaccio (L2) - ORLÉANS (CFA) : 0-3
Reims (L2) - CAMBRAI (CFA2) : 0-1
Les Sables-d'Olonne (CFA2) - NIORT (L2) : 0-5
Changé (CFA2) - CRÉTEIL (L2) : 0-5
Avranches (CFA2) - AMIENS (L2) : 0-3
Thaon (DH) - GUEUGNON (L2) : 1-3 a.p.
Chambéry (DH) - GRENOBLE (L2) : 1-1 (3-4 aux t.a.b.)
Calonne-Liévin (PH) - CAEN (L2) : 2-7
STRASBOURG (L2) - Ostwald (D) : 6-0
NÎMES (N) - Fréjus (CFA) : 0-0 (4-2 aux t.a.b.)
CHÂTELLERAULT (N) - Albi (CFA) : 2-1
LOUHANS-CUISEAUX (N) - Besançon (CFA) : 5-3
VANNES (N) - Carquefou (CFA2) : 2-1 a.p.
CLERMONT (N) - Toulouse Fontaine (CFA2) : 1-0
FEIGNIES (CFA2) - Paris FC (N) : 3-3 (4-3 aux t.a.b.)
ASPTT Châlons (DH) - ROMORANTIN (N) : 0-6
Gravelines (DH) - ENTENTE SSG (N) : 0-3
Montluçon (CFA) - MONTCEAU (CFA) : 5-5 (8-9 aux t.a.b.)
GFCO AJACCIO (CFA) - Hyères (CFA2) : 2-1
Armentières (CFA2) - QUEVILLY (CFA) : 3-4 a.p.
SAINT-LÔ (CFA2) - Pacy-sur-Eure (CFA) : 2-0
DUNKERQUE (CFA) - Jeanne-d'Arc Drancy (DH) : 3-0
BAYONNE (CFA) - Cournon (DH) : 2-2 (4-2 aux t.a.b.)
MOULINS (CFA) - Malesherbes (DH) : 6-0
RODEZ (CFA) - Saumur (DH) : 2-0
PALAISEAU (DSR) - Épernay (CFA) : 4-3 a.p.
CONCARNEAU (CFA) - Saint-Malo (DSE) : 1-0
CALAIS (CFA) - Templeuve (PH) : 2-0
Le Tampon (Réunion) - BOIS-GUIL. (CFA) : 2-2 (3-4 t.a.b.)
LA DUCHÈRE (CFA2) - Villefranche/S. (CFA2) : 1-1 (4-3 t.a.b.)
CHÂTEAUBRIANT (CFA2) - Le Poiré-sur-Vie (CFA2) : 4-0
JARVILLE (CFA2) - Colmar (CFA2) : 2-2 (5-3 aux t.a.b.)
Forbach (DH) - AMNÉVILLE (CFA2) : 1-1 (3-5 aux t.a.b.)
Plouvorn (DH) - LA VITRÉENNE (CFA2) : 0-1 a.p.
Cognac (CFA2) - ANGOULÊME (DH) : 2-2 (3-4 aux t.a.b.)
LAON (CFA2) - Thionville (DH) : 1-1 (3-2 aux t.a.b.)
Rumilly (DH) - PONT-DE-CHÉRUY (DHR) : 1-2
PLUVIGNER (DSR) - Bruz (PH) : 1-1 (5-3 aux t.a.b.)

32es de finale

Sampil (Romorantin)

GAUDARD / PHOTOPOR / LA NOUVELLE REPUBLIQUE

Nancy - LENS : 3-3 (8-9 aux t.a.b.)
Saint-Étienne - SOCHAUX : 1-3
Créteil (L2) - NICE : 1-2 a.p.
BORDEAUX - Bastia (L2) : 2-0
Auxerre - NIORT (L2) : 2-2 (4-5 aux t.a.b.)
NANTES - Guingamp (L2) : 1-0
VALENCIENNES - Caen (L2) : 2-1
Metz (L2) - LILLE : 0-2
LIBOURNE-SAINT-SEURIN (L2) - Troyes : 4-2
Rennes - ROMORANTIN (N) : 1-3 a.p.
PARIS-SG - Nîmes (N) : 3-0
Châtellerault (N) - TOULOUSE : 1-1 (3-4 aux t.a.b.)
Quevilly (CFA) - MONACO : 0-2
Bayonne (CFA) - LYON : 1-2
CALAIS (CFA) - Lorient : 2-0
Cambrai (CFA2) - MARSEILLE : 1-4 a.p.
Pluvigner (DSR) - LE MANS : 0-3
Pont-de-Chéruy (DHR) - SEDAN : 0-1
AMIENS (L2) - Grenoble (L2) : 3-0
GUEUGNON (L2) - Louhans-Cuiseaux (N) : 3-1
GFCO Ajaccio (CFA) - STRASBOURG (L2) : 1-2
MONTPELLIER (L2) - Saint-Lô (CFA2) : 4-1
VANNES (N) - Concarneau (CFA) : 3-2
LYON-LA DUCHÈRE (CFA2) - Entente SSG (N) : 1-0
ORLÉANS (CFA) - Moulins (CFA) : 2-1
PONTIVY (CFA) - La Vitréenne (CFA2) : 1-0
RODEZ (CFA) - Angoulême (DH) : 3-1
CLERMONT (N) - Dunkerque (CFA) : 3-1
BOIS-GUILLAUME (CFA) - Châteaubriant (CFA2) : 0-1(*)
Feignies (CFA2) - MONTCEAU (CFA) : 1-2
JARVILLE (CFA2) - Amnéville (CFA2) : 1-0
Palaiseau (DSR) - LAON (CFA2) : 0-4

(*) Châteaubriant éliminé sur tapis vert pour avoir aligné un joueur suspendu.

16es de finale

Le Mans - MARSEILLE : 0-1
MONACO - Toulouse : 2-0
Amiens (L2) - NANTES : 1-3
BORDEAUX - Niort (L2) : 3-3 (5-4 aux t.a.b.)
MONTPELLIER (L2) - Nice : 1-1 (4-2 aux t.a.b.)
Strasbourg (L2) - LILLE : 2-3
PARIS-SG - Gueugnon (L2) : 1-0
Romorantin (N) - VALENCIENNES : 1-2
Calais (CFA) - SEDAN : 1-2
Orléans (CFA) - LENS : 1-3
Laon (CFA2) - LYON : 1-3
SOCHAUX - Lyon-La Duchère (CFA2) : 2-1
Jarville (CFA2) - LIBOURNE-ST-SEURIN (L2) : 3-5 a.p.
CLERMONT (N) - Rodez (CFA) : 1-0
Bois-Guillaume (CFA) - VANNES (N) : 1-1 (5-6 aux t.a.b.)
Pontivy (CFA) - MONTCEAU (CFA) : 0-2

8es de finale

Monaco - SOCHAUX : 0-2
PARIS-SG - Valenciennes : 1-0
MARSEILLE - Lyon : 2-1
NANTES - Lille : 1-0 a.p.
Libourne-Saint-Seurin (L2) - SEDAN : 1-2
Clermont (N) - LENS : 1-4
MONTCEAU (CFA) - Bordeaux : 2-2 (5-4 aux t.a.b.)
Montpellier (L2) - VANNES (N) : 0-2 a.p.

Quarts de finale

Sedan - NANTES : 1-1 (4-5 aux t.a.b.)
SOCHAUX - Paris-SG : 2-1
MARSEILLE - Vannes (N) : 5-0
MONTCEAU (CFA) - Lens : 1-0

Demi-finales

MARSEILLE - Nantes : 3-0
Montceau (CFA) - SOCHAUX : 0-2 a.p.

Finale

SOCHAUX - Marseille : 2-2 (5-4 aux t.a.b.)

Pitau, Richert et Bréchet (Sochaux)

FEL / L'ÉQUIPE

Henrique et Jussiê (Bordeaux)

MANTEY / L'ÉQUIPE

COUPE DE LA LIGUE

1er tour

CLERMONT (N) - Laval (L2) : 3-0
Niort (L2) - LIBOURNE-SAINT-SEURIN (L2) : 1-2
SÈTE (N) - Tours (L2) : 2-0

2e tour

AC Ajaccio (L2) - LIBOURNE-SAINT-SEURIN (L2) : 0-1
AMIENS (L2) - Le Havre (L2) : 2-1
Bastia (L2) - SÈTE (N) : 0-0 (3-5 aux t.a.b.)
CLERMONT (N) - Guingamp (L2) : 1-0
MONTPELLIER (L2) - Grenoble (L2) : 3-0
REIMS (L2) - Caen : 1-0
ISTRES (L2) - Gueugnon (L2) : 2-1 a.p.
Châteauroux (L2) - STRASBOURG : 2-4
DIJON (L2) - Brest (L2) : 3-2
Metz (L2) - CRÉTEIL : 0-1

16es de finale

Nantes - TOULOUSE : 0-2
NANCY - Nice : 1-0
PARIS-SG - Lorient : 3-1
Sedan - SOCHAUX : 0-1
Troyes - LE MANS : 1-2
Valenciennes - MONACO : 0-0 (4-5 aux t.a.b.)
Istres (L2) - LILLE : 0-1
AUXERRE - Strasbourg (L2) : 2-0
Créteil (L2) - LENS : 1-4
Montpellier (L2) - MARSEILLE : 1-2
RENNES - Libourne-Saint-Seurin (L2) : 2-1
Sète (N) - SAINT-ÉTIENNE : 1-4
DIJON (L2) - Amiens (L2) : 2-1
REIMS (L2) - Clermont (N) : 3-1
Exempts : Lyon et Bordeaux

8es de finale

LE MANS - Lens : 3-1
Lille - RENNES : 0-2 a.p.
NANCY - Toulouse : 2-1
Auxerre - BORDEAUX : 0-1
LYON - Paris-SG : 2-1
SAINT-ÉTIENNE - Marseille : 4-1
REIMS (L2) - Monaco : 0-0 (4-3 aux t.a.b.)
SOCHAUX - Dijon (L2) : 5-0

Quarts de finale

BORDEAUX - Saint-Étienne : 1-0 a.p.
LYON - Nancy : 3-1
Sochaux - LE MANS : 1-2
Rennes - REIMS (L2) : 0-1

Demi-finales

Reims (L2) - BORDEAUX : 1-2
LYON - Le Mans : 1-0

Finale

BORDEAUX - Lyon : 1-0

SAISON 2006-07

COMPÉTITIONS NATIONALES DE CLUBS

CHAMPIONNAT D'ALLEMAGNE

Classement final

	Pts	J.	G.	N.	P.	p.	c.	diff.
1. VfB Stuttgart	70	34	21	7	6	61	37	+24
2. Schalke 04	68	34	21	5	8	53	32	+21
3. Werder Brême	66	34	20	6	8	76	40	+36
4. Bayern Munich	60	34	18	6	10	55	40	+15
5. Leverkusen	51	34	15	6	13	54	49	+5
6. Nuremberg	48	34	11	15	8	43	32	+11
7. Hambourg	45	34	10	15	9	43	37	+6
8. Bochum	45	34	13	6	15	49	50	-1
9. Borussia Dortmund	44	34	12	8	14	41	43	-2
10. Hertha Berlin	44	34	12	8	14	50	55	-5
11. Hanovre	44	34	12	8	14	41	50	-9
12. Bielefeld	42	34	11	9	14	47	49	-2
13. Cottbus	41	34	11	8	15	38	49	-11
14. Eintracht Francfort	40	34	9	13	12	46	58	-12
15. Wolfsburg	37	34	8	13	13	37	45	-8
16. Mayence	34	34	8	10	16	34	57	-23
17. Aix-la-Chapelle	34	34	9	7	18	46	70	-24
18. Mönchengladbach	26	34	6	8	20	23	44	-21

Directement qualifiés pour la Ligue des champions : VfB Stuttgart (champion) et Schalke 04.
Qualifié pour le 3e tour préliminaire de la C1 : Werder Brême.
Qualifiés pour la Coupe de l'UEFA : Bayern Munich, Bayer Leverkusen et Nuremberg (vainqueur de la Coupe).
Relégués : Mönchengladbach, Aix-la-Chapelle et Mayence.
Promus : Karlsruhe, Hansa Rostock et MSV Duisbourg.

Buteurs

1. **Gekas** (Bochum), **20 buts** ; 2. **Makaay** (Bayern Munich), **Frei** (Borussia Dortmund), **16 buts** ; 4. **Kuranyi** (Schalke 04), **15 buts** ; 5. **Pantelic** (Berlin), **Radu** (Cottbus), **Zidan** (Mayence), **M. Gomez** (Stuttgart), **14 buts** ; etc.

COUPE D'ALLEMAGNE (FINALE)

NUREMBERG - VfB Stuttgart : **3-2** (a.p.)

CHAMPIONNAT D'ANGLETERRE

Évra, Rooney et Giggs (Manchester Utd)
PICS UNITED / PRESSE SPORTS

Classement final

	Pts	J.	G.	N.	P.	p.	c.	diff.
1. Manchester Utd	89	38	28	5	5	83	27	+56
2. Chelsea	83	38	24	11	3	64	24	+40
3. Liverpool	68	38	20	8	10	57	27	+30
4. Arsenal	68	38	19	11	8	63	35	+28
5. Tottenham	60	38	17	9	12	57	54	+3
6. Everton	58	38	15	13	10	52	36	+16
7. Bolton	56	38	16	8	14	47	52	-5
8. Reading	55	38	16	7	15	52	47	+5
9. Portsmouth	54	38	14	12	12	45	42	+3
10. Blackburn	52	38	15	7	16	52	54	-2
11. Aston Villa	50	38	11	17	10	43	41	+2
12. Middlesbrough	46	38	12	10	16	44	49	-5
13. Newcastle	43	38	11	10	17	38	47	-9
14. Manchester City	42	38	11	9	18	29	44	-15
15. West Ham	41	38	12	5	21	35	59	-24
16. Fulham	39	38	8	15	15	38	60	-22
17. Wigan	38	38	10	8	20	37	59	-22
18. Sheffield United	38	38	10	8	20	32	55	-23
19. Charlton	34	38	8	10	20	34	60	-26
20. Watford	28	38	5	13	20	29	59	-30

Directement qualifiés pour la Ligue des champions : Manchester United (champion) et Chelsea.
Qualifiés pour le 3e tour préliminaire de la C1 : Liverpool et Arsenal.
Qualifiés pour la Coupe de l'UEFA : Bolton, Tottenham et Everton.
Relégués : Charlton, Watford et Sheffield United.
Promus : Birmingham, Sunderland et Derby County.

Buteurs

1. **Drogba** (Chelsea), **20 buts** ; 2. **McCarthy** (Blackburn), **18 buts** ; 3. **C. Ronaldo** (Manchester U.), **17 buts** ; 4. **Rooney** (Manchester U.), **14 buts** ; 5. **D. Bent** (Charlton), **Viduka** (Middlesbrough), **K. Doyle** (Reading), **13 buts** ; 8. **Kuyt** (Liverpool), **Yakubu Ayegbeni** (Middlesbrough), **Berbatov** (Tottenham), **12 buts** ; 11. **Van Persie** (Arsenal), **Anelka** (Bolton), **Lampard** (Chelsea), **A. Johnson** (Everton), **O. Martins** (Newcastle), **Rob. Keane** (Tottenham), **Zamora** (West Ham), **11 buts** ; etc.

COUPE D'ANGLETERRE (FINALE)

CHELSEA - Manchester United : **1-0** a.p.

COUPE DE LA LIGUE ANGLAISE (FINALE)

CHELSEA - Arsenal : **2-1**

CHAMPIONNAT D'ESPAGNE

Classement final

	Pts	J.	G.	N.	P.	p.	c.	diff.
1. Real Madrid	76	38	23	7	8	66	40	+26
2. FC Barcelone	76	38	22	10	6	78	33	+45
3. FC Séville	71	38	21	8	9	64	35	+29
4. Valence CF	66	38	20	6	12	57	42	+15
5. Villarreal	62	38	18	8	12	48	44	+4
6. Saragosse	60	38	16	12	10	55	43	+12
7. Atletico Madrid	60	38	17	9	12	46	39	+7
8. Rec. Huelva	54	38	15	9	14	54	52	+2
9. Getafe	52	38	14	10	14	39	33	+6
10. Santander	50	38	12	14	12	42	48	-6
11. Esp. Barcelone	49	38	12	13	13	46	53	-7
12. Majorque	49	38	14	7	17	41	47	-6
13. La Corogne	47	38	12	11	15	32	45	-13
14. Osasuna	46	38	13	7	18	51	49	+2
15. Levante	42	38	10	12	16	37	53	-16
16. Betis Séville	40	38	8	16	14	36	49	-13
17. Athletic Bilbao	40	38	10	10	18	44	62	-18
18. Celta Vigo	39	38	10	9	19	40	59	-19
19. Real Sociedad	35	38	8	11	19	32	47	-15
20. Tarragone	28	38	7	7	24	34	69	-35

Les équipes à égalité de points sont départagées par la différence de buts particulière.

Directement qualifiés pour la Ligue des champions : Real Madrid (champion) et FC Barcelone.
Qualifiés pour le 3e tour préliminaire de la C1 : FC Séville et Valence CF.
Qualifiés pour la Coupe de l'UEFA : Villarreal, Saragosse et Getafe (finaliste de la Coupe).
Relégués : Celta Vigo, Real Sociedad et Tarragone.
Promus : Valladolid, Almeria et Murcie.

Buteurs

1. **Van Nistelrooy** (Real Madrid), **25 buts** ; 2. **D. Milito** (Saragosse), **23 buts** ; 3. **Ronaldinho** (FC Barcelone), **Kanouté** (FC Séville), **21 buts** ; 5. **Forlan** (Villarreal), **19 buts** ; 6. **Villa** (Valence), **16 buts** ; 7. **Tamudo** (Espanyol Barcelone), **F. Baiano** (Vigo), **15 buts** ; 9. **Messi** (FC Barcelone), **Fernando Torres** (Atletico Madrid), **14 buts** ; 11. **Sinama-Pongolle** (Huelva), **Morientes** (Valence), **12 buts** ; 13. **Eto'o** (FC Barcelone), **Guïza** (Getafe), **Soldado** (Osasuna), **Zigic** (Santander), **Portillo** (Tarragone), **11 buts** ; etc.

COUPE DU ROI (FINALE)

FC SÉVILLE - Getafe : **1-0**

CHAMPIONNAT D'ITALIE (SERIE A)

Classement final

	Pts	J.	G.	N.	P.	p.	c.	diff.
1. Inter Milan	97	38	30	7	1	80	34	+46
2. AS Rome	75	38	22	9	7	74	34	+40
3. Lazio Rome	62	38	18	11	9	59	33	+26
4. AC Milan	61	38	19	12	7	57	36	+21
5. Palerme	58	38	16	10	12	58	51	+7
6. Fiorentina	58	38	21	10	7	62	31	+31
7. Empoli	54	38	14	12	12	42	43	-1
8. Atalanta Bergame	50	38	12	14	12	56	54	+2
9. Sampdoria	49	38	13	10	15	44	48	-4
10. Udinese	46	38	12	10	16	49	55	-6
11. Livourne	43	38	10	13	15	41	54	-13
12. Parme	42	38	10	12	16	41	56	-15
13. Catane	41	38	10	11	17	46	68	-22
14. Reggina	40	38	12	15	11	52	50	+2
15. Sienne	40	38	9	14	15	35	45	-10
16. Torino	40	38	10	10	18	27	47	-20
17. Cagliari	40	38	9	13	16	35	46	-11
18. Chievo Vérone	39	38	9	12	17	38	48	-10
19. Ascoli	27	38	5	12	21	36	67	-31
20. Messine	26	38	5	11	22	37	69	-32

Les équipes à égalité de points sont départagées par la différence de buts particulière.
À la suite de l'affaire des matches truqués, la Fiorentina comptait 15 points de pénalité, la Reggina 11, l'AC Milan 8 et la Lazio Rome 3. Par ailleurs, Sienne a été sanctionné de 1 point de pénalité en raison d'un retard dans le paiement d'impôts.

Directement qualifiés pour la Ligue des champions : Inter Milan (championne), AS Rome, AC Milan (vainqueur de la C1).
Qualifié pour le 3e tour préliminaire de la C1 : Lazio Rome.
Qualifiés pour la Coupe de l'UEFA : Palerme, Fiorentina et Empoli.
Relégués : Chievo Vérone, Ascoli et Messine.
Promus : Juventus Turin, Naples et Genoa.

Buteurs

1. **Totti** (AS Rome), **26 buts** ; 2. **C. Lucarelli** (Livourne), **20 buts**, 3. **Rigano** (Messine), **19 buts** ; 4. **R. Bianchi** (Reggina), **18 buts** ; 5. **Spinesi** (Catane), **N. Amoruso** (Reggina), **17 buts** ; 7. **Mutu**, **Toni** (Fiorentina), **Rocchi** (Lazio), **16 buts** ; 10. **Ibrahimovic** (Inter), **15 buts** ; 11. **Suazo** (Cagliari), **Saudati** (Empoli), **Crespo** (Inter), **Iaquinta** (Udinese), **14 buts** ; etc.

CHAMPIONNAT D'ITALIE (SERIE B)

Classement final

	Pts	J.	G.	N.	P.	p.	c.	diff.
1. Juventus Turin	85	42	28	10	4	83	30	+53
2. Naples	79	42	21	16	5	52	29	+23
3. Genoa	78	42	23	9	10	68	44	+24
4. Piacenza	68	42	20	8	14	57	50	+7
5. Rimini	67	42	17	16	9	55	38	+17
6. Brescia	67	42	19	10	13	51	43	+8
7. Bologne	65	42	18	11	13	52	43	+9
8. Mantoue	64	42	15	19	8	47	36	+11
9. Lecce	58	42	17	7	18	56	53	+3
10. Albinoleffe	53	42	11	20	11	46	48	-2
11. Vicenza	50	42	12	14	16	42	43	-1
12. Trévise	50	42	11	17	14	44	47	-3
13. Bari	50	42	12	14	16	40	46	-6
14. Frosinone	50	42	12	14	16	44	54	-10
15. Modène	49	42	12	13	17	38	46	-8
16. Cesena	49	42	12	13	17	51	66	-15
17. Triestina	48	42	11	16	15	37	48	-11
18. Hellas Vérone	48	42	12	12	18	34	46	-12
19. Spezia	46	42	11	13	18	50	61	-11
20. Arezzo	45	42	12	15	15	42	46	-4
21. Crotone	32	42	7	11	24	36	67	-31
22. Pescara	24	42	5	10	27	36	77	-41

La Juventus a été pénalisée de 9 points et Arezzo de 6 pts pour leur implication dans le scandale des matches truqués ; la Triestina et Pescara ont été pénalisés de 1 pt pour des irrégularités financières.

Promus en Serie A : Juventus, Naples et Genoa.
Relégués en Serie C : Arezzo, Crotone, Pescara et Hellas Vérone (battu en barrages par Spezia, 1-2, 0-0).

COUPE D'ITALIE (FINALE)

AS ROME - Inter Milan : **6-2, 1-2**

CHAMPION DE BELGIQUE

Anderlecht

CHAMPION D'ÉCOSSE

Celtic Glasgow

CHAMPION DE GRÈCE

Olympiakos

CHAMPION DES PAYS-BAS

PSV Eindhoven

CHAMPION DU PORTUGAL

FC Porto

CHAMPION DE RUSSIE (2006)

CSKA Moscou

CHAMPION DE SUISSE

FC Zurich

CHAMPION DE TURQUIE

Fenerbahçe

CHAMPION D'UKRAINE

Dynamo Kiev

CHAMPIONS D'ARGENTINE

Tournoi d'Ouverture : Estudiantes La Plata
Tournoi de Clôture : San Lorenzo

CHAMPION DU BRÉSIL (2006)

Sao Paulo FC

COMPÉTITIONS INTERNATIONALES DE CLUBS

COUPE DU MONDE DES CLUBS 2006

Quarts de finale

AL-AHLY (EGY) - Auckland City (NZL) : 2-0
AMERICA MEXICO (MEX) - Chonbuk Hyundai (CDS) : 1-0

Demi-finales

INTERNACIONAL PORTO ALEGRE (BRE) - Al-Ahly : 2-1
FC BARCELONE (ESP) - America Mexico : 4-0

Finale

INTERNACIONAL - FC Barcelone : 1-0

EUROPE

SUPERCOUPE D'EUROPE 2006

FC SÉVILLE (ESP) - FC Barcelone (ESP) : 3-0

LIGUE DES CHAMPIONS

3e tour préliminaire

Austria Vienne (AUT) - BENFICA (POR) : 1-1, 0-3
LIVERPOOL (ANG) - Maccabi Haïfa (ISR) : 2-1, 1-1
AC MILAN (ITA) - Étoile Rouge Belgrade (SER) : 1-0, 2-1
Austria Salzbourg (AUT) - VALENCE CF (ESP) : 1-0, 0-3
HAMBOURG (ALL) - Osasuna (ESP) : 0-0, 1-1
LILLE - Rabotnicki Skopje (MCD) : 3-0, 1-0
Dinamo Zagreb (CRO) - ARSENAL (ANG) : 0-3, 1-2
FC COPENHAGUE (DAN) - Ajax Amsterdam (HOL) : 1-2, 2-0
CSKA MOSCOU (RUS) - Ruzomberok (SLQ) : 3-0, 2-0
CHAKHTIOR DONETSK (UKR) - Legia Varsovie (POL) : 1-0, 3-2
DYNAMO KIEV (UKR) - Fenerbahçe (TUR) : 3-1, 2-2
GALATASARAY (TUR) - Mlada Boleslav (RTC) : 5-2, 1-1
LEVSKI SOFIA (BUL) - Chievo Vérone (ITA) : 2-0, 2-2
Standard Liège (BEL) - STEAUA BUCAREST (ROU) : 2-2, 1-2
Slovan Liberec (RTC) - SPARTAK MOSCOU (RUS) : 0-0, 1-2
Heart of Midlothian (ECO) - AEK ATHÈNES (GRE) : 1-2, 0-3

Les équipes éliminées sont reversées au 1er tour de la Coupe de l'UEFA.

Phase de poules

Groupe A

Chelsea (ANG) - Werder Brême (ALL) : 2-0
FC Barcelone (ESP) - Levski Sofia (BUL) : 5-0
Levski Sofia - Chelsea : 1-3
Werder Brême - FC Barcelone : 1-1
Werder Brême - Levski Sofia : 2-0
Chelsea - FC Barcelone : 1-0
FC Barcelone - Chelsea : 2-2
Levski Sofia - Werder Brême : 0-3
Werder Brême - Chelsea : 1-0
Levski Sofia - FC Barcelone : 0-2
Chelsea - Levski Sofia : 2-0
FC Barcelone - Werder Brême : 2-0

Classement

	Pts	J.	G.	N.	P.	p.	c.	diff.
1. Chelsea	13	6	4	1	1	10	4	+6
2. FC Barcelone	11	6	3	2	1	12	4	+8
3. Werder Brême	10	6	3	1	2	7	5	+2
4. Levski Sofia	0	6	0	0	6	1	17	-16

Groupe B

Sporting Portugal (POR) - Inter Milan (ITA) : 1-0
Bayern Munich (ALL) - Spartak Moscou (RUS) : 4-0
Spartak Moscou - Sporting Portugal : 1-1
Inter Milan - Bayern Munich : 0-2
Inter Milan - Spartak Moscou : 2-1
Sporting Portugal - Bayern Munich : 0-1
Bayern Munich - Sporting Portugal : 0-0
Spartak Moscou - Inter Milan : 0-1
Inter Milan - Sporting Portugal : 1-0
Spartak Moscou - Bayern Munich : 2-2
Bayern Munich - Inter Milan : 1-1
Sporting Portugal - Spartak Moscou : 1-3

Classement

	Pts	J.	G.	N.	P.	p.	c.	diff.
1. Bayern Munich	12	6	3	3	0	10	3	+7
2. Inter Milan	10	6	3	1	2	5	5	0
3. Spartak Moscou	5	6	1	2	3	7	11	-4
4. Sporting Portugal	5	6	1	2	3	3	6	-3

Groupe C

Galatasaray (TUR) - Bordeaux : 0-0
PSV Eindhoven (HOL) - Liverpool (ANG) : 0-0
Liverpool - Galatasaray : 3-2
Bordeaux - PSV Eindhoven : 0-1
Bordeaux - Liverpool : 0-1
Galatasaray - PSV Eindhoven : 1-2
Liverpool - Bordeaux : 3-0
PSV Eindhoven - Galatasaray : 2-0
Bordeaux - Galatasaray : 3-1
Liverpool - PSV Eindhoven : 2-0
PSV Eindhoven - Bordeaux : 1-3
Galatasaray - Liverpool : 3-2

Classement

	Pts	J.	G.	N.	P.	p.	c.	diff.
1. Liverpool	13	6	4	1	1	11	5	+6
2. PSV Eindhoven	10	6	3	1	2	6	6	0
3. Bordeaux	7	6	2	1	3	6	7	-1
4. Galatasaray	4	6	1	1	4	7	12	-5

Groupe D

Olympiakos (GRE) - Valence CF (ESP) : 2-4
AS Rome (ITA) - Chakhtior Donetsk (UKR) : 4-0
Chakhtior Donetsk - Olympiakos : 2-2
Valence CF - AS Rome : 2-1
Valence CF - Chakhtior Donetsk : 2-0
Olympiakos - AS Rome : 0-1
Chakhtior Donetsk - Valence CF : 2-2
AS Rome - Olympiakos : 1-1
Valence CF - Olympiakos : 2-0
Chakhtior Donetsk - AS Rome : 1-0
AS Rome - Valence CF : 1-0
Olympiakos - Chakhtior Donetsk : 1-1

Classement

	Pts	J.	G.	N.	P.	p.	c.	diff.
1. Valence CF	13	6	4	1	1	12	6	+6
2. AS Rome	10	6	3	1	2	8	4	+4
3. Chakhtior Donetsk	6	6	1	3	2	6	11	-5
4. Olympiakos	3	6	0	3	3	6	11	-5

Groupe E

Lyon - Real Madrid (ESP) : 2-0
Dynamo Kiev (UKR) - Steaua Bucarest (ROU) : 1-4
Steaua Bucarest - Lyon : 0-3
Real Madrid - Dynamo Kiev : 5-1
Dynamo Kiev - Lyon : 0-3
Steaua Bucarest - Real Madrid : 1-4
Lyon - Dynamo Kiev : 1-0
Real Madrid - Steaua Bucarest : 1-0
Real Madrid - Lyon : 2-2
Steaua Bucarest - Dynamo Kiev : 1-1
Lyon - Steaua Bucarest : 1-1
Dynamo Kiev - Real Madrid : 2-2

Classement

	Pts	J.	G.	N.	P.	p.	c.	diff.
1. Lyon	14	6	4	2	0	12	3	+9
2. Real Madrid	11	6	3	2	1	14	8	+6
3. Steaua Bucarest	5	6	1	2	3	7	11	-4
4. Dynamo Kiev	2	6	0	2	4	5	16	-11

Groupe F

Manchester United (ANG) - Celtic Glasgow (ECO) : 3-2
FC Copenhague (DAN) - Benfica (POR) : 0-0
Benfica - Manchester United : 0-1
Celtic Glasgow - FC Copenhague : 1-0
Celtic Glasgow - Benfica : 3-0
Manchester United - FC Copenhague : 3-0
FC Copenhague - Manchester United : 1-0
Benfica - Celtic Glasgow : 3-0
Celtic Glasgow - Manchester United : 1-0
Benfica - FC Copenhague : 3-1
Manchester United - Benfica : 3-1
FC Copenhague - Celtic Glasgow : 3-1

Classement

	Pts	J.	G.	N.	P.	p.	c.	diff.
1. Manchester United	12	6	4	0	2	10	5	+5
2. Celtic Glasgow	9	6	3	0	3	8	9	-1
3. Benfica	7	6	2	1	3	7	8	-1
4. FC Copenhague	7	6	2	1	3	5	8	-3

Groupe G

FC Porto (POR) - CSKA Moscou (RUS) : 0-0
Hambourg (ALL) - Arsenal (ANG) : 1-2
Arsenal - FC Porto : 2-0
CSKA Moscou - Hambourg : 1-0
CSKA Moscou - Arsenal : 1-0
FC Porto - Hambourg : 4-1
Arsenal - CSKA Moscou : 0-0
Hambourg - FC Porto : 1-3
Arsenal - Hambourg : 3-1
CSKA Moscou - FC Porto : 0-2
FC Porto - Arsenal : 0-0
Hambourg - CSKA Moscou : 3-2

Classement

	Pts	J.	G.	N.	P.	p.	c.	diff.
1. Arsenal	11	6	3	2	1	7	3	+4
2. FC Porto	11	6	3	2	1	9	4	+5
3. CSKA Moscou	8	6	2	2	2	4	5	-1
4. Hambourg	3	6	1	0	5	7	15	-8

Groupe H

Anderlecht (BEL) - Lille : 1-1
AC Milan (ITA) - AEK Athènes (GRE) : 3-0
Lille - AC Milan : 0-0
AEK Athènes - Anderlecht : 1-1
Lille - AEK Athènes : 3-1
Anderlecht - AC Milan : 0-1
AEK Athènes - Lille : 1-0
AC Milan - Anderlecht : 4-1
Lille - Anderlecht : 2-2
AEK Athènes - AC Milan : 1-0
AC Milan - Lille : 0-2
Anderlecht - AEK Athènes : 2-2

Classement

	Pts	J.	G.	N.	P.	p.	c.	diff.
1. AC Milan	10	6	3	1	2	8	4	+4
2. Lille	9	6	2	3	1	8	5	+3
3. AEK Athènes	8	6	2	2	2	6	9	-3
4. Anderlecht	4	6	0	4	2	7	11	-4

Les 3es des huit groupes (Werder Brême, Spartak Moscou, Bordeaux, Chakhtior Donetsk, Steaua Bucarest, Benfica, CSKA Moscou et AEK Athènes) sont qualifiés pour les 16es de finale de la Coupe de l'UEFA.

Huitièmes de finale

AS ROME (ITA) - Lyon : 0-0, 2-0
Real Madrid (ESP) - BAYERN MUNICH (ALL) : 3-2, 1-2
FC Porto (POR) - CHELSEA (ANG) : 1-1, 1-2
Inter Milan (ITA) - VALENCE CF (ESP) : 2-2, 0-0
PSV EINDHOVEN (HOL) - Arsenal (ANG) : 1-0, 1-1
Lille - MANCHESTER UNITED (ANG) : 0-1, 0-1
FC Barcelone (ESP) - LIVERPOOL (ANG) : 1-2, 1-0
Celtic Glasgow (ECO) - MILAN AC (ITA) : 0-0, 0-1 (a.p.)

Quarts de finale

PSV Eindhoven - LIVERPOOL : 0-3, 0-1
AC MILAN - Bayern Munich : 2-2, 2-0
CHELSEA - Valence CF : 1-1, 2-1
AS Rome - MANCHESTER UNITED : 2-1, 1-7

Demi-finales

Manchester United - AC MILAN : 3-2, 0-3
Chelsea - LIVERPOOL : 1-0, 0-1 (1-4 aux t.a.b.)

Finale

AC MILAN - Liverpool : 2-1
À Athènes (stade Olympique). Temps doux.
Pelouse en bon état. 63 500 spectateurs.
Arbitre : M. Fandel (ALL).
LES BUTS. 1-0 : INZAGHI (45e) ; **2-0 : INZAGHI** (82e, passe de Kaka) ; **2-1 : KUYT** (89e).

Maldini et Kaka (AC Milan)

LAHALLE / L'ÉQUIPE

SAISON 2006-07

AVERTISSEMENTS. AC Milan : Gattuso (41e), Jankulovski (54e) ; **Liverpool :** Mascherano (58e), Carragher (60e).

AC Milan : Dida - Oddo, Nesta, Maldini (cap.), Jankulovski (Kaladze, 79e) - Gattuso, Pirlo, Ambrosini, Seedorf (Favalli, 90e + 2) - Kaka, F. Inzaghi (Gilardino, 88e). Entraîneur : C. Ancelotti.

Liverpool : Reina - Finnan (Arbeloa, 88e), Carragher, Agger, Riise - Pennant, Xabi Alonso, Gerrard (cap.), Mascherano (Crouch, 78e), Zenden (Kewell, 59e) - Kuyt. Entraîneur : R. Benitez.

AC Milan qualifié pour la Coupe du monde des clubs 2007

L'Italie rejoint l'Espagne

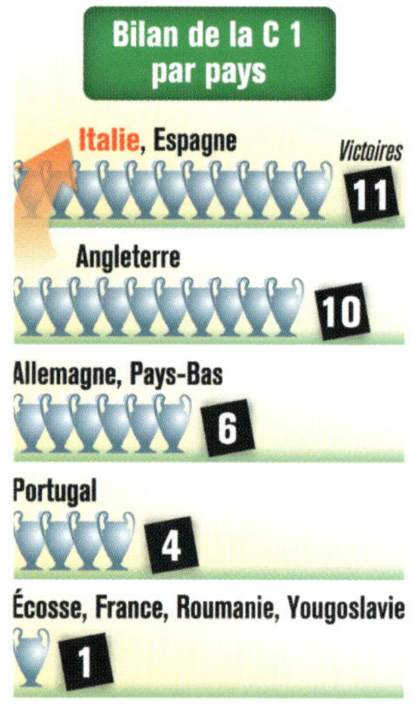

Buteurs

1. **Kaka** (AC Milan), **10 buts** ; 2. **Drogba** (Chelsea), Crouch (Liverpool), Van Nistelrooy (Real Madrid), Morientes (Valence CF), **6 buts** ; 6. Raul (Real Madrid), **5 buts** ; 7. C. Pizarro (Bayern Munich), Saha (Manchester United), F. Inzaghi (AC Milan), Totti (AS Rome), Dica (Steaua Bucarest), Villa (Valence CF), **4 buts** ; 13. Julio Cesar (AEK Athènes), Gudjohnsen (FC Barcelone), K. Miller (Celtic Glasgow), Chevtchenko (Chelsea), Allbäck (FC Copenhague), Van der Vaart (Hambourg), Cruz (Inter Milan), Gerrard, Luis Garcia (Liverpool), Cristiano Ronaldo (Manchester United), Castillo (Olympiakos), Lisandro Lopez, Lucho Gonzalez (FC Porto), **3 buts** ; 26. Frutos, M. Mpenza (Anderlecht), Deco, Giuly, Iniesta, Ronaldinho (FC Barcelone), Lucio, Makaay, Schweinsteiger, Van Buyten (Bayern Munich), Miccoli (Benfica), Faubert (Bordeaux), Nakamura (Celtic Glasgow), Marica, Matuzalem (Chakhtior Donetsk), Ballack, Essien (Chelsea), Ilic, Ümit Karan (Galatasaray), Sanogo (Hambourg), Chatskikh (Dynamo Kiev), Fauvergue, Odemwingie (Lille), Fowler, Riise (Liverpool), Benzema, Fred, Malouda, Tiago (Lyon), Carrick, Giggs (Manchester United), Gilardino, Seedorf (AC Milan), M. Konstantinou (Olympiakos), Quaresma (FC Porto), Alex, Arouna Koné (PSV Eindhoven), Ronaldo (Real Madrid), De Rossi, Taddei (AS Rome), Boyarintsev, Kalinitchenko, Pavlyoutchenko (Spartak Moscou), Badea (Steaua Bucarest), Angulo, David Silva (Valence CF), **2 buts** ; etc.

COUPE INTERTOTO 2006

3e tour

Kalmar (SUE) - TWENTE (HOL) : 1-0, 1-3
MARSEILLE - Dniepropetrovsk (UKR) : 0-0, 2-2
AUXERRE - Farul Constanta (ROU) : 4-1, 0-1
ODENSE (DAN) - Hibernians (ECO) : 1-0, 1-2
Maccabi Pet. Tik. (ISR) - ETHNIK. ACHNAS (CHY) : 0-2, 3-2
NEWCASTLE (ANG) - Lillestrôm (NOR) : 1-1, 3-0
GRASS. ZURICH (SUI) - La Gantoise (BEL) : 2-1, 1-1
RIED (AUT) - FC Tiraspol (MCD) : 3-1, 1-1
Larissa (GRE) - KAYSERISPOR (TUR) : 0-0, 0-2
Villarreal (ESP) - NK MARIBOR (SLV) : 1-2, 1-1
HERTHA BERLIN (ALL) - FC Moscou (RUS) : 0-0, 2-0

Les vainqueurs sont qualifiés pour le 2e tour préliminaire de la Coupe de l'UEFA.

COUPE DE L'UEFA

2e tour préliminaire

OFK Belgrade (SER) - AUXERRE : 1-0, 1-5
Omonia Nicosie (CHY) - L. LOVETCH (BUL) : 0-0, 1-2
Young Boys Berne (SUI) - MARSEILLE : 3-3, 0-0
Zimbru Chisi. (MOL) - METALURG ZAP. (UKR) : 0-0, 0-3
Fehérvar (HON) - GRASS. ZURICH (SUI) : 1-1, 0-2
Süd. Marijampole (LIT) - FC BRUGES (BEL) : 0-2, 2-5
RANDERS FREJA (DAN) - Kaunas (LIT) : 3-1, 0-1
FK Sarajevo (BOS) - RAPID BUCAREST (ROU) : 1-0, 0-2
RUBIN KAZAN (RUS) - Bate Borisov (BLR) : 3-0, 2-0
Roulers (BEL) - ETHNIKOS ACHNAS (CHY) : 2-1, 0-5
FC BÂLE (SUI) - Vaduz (LIE) : 1-0, 1-2
Flora Tallinn (EST) - BRÖNDBY (DAN) : 0-0, 0-4
Ried (AUT) - SION (SUI) : 0-0, 0-1
PARTIZAN BEL. (SER) - NK Maribor (SLV) : 2-1, 1-1
ODENSE (DAN) - Llanelli (GAL) : 1-0, 5-1
Brann Bergen (NOR) - ÅTVIDABERG (SUE) : 3-3, 1-1
HERTHA BERLIN (ALL) - Ameri Tbilissi (GEO) : 1-0, 2-2
CSKA SOFIA (BUL) - Hajduk Kula (SER) : 0-0, 1-1
TCH. ODESSA (UKR) - Wisla Plock (POL) : 0-0, 1-1
ARTMEDIA BRATIS. (SLQ) - Din. Minsk (BLR) : 2-1, 3-2
MOLDE (NOR) - Skonto Riga (LET) : 0-0, 2-1
DIN. BUCA. (ROU) - Beitar Jérusalem (ISR) : 1-0, 1-1
Ventspils (LET) - NEWCASTLE (ANG) : 0-1, 0-0
HAPOËL TEL-AVIV (ISR) - Domzale (SLV) : 1-2, 3-0
KRISTIANS. (NOR) - Drogheda (IRL) : 1-0, 0-1 (11-10 t.a.b.)
Karvan Evlakh (AZE) - SLAVIA PRAGUE (RTC) : 0-2, 0-0
Mattersburg (AUT) - WISLA CRACOVIE (POL) : 1-1, 0-1
Tirana (ALB) - KAYSERISPOR (TUR) : 0-2, 1-3
Gretna (ECO) - DERRY CITY (IRL) : 1-5, 2-2
Twente (HOL) - LEVADIA TALLINN (EST) : 1-1, 0-1
B. Yehuda Tel-Aviv (ISR) - LOK. SOFIA (BUL) : 0-2, 0-4
Apoel Nicosie (CHY) - TRABZONSPOR (TUR) : 1-1, 0-1

1er tour

Ethnikos Achnas (CHY) - LENS : 0-0, 1-3
Marseille - MLADA BOLESLAV (RTC) : 1-0, 2-4
Schalke 04 (ALL) - NANCY : 1-0, 1-3
Derry City (IRL) - PARIS-SG : 0-0, 0-2
Dinamo Zagreb (CRO) - AUXERRE : 1-2, 1-3
Hertha Berlin (ALL) - ODENSE (DAN) : 2-2, 0-1
EINTR. FRANCFORT (ALL) - Bröndby (DAN) : 4-0, 2-2
FC Sion (SUI) - LEVERKUSEN (ALL) : 0-0, 1-3
Slavia Prague (RTC) - TOTTENHAM (ANG) : 0-1, 0-1
Levadia Tallinn (EST) - NEWCASTLE (ANG) : 0-1, 1-2
Austria Salzb. (AUT) - BLACKBURN (ANG) : 2-2, 0-2
Standard Liège (BEL) - CELTA VIGO (ESP) : 0-1, 0-3
Trabzonspor (TUR) - OSASUNA (ESP) : 2-2, 0-0
Artme. Bratislava (SLQ) - ESP. BARCELONE (ESP) : 2-2, 1-3
BRAGA (POR) - Chievo Vérone (ITA) : 2-0, 1-2 (a.p.)
LIVOURNE (ITA) - Pasching (AUT) : 2-0, 1-0
Rubin Kazan (RUS) - PARME (ITA) : 0-1, 0-1
RAPID BUC. (ROU) - Nacio. Madère (POR) : 1-0, 2-1 (a.p.)
Tcherno. Odessa (UKR) - HAPOËL TEL-AVIV (ISR) : 0-1, 1-3
Molde (NOR) - GLASGOW RANGERS (ECO) : 0-0, 0-2
MACCABI HAÏFA (ISR) - Litex Lovetch (BUL) : 1-1, 3-1
L. Varsovie (POL) - AUSTRIA VIENNE (AUT) : 1-1, 0-1
PANATHINAÏKOS (GRE) - M. Zaporitsa (UKR) : 1-1, 1-0
Lok. Moscou (RUS) - ZULTE-WAREGEM (BEL) : 2-1, 0-2
Heart of Midlo. (ECO) - SPARTA PRAGUE (RTC) : 0-2, 0-0
FENERBAHÇE (TUR) - Randers Freja (DAN) : 2-1, 3-0
LIBEREC (RTC) - Étoile Rouge Bel. (SER) : 2-0, 2-1
AZ ALKMAAR (HOL) - Kayserispor (TUR) : 3-2, 1-1
BESIKTAS (TUR) - CSKA Sofia (BUL) : 2-0, 2-2 (a.p.)
Åtvidaberg (SUE) - GRASS. ZURICH (SUI) : 0-3, 0-5
FC BÂLE (SUI) - Rabotnicki Skopje (MCD) : 6-2, 1-0
Lokomotiv Sofia (BUL) - FEYENOORD (HOL) : 2-2, 0-0
Ruzomberok (SLQ) - FC BRUGES (BEL) : 0-1, 1-1
PART. BELGRADE (SER) - Groningue (HOL) : 4-2, 0-1
Xanthi (GRE) - DINAMO BUCAREST (ROU) : 3-4, 1-4
Kristiansand (NOR) - AJAX AMSTER. (HOL) : 2-5, 0-4
W. CRACOVIE (POL) - I. Salonique (GRE) : 0-1, 2-0 (a.p.)
Atromitos (GRE) - FC SÉVILLE (ESP) : 1-2, 0-4
West Ham (ANG) - PALERME (ITA) : 0-1, 0-3
Vitoria Setubal (POR) - HEERENVEEN (HOL) : 0-3, 0-0

Phase de poules

Groupe A

Maccabi Haïfa (ISR) - Auxerre : 3-1
Livourne (ITA) - Glasgow Rangers (ECO) : 2-3
Glasgow Rangers - Maccabi Haïfa : 2-0
Partizan Belgrade (SER) - Livourne : 1-1
Auxerre - Glasgow Rangers : 2-2
Maccabi Haïfa - Partizan Belgrade : 1-0
Partizan Belgrade - Auxerre : 1-4
Livourne - Maccabi Haïfa : 1-1
Auxerre - Livourne : 0-1
Glasgow Rangers - Partizan Belgrade : 1-0

Classement

	Pts	J.	G.	N.	P.	p.	c.	diff.
1. Glasgow Rangers	10	4	3	1	0	8	4	+4
2. Maccabi Haïfa	7	4	2	1	1	5	4	+1
3. Livourne	5	4	1	2	1	5	5	0
4. Auxerre	4	4	1	1	2	7	7	0
5. Partizan Belgrade	1	4	0	1	3	2	7	-5

Groupe B

Besiktas (TUR) - Tottenham (ANG) : 0-2
FC Bruges (BEL) - Leverkusen (ALL) : 1-1
Tottenham - FC Bruges : 3-1
Dinamo Bucarest (ROU) - Besiktas : 2-1
Leverkusen - Tottenham : 0-1
FC Bruges - Dinamo Bucarest : 1-1
Dinamo Bucarest - Leverkusen : 2-1
Besiktas - FC Bruges : 2-1
Leverkusen - Besiktas : 2-1
Tottenham - Dinamo Bucarest : 3-1

Classement

	Pts	J.	G.	N.	P.	p.	c.	diff.
1. Tottenham	12	4	4	0	0	9	2	+7
2. Dinamo Bucarest	7	4	2	1	1	6	6	0
3. Leverkusen	4	4	1	1	2	4	5	-1
4. Besiktas	3	4	1	0	3	4	7	-3
5. FC Bruges	2	4	0	2	2	4	7	-3

Groupe C

AZ Alkmaar (HOL) - Braga (POR) : 3-0
Slovan Liberec (RTC) - FC Séville (ESP) : 0-0
Braga - Slovan Liberec : 4-0
Grasshopper Zurich (SUI) - AZ Alkmaar : 2-5
FC Séville - Braga : 2-0
Slovan Liberec - Grasshopper Zurich : 4-1
Grasshopper Zurich - FC Séville : 0-4
AZ Alkmaar - Slovan Liberec : 2-2
FC Séville - AZ Alkmaar : 1-2
Braga - Grasshopper Zurich : 2-0

Classement

	Pts	J.	G.	N.	P.	p.	c.	diff.
1. AZ Alkmaar	10	4	3	1	0	12	5	+7
2. FC Séville	7	4	2	1	1	7	2	+5
3. Braga	6	4	2	0	2	6	5	+1
4. Slovan Liberec	5	4	1	2	1	6	7	-1
5. Grasshopper	0	4	0	0	4	3	15	-12

Groupe D

Osasuna (ESP) - Heerenveen (HOL) : 0-0
Odense (DAN) - Parme (ITA) : 1-2
Lens - Osasuna : 3-1
Heerenveen - Odense : 0-2
Odense - Lens : 1-1
Parme - Heerenveen : 2-1
Lens - Parme : 1-2
Osasuna - Odense : 3-1
Heerenveen - Lens : 1-0
Parme - Osasuna : 0-3

Classement

	Pts	J.	G.	N.	P.	p.	c.	diff.
1. Parme	9	4	3	0	1	6	6	0
2. Osasuna	7	4	2	1	1	7	4	+3
3. Lens	4	4	1	1	2	5	5	0
4. Odense	4	4	1	1	2	5	6	-1
5. Heerenveen	4	4	1	1	2	2	4	-2

Groupe E

Wisla Cracovie (POL) - Blackburn (ANG) : 1-2
FC Bâle (SUI) - Feyenoord (HOL) : 1-1
Nancy - Wisla Cracovie : 2-1
Blackburn - FC Bâle : 3-0
FC Bâle - Nancy : 2-2
Feyenoord - Blackburn : 0-0
Nancy - Feyenoord : 3-0
Wisla Cracovie - FC Bâle : 3-1
Blackburn - Nancy : 1-0
Feyenoord - Wisla Cracovie : 3-1

Classement

	Pts	J.	G.	N.	P.	p.	c.	diff.
1. Blackburn	10	4	3	1	0	6	1	+5
2. Nancy	7	4	2	1	1	7	4	+3
3. Feyenoord	5	4	1	2	1	4	5	-1
4. Wisla Cracovie	3	4	1	0	3	6	8	-2
5. FC Bâle	2	4	0	2	2	4	9	-5

Groupe F

Austria Vienne (AUT) - Zulte-Waregem (BEL) : 1-4
Sparta Prague (RTC) - Espanyol Barcelone (ESP) : 0-2
Zulte-Waregem - Sparta Prague : 3-1
Ajax Amsterdam (HOL) - Austria Vienne : 3-0
Espanyol Barcelone - Zulte-Waregem : 6-2
Sparta Prague - Ajax Amsterdam : 0-0
Ajax Amsterdam - Espanyol Barcelone : 0-2
Austria Vienne - Sparta Prague : 0-1
Espanyol Barcelone - Austria Vienne : 1-0
Zulte-Waregem - Ajax Amsterdam : 0-3

Classement

	Pts	J.	G.	N.	P.	p.	c.	diff.
1. Espanyol Barcelone	12	4	4	0	0	11	2	+9
2. Ajax Amsterdam	7	4	2	1	1	6	2	+4
3. Zulte-Waregem	6	4	2	0	2	9	11	-2
4. Sparta Prague	4	4	1	1	2	2	5	-3
5. Austria Vienne	0	4	0	0	4	-1	9	8

Groupe G

Eintracht Francfort (ALL) - Palerme (ITA) : 1-2
Newcastle (ANG) - Fenerbahçe (TUR) : 1-0

Palerme - Newcastle : 0-1
Celta Vigo (ESP) - Eintracht Francfort : 1-1
Fenerbahçe - Palerme : 3-0
Newcastle - Celta Vigo : 2-1
Celta Vigo - Fenerbahçe : 1-0
Eintracht Francfort - Newcastle : 0-0
Fenerbahçe - Eintracht Francfort : 2-2
Palerme - Celta Vigo : 1-1

Classement

	Pts	J.	G.	N.	P.	p.	c.	diff.
1. Newcastle	10	4	3	1	0	4	1	+3
2. Celta Vigo	5	4	1	2	1	4	4	0
3. Fenerbahçe	4	4	1	1	2	5	4	+1
4. Palerme	4	4	1	1	2	3	6	-3
5. Eintr. Francfort	3	4	0	3	1	4	5	-1

Groupe H

Rapid Bucarest (ROU) - Paris-SG : 0-0
Panathinaïkos (GRE) - Hapoël Tel-Aviv (ISR) : 2-0
Hapoël Tel-Aviv - Rapid Bucarest : 2-2
Mlada Boleslav (RTC) - Panathinaïkos : 0-1
Paris-SG - Hapoël Tel-Aviv : 2-4
Rapid Bucarest - Mlada Boleslav : 1-1
Mlada Bodeslav - Paris-SG : 0-0
Panathinaïkos - Rapid Bucarest : 0-0
Paris-SG - Panathinaïkos : 4-0
Hapoël Tel-Aviv - Mlada Boleslav : 1-1

Classement

	Pts	J.	G.	N.	P.	p.	c.	diff.
1. Panathinaïkos	7	4	2	1	1	3	4	-1
2. Paris-SG	5	4	1	2	1	6	4	+2
3. Hapoël Tel-Aviv	5	4	1	2	1	7	7	0
4. Rapid Bucarest	4	4	0	4	0	3	3	0
5. Mlada Boleslav	3	4	0	3	1	2	3	-1

Seizièmes de finale

Le Werder Brême, le Spartak Moscou, Bordeaux, le Chakhtior Donetsk, le Steaua Bucarest, Benfica, le CSKA Moscou et l'AEK Athènes, 3es de leurs poules en Ligue des champions, rejoignent les 16es de finale.

Zulte-Waregem (BEL) - NEWCASTLE (ANG) : 1-3, 0-1
Fenerbahçe (TUR) - AZ ALKMAAR (HOL) : 3-3, 2-2
CSKA Moscou (RUS) - MACCABI HAÏFA (ISR) : 0-0, 0-1
Livourne (ITA) - ESP. BARCELONE (ESP) : 1-2, 0-2
Hapoël Tel-Aviv (ISR) - GLAS. RANGERS (ECO) : 2-1, 0-4
Bordeaux - OSASUNA (ESP) : 0-0, 0-1 (a.p.)
BRAGA (POR) - Parme (ITA) : 1-0, 1-0
Feyenoord (HOL) - TOTTENHAM (ANG) : **Feyenoord exclu***
Steaua Bucarest (ROU) - FC SÉVILLE (ESP) : 0-2, 0-1
CHAKHTIOR DONETSK (UKR) - Nancy : 1-1, 1-0
LENS - Panathinaïkos (GRE) : 3-1, 0-0
LEVERKUSEN (ALL) - Blackburn (ANG) : 3-2, 0-0
AEK Athènes (GRE) - PARIS-SG : 0-2, 0-2
BENFICA (POR) - Dinamo Bucarest (ROU) : 1-0, 2-1
Spartak Moscou (RUS) - CELTA VIGO (ESP) : 1-1, 1-2
WERDER BRÊME (ALL) - Ajax Amster. (HOL) : 3-0, 1-3
(*) À la suite des incidents causés à Nancy par les supporters de Feyenoord (lire p. 175).

Huitièmes de finale

Lens - LEVERKUSEN : 2-1, 0-3
Paris-SG - BENFICA : 2-1, 1-3
Glasgow Rangers - OSASUNA : 1-1, 0-1
Maccabi Haïfa - ESPANYOL BARCELONE : 0-0, 0-4
Newcastle - AZ ALKMAAR : 4-2, 0-2
Celta Vigo - WERDER BRÊME : 0-1, 0-2
Braga - TOTTENHAM : 2-3, 2-3
FC SÉVILLE - Chakhtior Donetsk : 2-2, 3-2 (a.p.)

Quarts de finale

Leverkusen - OSASUNA : 0-3, 0-1
FC SÉVILLE - Tottenham : 2-1, 2-2
ESPANYOL BARCELONE - Benfica : 3-2, 0-0
AZ Alkmaar - WERDER BRÊME : 0-0, 1-4

Demi-finales

Osasuna - FC SÉVILLE : 1-0, 0-2
ESPANYOL BARCELONE - Werder Brême : 3-0, 2-1

Finale

FC SÉVILLE - Espanyol Barcelone : **2-2** (**3-1** aux t.a.b.)
À Glasgow (Hampden Park). Temps pluvieux. Pelouse en excellent état. 48 000 spectateurs. Arbitre : M. Busacca (SUI).
LES BUTS. 1-0 : ADRIANO (18e) ; **1-1 : RIERA** (28e) ; **2-1 : KANOUTÉ** (105e, passe de Jesus Navas) ; **2-2 : JONATAS** (115e).
LES TIRS AU BUT
Kanouté (1-0), Luis Garcia (1-0), Dragutinovic (2-0), Pandiani (2-1), Daniel Alves (2-1), Jonatas (2-1), Puerta (3-1), Torrejon (3-1).
AVERTISSEMENTS. FC Séville : Luis Fabiano (63e), Kanouté (82e), Puerta (114e). Espanyol Barcelone : Moises (12e et 68e).
EXPULSION. Espanyol Barcelone : Moises (68e).
FC Séville : Palop - Daniel Alves, Javi Navarro (cap.), Dragutinovic, Puerta - Marti, Poulsen, Maresca (Jesus Navas, 46e), Adriano (Renato, 74e) - Kanouté, Luis Fabiano (Kerjakov, 64e). Entraîneur : J. Ramos.
Espanyol Barcelone : Gorka Iraizoz - Zabaleta, Torrejon, Jarque, David Garcia - Rufete (Pandiani, 56e), Moises, Luis Garcia, De La Pena (Jonatas, 87e), Riera - Tamudo (cap.) (Lacruz, 73e). Entraîneur : E. Valverde.

Buteurs

1. Pandiani (Espanyol Barcelone), **11 buts** ;
2. Niculescu (Dinamo Burcarest), **8 buts** ; **3.** Huntelaar (Ajax Amsterdam), Arveladze (AZ Alkmaar), Berbatov (Tottenham), **7 buts** ; **6.** Luis Garcia (Espanyol Barcelone), O. Martins (Newcastle), Pauleta (Paris-SG), **6 buts** ; **9.** Corominas (Espanyol Barcelone), Lucarelli (Livourne), Rob. Keane (Tottenham), Matthys (Zulte-Waregem), **5 buts** ; **13.** Jelen, D. Niculae (Auxerre), M. Dembele, Koevermans (AZ Alkmaar), Simao (Benfica), Riera (Espanyol Barcelone), Tüncay Sanli (Fenerbahçe), Toema (Hapoël Tel-Aviv), Jemaa (Lens), B. Schneider (Leverkusen), Colautti (Maccabi Haïfa), Sibierski (Newcastle), Novo (Glasgow Rangers), Chevanton, Kanouté, Luis Fabiano (FC Séville), Almeida (Werder Brême), Pa. Brozek (Wisla Cracovie), **4 buts** ; **31.** Rosenberg (Ajax Amsterdam), Petric (FC Bâle), Bentley, McCarthy (Blackburn), Balaban (FC Bruges), Baiano, Canobbio (Celta Vigo), Tümer Metin (Fenerbahçe), Thurk (Eintracht Francfort), Eduardo (Grasshopper Zurich), Barda (Hapoël Tel-Aviv), A. Alves (Heerenveen), Aruna Dindane, Cousin (Lens), Barbarez (Leverkusen), Bérenguer (Nancy), David Lopez (Osasuna), Frau, B. Mendy (Paris-SG), Budan (Parme), Neb. Marinkovic (Partizan Belgrade), C. Adam, Boyd, B. Ferguson (Glasgow Rangers), Kepa (FC Séville), Defoe (Tottenham), **3 buts** ; etc.

FC Séville
FABLET / L'ÉQUIPE

AMÉRIQUE

COPA LIBERTADORES 2007

(Ligue des champions d'Amérique latine)

Huitièmes de finale

AMERICA MEXICO (MEX) - Colo Colo (CHL) : 3-0, 1-2
São Paulo FC (BRE) - GRÊMIO (BRE) : 1-0, 0-2
DEFENSOR SPORT. (URU) - Flamengo (BRE) : 3-0, 0-2
BOCA JUNIORS (ARG) - Vélez Sarsf. (ARG) : 3-0, 1-3
Caracas FC (VEN) - SANTOS FC (BRE) : 2-2, 2-3
CÚCUTA DEPORTIVO (COL) - Toluca (MEX) : 5-1, 0-2
Paraná Clube (BRE) - LIBERTAD A. (PAR) : 1-2, 1-1
NACIO. MONTEVIDEO (URU) - Necaxa (MEX) : 3-2, 1-0

Quarts de finale

CÚCUTA DEPORTIVO - Nacional Montevideo : 2-0, 2-2
América Mexico - SANTOS FC : 0-0, 1-2
Defensor Sport. - GRÊMIO : 2-0, 0-2 (2-4 aux t.a.b.)
BOCA JUNIORS - Libertad Asunción : 1-1, 2-0

Demi-finales

GRÊMIO PORTO ALEGRE - Santos FC : 2-0, 1-3
Cúcuta Deportivo - BOCA JUNIORS : 3-1, 0-3

Finale

BOCA JUNIORS - Grêmio Porto Alegre : 3-0, 2-0
Boca Juniors qualifié pour la Coupe du monde des clubs 2007

COPA SUDAMERICANA 2006

(équivalent de la Coupe de l'UEFA, rassemblant des équipes d'Amérique du Sud, d'Amérique du Nord, d'Amérique centrale et des Antilles)

Finale

PACHUCA (MEX) - Colo Colo (CHL) : 1-1, 2-1

RECOPA 2006

(Supercoupe d'Amérique latine)
Pachuca (MEX) - **INTERNACIONAL PORTO ALEGRE** (BRE) : 2-1, 0-4

COUPE DES CHAMPIONS CONCACAF 07

(équivalent de la Ligue des Champions pour l'Amérique du Nord, l'Amérique centrale et les Antilles)

Finale

Guadalajara (MEX) - **PACHUCA** (MEX) : 2-2, 0-0 (6-7 aux t.a.b.)
Pachuca qualifié pour la Coupe du monde des clubs 2007

AFRIQUE

LIGUE DES CHAMPIONS D'AFRIQUE 2006

Finale

AL-AHLY (EGY) - CS Sfax (TUN) : 1-1, 1-0
Al-Ahly qualifié pour la Coupe du monde des clubs 2006.

COUPE DE LA CONFÉDÉRATION 2006

(équivalent africain de la Coupe de l'UEFA)

Finale

FAR Rabat (MAR) - **ÉTOILE DU SAHEL** (TUN) : 1-1, 0-0

SUPERCOUPE D'AFRIQUE

AL-AHLY (EGY) - Étoile du Sahel (TUN) : 0-0 (5-4 aux t.a.b.)

ASIE

LIGUE DES CHAMPIONS D'ASIE 2006

(disputée par les clubs des 14 pays considérés comme « matures » par la Confédération asiatique de football : Iran, Irak, Koweït, Qatar, Arabie Saoudite, Syrie, Émirats arabes unis, Ouzbékistan, Chine, Indonésie, Japon, Corée du Sud, Thaïlande et Vietnam)

Finale

CHONBUK HYUNDAI MOTORS (Corée du Sud) - Al-Karama (Syrie) : 2-0, 1-2
Chonbuk Hyundai Motors qualifié pour la Coupe du monde des clubs 2006

COUPE DE L'AFC 2006

(disputée par les clubs des 14 pays asiatiques de deuxième niveau, dits « en développement »)

Finale

AL-FAISALY (Jordanie) - Muharraq (Bahreïn) : 3-0, 2-4

COUPE DES PRÉSIDENTS 2006

(disputée par les clubs des autres pays asiatiques, dits « émergents »)

Finale

DORDOY-DINAMO NARYN (Kirghizstan) - Vahsh Qurghonteppa (Tadjikistan) : 2-1 (a.p.)

OCÉANIE

O-LEAGUE

(Coupe des champions d'Océanie)

Finale

Ba (Fidji) - **WAITAKERE UNITED** (NZL) : 2-1, 0-1
Waitakere qualifié pour la Coupe du monde des clubs 2007

SAISON 2006-07

Anelka, Ribéry, Nasri et Abidal (équipe de France)

MARTIN / L'ÉQUIPE

EURO 2008 - Qualifications

Les deux premiers de chaque groupe sont qualifiés pour la phase finale, du 7 au 29 juin 2008 en Autriche et en Suisse (nations qualifiées d'office en tant que pays organisateurs).

Groupe A

Belgique - Kazakhstan :	0-0
Serbie - Azerbaïdjan :	1-0
Pologne - Finlande :	1-3
Azerbaïdjan - Kazakhstan :	1-1
Finlande - Portugal :	1-1
Arménie - Belgique :	0-1
Pologne - Serbie :	1-1
Arménie - Finlande :	0-0
Kazakhstan - Pologne :	0-1
Serbie - Belgique :	1-0
Portugal - Azerbaïdjan :	3-0
Belgique - Azerbaïdjan :	3-0
Kazakhstan - Finlande :	0-2
Serbie - Arménie :	3-0
Pologne - Portugal :	2-1
Finlande - Arménie :	1-0
Belgique - Pologne :	0-1
Portugal - Kazakhstan :	3-0
Pologne - Azerbaïdjan :	5-0
Portugal - Belgique :	4-0
Kazakhstan - Serbie :	2-1
Azerbaïdjan - Finlande :	1-0
Pologne - Arménie :	1-0
Serbie - Portugal :	1-1
Finlande - Serbie :	0-2
Kazakhstan - Arménie :	1-2
Azerbaïdjan - Pologne :	1-3
Belgique - Portugal :	1-2
Arménie - Pologne :	1-0
Finlande - Belgique :	2-0
Kazakhstan - Azerbaïdjan :	1-1

Classement

	Pts	J.	G.	N.	P.	p.	c.	diff.
1. Pologne	19	9	6	1	2	15	7	+8
2. Serbie	14	7	4	2	1	10	4	+6
3. Portugal	14	7	4	2	1	15	5	+10
4. Finlande	14	8	4	2	2	9	5	+4
5. Belgique	7	8	2	1	5	5	10	-5
6. Arménie	7	7	2	1	4	3	7	-4
7. Kazakhstan	6	8	1	3	4	5	11	-6
8. Azerbaïdjan	5	8	1	2	5	4	17	-13

Groupe B

Îles Féroé - Géorgie :	0-6
Géorgie - France :	0-3
Italie - Lituanie :	1-1
Écosse - Îles Féroé :	6-0
France - Italie :	3-1
Ukraine - Géorgie :	3-2
Lituanie - Écosse :	1-2
Écosse - France :	1-0
Italie - Ukraine :	2-0
Îles Féroé - Lituanie :	0-1
France - Îles Féroé :	5-0
Ukraine - Écosse :	2-0
Géorgie - Italie :	1-3
Lituanie - France :	0-1
Écosse - Géorgie :	2-1
Îles Féroé - Ukraine :	0-2
France - Ukraine :	2-0
Îles Féroé - Italie :	1-2
Lituanie - Géorgie :	1-0
France - Géorgie :	1-0
Lituanie - Italie :	0-2
Îles Féroé - Écosse :	0-2

Classement

	Pts	J.	G.	N.	P.	p.	c.	diff.
1. France	18	7	6	0	1	15	2	+ 13
2. Italie	16	7	5	1	1	13	6	+ 7
3. Écosse	15	7	5	0	2	13	6	+ 7
4. Ukraine	12	6	4	0	2	8	6	+ 2
5. Lituanie	7	7	2	1	4	4	7	- 3
6. Géorgie	6	8	2	0	6	13	14	- 1
7. Îles Féroé	0	8	0	0	8	2	27	- 25

Groupe C

Moldavie - Grèce :	0-1
Hongrie - Norvège :	1-4
Malte - Bosnie-Herzégovine :	2-5
Norvège - Moldavie :	2-0
Bosnie-Herzégovine - Hongrie :	1-3
Turquie - Malte :	2-0
Moldavie - Bosnie-Herzégovine :	2-2
Hongrie - Turquie :	0-1
Grèce - Norvège :	1-0
Bosnie-Herzégovine - Grèce :	0-4
Malte - Hongrie :	2-1
Turquie - Moldavie :	5-0
Moldavie - Malte :	1-1
Grèce - Turquie :	1-4
Norvège - Bosnie-Herzégovine :	1-2
Turquie - Norvège :	2-2
Malte - Grèce :	0-1
Hongrie - Moldavie :	2-0
Grèce - Hongrie :	2-0
Norvège - Malte :	4-0
Bosnie-Herzégovine - Turquie :	3-2
Grèce - Moldavie :	2-1
Bosnie-Herzégovine - Malte :	1-0
Norvège - Hongrie :	4-0

Classement

	Pts	J.	G.	N.	P.	p.	c.	diff.
1. Grèce	18	7	6	0	1	12	5	+7
2. Bosnie-H.	13	7	4	1	2	14	14	0
3. Norvège	13	7	4	1	2	17	6	+11
4. Turquie	13	6	4	1	1	16	6	+10
5. Hongrie	6	7	2	0	5	7	14	-7
6. Malte	4	7	1	1	5	5	15	-10
7. Moldavie	2	7	0	2	5	4	15	-11

Groupe D

République tchèque - Galles :	2-1
Allemagne - Eire :	1-0
Slovaquie - Chypre :	6-1
Saint-Marin - Allemagne :	0-13
Slovaquie - République tchèque :	0-3
République tchèque - Saint-Marin :	7-0
Galles - Slovaquie :	1-5
Chypre - Eire :	5-2
Eire - République tchèque :	1-1
Slovaquie - Allemagne :	1-4
Galles - Chypre :	3-1
Eire - Saint-Marin :	5-0
Chypre - Allemagne :	1-1
Saint-Marin - Eire :	1-2
République tchèque - Allemagne :	1-2
Eire - Galles :	1-0
Chypre - Slovaquie :	1-3
Galles - Saint-Marin :	3-0
Eire - Slovaquie :	1-0
République tchèque - Chypre :	1-0
Allemagne - Saint-Marin :	6-0
Galles - République tchèque :	0-0
Allemagne - Slovaquie :	2-1

Classement

	Pts	J.	G.	N.	P.	p.	c.	diff.
1. Allemagne	19	7	6	1	0	29	4	+25
2. République tchèque	14	7	4	2	1	15	4	+11
3. Eire	13	7	4	1	2	12	8	+4
4. Slovaquie	9	7	3	0	4	16	13	+3
5. Pays de Galles	7	6	2	1	3	8	9	-1
6. Chypre	4	6	1	1	4	9	16	-7
7. Saint-Marin	0	6	0	0	6	1	36	-35

Groupe E

Estonie - Macédoine :	0-1
Angleterre - Andorre :	5-0
Estonie - Israël :	0-1
Russie - Croatie :	0-0
Israël - Andorre :	4-1
Macédoine - Angleterre :	0-1
Angleterre - Macédoine :	0-0
Croatie - Andorre :	7-0
Russie - Israël :	1-1
Croatie - Angleterre :	2-0
Russie - Estonie :	2-0
Andorre - Macédoine :	0-3
Israël - Croatie :	3-4
Macédoine - Russie :	0-2
Israël - Angleterre :	0-0
Estonie - Russie :	0-2
Croatie - Macédoine :	2-1
Andorre - Angleterre :	0-3
Israël - Estonie :	4-0
Estonie - Croatie :	0-1
Russie - Andorre :	4-0
Macédoine - Israël :	1-2
Croatie - Russie :	0-0
Estonie - Angleterre :	0-3
Andorre - Israël :	0-2

Classement

	Pts	J.	G.	N.	P.	p.	c.	diff.
1. Croatie	17	7	5	2	0	16	4	+12
2. Israël	17	8	5	2	1	17	7	+10
3. Russie	15	7	4	3	0	11	1	+10
4. Angleterre	14	7	4	2	1	12	2	+10
5. Macédoine	7	7	2	1	4	6	7	-1
6. Estonie	0	7	0	0	7	0	14	-14
7. Andorre	0	7	0	0	7	1	28	-27

Groupe F

Espagne - Liechtenstein :	4-0
Irlande du Nord - Islande :	0-3
Lettonie - Suède :	0-1
Islande - Danemark :	0-2
Irlande du Nord - Espagne :	3-2
Suède - Liechtenstein :	3-1
Danemark - Irlande du Nord :	0-0
Lettonie - Islande :	4-0
Suède - Espagne :	2-0

Islande - Suède : 1-2
Liechtenstein - Danemark : 0-4
Irlande du Nord - Lettonie : 1-0
Espagne - Danemark : 2-1
Liechtenstein - Irlande du Nord : 1-4
Irlande du Nord - Suède : 2-1
Liechtenstein - Lettonie : 1-0
Espagne - Islande : 1-0
Danemark - Suède : 3-3, arrêté (*)
Lettonie - Espagne : 0-2
Islande - Liechtenstein : 1-1
Suède - Islande : 5-0
Liechtenstein - Espagne : 0-2
Lettonie - Danemark : 0-2

Classement

	Pts	J.	G.	N.	P.	p.	c.	diff.
1. Suède	18	7	6	0	1	14	4	+10
2. Espagne	15	7	5	0	2	13	6	+7
3. Irlande du Nord	13	6	4	1	1	10	7	+3
4. Danemark	10	6	3	1	2	9	2	+7
5. Islande	4	7	1	1	5	5	15	-10
6. Liechtenstein	4	7	1	1	5	4	18	-14
7. Lettonie	3	6	1	0	5	4	7	-3

(*) Match arrêté à la 89e à la suite de l'agression de l'arbitre par un supporter danois et donné perdu au Danemark sur le score de 3-0.

Groupe G

Roumanie - Bulgarie : 2-2
Belarus - Albanie : 2-2
Luxembourg - Pays-Bas : 0-1
Pays-Bas - Belarus : 3-0
Albanie - Roumanie : 0-2
Bulgarie - Slovénie : 3-0
Roumanie - Belarus : 3-1
Bulgarie - Pays-Bas : 1-1
Slovénie - Luxembourg : 2-0
Belarus - Slovénie : 4-2
Luxembourg - Bulgarie : 0-1
Pays-Bas - Albanie : 2-1
Pays-Bas - Roumanie : 0-0
Luxembourg - Belarus : 1-2
Albanie - Slovénie : 0-0
Roumanie - Luxembourg : 3-0
Slovénie - Pays-Bas : 0-1
Bulgarie - Albanie : 0-0
Albanie - Luxembourg : 2-0
Belarus - Bulgarie : 0-2
Slovénie - Roumanie : 1-2
Roumanie - Slovénie : 2-0
Luxembourg - Albanie : 0-3
Bulgarie - Belarus : 2-1

Classement

	Pts	J.	G.	N.	P.	p.	c.	diff.
1. Roumanie	17	7	5	2	0	14	4	+10
2. Bulgarie	15	7	4	3	0	11	4	+7
3. Pays-Bas	14	6	4	2	0	8	2	+6
4. Albanie	9	7	2	3	2	8	6	+2
5. Belarus	7	7	2	1	4	10	15	-5
6. Slovénie	4	7	1	1	5	5	12	-7
7. Luxembourg	0	7	0	0	7	1	14	-13

Classements au 30 juin 2007.

Buteurs

1. Podolski (ALL), **7 buts** ; **2.** S. Arveladze (GEO), Eduardo (CRO), Hakan Sükür (TUR), Healy (ILN), Koller (RTC), Mintal (SLQ), M. Petric (CRO), M. Petrov (BUL), Van Persie (HOL), **4 buts** ; **11.** Allbäck (SUE), Ballack (ALL), Colautti (ISR), C. Ronaldo (POR), Crouch (ANG), Rob. Keane (IRL), Kornilenko (BLR), Litmanen (FIN), Schweinsteiger (ALL), Tomasson (SUE), Villa (ESP), Zigic (SER), **3 buts** ; etc.

Zubar (équipe de France Espoirs)
LABLATINIÈRE / L'ÉQUIPE

EURO ESPOIRS 2007

Barrages

France - ISRAËL : 1-1, 0-1
BELGIQUE - Bulgarie : 1-1, 4-1
ITALIE - Espagne : 0-0, 2-1
ANGLETERRE - Allemagne : 1-0, 2-0
Russie - PORTUGAL : 4-1, 0-3
RÉPUBLIQUE TCHÈQUE - Bosnie-Herzégovine : 2-1, 1-1
SERBIE - Suède : 0-3 (*), 5-0
(*) Joué aux Pays-Bas.

Phase finale (aux Pays-Bas)

1er tour

Groupe A

Pays-Bas - Israël : 1-0
Portugal - Belgique : 0-0
Israël - Belgique : 0-1
Pays-Bas - Portugal : 2-1
Belgique - Pays-Bas : 2-2
Israël - Portugal : 0-4

Classement

	Pts	J.	G.	N.	P.	p.	c.	diff.
1. PAYS-BAS	7	3	2	1	0	5	3	+2
2. BELGIQUE	5	3	1	2	0	3	2	+1
3. Portugal	4	3	1	1	1	5	2	+3
4. Israël	0	3	0	0	3	0	6	-6

Groupe B

République tchèque - Angleterre : 0-0
Serbie - Italie : 1-0
République tchèque - Serbie : 0-1
Angleterre - Italie : 2-2
Italie - République tchèque : 3-1
Angleterre - Serbie : 2-0

Classement

	Pts	J.	G.	N.	P.	p.	c.	diff.
1. SERBIE	6	3	2	0	1	2	2	0
2. ANGLETERRE	5	3	1	2	0	4	2	+2
3. Italie	4	3	1	1	1	5	4	+1
4. Rép. tchèque	1	3	0	1	2	1	4	-3

Demi-finales

PAYS-BAS - Angleterre : 1-1 (13-12 aux t.a.b.)
SERBIE - Belgique : 2-0

Barrage de qualification pour les Jeux Olympiques 2008

ITALIE - Portugal : 0-0 (5-4 aux t.a.b.)

Finale

PAYS-BAS - Serbie : 4-1

Buteurs

1. Rigters (HOL), **4 buts** ; **2.** Lita (ANG), **3 buts** ; **3.** Mirallas (BEL), Chiellini (ITA), Aquilani (ITA), Babel (HOL), Veloso (POR), Mrdja (SER), **2 buts**.

La Serbie, les Pays-Bas, la Belgique et l'Italie sont qualifiés pour les Jeux Olympiques de Pékin (l'Angleterre ne peut participer aux JO).

GOLD CUP 2007

(Équivalent de l'Euro pour l'Amérique centrale, l'Amérique du Nord et les Antilles ; phase finale disputée aux États-Unis)

1er tour

Groupe A

Costa Rica - Canada : 1-2
Guadeloupe - Haïti : 1-1
Canada - Guadeloupe : 1-2
Haïti - Costa Rica : 1-1
Costa Rica - Guadeloupe : 1-0
Haïti - Canada : 0-2

P. Pardo (Mexique) et Angloma (Guadeloupe)
PPG / ICON SPORT

Classement

	Pts	J.	G.	N.	P.	p.	c.	diff.
1. CANADA	6	3	2	0	1	5	3	+2
2. COSTA RICA	4	3	1	1	1	3	3	0
3. GUADELOUPE	4	3	1	1	1	3	3	0
4. Haïti	2	3	0	2	1	2	4	-2

Groupe B

États-Unis - Guatemala : 1-0
Salvador - Trinité-et-Tobago : 2-1
Guatemala - Salvador : 1-0
Trinité-et-Tobago - États-Unis : 0-2
États-Unis - Salvador : 4-0
Trinité-et-Tobago - Guatemala : 1-1

Classement

	Pts	J.	G.	N.	P.	p.	c.	diff.
1. ÉTATS-UNIS	9	3	3	0	0	7	0	+7
2. GUATEMALA	4	3	1	1	1	2	2	0
3. Salvador	3	3	1	0	2	2	6	-4
4. Trinité-et-Tobago	1	3	0	1	2	2	5	-3

Groupe C

Panama - Honduras : 3-2
Mexique - Cuba : 2-1
Honduras - Mexique : 2-1
Panama - Cuba : 2-2
Cuba - Honduras : 0-5
Mexique - Panama : 1-0

Classement

	Pts	J.	G.	N.	P.	p.	c.	diff.
1. HONDURAS	6	3	2	0	1	9	4	+5
2. MEXIQUE	6	3	2	0	1	4	3	+1
3. PANAMA	4	3	1	1	1	5	5	0
4. Cuba	1	3	0	1	2	3	9	-6

(Guadeloupe et Panama qualifiés en tant que meilleurs 3es)

Quarts de finale

CANADA - Guatemala : 3-0
ÉTATS-UNIS - Panama : 2-1
Honduras - GUADELOUPE : 1-2
MEXIQUE - Costa-Rica : 1-0

Demi-finales

MEXIQUE - Guadeloupe : 1-0
ÉTATS-UNIS - Canada : 2-1

Finale

ÉTATS-UNIS - Mexique : 2-1

FOOTBALL 2007

Impression : **Loire Offset Plus** à Saint-Étienne (France)
Achevé d'imprimer en août 2007

Éditeur
SNC *L'ÉQUIPE*
4, rue Rouget-de-Lisle
92 793 Issy-les-Moulineaux Cedex 9

ISBN : 978-2-915535-61-7
Dépôt légal : août 2007.